Dante Explica
JAVA™ v.5

EDITORA CIÊNCIA MODERNA

Dante Explica Java™ *v.5*
Copyright©Editora Ciência Moderna Ltda. 2005

Nenhuma parte deste livro poderá ser reproduzida, transmitida e gravada, por qualquer meio eletrônico, mecânico, por fotocópia e outros, sem a prévia autorização, por escrito, da Editora.

Editor: Paulo André P. Marques
Supervisão Editorial: João Luís Fortes
Capa: Paulo Vermelho
Copidesque: Alayde Nunes Americano
Finalização: Patricia Seabra
Assistente Editorial: Daniele M. Oliveira

FICHA CATALOGRÁFICA

Gomes, Everton Barbosa
Dante Explica Java™ *v.5*
Rio de Janeiro: Editora Ciência Moderna Ltda., 2005.

Linguagem de Programação
I — Título

ISBN: 85-7393-409-3   CDD 001642

Editora Ciência Moderna Ltda.
Rua Alice Figueiredo, 46
CEP: 20950-150, Riachuelo – Rio de Janeiro – Brasil
Tel: (0xx21) 2201-6662/2201-6492/2201-6511/2201-6998
Fax: (0xx21) 2201-6896/2281-5778
E-mail: lcm@lcm.com.br

Sobre os Direitos Autorais

Esse é um tutorial sobre a tecnologia Java(TM) da Sun Microsystems, Inc (http://www.sun.com/).

Java(TM), JDK(TM) e todas as marcas derivadas de Java são propriedade da Sun Microsystems nos Estados Unidos e em outros países.

Embora a obra tenha sido elaborada com o maior cuidado possível, o autor não se responsabiliza pelos resultados decorrentes da aplicação do seu conteúdo.

Dedicatória

À você, a única pessoa que pode entender plenamente essa dedicatória...

"Nem sempre meus olhos contemplam
aquilo que desejam ver
aquilo que lhes apraz o coração
A contemplação traz a dor nua e crua
sem fuga para o êxtase
Êxito, será esse o perdão?
Ver-se a si mesmo
naquilo que pensamos que não somos?"

Prefácio

"Não nasci para um recanto. Minha pátria é o mundo inteiro."

SÊNECA.

Olá, caro(a) leitor(a)! Sou Dante (E. B. G.), um entusiasta da computação, e é com grande satisfação que trago até você a segunda edição dessa obra. Mais que um livro, ela é a realização de um sonho pessoal: a elaboração de um título completo e atualizado que nos permita aproveitar ao máximo a tecnologia de que dispomos.

Muito mais que atualizar essa edição para Java 5, procurei melhorá-la, aumentando a sua abrangência e aperfeiçoando o conteúdo já existente. Se você nunca entendeu pra valer assuntos como literais, máscaras, interfaces, javabeans, entre outros, então finalmente chegou a hora! Também me atrevi a usar um ambiente integrado de desenvolvimento em vez das ferramentas de linha de comando apenas: o programa adotado (NetBeans) evoluiu muito ultimamente, o que possibilitou, enfim, o tão esperado casamento do Java com uma ferramenta gráfica à altura (multiplataforma, poderosa e livre).

Em suma: quem gostou da edição inicial vai se encantar ao ver como algo que já é bom pode tornar-se ainda melhor. Quem não gostou dela, vai gostar dessa.

Boa leitura!

Público-alvo

A obra é destinada, inicialmente, aos estudantes dos cursos de Sistemas da Informação e de Ciências da Computação. Em todo caso, acredito que qualquer pessoa com "gênio indomável" possa apreciar seu conteúdo se encarar a programação como uma forma de expressão.

Por que Programar?

Ser capaz de fazer qualquer coisa no mundo virtual é algo que deveria animá-lo dada nossa enorme dificuldade para alcançar a façanha no mundo real.

Por que Java?

A excessiva dependência de um fornecedor único torna tudo mais caro. Logo, liberdade de escolha é fundamental.

Java é única nesse ponto. Ao ser capaz de rodar um mesmo programa em várias plataformas, ela nos permite escolher o sistema operacional e o hardware a ser usado. Sua arquitetura modular também nos permite escolher o fornecedor de cada serviço (gerenciador de banco de dados, por exemplo).

Nos ambientes heterogêneos, portanto, Java é a tecnologia-chave para a integração dos sistemas existentes. Já naqueles padronizados, sua adoção é a maneira efetiva de preparar os sistemas para uma futura migração de arquitetura.

Em todo caso, qualquer que seja a sua escolha, jamais perca de vista que a linguagem não é o fim, mas apenas o meio. O importante é o que fazemos com ela. Obviamente, para materializar nossas melhores idéias, precisamos dominar a fundo pelo menos uma das ferramentas existentes. Nessa obra, percorreremos um dos caminhos possíveis. O resto é com você.

Por que Linux?

Java e Linux podem ser considerados os legítimos sucessores da lendária dupla C e Unix. Nada mais natural, portanto, que unir as duas tecnologias.

Por que este Livro?

Felizmente, Java é uma tecnologia aberta e o seu tutorial oficial encontra-se disponível gratuitamente na Internet. O volume de informações a ser assimilado, entretanto, é frustrante.

Eu li os materiais e os resumi nessa coletânea da melhor maneira possível.

Em suma, você não precisa de livros para aprender Java, mas você também não precisa sofrer o que eu sofri para dominá-la: está praticamente tudo aqui.

Por que Ler?

O estudo é o caminho mais curto para a felicidade. Para as pessoas menos abastadas fisicamente, como eu, ele é, talvez, a única forma de contemplar o paraíso durante a vivência terrestre.

(E a pergunta que não quer calar)

Por que Dante?

Porque Alighieri amava La Portinari como eu amo La Spiller.

Sumário

Sobre os Direitos Autorais III
Dedicatória IV
Prefácio V
Público-alvo VI
Por que Programar? VII
Por que Java? VIII
Por que Linux? IX
Por que este Livro? X
Por que Ler? XI
Por que Dante? XII

1 Introdução ao Java 1
   1.1 – Introdução 1
   1.2 – Histórico 1
      1.2.1 – Ábaco 2
      1.2.2 – Computador 2
         1.2.2.1 – Vantagens 4
         1.2.2.2 – Efeito colateral 4
   1.3 – Linguagens de Programação 5
      1.3.1 – Linguagens de Baixo Nível 5
      1.3.2 – Linguagens de Alto Nível 5
   1.4 – Java 6
      1.4.1 – Histórico 7
      1.4.2 – A Plataforma Java e a Linguagem Java 7
      1.4.3 – Características 7
      1.4.4 – Bytecodes 8
      1.4.5 – Edições 9
      1.4.6 – O que é Java 5? 9
      1.4.7 – Obtendo a Plataforma Java 10

2 Programação Orientada a Objetos 13
   2.1 – Introdução 13
   2.2 – Classe e Objetos 13
      2.2.1 – Classes-Enumeração 16
      2.2.2 – Diferença entre Classe e Objetos 17
      2.2.3 – Diferença entre Classe e Programa 18

3 Conceitos Básicos – Parte 1 19
3.1 – Introdução 19
3.2 – Instruções e bloco 19
3.3 – Expressões e Literais 20
3.4 – Convenções de Escrita 23
3.4.1 – Indentação 23
3.5 – Comentários 24
3.5.1 – Anotações 25
3.6 – Notação de Acesso a Membros 26
3.7 – Erros de Sintaxe e de Lógica 27
3.8 – Afirmações 29
3.9 – Acumulador e Contador 30
3.10 – Dados e Informações 32

4 Conceitos Básicos – Parte 2 33
4.1 – Representações Numéricas 33
4.2 – Codificação/Decodificação 34
4.2.1 – Números 34
4.2.1.1 – Conversões 36
4.2.1.2 – Notação Científica 37
4.2.2 – Caracteres 37
4.3 – Aritmética, Álgebra e Geometria 37
4.3.1 – Álgebra 37
4.3.1.1 – Lógica booleana 38
4.3.1.1.1 – Portas lógicas 38
4.3.1.1.2 – Tabela-verdade 38
4.3.1.1.3 – Simplificação 39
4.3.2 – Trigonometria 40

5 Variáveis (Transiência) 43
5.1 – Introdução 43
5.2 – Declaração, Instanciação e Atribuição 43
5.3 – Tipos de Dados Primitivos 45
5.4 – Tipos de Dados Construídos 47
5.5 – Tipos de Variáveis 47
5.5.1 – Variáveis Locais 47
5.5.2 – Variáveis de Instância 48
5.5.3 – Variáveis de Classe 49
5.6 – Constantes 50
5.7 – Escopo e Duração de Variáveis 52
5.8 – Coleta de Lixo 53

6 Operadores 55
6.1 – Introdução 55
6.2 – Operador de Atribuição 56
6.3 – Operadores Aritméticos 56
6.4 – Comparadores 58

6.5 – Combinadores de Condições 60
6.6 – Combinares de Números bit-a-bit 61
6.7 – Deslocadores de Bits 62
    6.7.1 – Máscaras 64
6.8 – Operador Instanceof 67
6.9 – Operador New 67
6.10 – Ordem de Execução (Precedência e Associatividade) 68

7 Métodos (Modularidade) 73
7.1 – Introdução 73
7.2 – Ordem de Execução 73
7.3 – Nome do Método 75
7.4 – Lista de Parâmetros 76
    7.4.1 – Natureza dos Parâmetros 77
    7.4.2 – Argumentos de Linha de Comando 80
7.5 – Tipo de Retorno 81
7.6 – Assinatura 82
7.7 – Tipos de Método 83
    7.7.1 – Métodos de Instância 83
    7.7.2 – Métodos de Classe 84
7.8 – Sobrecarga de Métodos 85
7.9 – Métodos Nativos 87

8 Programação Estruturada 91
8.1 – Introdução 91
8.2 – Fluxo de Execução 91
8.3 – Estruturas de Controle 91
    8.3.1 – Estrutura de Seqüência 92
    8.3.2 – Estruturas de Condição 92
        8.3.2.1 – if 92
        8.3.2.2 – If-Else 94
        8.3.2.3 – Switch-Case 96
    8.3.3 – Estruturas de Repetição 100
        8.3.3.1 – While 100
        8.3.3.2 – Do-While 102
        8.3.3.3 – For 104
8.4 – Instruções de Interrupção 108
    8.4.1 – Continue 108
    8.4.2 – break 110
    8.4.3 – Return 111
8.5 – Pilha de Execução 113
8.6 – Recursividade 115
8.7 – Diferença entre Chamadas de Método e "Go to" 122

9 Herança 123
9.1 – Introdução 123
9.2 – Herança 123

9.3 – Hierarquia de Classes 125
9.4 – Construtor 126
9.5 – Destrutor 127
9.6 – Bloco Estático de Inicialização 128
9.7 – Agregação 129
9.8 – Sobrescrita de Métodos 130
9.9 – Restrição do Tipo da Referência 132
   9.9.1 – Referências de Tipo Primitivo 133
   9.9.2 – Referências de Tipo Construído 134
9.10 – Classes Abstratas 135
9.11 – Interfaces 137
   9.11.1 – Tipos de Anotação 140
9.12 – Classes Aninhadas 141
9.13 – Polimorfismo 144
9.14 – UML 147
9.15 – Pacotes 149
   9.15.1 – Importação de Classes 150
   9.15.2 – Pacotes Opcionais 151

10 As Classes Principais 153
10.1 – Introdução 153
10.2 – A Classe Object (java.lang.Object) 154
   10.2.1 – equals(...) 154
   10.2.2 – hashCode() 155
   10.2.3 – toString() 155
   10.2.4 – clone() 156
   10.2.5 – Uma Classe Completa 158
10.3 – Classes Envoltórias (java.lang.*) 160
10.4 – A classe String (java.lang.String) 161
   10.4.1 – Localização de Texto (java.util.regex.*) 165
      10.4.1.1 – Recursos avançados 166
10.5 – A Classe System (java.lang.System) 167
10.6 – A Classe ProcessBuilder (java.lang.ProcessBuilder) 168
10.7 – A Classe Math (java.lang.Math) 170
10.8 – Precisão Arbitrária (java.math.*) 171
10.9 – A Classe Class (java.lang.Class) 173
10.10 – A Classe Color (java.awt.Color) 175
10.11 – A Classe Font (java.awt.Font) 176
10.12 – A Classe Calendar (java.util.Calendar) 177
10.13 – A Classe Random (java.util.Random) 180

11 Consistência 183
11.1 – Introdução 183
11.2 – Restrição de Acesso aos Membros 183
   11.2.1 – Privado 184
   11.2.2 – Pacote (Padrão) 185
   11.2.3 – Protegido 187
   11.2.4 – Público 188

11.3 – Validação de Argumentos 189
11.4 – Tratamento de Exceções 191
    11.4.1 – "Batata-quente" 195

12 Multitarefa (Concorrência) 197
12.1 – Introdução 197
12.2 – Multitarefa 197
12.3 – Sincronização 199
    12.3.1 – Um de Cada Vez, Por Favor 205

13 Interface Gráfica 209
13.1 – Introdução 209
13.2 – Estrutura 209
13.3 – Formulário 210
13.4 – Janela Principal (javax.swing.JFrame) 211
13.5 – Janelas Auxiliares (javax.swing.JDialog) 212
13.6 – Caixas de Diálogo (javax.swing.JOptionPane) 212
    13.6.1 – Notificação 212
    13.6.2 – Pergunta 212
    13.6.3 – Obtenção de Dados 213
13.7 – Barra de Menus (javax.swing.JMenuBar) 213
    15.7.1 – Menus (javax.swing.JMenu) 213
    13.7.2 – Itens de Menu (javax.swing.JMenuItem) 214
13.8 – Barra de Ferramentas (javax.swing.JToolBar) 215
13.9 – Aparência e Comportamento (Pluggable look and feel) 216
13.10 – Transferência de Dados 216
    13.10.1 – Arrastar-e-Soltar 216
    13.10.2 – Área de Transferência 217
13.11 – Manipulações Pós-exibição 217

14 Componentes 219
14.1 – Introdução 219
14.2 – Rótulos (javax.swing.JLabel) 219
14.3 – Botões 220
    14.3.1 – Botão Comum (javax.swing.JButton) 221
    14.3.2 – Botão Alternável (javax.swing.JToggleButton) 221
14.4 – Componentes de Escolha Única 221
    14.4.1 – Botões de Opção (javax.swing.JRadioButton) 222
    14.4.2 – Caixa Combinada (javax.swing.JComboBox) 222
14.5 – Componentes de Múltipla Escolha 222
    14.5.1 – Caixas de Seleção (javax.swing.JCheckBox) 222
    14.5.2 – Lista (javax.swing.JList) 223
14.6 – Barra de Progresso (javax.swing.JProgressBar) 223
14.7 – Calibrador Móvel (javax.swing.JSlider) 224
14.8 – Calibrador Compacto (javax.swing.JSpinner) 224
14.9 – Seletor de Arquivo (javax.swing.JFileChooser) 225
14.10 – Paleta de Cores (javax.swing.JColorChooser) 226

14.11 – Manipulação de Texto 226
    14.11.1 – Campo de Texto (javax.swing.JFormattedTextField) 226
    14.11.2 – Campo de Senha (javax.swing.JPasswordField) 227
    14.11.3 – Área de Texto (javax.swing.JTextArea) 227
    14.11.4 – Painel Editor (javax.swing.JEditorPane) 228
    14.11.5 – Painel de Texto (javax.swing.JTextPane) 228
14.12 – Tabela (javax.swing.JTable) 229
14.13 – Árvore (javax.swing.JTree) 230
14.14 – Menu Flutuante (javax.swing.JPopupMenu) 230
14.15 – Ícone (javax.swing.ImageIcon) 231
    14.15.1 – Como Gerar Ícones 232
14.16 – Impressão 232
    14.16.1 – Relatórios 233
14.17 – Som 233
    14.17.1 – Amostragem 233
    14.17.2 – Emulação 235
14.18 – Como Criar o Seu Próprio Componente 236
    14.18.1 – Sistema de Coordenadas Gráficas 236
    14.18.2 – Desenho 237
    14.18.3 – Um Exemplo Completo 243

15 Contêineres 249
15.1 – Introdução 249
15.2 – Painel (javax.swing.JPanel) 249
    15.2.1 – Borda 249
    15.2.2 – Opacidade e Transparência 252
15.3 – Painel de Rolagem (javax.swing.JScrollPane) 253
15.4 – Painel Divisor (javax.swing.JSplitPane) 255
15.5 – Painel Tabulado (javax.swing.JTabbedPane) 257
15.6 – Área de Trabalho (javax.swing.JDesktopPane) 259
15.7 – Painel em Camadas (javax.swing.JLayeredPane) 261

16 Formatos de Contêiner 265
16.1 – Introdução 265
16.2 – Formato de Fluxo (java.awt.FlowLayout) 265
16.3 – Formato de Grade Estático (java.awt.GridLayout) 267
16.4 – Formato de Borda (java.awt.BorderLayout) 269
16.5 – Formato de Caixa (javax.swing.BoxLayout) 270
16.6 – Formato de Cartões (java.awt.CardLayout) 273
16.7 – Formato de Grade Dinâmico (java.awt.GridBagLayout) 276
16.8 – Formato de Mola (javax.swing.SpringLayout) 281
16.9 – Posicionamento Absoluto 283
16.10 – Aninhamento de Painéis 283
16.11 – Como criar o seu próprio gerenciador 285

17 Eventos 291
17.1 – Introdução 291
17.2 – Eventos e Ouvintes 291

17.3 – Eventos de Baixo Nível 297
   17.3.1 – Ouvinte de Tecla (java.awt.event.KeyListener) 297
   17.3.2 – Ouvinte de Foco (java.awt.event.FocusListener) 300
   17.3.3 – Ouvinte de Mouse (java.awt.event.MouseListener) 302
   17.3.4 – Ouvinte de Movimentação de Mouse
        (java.awt.event.MouseMotionListener) 305
   17.3.5 – Ouvinte de Componente (java.awt.event.ComponentListener) 307
   17.3.6 – Ouvinte de Janela (java.awt.event.WindowListener) 310
   17.3.7 – Ouvinte de Janelas Internas
        (javax.swing.event.Internalframelistener) 312
17.4 – Eventos de Alto Nível 315
   17.4.1 – Ouvinte de Ação (javax.swing.Action) 316
   17.4.2 – Ouvinte de Item (java.awt.event.ItemListener) 318
   17.4.3 – Ouvinte de Mudança (javax.swing.event.ChangeListener) 320
   17.4.4 – Ouvinte de Seleção de Lista
        (javax.swing.event.ListSelectionListener) 322
   17.4.5 – Ouvinte de Documento (javax.swing.event.DocumentListener) 324
   17.4.6 – Ouvinte de Cursor (javax.swing.event.CaretListener) 326
   17.4.7 – Ouvinte de Desfazer/Refazer
        (javax.swing.event.UndoableEditListener) 328
   17.4.8 – Ouvinte de Vínculo (javax.swing.event.HyperlinkListener) 331

18 Internacionalização 335

18.1 – Introdução 335
18.2 – Internacionalização 335
   18.2.1 – Localização 336
   18.2.2 – Números (java.text.NumberFormat) 338
   18.2.3 – Data e Hora (java.text.DateFormat) 339

19 XML, XHTML e Applets 343

19.1 – XML 343
   19.1.1 – DTDs 344
   19.1.2 – Variáveis 346
19.2 – XHTML 347
   19.2.1 – Configurações (Cascading style sheets) 351
   19.2.2 – Controles 353
19.3 – Applets (javax.swing.JApplet) 354
   19.3.1 – Criação 355
   19.3.2 – Estrutura 357
   19.3.3 – Parâmetros 358
   19.3.4 – Diferença entre Applets e Scripts 358

20 Estruturas de Dados e Algoritmos – Parte 1 (Teoria) 359

20.1 – Introdução 359
20.2 – Estruturas de Dados 359
   20.2.1 – Matriz 360
   20.2.2 – Lista Encadeada 360

    20.2.3 – Pilha 365
    20.2.4 – Fila 375
    20.2.5 – Árvore 382
    20.2.6 – A Estrutura Ideal 394
20.3 – Algoritmos 410
    20.3.1 – Algoritmos de Ordenação 411
        20.3.1.1 – Ordenação por bolha 411
        20.3.1.2 – Ordenação rápida 413
        20.3.1.3 – Estudo de caso – Triagem de cartas 420
    20.3.2 – Algoritmos de Busca 423
        20.3.2.1 – Busca Seqüencial 423
        20.3.2.2 – Busca binária 424
    20.3.3 – Algoritmo do Menor Caminho 426

21 Estruturas de Dados e Algoritmos – Parte 2 (Prática) 433
21.1 – Introdução 433
21.2 – Matriz 433
    21.2.1 – Utilitários (java.util.Arrays) 437
21.3 – Coleções 439
    21.3.1 – Utilitários (java.util.Collections) 444
21.4 – Mapas (java.util.Map) 446
21.5 – A Estrutura Predefinida Ideal 448

22 Gravação em Disco (Persistência) 451
22.1 – Introdução 451
22.2 – Campo, Registro e Arquivo 451
22.3 – Leitura/gravação Serial 452
    22.3.1 – Acesso Seqüencial 453
        22.3.1.1 – Leitura/gravação de dados de tipo primitivo 453
        22.3.1.2 – Leitura/Gravação de Objetos 459
        22.3.1.3 – Leitura/Gravação de Texto 464
        22.3.1.4 – Filtros 466
            22.3.1.4.1 – Compactação/Descompactação 467
    22.3.2 – Acesso Direto 472
        22.3.2.1 – Acesso Indexado 478
    22.3.3 – XML 481
        22.3.3.1 – Acesso Seqüencial 481
22.4 – Leitura/Gravação Paralela 489
    22.4.1 – Leitura/Gravação de Dados de Tipo Primitivo 489
    22.4.2 – Sincronização 494
22.5 – Preferências 495
22.6 – Registro de Atividades 497

23 Banco de Dados 499
23.1 – Introdução 499
23.2 – Tabelas 499
    23.2.1 – Chaves 499
23.3 – JDBC 500

23.4 – Relacionamentos 510
23.5 – Transações 510
23.6 – Um Exemplo Completo 511

24 Desenvolvimento 549

24.1 – Introdução 549
24.2 – Projetos 549
    24.2.1 – Ant 549
        24.2.1.1 – Tarefas 552
24.3 – Depuração 552
27.4 – JUnit (junit.framework.*) 556
24.5 – Otimização 558
24.6 – Documentação 562
24.7 – Cuidados Pessoais 564

25 Redes 565

25.1 – Introdução 565
25.2 – Protocolos 565
25.3 – A Classe URL (java.net.URL) 568
25.4 – Computação Cliente-Servidor 569
    25.4.1 – TCP 569
        25.4.1.1 – Servidor 569
        25.4.1.2 – Cliente 572
    25.4.2 – UDP 574
        25.4.2.1 – Servidor 574
        25.4.2.2 – Cliente 574
    25.4.3 – Compartilhamento (Intranet) 575
        25.4.3.1 – Servidor 575
        25.4.3.2 – Clintes 575
    25.4.4 – Invocação de Métodos à Distância 575
        25.4.4.1 – Servidor 576
        25.4.4.2 – Cliente 577
25.5 – Um-a-um 577
25.6 – Provedor de Aplicativos 578

26 Segurança 579

26.1 – Controle de Acesso 579
26.2 – Criptografia 580
    26.2.1 – Criptografia Simétrica (javax.crypto.*) 581
    26.2.2 – Criptografia Assimétrica (java.security.*) 583

27 Programação Visual 587

27.1 - JavaBeans 587
    27.1.1 - Associações 587
27.2 – Transformação de Componentes em Beans 589
    27.2.1 - Maquiagem 591

28 Edição Corporativa .... 59?
- 28.1 - Introdução .... 59?
- 28.2 - Estrutura .... 59?
- 28.3 - Ferramentas .... 59?
- 28.4 - Beans Corporativos .... 59?
  - 28.4.1 - Beans Cliente-Servidor .... 59?
    - 28.4.1.1 - Beans Transientes .... 59?
    - 28.4.1.2 - Beans Persistentes .... 60(
  - 28.4.2 - Beans em Lote 602
- 28.5 - Páginas Dinâmicas 603
  - 28.5.1 - Sintaxe 603
  - 28.5.2 – Parâmetros 604
  - 28.5.3 - Rastreamento do Cliente .... 60!
    - 28.5.3.1 - Sessão .... 60!
    - 28.5.3.2 - Cookies 605
- 28.6 - Conectores 605

29 Micro-edição 607
- 29.1 – Introdução 607
- 29.2 – Pacote Móvel 608
- 29.3 – Estrutura 608
- 29.4 – Interface Gráfica 610
  - 29.4.1 – Visor 610
  - 29.4.2 – Formulários 611
  - 29.4.3 – Alertas 611
  - 29.4.4 – Comandos 611
  - 29.4.5 – Imagens 612
  - 29.4.6 – Eventos 612
    - 29.4.6.1 – Eventos de Baixo Nível 612
      - 29.4.6.1.1 – Eventos de Tecla 612
      - 29.4.6.1.2 – Eventos de Toque 613
    - 29.4.6.2 – Eventos de Alto Nível 613
      - 29.4.6.2.1 – Eventos de Comando 613
- 29.5 – Personalização 613
- 29.6 – Publicação 615

30 Apêndices: 617
- A – Glossário 617
- B – Bônus 624
- B1 – A Classe Utils 624
- B2 – O Pacote Math 640
- C – Túnel do Tempo 646
- D – VBA 652
- E – Encerramento 662
- Bibliografia 663

28.5 - Páginas Dinâmicas 603
   28.5.1 - Sintaxe 603
   28.5.2 – Parâmetros 604
   28.5.3 - Rastreamento do Cliente 605
      28.5.3.1 - Sessão 605
      28.5.3.2 - Cookies 605
28.6 - Conectores 605

29 Micro-edição 607
29.1 – Introdução 607
29.2 – Pacote Móvel 608
29.3 – Estrutura 608
29.4 – Interface Gráfica 610
   29.4.1 – Visor 610
   29.4.2 – Formulários 611
   29.4.3 – Alertas 611
   29.4.4 – Comandos 611
   29.4.5 – Imagens 612
   29.4.6 – Eventos 612
      29.4.6.1 – Eventos de Baixo Nível 612
         29.4.6.1.1 – Eventos de Tecla 612
         29.4.6.1.2 – Eventos de Toque 613
      29.4.6.2 – Eventos de Alto Nível 613
         29.4.6.2.1 – Eventos de Comando 613
29.5 – Personalização 613
29.6 – Publicação 615

30 Apêndices: 617
A – Glossário 617
B – Bônus 624
B1 – A Classe Utils 624
B2 – O Pacote Math 640
C – Túnel do Tempo 646
D – VBA 652
E – Encerramento 662
Bibliografia 663

Capítulo 1

Introdução ao Java

1.1 – Introdução

> *"Não, você não está pensando –
> está apenas seguindo a lógica."*
>
> Niels Bohr

A área de exatas é um caso particular do conhecimento. Temidas por muitos de nós, ciências como a matemática e a computação são, ironicamente, as mais fáceis: dado um ponto de partida, pode-se percorrer vários caminhos, mas só é possível chegar a um lugar (não há ambigüidades).

Simplicidade à parte, os cálculos sempre fascinaram o ser humano; efetuá-los repetidamente é o problema. Para evitar o trabalho maçante, muitas tentativas foram feitas para automatizar a tarefa.

1.2 – Histórico

O primeiro dispositivo de cálculo da história foi o ábaco (tábua de cálculo, em grego), um instrumento notável criado na antiga Babilônia por volta de 3000 a.C. e usado até hoje em alguns países do Oriente. Somente muito tempo depois começaram a surgir as primeiras máquinas de calcular.

☺ **Curiosidade:**
Você sabia que não houve ano zero e que o nascimento de Jesus Cristo ocorreu no ano 7 "antes de Cristo"?!

A primeira calculadora foi o relógio calculador criado em 1623 por Wilhelm Schickard (1592-1635). Tempos depois, surgiu a ilustre Pascalina (1645), do matemático francês Blaise Pascal (1623-1662).

1.2.1 – Ábaco

Ábaco é um mecanismo de cálculo portátil formado por várias hastes e algumas divisões. Nele, os números são representados por puxadores presos nas hastes. Cada parte do ábaco representa um valor. Os puxadores da primeira parte equivalem a uma unidade e os da parte seguinte equivalem a todos aqueles da parte anterior.

Inicialmente, os puxadores estão afastados das divisões centrais. As quantidades são introduzidas movendo-os para o centro do ábaco. A figura abaixo, por exemplo, armazena o número 9876543210.

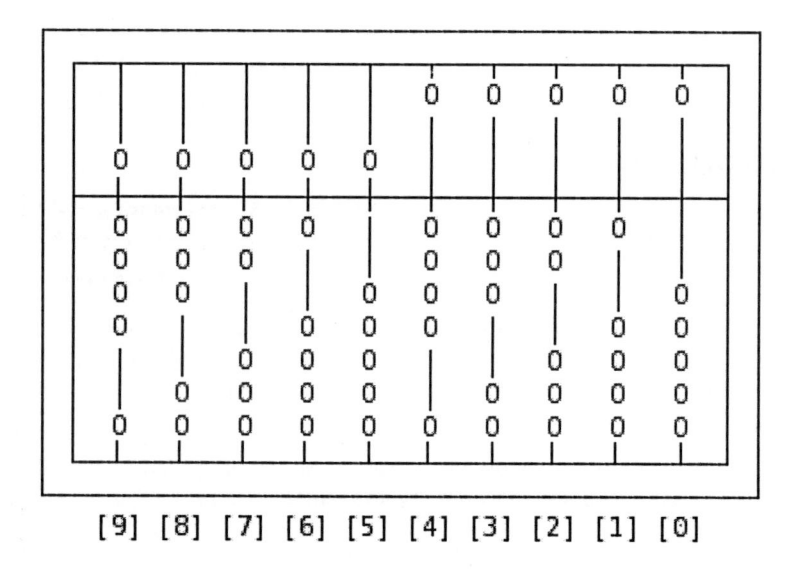

Figura 1.1: *Números no ábaco.*

1.2.2 – Computador

> *"Tudo que poderia ser inventado já foi criado."*
> CHARLES H. DUELL, CHEFE DO ESCRITÓRIO DE PATENTES DOS ESTADOS UNIDOS, 1899.

O computador foi idealizado em 1786 pelo alemão Johann Müller (1746-1830). Por motivos técnicos, entretanto, a máquina não pode ser implementada de imediato, pois era muito avançada para a época.

O primeiro computador da história foi criado em 1853 pelos suecos George Scheutz e seu filho Edward. Mais tarde, surgiram o analisador de diferenças (1927), o alemão Z1 (1938), o ABC (Atanasoff & Berry computer – 1941), o Colossus (1942) e o famoso ENIAC (Electronic numerical integrator and computer), desenvolvido em 1943 por Eckert (1919-1995) e Mauchly (1907-1980).

> "Creio que exista um mercado mundial
> para, talvez, cinco computadores."
> THOMAS J. WATSON (O PAI)(1874-1956), PRESIDENTE DA IBM, 1943.

Os computadores pioneiros eram baseados em válvulas eletrônicas a vácuo, o que os tornavam máquinas de dimensão e custo colossais.

Em 1947, entretanto, surgiu o transistor (transfer resistor), o sucessor das válvulas. Menor, mais confiável e econômico que suas antecessoras, o dispositivo permitiu a construção de computadores muito superiores aos existentes até então.

Tempos depois, em 1958, a companhia de instrumentos Texas criou o circuito integrado (ou microchip), componente que, mais tarde, possibilitaria a invenção do microprocessador.

Seguindo a tendência da miniaturização, a DEC (Digital equipment corporation) desenvolveu, em 1960, o primeiro minicomputador (mid-range computer): o PDP-1 (Programmed data processor version 1). Os computadores de grande porte passaram a ser chamados, então, de mainframes.

☺ **Curiosidade**:
Você sabia que até 1971, antes do lançamento das calculadoras de bolso, a maioria dos acadêmicos efetuava suas contas através da régua de cálculo, um dispositivo primitivo existente desde 1632?

O primeiro microcomputador foi o Kenbak-1 criado em 1971. Tempos depois, surgiram o Micral (1973), o Scelbi 8H (1973), o Altair 8800 (1974) e o clássico Apple-II desenvolvido por Steve Wozniac e seu xará Jobs em 1977. Na época, entretanto, as máquinas eram vistas como objeto para aficcionados.

> "Precisamos de um punhado de loucos agora.
> Veja onde fomos parar com os sãos!"
> GEORGE BERNARD SHAW.

Foi com o lançamento do IBM-PC, em 1981, que o microcomputador ingressou nas corporações. A concorrência, entretanto, não estava parada.

Em 1984, a Apple lançou o Macintosh, um microcomputador muito, muito à frente dos demais; tão à frente que levou a empresa a acreditar que ela poderia lucrar indefinidamente tornando-se única fabricante do produto. A clonagem do Mac foi, então, proibida, desencadeando o que hoje é tido como o maior atraso da indústria da computação. Os PCs levaram uma década para se equiparar aos Macs, mas acabaram superando-os devido à maior oferta. Em 1995, a

Apple tentou então voltar atrás, liberando a especificação de seu produto, mas já era tarde: a união mais uma vez havia prevalecido sobre o talento individual.

Em seus primeiros anos, entretanto, o PC não saiu do ambiente empresarial. Foram os jogos eletrônicos (videogames) os verdadeiros responsáveis pela democratização da informática. Comandada pelo conglomerado Warner, a Atari foi a empresa que conseguiu, nessa época, levar o primeiro computador até a casa das pessoas. Seu console 2600 tinha processador de apenas 1 MHz, 128 bytes de RAM e mídias (cartuchos) de 4 kB, é verdade, mas era um computador.

Com o surgimento da microinformática, os computadores de grande e médio porte foram quase extintos do mercado. Atualmente, há relativamente poucos mainframes em atividade e praticamente um único minicomputador sobreviveu: o AS/400, da IBM.

Na verdade, até o PC já pode ser considerado "morto" – o quente agora são as redes. Um microcomputador isolado é certamente capaz de realizar feitos incríveis, mas é quando o ligamos a uma rede como a Internet que todo o poder da microinformática aparece.

1.2.2.1 – Vantagens

"Computadores não resolvem problemas – eles executam soluções."

LAURENT GASSER.

O computador é uma máquina capaz de automatizar não só cálculos, mas também seqüências deles (algoritmos). Entre as suas vantagens, podemos citar:

- **espaço**: a área necessária para o armazenamento dos dados tende a ser menor;
- **tempo**: as tarefas tendem a ser concluídas mais rapidamente;
- **consistência**: os resultados tendem a ser mais confiáveis, pois não há erros de cálculo.

Repare que a automação sempre traz eficiência, mas nem sempre traz eficácia. Para ser eficaz, ela deve produzir resultados que atendam aos nossos objetivos. Um programa totalmente otimizado é certamente eficiente, mas não será eficaz se produzir um resultado diferente daquilo que realmente precisamos.

1.2.2.2 – Efeito colateral

"Um ano de pesquisa em inteligência artificial é suficiente para fazer qualquer cientista acreditar em Deus."

ALAN J. PERLIS.

O computador estende o poder de nosso cérebro assim como as máquinas estendem o poder de nossos músculos. Ele é projetado para realizar as tarefas repetitivas/tediosas e deixar para nós apenas as atividades verdadeiramente humanas.

Banindo o computador da sociedade certamente aumentaríamos a oferta de empregos, mas que preço pagaríamos por isso além da perda de produtividade: pessoas robotizadas?

Não precisamos combater a automação, mesmo porque nenhuma máquina tem utilidade sozinha. Afinal, de que servem os botões delas senão para assumirmos o comando das mesmas?

1.3 - Linguagens de Programação

Para controlar uma máquina, devemos ser capazes de falar o idioma dela.

Linguagens de programação são aquelas usadas para automatizar tarefas através do computador.

1.3.1 - Linguagens de Baixo Nível

> *"O legal dos padrões é que há muitos deles para se escolher."*
>
> ANDREW TANNENBAUM.

Todos os computadores eletrônicos utilizam a linguagem binária. Cada tipo de processador, entretanto, atribui um significado diferente para uma mesma seqüência de bits. Por essa razão, cada arquitetura possui sua própria linguagem de máquina.

Programas em linguagem de máquina são escritos usando-se somente zeros e uns; obviamente, o resultado é ilegível. Para melhorar a legibilidade do código, foram criadas as linguagens de montagem.

Linguagens de montagem (assembly languages) são aquelas que atribuem nomes às instruções binárias do processador. A adoção desse tipo de linguagem permitiu escrever programas usando-se letras e números em vez de apenas zeros e uns; o computador, entretanto, não entende texto. Logo, para executar esses programas é necessário montá-los, ou seja, traduzí-los em linguagem de máquina. Os programas criados para realizar a tarefa ficaram conhecidos como montadores (assemblers).

Com o surgimento das linguagens de montagem, os programas passaram a ser compostos, então, por dois arquivos: o arquivo-fonte e o arquivo-binário (executável). Até então, o arquivo-fonte era também o binário.

Embora as linguagens de montagem sejam mais legíveis que a binária, elas não são portáveis: ao mudar de arquitetura, é preciso reescrever todo o código-fonte dos programas. As linguagens de máquina e de montagem são consideradas, portanto, de baixo nível, pois estão presas à arquitetura-mãe.

Da necessidade de reutilizar o mesmo código-fonte em várias arquiteturas, começaram a surgir, já na década de 1950, as linguagens de alto nível.

1.3.2 - Linguagens de Alto Nível

> *"Se a indústria automobilística tivesse evoluído como o hardware dos computadores, um carro de luxo custaria hoje apenas 100 dólares e teria uma autonomia de milhões de quilômetros."*
>
> ROBERT X. CRINGELY.

> *"Se a indústria automobilística tivesse evoluído como o software dos computadores, nossos carros ainda estariam perdendo as rodas durante a viagem."*
>
> ANÔNIMO.

Linguagens de alto nível são aquelas cujo código-fonte, além de textual, é genérico. O computador, é claro, não as entende e, por isso, uma etapa intermediária também é necessária antes da execução do código. A montagem convencional, entretanto, não é suficiente nesse caso, pois o código-fonte não se resume a um conjunto de nomes atribuídos às instruções binárias do processador. Para executar esses programas, portanto, é necessário compilá-los, ou seja, converter a sintaxe deles para, em seguida, traduzí-los para código de máquina. Os programas criados para realizar essa tarefa ficaram conhecidos como compiladores.

Embora esse tipo de linguagem torne o código-fonte independente de plataforma, o código binário continua preso à origem. Ao mudar de arquitetura, é preciso recompilar o código-fonte.

Para levar a portabilidade ao código binário, foi acoplado às linguagens de alto nível o conceito de máquina virtual.

Máquina virtual é uma arquitetura genérica para a qual os códigos-fonte são compilados. Obviamente, o computador não entende a linguagem da máquina virtual. Para executar esses programas, portanto, é necessário interpretá-los, ou seja, compilá-los para a arquitetura local. Os programas criados para realizar essa tarefa são denominados interpretadores.

Portabilidade alcançada, o problema agora passa a ser o desempenho. Devido à etapa adicional de compilação, as linguagens de alto nível com máquina virtual tornam-se naturalmente mais lentas que suas antecessoras.

Para eliminar a lentidão, foram criados os interpretadores dinâmicos (just-in-time compilers). Em vez de compilar todo o código-genérico antes da execução, esses interpretadores compilam apenas as partes que forem sendo usadas e armazenam o código nativo resultante para que, nas próximas chamadas a elas, a recompilação possa ser evitada.

1.4 – Java

Criada em 1972 por Dennis Ritchie nos Laboratórios Bell, da AT&T, C é a mais poderosa linguagem de programação existente (C++ é a versão de C orientada a objetos). Por essa razão, a maioria dos sistemas operacionais são feitos através dela. Nas tarefas do cotidiano, entretanto, a produtividade é o fator mais importante. Por essa razão, muitos desenvolvedores de software migraram para opções mais práticas.

Lançada em 23 de Maio de 1995, Java é uma tecnologia aberta (community source) voltada para a Internet, baseada em C/C++ e multiplataforma. Além de herdar as qualidades de suas antecessoras, ela remove da linguagem recursos complexos como aritmética de ponteiro, herança múltipla e limpeza manual da memória. Mais que isso: Java não apenas "limpa" a linguagem C/C++, como também acrescenta recursos inéditos, como a independência de plataforma e a multitarefa.

☺ **Tome nota!**
O "Community Source" (http://www.sun.com/software/communitysource/) é uma licença de uso criada pela Sun que concilia a abertura do código-fonte com a viabilidade comercial do software.

Mesmo em C++, é possível ignorar os objetos. O efeito colateral dessa natureza híbrida é que, por força do hábito, muitos desenvolvedores continuam produzindo código ao estilo de C após migrar para C++. Java não permite isso, uma vez que é totalmente orientada a objetos.

1.4.1 – Histórico

Em 1990, a Sun Microsystems financiou um projeto interno (The Green Project – http://today.java.net/jag/old/green/) visando a antecipar-se ao futuro da computação. O protótipo resultante foi um controlador com interface gráfica sensível ao toque (Star7 ou *7) onde Duque, o atual mascote da tecnologia Java, era o assistente.

> ☺ **Curiosidade:**
> A rede telefônica do escritório onde a equipe do projeto trabalhava possuía uma peculiaridade: ela permitia, a qualquer membro do grupo, atender ligações feitas para companheiros ausentes, bastando, para isso, pressionar as teclas * e 7 do seu respectivo aparelho. Na hora de batizar o invento, não deu outra: Star7!

Para possibilitar a interação do controlador com dispositivos de natureza heterogênea, o canadense James Gosling (http://weblogs.java.net/jag/), programador de genialidade notória, criou uma nova linguagem independente de processador e a batizou de Carvalho – nome da árvore que se via da janela de sua sala de trabalho. Mais tarde, entretanto, descobriu-se que tal nome já estava sendo usado por outra linguagem. Em 1994, o software foi, então, rebatizado para Java, a ilha da Indonésia de onde vinham os grãos usados na cafeteria local.

O projeto chegou até a despertar o interesse de alguns clientes na indústria de televisão a cabo, mas não pode ser implementado, pois o mercado ainda encontrava-se em fase embrionária.

Por uma incrível coincidência, ocorreu em 1993 a inesperada explosão da World Wide Web (a interface gráfica da Internet criada por Tim Berners-Lee), um ambiente idêntico ao dos dispositivos. A nova linguagem pode, então, ser aproveitada na grande rede e, posteriormente, na programação em geral.

1.4.2 – A Plataforma Java e a Linguagem Java

Java é, ao mesmo tempo, uma linguagem de programação e uma plataforma. É uma linguagem, pois, através dela, pode-se criar programas de computador. É também uma plataforma, pois anula a incompatibilidade entre os diversos tipos de máquina existentes, criando assim uma nova camada na qual todos se entendem.

1.4.3 – Características

Em essência, Java é uma linguagem de programação portável, distribuída, segura e aberta. Entre outras características, podemos citar:

- **Independência de plataforma**: é a capacidade de um mesmo programa rodar, sem alterações, em diversas combinações de máquina e de sistema operacional. É ela quem possibilita a verdadeira portabilidade, até então inexistente;
- **Orientação a objetos**: depois de Simula, SmallTalk e de C++, Java foi, ao lado do Borland Delphi, uma das pioneiras nessa abordagem;
- **Multitarefa**: é a capacidade de um único programa executar várias atividades ao mesmo tempo. Depois de Ada, Java é a primeira linguagem a disponibilizar esse valioso poder;
- **Estabilidade**: programas em Java tendem a ser mais estáveis do que em C/C++, pois a linguagem incorpora mais engenharia de software que suas antecessoras. Só a eliminação dos ponteiros e a automatização da limpeza da memória já contribuem bastante para a maior consistência do produto final.

☺ **Curiosidade**:
Em Agosto de 2003, o verme Blaster assustou o mundo ao impor aos usuários uma contagem regressiva para o desligamento de seus computadores. A praga disseminou-se pela Internet efetuando uma aritmética de ponteiro ilegal (estouro de buffer) no serviço de RPC (Remote Procedure Call) de um sistema operacional. Se esse mecanismo tivesse sido implementado em Java, os ataques não teriam ocorrido (a linguagem é à prova de ponteiros "rebeldes").

1.4.4 – Bytecodes

Para permitir que um mesmo programa seja executado em vários sistemas operacionais, a plataforma Java gera códigos genéricos (*.class) e os traduz para código específico da máquina local ("*.bin" ou "*.exe" ou...) somente no momento da execução. Bytecodes, portanto, são códigos específicos para a máquina virtual Java e não para a máquina local.

Aproveitando-se do fato de os programas Java precisarem ser traduzidos para ser executados, incorporou-se ao interpretador uma camada de segurança capaz de barrar muitas das potenciais ameaças antes mesmo da execução delas.

O resultado de todo esse esforço é uma linguagem naturalmente mais lenta que C/C++, porém muito mais portável e segura que ela.

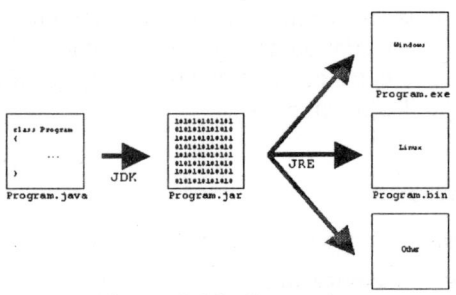

Figura 1.1A: *Bytecodes*.

1.4.5 – Edições

A real portabilidade de Java permitiu à plataforma migrar não só para diferentes tipos de microcomputador, mas também para computadores de outro porte: é possível rodar código Java em máquinas que vão desde dispositivos portáteis até grandes servidores.

Para adaptar a tecnologia às necessidades de cada arquitetura, foram criadas três edições da plataforma Java:

- **Edição compacta (ME)**: edição reduzida para uso em dispositivos móveis;
- **Edição padrão (SE)**: edição padrão para uso geral;
- **Edição corporativa (EE)**: edição expandida para uso em servidores e máquinas de grande porte.

Esse livro aborda todas as edições da plataforma. Enfim, Java sem limites!

1.4.6 – O que é Java 5?

Considera-se como Java 5 qualquer plataforma Java cuja versão seja superior à "1.4". O motivo disso é que, desde "1.2", as reestruturações da tecnologia têm sido muito radicais para justificar a continuação da numeração "1.x".

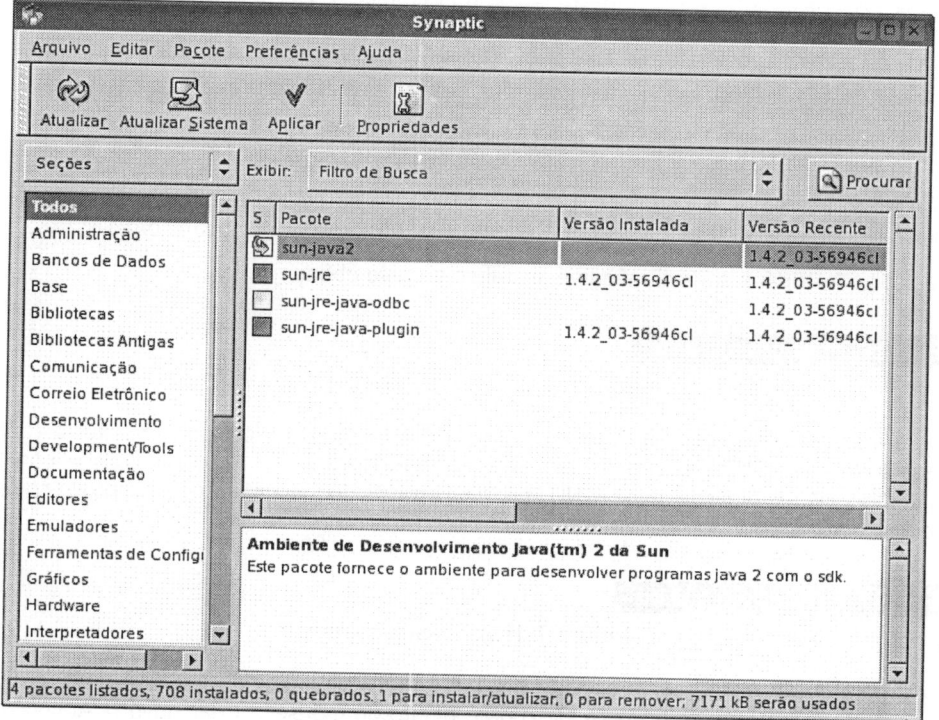

Figura 1.2: *Gerenciando pacotes.*

1.4.7 – Obtendo a Plataforma Java

Programas Java rodam em vários sistemas graças à máquina virtual Java, o componente-chave da plataforma. Para adicionar esse acessório ao seu computador, instale o plug-in Java (Java runtime environment).

Para realizar instalações no Conectiva Linux, o sistema operacional adotado no livro, abra o Synaptic e agende a instalação do programa desejado selecionando o pacote correspondente. Para executar as operações agendadas, pressione o botão "Aplicar" (parte superior central).

A criação de programas em Java, por sua vez, é feita através das ferramentas de linha de comando do Conjunto de ferramentas do desenvolvedor Java (Java developer's kit – "http://java.sun.com/j2se/5/download.jsp"). Na prática, entretanto, usamos um ambiente gráfico de desenvolvimento (Integrated development environment), programa que integra num único aplicativo todas as funcionalidades necessárias para a tarefa.

Pasta	Descrição
jdk5/bin/	Contém as ferramentas propriamente ditas para a criação de programas Java.
jdk5/src.zip	O arquivo "src.zip" contém o código-fonte de Java.
jdk5/jre/lib/rt.jar	O arquivo "rt.jar" (e demais arquivos "*.jar" listados pela propriedade "sun.boot.class.path") contém o código executável (runtime information) de Java.

Tabela 1.1: Conteúdo do jdk

Nessa obra, usaremos o NetBeans, o ambiente gráfico de código aberto mais usado pelos desenvolvedores Java, disponível gratuitamente em "http://www.nertbeans.org".

Para usar o NetBeans em sua máquina, instale o arquivo obtido.

```
[...]$./netbeans.bin
```
Figura 1.3: Instalando o NetBeans.

Caso o instalador se recuse a funcionar, ative a permissão de execução do arquivo (botão direito do mouse > Propriedades > Permissões) e tente novamente. Caso não consiga concluir a operação, instale o pacote glibc (GNU library C) através do Synaptic ou pela linha de comando e insista mais uma vez.

```
[...]# rpm -ivh glibc
```
Figura 1.4: Instalando a glibc.

Enfim, para iniciar o NetBeans, execute o script "<netbeans-dir>/bin/netbeans" no terminal ou, se preferir, crie um atalho para ele (botão direito do mouse > Criar novo > Atalho para aplicativo...).

Capítulo 1: Introdução ao Java **11**

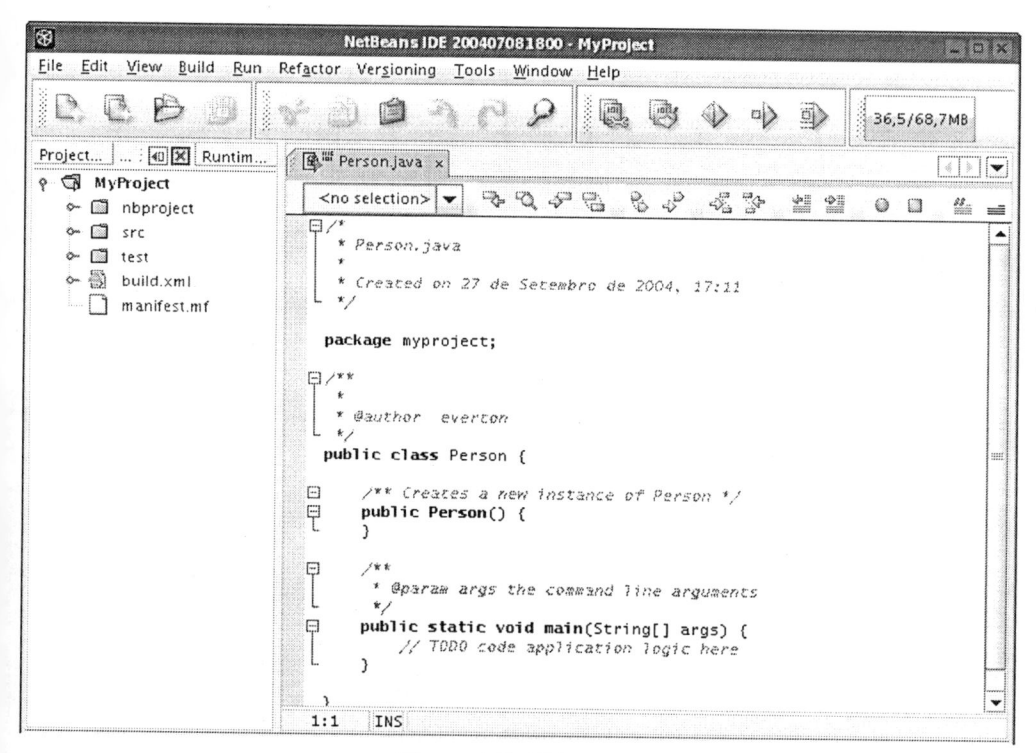

Figura 1.5: Vida nova.

Como todo ambiente gráfico, o NetBeans requer um computador razoável para funcionar com bom desempenho. Para agilizá-lo em máquinas mais antigas, desative algumas opções e personalize outras.

Para desativar os recursos avançados, vá até "Tools > Options" e:

1. em "Editing":
    1. em "Editor settings":
        1. desative "Show Toolbar";
        2. em "Java editor", desative "Code folding" e "Auto popup javadoc window";
    2. em "Java sources", desative "Prescan sources" e ajuste "Error annotation limit" para zero;
2. em "IDE configuration > System":
    1. em "Modules", desative "Developing NetBeans";
    2. em "Update center", configure "Check period" para nunca.

Para melhorar ainda mais o desempenho, abra o arquivo "<netbeans-dir>/etc/netbeans.conf" e inclua as opções a seguir na variável "netbeans_default_options".

- "**-J-server**": sacrifica o tempo de carregamento em nome da velocidade final;
- "**-J-Xms...**" e "**-J-Xmx...**": estabelecem a quantidade mínima e máxima de RAM que poderá ser usada.

A qualquer momento, para desinstalar o programa, vá até "<netbeans-dir>/_uninst/" e execute o desinstalador.

```
[...]$ ./uninstall.bin
```

Figura 1.6: *Desinstalando o programa.*

Capítulo 2

Programação Orientada a Objetos

2.1 – Introdução

Programação orientada a objetos é aquela na qual as variáveis e as funções são encapsuladas numa entidade denominada objeto. O ocultamento dos detalhes permite uma "visão panorâmica" do projeto, o que facilita o entendimento do código e, conseqüentemente, agiliza o desenvolvimento do software.

A primeira linguagem de programação orientada a objetos foi a Simula, criada em 1966 pelos noruegueses Ole-Johan Dahl (1931-2002) e Kristen Nygaard (1926-2002). Tempos depois, surgiu a Smalltalk (1972) da Xerox. Embora antiga, a orientação a objetos só ganhou destaque recentemente após a adoção das interfaces gráficas.

2.2 – Classe e Objetos

A orientação a objetos permite modelar programas de uma maneira natural. Veja:

```
class Person
{
}
```

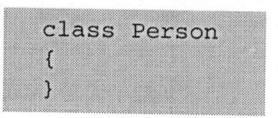

Figura 2.1: *Uma classe vazia.*

Classe é o modelo que define como cada objeto deve ser; a classe anterior, por exemplo, define um novo tipo de objeto – Pessoa. As chaves delimitam o corpo da classe: tudo o que estiver entre a chave de abertura ({) e a de fechamento (}) será referente à classe em questão.

Programar em Java resume-se a criar novos tipos de objeto, definindo, para isso, os atributos e os comportamentos desejados: os atributos são as variáveis e os comportamentos, os métodos. Um objeto é, então, um conjunto de variáveis e métodos relacionados entre si.

Pessoas devem possuir nome, idade e endereço. Para adicionar atributos a um objeto, inclua variáveis na classe que o define.

```
class Person
{
   String name;
   int age;
   String address;
}
```

Figura 2.2: *Uma classe com variáveis.*

Agora cada objeto do tipo Pessoa já possui três qualidades, mas eles ainda não são capazes de fazer nada. Para adicionar tarefas, inclua métodos.

```
class Person
{
   String name;
   int age;
   String address;

   void speak()
   {
      System.out.println("Welcome to the Java Platform!");
   }
}
```

Figura 2.3: *Uma classe completa (mas um programa incompleto).*

Pessoas devem ser capazes de falar. Por isso, incluímos em nossa classe o método falar, que imprime na tela uma mensagem de saudação.

A essa altura, nossa classe já está pronta. Para transformá-la em um programa, entretanto, falta ainda definir um ponto-de-partida onde a execução começará. Por convenção, esse local é o método principal – nele definimos o que deve ser feito com a classe.

Em Java, portanto, programa é qualquer classe que possui um ponto de partida. Classes sem o método principal são úteis apenas como modelos.

```
class Person
{
   String name;
   int age;
   String address;

   void speak()
   {
      System.out.println("Welcome to the Java Platform!");
```

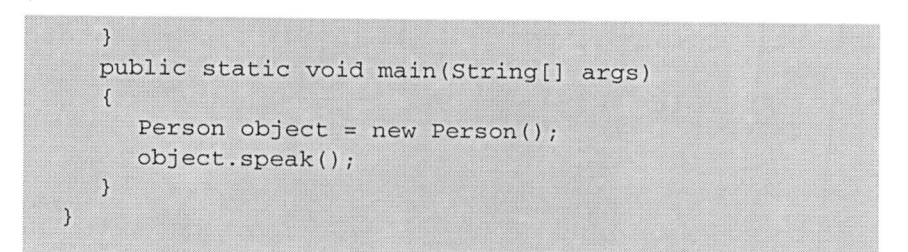

```
    }
    public static void main(String[] args)
    {
        Person object = new Person();
        object.speak();
    }
}
```

Figura 2.4: *Programa completo.*

No exemplo anterior, criamos um objeto do tipo Pessoa. Essa operação, entretanto, apenas preenche a memória principal (RAM) da máquina com o valor das variáveis do objeto. Para nos certificar que ele realmente está "lá", especificamos que o objeto Pessoa deve falar.

Pratique: no NetBeans, crie um novo projeto (File > New project... > Standard > Java application) e inclua a classe Pessoa nele (File > New file... > Java classes > Java main class). A configuração da classe a ser executada por padrão é feita em "File > Project properties > General > Run > Running project". Para construir o programa, pressione o botão "Build". O resultado será gravado no diretório "~/MyProject/dist/". Enfim, para executar o programa gerado, acione o botão "Run".

```
Welcome to the Java Platform!
```

Figura 2.5: *A primeira vez.*

Agora que já aprendemos a enviar mensagens para a tela, vem aquela inevitável dúvida: como recebê-las pelo teclado? Desde Java 5, a operação é feita através da classe utilitária Scanner; assim.

```java
// Save as: Person2.java
import java.util.Scanner;

class Person2
{
    String name;
    int    age;
    String address,
           sentence;

    void listen()
    {
        Scanner keyboard = new Scanner(System.in);
        System.out.println("Please, enter a sentence:");
        this.sentence = keyboard.nextLine();
        keyboard.close();
    }
```

```
    void speak()
    {
      System.out.println(
            "Sentence:\n\"" + this.sentence + "\"");
    }
    public static void main(String[] args)
    {
      Person2 object = new Person2();
      object.listen();
      object.speak();
    }
}
```

Figura 2.6: *Ouça e fale*.

```
[...]$ <jdk-dir>/bin/javac Person2.java
[...]$ <jdk-dir>/bin/java Person2
Please, enter a sentence:
Error, keyboard not found - press F1 to continue...
Sentence:
"Error, keyboard not found - press F1 to continue..."
```

Figura 2.7: *Interação*.

2.2.1 – Classes-Enumeração

Até agora temos usado classes tradicionais, ou seja, modelos a partir dos quais podem ser produzidos qualquer número de exemplares. Algumas vezes, entretanto, desejaremos evitar a criação indiscriminada de novas instâncias. Nesse caso, recorremos a um tipo especial de classe.

Também introduzidas em Java 5, as enumerações são classes com um conjunto predefinido de objetos.

Ao definir uma classe Bit, por exemplo, não gostaríamos de permitir o uso de outros valores além dos habituais (0 e 1). Precisamos, então, limitar as instâncias da classe ao conjunto desejado.

Para definir uma classe e, ao mesmo tempo, enumerar os objetos que podem representá-la, troque a cláusula class pela enum.

```
enum MyClass
{
    OBJECT_1(...), ... , OBJECT_N(...); // instances here
    // class content here
}
```

Figura 2.8: *Restringindo as possibilidades*.

O exemplo é esclarecedor.

```java
enum Bit
{
    ZERO, ONE;

    void printMe()
    {
        System.out.println("bit: " + this);
    }

    public static void main(String[] args)
    {
        Bit.ONE.printMe();
    }
}
```

Figura 2.9: *Evitando o pior.*

```
bit: ONE
```

Figura 2.10: *Sem susto.*

A ordem preferencial dos componentes de uma declaração de classe é mostrada no diagrama seguinte.

annotation	access	abstract/final	class Name	extends	implements

Figura 2.11: *Componentes de uma declaração de classe.*

Por convenção, as classes são representadas graficamente por um retângulo vertical dividido em 3 partes: nome da classe, atributos e comportamentos.

2.2.2 – Diferença entre Classe e Objetos

Classe é uma categoria de objeto. Ao elaborar uma classe, defina o que o objeto possuirá (vari'veis) e o que ele será capaz de fazer (métodos).

Objeto é um representante da classe: ele contém apenas o valor das variáveis. Quando instanciamos uma classe, criamos um objeto que contém exatamente as variáveis e métodos definidos por ela.

É possível criar várias instâncias de uma mesma classe, pois os objetos são independentes: alterar um deles não mudará os demais.

Os diagramas UML evidenciam a diferença entre os dois conceitos.

Person
name: String age: int address: String
speak(): void

obj1
Letícia Spiller 31 Itanhangá - RJ - BR

obj2
Pedro Spiller 7 Itanhangá - RJ - BR

Figura 2.12: *Classe e objetos.*

Geralmente, o nome das classes e variáveis é um substantivo e o dos métodos, um verbo. O nome das classes é iniciado em letra maiúscula e o dos membros (variáveis e métodos) dos objetos, em letra minúscula. Quando o nome for composto, cada palavra, a partir da segunda, é iniciada em maiúscula. Por exemplo: CompoundClassName, compoundVariableName, compoundMethodName().

2.2.3 – Diferença entre Classe e Programa

Classes são apenas modelos e, portanto, elas não são obrigadas a definir o método principal. De fato, os programas tendem a ser compostos por várias classes, mas apenas uma delas deve ser usada como ponto-de-partida.

Nosso primeiro programa, portanto, poderia ter sido escrito da seguinte maneira:

```java
class Person
{
   String name;
   int    age;
   String address;

   void speak()
   {
      System.out.println("Welcome to the Java Platform!");
   }
}

public class Program
{
   public static void main(String[] args)
   {
      new Person().speak();
   }
}
```

Figura 2.13: *Separando as partes.*

```
Welcome to the Java Platform!
```

Figura 2.14: *Mesmo resultado.*

Capítulo 3

Conceitos Básicos – Parte 1

3.1 – Introdução

Agora que já temos uma "visão panorâmica" dos programas, podemos nos aprofundar neles.

3.2 – Instruções e bloco

Instruções são as ordens que damos ao computador. Assim como em C/C++, cada instrução em Java pode ocupar várias linhas. Por essa razão, precisamos encerrá-las manualmente com um ponto-e-vírgula.

```java
class StatementDemo
{
    String firstName,
           lastName,
           address;
}
```

Figura 3.1: *Instrução.*

Bloco, por sua vez, é um conjunto de instruções tratado como uma unidade. Delimitamos o corpo deles através das chaves de abertura ({) e de fechamento (}).

```java
class BlockDemo
{
    void sampleIt()
    {
        boolean condition = false;
```

```
      // Without block
      if (condition == true)
        System.out.println("inside");
        System.out.println("outside");
      // With block
      if (condition == true)
      {
        System.out.println("inside");
        System.out.println("inside");
      }
   }

   public static void main(String[] args)
   {
      new BlockDemo().sampleIt();
   }
}
```

Figura 3.2: *Bloco.*

`outside`

Figura 3.3: *Um por todos e todos por um.*

3.3 – Expressões e Literais

Assim como na vida real, no mundo virtual também nem tudo é o que parece.

Expressões são instruções que retornam um valor. "6/3", por exemplo, é uma expressão que retorna "2".

Literais, por outro lado, são expressões que valem literalmente (ao pé-da-letra) o que são. "2", por exemplo, é um literal.

O exemplo é esclarecedor: repare que os literais são impressos como nós os escrevemos ao passo que as demais expressões, não.

```
import java.awt.Dimension;

class ExpressionDemo
{
   void sampleIt()
   {
      System.out.println(2);
      System.out.println(2+2);
      System.out.println(new Dimension(800,600));
   }
```

```
    public static void main(String[] args)
    {
       new ExpressionDemo().sampleIt();
    }
}
```

Figura 3.4: *Desmascarando as expressões.*

```
2
4
java.awt.Dimension[width=800,height=600]
```

Figura 3.5: *Expressões desmascaradas.*

Ao criar literais, cuidado: no código-fonte, o zero à esquerda é relevante – ele indica mudança de base. Números iniciados em zero (0...) são considerados octais (base 8) enquanto que números iniciados em zero e x (0x...) são considerados hexadecimais (base 16). Por exemplo: 012 equivale a dez e 0xA, também.

Faça o teste e comprove.

```
class RadixDemo
{
   void sampleIt()
   {
      int octalNumber = 012,
          hexaNumber = 0xA;
      System.out.println("012 = " + octalNumber +
                         "\n0xA = " + hexaNumber);
   }

   public static void main(String[] args)
   {
      new RadixDemo().sampleIt();
   }
}
```

Figura 3.6: *Quando o zero a esquerda é relevante.*

```
012 = 10
0xA = 10
```

Figura 3.7: *Quem diria, hein?!*

Cada literal gerado é mantido em um trecho reservado da memória: o repositório (pool). Antes de criar um deles, Java consulta o repositório: se o literal solicitado já existe, uma referência a ele é retornada; caso contrário, o novo literal é criado, incluído no repositório e uma referência a ele é retornada. Isso evita o desperdício de memória.

No código abaixo, por exemplo, o literal zero não é duplicado: tanto a variável "x" como a "y" apontam para o mesmo trecho da memória, como pode ser comprovado pelo teste "x == y". Repare que a linha "y = 5" não altera o valor de "x": ela simplesmente faz a referência "y" apontar para "outro lugar".

```java
class PoolDemo
{
   void sampleIt()
   {
      int x = 0,
          y = 0;
      System.out.println("x == y (" + (x == y) + ")");
      y = 5;
      System.out.println("x = " + x + ", y = " + y);
   }

   public static void main(String[] args)
   {
      new PoolDemo().sampleIt();
   }
}
```

Figura 3.8: *Poupando memória.*

```
x == y (true)
x = 0, y = 5
```

Figura 3.9: *Referências em ação.*

O único literal de tipo construído (literal objeto) são as "Strings". Por serem muito usadas, Java permite que elas sejam criadas sem o uso do operador "new".

Literais-texto são delimitados por aspas duplas. Como todo objeto, eles podem executar métodos.

```java
class LiteralDemo
{
   void sampleIt()
   {
      String firstName =
                "Letícia Spiller Pena".substring(0,7);
      System.out.println(
                "Her first name is " + firstName + ".");
   }
```

```
    public static void main(String args[])
    {
       new LiteralDemo().sampleIt();
    }
}
```

Figura 3.10: *Uau!*

Her first name is Letícia.

Figura 3.11: *... é a coisa mais linda... que Deus pôde fazer...*

3.4 – Convenções de Escrita

O código-fonte dos programas pode ser moldado de diversas maneiras. Embora o estilo oficial dos códigos Java seja aquele eternizado pelo criador da linguagem C, seguiremos nessa obra o estilo ANSI por ele ser um pouco mais legível. Basicamente, ambos diferem apenas quanto ao posicionamento da chave de abertura ({).

3.4.1 – Indentação

Indentar consiste em usar tabulações para evidenciar a estrutura do código. A prática não prejudica o desempenho do programa, pois o espaçamento é descartado pelo compilador.

A indentação é a única unanimidade entre os estilos existentes, pois ela melhora incontestavelmente a legibilidade do código-fonte.

Compare um mesmo programa com indentação e sem ela.

```
class Person
{
   String name;
   int     age;
   String address;

   void speak()
   {
      System.out.println("Welcome to the ava Platform!");
   }

   public static void main(String[] args)
   {
      Person object = new Person();
      object.speak();
   }
}
```

Figura 3.12: *Escrevendo com elegância.*

```
@Deprecated
class Person
{
String name;
int     age;
String address;

void speak()
{
System.out.println("Welcome to the Java Platform!");
}

public static void main(String[] args)
{
Person object = new Person();
object.speak();
}
}
```

Figura 3.13: *Cruz-credo.*

Quanto maior for o código, mais evidente será a vantagem da indentação.

Para saber tudo sobre as convenções de escrita em Java, consulte: http://java.sun.com/docs/codeconv/

3.5 – Comentários

Outra boa prática de programação é comentar o código-fonte. Assim como as tabulações, os comentários também não são inseridos no arquivo executável resultante da compilação.

Java possui dois tipos de comentário. O "//", herdado de C++, ocupa apenas uma linha. Já o par "/*" e "*/", herdado de C, pode ocupar várias delas.

Eis um exemplo.

```
class PrintArray
{
    void sampleIt(int width,    // columns
                  int height)   // rows
    {
        /* Don't worry, developer:
           The enclosing loop changes the row
           and the inner one fills the columns */

        for (int row=0, column; row < height; row++)
        {
            for (column=0; column < width; column++)
```

```
            {
                System.out.print("\t a" + row + column);
            }
            System.out.println(); // new line
        }
    }

    public static void main(String[] args)
    {
        new PrintArray().sampleIt(3, 2);
    }
}
```

Figura 3.14: *Melhorando a legibilidade do código.*

a00	a01	a02
a10	a11	a12

Figura 3.15: *Um excelente exercício de lógica.*

Como podemos ver, os comentários foram criados para melhorar a legibilidade do código e não para traduzí-lo; use-os, portanto, com moderação. A grande necessidade de comentários é um indício de que o programa precisa ser reformulado.

3.5.1 – Anotações

Anotações são comentários através dos quais descrevemos os elementos do programa (classes, variáveis, métodos e etc.) de forma que eles possam ser tratados da maneira mais adequada possível pelas ferramentas de desenvolvimento.

Para incluir anotações, basta prefixar com uma delas a declaração do elemento a ser descrito.

```
class AnnotationDemo
{
    void sampleIt()
    {
        @MyAnnotationType(field1 = value1, ... , fieldN = valueN)
        target declaration;
    }
}
```

Figura 3.16: *Descrevendo as partes do programa.*

3.6 – Notação de Acesso a Membros

Para acessar os membros (variáveis ou métodos) de um objeto, use o operador ".". Assim:

```
object.variable;
object.method();
```

Figura 3.17: *Fácil, não?!*

Sabendo isso, vamos alterar a classe Pessoa: o método principal, agora, atribui valores às variáveis do objeto e o método "falar" imprime na tela o nome do objeto em vez da mensagem de saudação.

```java
class Person
{
    String name;
    int    age;
    String address;

    void speak()
    {
        System.out.println("Hi! My name is " + this.name + ".");
    }

    public static void main(String[] args)
    {
        Person woman = new Person();

        woman.name = "Letícia";
        woman.age = 31;
        woman.address = "Itanhangá - RJ - BR";

        woman.speak();
    }
}
```

Figura 3.18: *Minha Lê no Itanhangá.*

```
Hi! My name is Letícia.
```

Figura 3.19: *O amor é lindo.*

Métodos devem ser suficientemente genéricos para funcionar com qualquerobjeto de sua classe. A cláusula "this" é a referência usada para acessar o objeto que está executando o método, seja ele quem for.

O próximo exemplo demonstra isso. Repare que, graças à cláusula "this", o método "falar" funciona com qualquer objeto de sua classe.

```java
class Person2
{
   String name;
   int    age;
   String address;

   void speak()
   {
      System.out.println("Hi! My name is " + this.name + ".");
   }

   public static void main(String[] args)
   {
      Person2 woman = new Person2(),
              boy   = new Person2();
      woman.name = "Letícia";
      woman.age = 31;
      woman.address = "Itanhangá - RJ - BR";

      boy.name = "Pedro";
      boy.age = 7;
      boy.address = "Itanhangá - RJ - BR";

      woman.speak();
      boy.speak();
   }
}
```

Figura 3.20: A cláusula "this"...

```
Hi! My name is Letícia.
Hi! My name is Pedro.
```

Figura 3.21: ... e o "nosso" filho Pedro.

3.7 - Erros de Sintaxe e de Lógica

> "Nenhum computador tem consciência do que faz.
> Mas, na maior parte do tempo, nós também não."
>
> MARVIN MINSKY, GURU DA INTELIGÊNCIA ARTIFICIAL.

Ao desenvolver programas, é comum depararmos com dois tipos de problema: os erros de sintaxe e os de lógica.

Erros de sintaxe são simplesmente violações às regras da linguagem e, por isso, são facilmente detectados pelo compilador.

A instrução abaixo, por exemplo, tenta atribuir um valor numérico a uma referência booleana. Em Java, os únicos valores admitidos nesse caso são true (verdadeiro) ou false (falso).

```
class SyntaxErrorDemo
{
   @Deprecated
   boolean condition = 1;
}
```

Figura 3.22: *Intragável.*

Erros de lógica (bugs), por sua vez, são equívocos. Por serem de natureza sutil, só são detectados pelos seres humanos.

Veja o código seguinte: ele não viola nenhuma regra da linguagem, mas contém um erro.

```
class BugDemo
{
   @Deprecated
   void sampleIt()
   {
      boolean condition = true;
      while(condition = true)
      {
         System.out.println("This should run only once.");
         condition = false;
      }
   }

   public static void main(String[] args)
   {
      new BugDemo().sampleIt();
   }
}
```

Figura 3.23: *Instrução correta (mas no lugar errado).*

```
This should run only once.
This should run only once.
This should run only once.
         •
         •
         •
```

Figura 3.24: *???*

O computador entende tudo "ao pé-da-letra". No exemplo anterior, simulamos um equívoco trocando o operador de comparação (==) pelo de atribuição (=). Resultado: o laço jamais terminará, pois a condição em questão nunca se tornará falsa. Para encerrar o programa, tecle <Ctrl> + <C>.

O código a seguir corrige o erro.

```java
class FixedBugDemo
{
   void sampleIt()
   {
      boolean condition = true;
      while(condition == true)
      {
         System.out.println("This run only once.");
         condition = false;
      }
   }

   public static void main(String[] args)
   {
      new FixedBugDemo().sampleIt();
   }
}
```

Figura 3.25: *Em sintonia com a linguagem.*

```
This run only once.
```

Figura 3.26: *A matemática é exata.*

3.8 – Afirmações

"Não espere por uma crise para descobrir o que é importante em sua vida."

PLATÃO.

Afirmação é o mecanismo pelo qual devemos especificar tudo aquilo que considerarmos implícito de forma a sermos alertados caso a situação fuja do controle.

Para especificar que algo será considerdo implícito:

```
assert condition: errorDescription;
```

Para ativar a verificação das afirmações durante a execução do programa no NetBeans, abra o arquivo "<netbeans-dir>/etc/netbeans.conf" e inclua na variável "netbeans_default_ options" a opção "-J-ea".

Veja o programa a seguir: o algoritmo dele considera que as notas serão sempre positivas (forneça um valor negativo para ver o alerta).

```java
class AssertionDemo
{
   void evalIt(double score)
   {
      String result = null;
      if (score >= 7)
      {
         result = "Congratulations. Go on!";
      }
      else
      {
         assert score >= 0: "Bad score: " + score;
         result = "Sorry: start from scratch.";
      }
      System.out.println(result);
   }

   public static void main(String[] args)
   {
      new AssertionDemo().evalIt(7.5);
   }
}
```

Figura 3.27: *Evitando mal-entendidos.*

Use afirmações para facilitar a localização dos erros de lógica (bugs).

3.9 – Acumulador e Contador

Acumulador e contador são dois conceitos fundamentais para a utilização das estruturas de repetição (laços).

Acumulador é a variável correspondente à soma de todas as entradas. Já o contador (ou iterador) é a variável usada para armazenar a quantidade de entradas.

Uma diferença marcante entre ambos é que, geralmente, o acumulador caminha a passos variáveis enquanto o contador caminha a passos constantes: pense nisso ao identificar quem é quem.

A média aritmética é o exemplo perfeito para demonstrar o assunto. Nela, a soma das parcelas é o acumulador e a quantidade de parcelas, o contador.

```java
import java.util.Scanner;

class Average
{
   void sampleIt()
   {
      double sum = 0,
             item = 0;
      int counter = 0;
      Scanner keyboard = new Scanner(System.in);
      while (item != -1)
      {
         System.out.println(
              "Please, enter a number (-1 to quit):");
         item = keyboard.nextDouble();
         if (item != -1)
         {
            sum += item;
            ++counter;
            System.out.println(
                      "average = " + sum / counter + "\n");
         }
      }
      keyboard.close();
      System.out.println("Bye!");
   }

   public static void main(String[] args)
   {
      new Average().sampleIt();
   }
}
```

Figura 3.28: *Acumulando e contando.*

```
[...]$ <jdk-dir>/bin/javac Average.java
[...]$ <jdk-dir>/bin/java Average
Please, enter a number (-1 to quit):
10
average = 10.0

Please, enter a number (-1 to quit):
0
average = 5.0

Please, enter a number (-1 to quit):
-1
Bye!
```

Figura 3.29: *Média.*

3.10 – Dados e Informações

Dados são os ingredientes que fornecemos ao computador. Informação, por outro lado, é o produto final que desejamos obter através do processamento dos dados.

Em suma: dado é aquilo que temos e informação é o que queremos.

A importância da informação está no fato de ela ser a principal assessora das tomadas de decisão.

Para que as informações produzidas por um sistema sejam confiáveis, os dados devem ser íntegros e os programas, consistentes.

Capítulo 4

Conceitos Básicos – Parte 2

4.1 – Representações Numéricas

Inicialmente, as quantidades (números) eram representadas por agrupamentos de objetos. As primeiras contas, por exemplo, foram feitas através da manipulação de pedras, por isso o termo cálculo (pedra em grego).

Os ímbolos numéricos (numerais) foram criados na Índia em 6000 a.C. e trazidos para o Ocidente em 825 pelo matemático persa Muhammed idn Musa Al-Khwarizmi (780-850), daí os termos algarismo e algoritmo.

Sistema de numeração é o esquema pelo qual representamos as quantidades. Sua base indica quantos símbolos diferentes podem ser usados na tarefa.

Os sistemas de numeração mais comuns são:

- **Binário**: sistema cujos números são compostos por até dois símbolos (0 e 1);
- **Octal**: sistema cujos números são compostos por até oito símbolos (0, 1, 2, 3, 4, 5, 6 e 7);
- **Decimal**: sistema cujos números são compostos por até dez símbolos (0, 1, 2, 3, 4, 5, 6, 7, 8 e 9);
- **Hexadecimal**: sistema cujos números são compostos por até dezesseis símbolos (0, 1, 2, 3, 4, 5, 6, 7, 8, 9, A, B, C, D, E e F).

Quanto maior é a base de um sistema, mais curtas tendem a ser as suas representações. O sistema hexadecimal, por exemplo, precisa de apenas um símbolo (F) para representar o "nosso" 15 ao passo que o sistema binário requer uma representação mais extensa (1111).

A preferência humana pelo sistema decimal é herança do tempo em que todas as contagens eram efetuadas através dos dedos das mãos. O computador, por outro lado, usa o sistema binário, pois é relativamente fácil manipular zeros e uns através de dispositivos eletrônicos: basta associar cada símbolo a um estado do dispositivo (desligado ou ligado) e dispor os diodos, transistores, resistores e capacitores de maneira que o circuito resultante produza a saída desejada.

4.2 – Codificação/Decodificação

4.2.1 – Números

"Há 10 tipos de pessoas – aquelas que entendem o sistema binário e aquelas que não o entendem."

Anônimo.

No computador todos os dados (números, letras, imagens, sons e vídeos) são representados através de zeros e uns. Cada elemento da seqüência é denominado bit (binary digit), pois só pode assumir dois valores.

Em um byte, os bits podem ser agrupados de 256 maneiras: cada agrupamento é associado a um número. Usando 8 bits, portanto, podemos representar até 256 números. Metade desses agrupamentos (00000000 até 01111111) é usada para representar os números positivos e a outra metade (10000000 até 11111111), para representar os números negativos.

☺ **Cuidado!**
Não confunda arranjo com combinação. Combinação é um arranjo que ignora a ordem dos elementos – a combinação "você e eu", por exemplo, é equivalente à "eu e você". Logo, as seqüências binárias são arranjos e não combinações (pois 01 não é o mesmo que 10).

É importante notar que o número zero não possui sinal: originalmente, ele não pertence nem à metade positiva e nem à negativa. Em computação, entretanto, o zero é incluído na metade positiva. É por causa dele que o módulo (valor sem sinal) do menor número não é igual ao módulo do maior. Em um byte, por exemplo, os números negativos vão de -128 até -1 e os números positivos, de 0 até 127; o número 128 (positivo) não pode ser representado devido ao fato de o zero estar incluído na metade positiva.

O bit mais significativo do agrupamento (o mais à esquerda, pois 100 > 010 > 001) é reservado à representação do sinal (0 para positivo e 1 para negativo).

Números negativos são representados na notação complemento de dois. Para entendê-la, basta enxergar que a metade negativa é idêntica à positiva: o menor número negativo (-128) possui representação binária semelhante ao menor número positivo (0) assim como o maior número negativo (-1) possui representação binária semelhante ao maior número positivo (127) – apenas o primeiro bit é alterado.

Número (8 bits)	Representação binária
127	"01111111"
0	"00000000"
-1	"11111111"
-128	"10000000"

Tabela 4.1: Representação binária.

Conclusão: para obter a representação binária de um número negativo, subtraia dele o menor valor que o conjunto de bits pode assumir. O número -127, por exemplo, possui representação semelhante a 1 (-127 +128 = 1) – apenas o primeiro bit é diferente.

Tecnicamente, a transformação de um número positivo em negativo é feita invertendo-se os bits dele (complemento de 1) e adicionando 1 ao resultado. Complemento de dois, portanto, é uma forma abreviada para a fórmula "complemento de 1" mais 1.

Unidade	Valor
bit (b)	0 ou 1
byte (B)	8 b
kilobyte (kB)	1024 B
Megabyte (MB)	1024 kB
Gigabyte (GB)	1024 MB
Terabyte (TB)	1024 GB
Petabyte (PB)	1024 TB
Exabyte (EB)	1024 PB
Zettabyte (ZT)	1024 EB
Yottabyte (YB)	1024 ZT
Gugol	$10^{(100)}$
Gugolplex	$10^{(gugol)}$

Tabela 4.2: Unidades para medição dos dados

> **🔖 Tome nota!**
> O gugolplex ($10^{(gugol)}$) é considerado o maior número existente (maior até que a quantidade de átomos presente no Universo). Só para termos uma noção, a fusão nuclear de todo o hidrogênio contido no Sol produziria uma energia formidável em torno de $10^{(45)}$ joules (um valor grande demais para ser imaginado, mas, ainda assim, muito menor que o gugol).

> **☺ Curiosidade:**
> A designação Peta parece ter sido erroneamente atribuída à quantidade de aproximadamente 1 quatrilhão, afinal tal prefixo faz alusão a 5 e não a 4. Na verdade, o motivo da associação é que o quatrilhão equivale a 1k (10^3) elevado à quinta potência ($10^{(15)}$).

A regra geral é que todo intervalo varia de "$-2^{(bits-1)}$" até "$2^{(bits-1)}-1$". O menor valor é obtido pela fórmula "$-2^{(bits-1)}$" (subtraímos um do expoente, pois o primeiro bit é reservado ao sinal) e o maior, pela fórmula "$2^{(bits-1)}-1$" (subtraímos um da potência, pois o número zero é incluído na metade positiva).

Extremidade do intervalo	Valor
MIN_VALUE	$-2^{(bits-1)}$
MAX_VALUE	$2^{(bits-1)}-1$

Tabela 4.3: Fórmulas para obtenção do intervalo.

Em 8 bits, portanto, é possível armazenar valores de "-2(8-1)" a "2(8-1)-1", ou seja, o intervalo admitido vai de -128 até 127.

4.2.1.1 – Conversões

Para converter um número decimal para outra base, divida-o sucessivamente pela base desejada e, ao término do processo, agrupe o último quociente com os restos obtidos, do último até o primeiro: o resultado será o número correspondente na outra base.

```
11010(2) = 32(8) = 26(10) = 1A(16)
```

Para trazer um número de volta à base decimal, multiplique cada algarismo dele pela base do número elevada à posição do algarismo, então, adicione os valores encontrados: o resultado será o número decimal correspondente.

Obs.: Nesse esquema, as posições iniciam em zero e aumentam da direita para a esquerda.

```
1*(2^4)+1*(2^3)+0*(2^2)+1*(2^1)+0*(2^0) = 3*(8^1)+2*(8^0) =
2*(10^1)+6*(10^0) = 1*(16^1)+10*(16^0)
```

4.2.1.2 – Notação Científica

Como podemos notar, cada algarismo ocupa um espaço precioso na memória. Por essa razão, convencionou-se efetuar as representações da maneira mais enxuta possível.

Na notação científica, os números não-inteiros são representados basicamente por um sinal, um expoente e uma mantissa. Um número pequeno como "0,0000012", por exemplo, é representado por "1.2E-6", ou seja, "1,2*10^-6". De maneira análoga, um número grande como 1200000 é representado por "1.2E+6", ou seja, "1,2*10^6".

O mecanismo de vírgula flutuante flexibiliza, portanto, o intervalo de números aceitos, permitindo representar as quantidades mais diversas, desde as muito pequenas até as muito grandes.

4.2.2 – Caracteres

Assim como os números são associados a agrupamentos binários, os caracteres também o são. Diferentemente do que ocorre com os números, entretanto, não há uma fórmula matemática para efetuar essa conversão: foi preciso, portanto, convencionar os valores de cada caractere.

As convenções mais usadas para a codificação/decodificação de caracteres são o EBCDIC (Extended binary coded decimal interchange code), o "ISO-8859-1" (ASCII latino) e o Unicode (http://www.unicode.org/).

Para se aprofundar no assunto, consulte: http://www.iana.org/assignments/character-sets

4.3 – Aritmética, Álgebra e Geometria

A matemática divide-se basicamente em três disciplinas: aritmética, álgebra e geometria. A aritmética consiste nos cálculos cotidianos onde todos os ingredientes (variáveis) são bem definidos. A álgebra, por sua vez, calcula um termo desconhecido (incógnita) a partir dos termos conhecidos da expressão. Já a geometria estuda as relações matemáticas existentes nas figuras geométricas.

4.3.1 – Álgebra

Álgebra é o ramo da matemática que generaliza as operações aritméticas usando letras no lugar dos números. Criada em 2000 a.C. na Babilônia, a disciplina consagrou-se através do clássico "Aljabr wa'l muqabalah" de Al-Khwarizmi, daí o termo álgebra (transposição em árabe).

Por convenção, as primeiras letras do alfabeto (a, b, c ...) são usadas para representar constantes e as últimas (... x, y, z), para representar variáveis. Na expressão "ax^2+bx+c", por exemplo, "x" é uma lacuna e "a", "b" e "c" são números predefinidos.

4.3.1.1 – Lógica booleana

Lógica booleana é a álgebra que generaliza as operações aritméticas condicionais usando apenas dois valores possíveis (0 ou 1) e três operações básicas: "ou" (+), "e" (*) e negação (~). O nome é uma alusão ao seu inventor, o matemático britânico George Boole (1815-1864).

A operação binária "ou" (+) resulta em 1 se pelo menos um dos valores for 1. A operação binária "e" (*), por sua vez, resulta em 1 somente se ambos os valores forem 1. Já a operação unária de complemento (~) resulta no complemento do valor, ou seja, naquilo que falta para ele atingir a plenitude (1).

Por definição:

```
x*(y+z)   = x*y + x*z
x+(y*z)   = (x+y)*(x+z)
x*x = x
x+x = x
x*(~x) = 0
x+(~x) = 1
x+(x*y) = x
x+[(~x)*y] = x+y
```

4.3.1.1.1 – Portas lógicas

Na prática, usamos a lógica booleana para construir circuitos lógicos baseados na falta de corrente elétrica (nível lógico 0) e na presença dela (nível lógico 1).

Circuito lógico é um conjunto de portas lógicas – símbolos que representam dispositivos eletrônicos que implementam uma das operações booleanas.

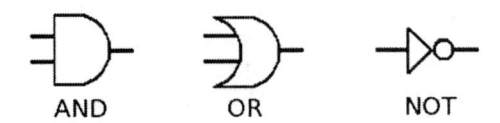

AND   OR   NOT

Figura 4.1: *Portas lógicas.*

4.3.1.1.2 – Tabela-verdade

> "Na dúvida, diga a verdade."
> Mark Twain.

Tabela-verdade é aquela que lista todos os casos possíveis de uma expressão. Como sabemos, os bugs provêm de situações inesperadas. Logo, um dispositivo como a tabela verdade permite-nos formular expressões infalíveis.

Entrada		Saída	
Rua 1	Rua 2	Semáforo 1	Semáforo 2
0	0	0	1
0	1	0	1
1	0	1	0
1	1	1	0

Tabela 4.4: Tabela-verdade.

Como exemplo, imagine que precisemos criar um circuito lógico para controle dos semáforos de um cruzamento. Para simplificar os cálculos, vamos supor que as pistas tenham sentido único e que cada semáforo possua apenas dois estados: desligado (pare) e ligado (siga).

O primeiro passo é elaborar a tabela-verdade correspondente a todos os casos possíveis.

Admitindo que a circulação na primeira rua tenha prioridade sobre a da outra. Então:

1. Quando não houver carros na primeira rua (rua1 = 0), desativamos o semáforo dela (semáforo1 = 0) e ativamos o semáforo da outra rua (semáforo2 = 1);
2. Quando houver carros nela (rua1 = 1), ativamos o seu semáforo (semáforo1 = 1) e desativamos o semáforo da outra (semáforo2 = 0).

Para obter a fórmula correspondente a cada saída, adicionamos as entradas que a ativam. Portanto:

```
semáforo1 = [rua1*(~rua2)] + (rua1*rua2)
semáforo2 = [(~rua1)*(~rua2)] + [(~rua1)*rua2]
```

Simplificando as equações (semáforo1 = rua1*[(~rua2)+rua2] e semáforo2 = (~rua1)*[(~rua2)+rua2], chegamos à conclusão que "semáforo1 = rua1" e "semáforo2 = ~semáforo1". Logo, o circuito necessário para administrar o cruzamento é composto por apenas uma porta lógica: a inversora.

4.3.1.1.3 – Simplificação

Quanto menos portas lógicas um circuito utilizar, mais compacto, rápido e econômico ele será. Para diminuir a quantidade de portas lógicas necessária para a realização de uma operação, simplificamos ao máximo a expressão booleana correspondente.

A simplificação de expressões booleanas é feita basicamente de duas formas:

- por evidência;
- pelo teorema de "De Morgan".

Em primeiro lugar, colocamos em evidência aquilo que se repete nas parcelas de forma a fazer desaparecer alguns termos com o seu complemento (x+(~x) ou x*(~x)).

Quando não houver mais nada a fazer, negamos duas vezes a expressão e, então, aplicamos o teorema de "De Morgan" sucessivamente para unir os valores com os seus complementos: ele diz que o complemento de uma operação "ou" é igual à operação "e" entre os complementos e que o complemento de uma operação "e" é igual à operação "ou" entre os complementos.

4.3.2 – Trigonometria

> "A relação amorosa começa na tangente e termina na secante."
>
> DANTE, O PRÓPRIO!

Trigonometria (tri=três, gono=ângulo, metria=medição) é o ramo da geometria no qual estudamos as relações existentes no triângulo retângulo, ou seja, o triângulo que possui um ângulo reto (90°).

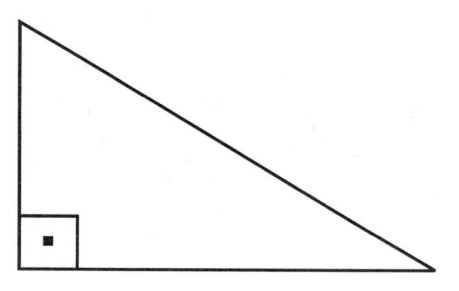

Figura 4.2: Triângulo retângulo.

O maior lado do triângulo retângulo é chamado hipotenusa. O nome dos demais lados é relativo à localização do ângulo que desejamos calcular. Um deles será adjacente ao ângulo e o outro, oposto a ele.

A trigonometria associa cada valor de ângulo ao tamanho dos lados que ele gera. Por definição, o seno de um ângulo é o quociente entre lado oposto e hipotenusa, o cosseno é o quociente entre lado adjacente e hipotenusa e a tangente, o quociente entre os lados oposto e adjacente. A partir do seno/cosseno/tangente de um ângulo, podemos calcular, portanto, o tamanho de qualquer lado do triângulo retângulo.

Para facilitar o entendimento da trigonometria, todos os triângulos retângulos possíveis são condensados em uma única figura – o círculo trigonométrico. Nele, o raio corresponde à hipotenusa do triângulo imaginário e, por convenção, mede apenas 1 unidade de comprimento de forma que o lado oposto ao ângulo torne-se imediatamente o seno desse ângulo (lado oposto/1) e o lado adjacente, o cosseno dele (lado adjacente/1). A medição do ângulo é feita a partir da direção leste (3 horas) e em sentido anti-horário.

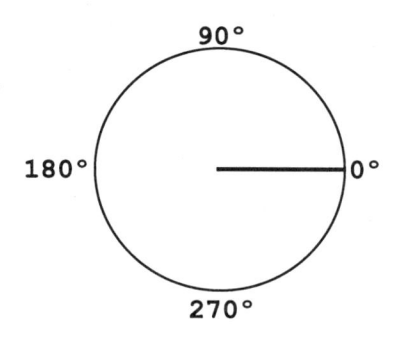

Figura 4.3: *Círculo trigonométrico.*

A magia do círculo trigonométrico é que, dentro dele, o seno de um ângulo resume-se à "sombra" que o raio gera no eixo das ordenadas (Oy) e o cosseno, à sombra gerada no eixo das abcissas (Ox).

Capítulo 5

Variáveis (Transiência)

5.1 – Introdução

Seria complicado ler ou gravar valores na memória do computador se, para isso, tivéssemos que especificar o seu endereço, tamanho e tipo.

Referências são nomes que apontam para um determinado trecho da memória. Variáveis são referências que podem ter o seu alvo alterado.

5.2 – Declaração, Instanciação e Atribuição

Declaração é a etapa inicial do armazenamento na qual criamos a referência.

Para criar uma referência, declare (ao sistema) o nome e o tipo dela. Assim:

```
class DeclarationDemo
{
   void sampleIt()
   {
      Object obj;
   }
}
```

Figura 5.1: *Declaração de variável.*

O tipo que atribuímos à variável define quanto espaço ela ocupará na memória e o que ela armazenará (número, letra, booleano ou objeto).

Instanciação, por sua vez, é a etapa intermediária na qual criamos o novo valor propriamente dito.

```
class InstantiationDemo
{
   void sampleIt()
   {
      new Object();
   }
}
```

Figura 5.2: *Instanciação.*

O acesso a um valor criado anteriormente só é possível através de referências, daí a importância delas. Se, no momento da instanciação, não atribuirmos o novo valor a uma referência, ele tornar-se-á inacessível para as próximas instruções.

Inicialmente, as referências não apontam para lugar algum. É preciso atribuir um valor à referência para que ela possa, a partir daí, apontar para o trecho de memória no qual se encontra esse valor.

Atribuição, portanto, é a vinculação de uma referência ao seu alvo.

```
class AssignmentDemo
{
   void sampleIt()
   {
      Object obj = new Object();
   }
}
```

Figura 5.3: *Atribuição de valor à referência.*

Na instrução anterior, o novo valor é gravado na memória antes mesmo da referência. Isso significa que, ao criar um número, Java não consulta o tipo da referência: ela adota o tipo padrão ("int" para inteiros e "double" para decimais).

Para que um número inteiro não seja criado com o tipo "int", encerre-o com L para criá-lo como "long". Da mesma maneira, para que um número decimal não seja criado com o tipo "double", encerre-o com "F" para criá-lo como "float".

```
class LiteralDemo
{
   void sampleIt()
   {
      long    longNumber = 3000000000L;
      float   floatNumber = 7.5F;
   }
}
```

Figura 5.4: *Rebeldes com causa.*

A ordem preferencial dos componentes de uma declaração de variável é mostrada no diagrama seguintez.

| annotation | access | static | final | transient | volatile | type | name |

Figura 5.5: *Ordem preferencial dos componentes da declaração de variáveis.*

5.3 – Tipos de Dados Primitivos

Tipos de dados primitivos são os valores básicos com os quais construímos todos os objetos. Sua principal característica é a capacidade de armazenar apenas um valor. O tamanho do tipo determina o intervalo de valores que ele pode assumir. O tipo byte, por exemplo, usa um byte de memória (daí seu nome) para armazenar o seu valor.

Java possui apenas 8 tipos de dados primitivos: quatro numéricos inteiros, dois numéricos decimais, um caractere e outro booleano. São eles:

- **byte**: tipo numérico inteiro de 1 byte;
- **short**: tipo numérico inteiro de 2 bytes;
- **int**: tipo numérico inteiro (integer) de 4 bytes. É o padrão para números inteiros;
- **long**: tipo numérico inteiro de 8 bytes;
- **float**: tipo numérico decimal (floating point) de precisão simples (4 bytes);
- **double**: tipo numérico decimal de precisão dupla (8 bytes). É o padrão para números decimais;
- **char**: tipo alfanumérico (character) de 2 bytes. É indicado entre aspas simples (Por ex.: 'c');
- **boolean**: tipo booleano (true ou false) de 1 byte.

Cada caractere ocupa 2 bytes na memória, pois, para máxima portabilidade, Java adota a codificação Unicode 4 (http://www.unicode.org/versions/Unicode4.0.0/), de 21 bits, em vez da tradicional US-ASCII, de 7 bits. Unicode é um consórcio internacional que visa representar o alfabeto de todas as línguas existentes.

O último tipo primitivo, o booleano, é o mais simples, pois pode assumir apenas dois valores: true (verdadeiro) ou false (falso).

Tipos de dados primitivos	Tamanho (bits)	Intervalo
byte	8	–128 até 127
short	16	–32.768 até 32.767
int	32	(aprox.) –2 bilhões até 2 bilhões
long	64	(aprox.) –9 quintilhões até 9 quintilhões
float	32	6 casas decimais (IEEE 754)
double	64	14 casas decimais (IEEE 754)
char	16	65536 caracteres (de 2097152 possíveis)
boolean	8	true/false

Tabela 5.1: Tipos de dados primitivos.

E o que acontece quando induzimos as variáveis a armazenar um valor menor/maior do que elas podem assumir? Para responder essa pergunta, ninguém melhor que a própria linguagem.

```java
class OverflowDemo
{
   @Deprecated
   void sampleIt()
   {
      int number = Integer.MAX_VALUE;
      System.out.println("max value \t=  " + number);
      number++; // ???
      System.out.println("next value \t= " + number);
   }

   public static void main(String[] args)
   {
      new OverflowDemo().sampleIt();
   }
}
```

Figura 5.6: *Extrapolando.*

```
max value    = 2147483647
next value   = -2147483648
```

Figura 5.7: *De volta à estaca zero.*

Como podemos ver, nenhum erro é relatado: os dados simplesmente perdem a integridade. Cuidado, portanto, para não exceder os limites do tipo primitivo escolhido.

5.4 – Tipos de Dados Construídos

Tipos de dados construídos são aqueles formados a partir de outros tipos de dados, ou seja, são os objetos. Eles podem armazenar vários valores, pois são compostos por um conjunto de dados em vez de um único valor. O tipo de objeto Pessoa que criamos anteriormente, por exemplo, armazenava três valores: o nome, a idade e endereço da pessoa.

Objetos são construídos através do operador "new".

O tamanho de um objeto é a soma do tamanho de todas as variáveis que ele contém. Cada instância da classe a seguir ocupa, portanto, 30 bytes na memória.

```
class ObjectDemo
{
    byte    bNumber;
    short   sNumber;
    int     iNumber;
    long    lNumber;

    float   fNumber;
    double  dNumber;

    char    c;
    boolean b;
}
```

Figura 5.8: Nada mais que 30 bytes.

5.5 – Tipos de Variáveis

Variáveis podem ser locais, de instância ou de classe.

5.5.1 – Variáveis Locais

Variáveis locais são aquelas declaradas dentro de um bloco de instruções (método ou estrutura de controle). Devido à localização, elas somente podem ser usadas dentro do bloco no qual são definidas.

Vejo o código a seguir: para calcular a média, é preciso, antes, armazenar em algum lugar a soma das parcelas.

```
class LocalVariableDemo
{
    double average(double[] array)
    {
        double sum = 0.0;
        for (double next : array)
        {
            sum += next;
        }
        return sum / array.length;
    }

    public static void main(String[] args)
    {
        double[] n = {0, 2.5, 5, 7.5, 10};
        System.out.println("average = " +
                    new LocalVariableDemo().average(n));
    }
}
```

Figura 5.9: *Auxiliando um método.*

```
average = 5.0
```

Figura 5.10: *Produto final.*

Use variáveis locais para armazenar valores auxiliares (acumuladores ou contadores, por exemplo).

5.5.2 – Variáveis de Instância

Variáveis de instância são aquelas declaradas dentro da classe, mas fora dos métodos. Cada objeto criado é, na verdade, o conjunto formado pelos valores delas.

Diferentemente das variáveis locais, as variáveis de instância são automaticamente inicializadas com valores-padrão: 0 para números, '\u0000' para caractere, false para booleano e null para objetos em geral.

```
class Car
{
    String model,
            vendor;
    double price;

    void setModel(String newValue)
    {
        this.model = newValue;
    }
```

```
    String getModel()
    {
        return this.model;
    }

    public static void main(String[] args)
    {
        Car sedan = new Car();
        sedan.setModel("Corolla");
        System.out.println("model = " + sedan.getModel());
    }
}
```

Figura 5.11: *Compartilhando valores entre métodos.*

```
model = Corolla
```

Figura 5.12: *Recuperação.*

Use variáveis de instância para compartilhar valores entre os métodos da classe.

5.5.3 – Variáveis de Classe

Variáveis de classe são aquelas declaradas dentro da classe, mas fora dos métodos. Diferem das variáveis de instância pelo momento de criação e pela quantidade de cópias. São criadas apenas uma vez – durante o carregamento da classe – e armazenam apenas um valor para todos os objetos da classe.

Para transformar uma variável de instância em variável de classe, declare-a com a cláusula "static".

O exemplo é esclarecedor.

```
class Offspring
{
    static String lastName;
          String firstName;
          int age;

    @Override
    public String toString()
    {
        return this.firstName + " " + this.lastName;
    }

    public static void main(String[] args)
```

```
{
    Offspring woman = new Offspring(),
              boy = new Offspring();
    woman.firstName = "Letícia";
    boy.firstName = "Pedro";
    Offspring.lastName = "Spiller";

    System.out.println("Before:\nwoman = " + woma +
                                 "\nboy = " + boy);

    Offspring.lastName = "Spiller Pena";

    System.out.println("\nAfter:\nwoman = " + woman +
                                 "\nboy = " + boy);
}
}
```

Figura 5.13: *Compartilhando valores entre objetos.*

```
Before:
woman = Letícia Spiller
boy = Pedro Spiller

After:
woman = Letícia Spiller Pena
boy = Pedro Spiller Pena
```

Figura 5.14: *Valor compartilhado.*

Use variáveis estáticas para compartilhar valores entre os objetos da classe.

5.6 – Constantes

Constantes são variáveis (locais, de instância ou de classe) que, uma vez configuradas, não podem ser alteradas. A palavra-chave usada para "travar" a referência é "final"; ela também pode ser usada em classes e em métodos.

```
final class LeafClass
{
    final double lockedReference = 3.1415;

    final void irreplaceableMethod()
    {
        ...
    }
}
```

Figura 5.15: *Princípio do menor privilégio.*

Quando aplicada a variáveis, a cláusula final define que o primeiro valor atribuído à referência será o valor final dela (o último para o qual ela apontará). Quando aplicada a métodos, a cláusula estabelece que a definição em questão é a final, ou seja, ela não poderá ser alterada pelas sub-classes. Quando aplicada a classes, "final" define que ela é a classe final da ramificação e, portanto, não poderá ser estendida.

Por convenção, as constantes são nomeadas com todas as letras maiúsculas (usando o sublinhado como separador) de forma a diferenciá-las das variáveis comuns. Por exemplo: CONSTANT, MY_CONSTANT, etc.

Para definir um conjunto de constantes textuais, recorra às enumerações.

Eis um exemplo:

```java
import java.util.Arrays;

enum Weekday { SUNDAY, MONDAY, TUESDAY, WEDNESDAY,
                           THURSDAY, FRIDAY, SATURDAY }
class EnumDemo
{

   void sampleIt()
   {
      System.out.println("Weekdays: " +
                           Arrays.toString(Weekday.values()));
   }

   public static void main(String[] args)
   {
      new EnumDemo().sampleIt();
   }
}
```

Figura 5.16: Um jogo de cartas marcadas.

```
Weekdays: [SUNDAY, MONDAY, TUESDAY, WEDNESDAY, THURSDAY, FRIDAY,
          SATURDAY]
```

Figura 5.17: Possibilidades.

Use constantes para armazenar valores que não devem ser alterados durante a execução do programa.

5.7 – Escopo e Duração de Variáveis

Escopo de uma variável é a região do programa onde ela pode ser usada. Ele vai desde a linha da declaração até o término do bloco correspondente. Os escopos são determinados pelas chaves de abertura ({) e de fechamento (}).

O escopo mais externo é o de classe e o mais interno, o de bloco. Variáveis declaradas em um escopo mais externo podem ser usadas nos escopos mais internos. O contrário, entretanto, não é verdadeiro: variáveis declaradas no escopo mais interno não podem ser usadas no escopo mais externo.

Variáveis de instância e de classe podem ser usadas por qualquer método da classe, pois estão fora deles e, portanto, em um escopo mais externo. Variáveis locais, por outro lado, só podem ser usadas dentro do método no qual são definidas, pois estão "enjauladas" nele.

O exemplo é esclarecedor: repare que toda variável só pode ser usada em seu próprio escopo ou em um mais interno – jamais em um escopo mais externo.

```
class ScopeDemo
{
    int i;

    @Deprecated
    void sampleIt()
    {
        i = 0; // ok
        int ii;
        if (...)
        {
            ii = 0; // ok
            nt iii;
        }
        iii = 0; // syntax error
    }
}
```

Figura 5.18: *Quem está fora pode entrar, mas quem está dentro não pode sair.*

Os valores que saem do escopo são marcados para coleta de lixo.

5.8 – Coleta de Lixo

Coleta de lixo é a árdua tarefa de remover da memória os dados que não serão mais usados. Em C/C++ ela é manual. Java, por outro lado, possui o gc daemon (garbage collector daemon) que automatiza a liberação de espaço. Isso torna o desenvolvimento mais produtivo e menos propenso a bugs.

O programa seguinte demonstra como o lixo é gerado.

```java
class GarbageDemo
{
    void sampleIt()
    {
        Integer n1,
                n2,
                n3 = new Integer(3);

        n1 = n2 = new Integer(0);

        n1 = new Integer(1);
        n2 = new Integer(2);

        n3 = null;

        n1 = n2 = new Integer(0);
    }
}
```

Figura 5.19: *Sujando a memória.*

Na linha 9, atribuímos um mesmo valor para duas variáveis (n1 e n2). Na instrução seguinte, fazemos a primeira delas (n1) apontar para um novo valor. O valor original não é modificado e continua sendo referenciado pela outra variável (n2).

Na linha 12, ao atribuir um novo valor à segunda variável (n2), perdemos o último vínculo que possuíamos com o valor antigo. Agora que ele não é mais referenciado por nenhuma variável, Java pode marcá-lo para coleta de lixo, pois torna-se impossível acessar o valor novamente. Ao repetir a atribuição inicial, as variáveis apontarão para um novo endereço de memória em vez do antigo.

Para se desfazer de um objeto sem criar outro, a linha 14 atribui null à terceira variável (n3), o valor padrão para variáveis de tipo construído.

Outra maneira pela qual um valor torna-se alvo da coleta é a saída do escopo. No código anterior, por exemplo, as variáveis criadas tornar-se-ão inacessíveis após a conclusão do método e, portanto, também poderão ser descartadas.

A qualquer momento, para "cutucar" o gc daemon, chame os métodos utilitários "System.runFinalization()" e "System.gc()", nessa ordem.

Capítulo 6

Operadores

6.1 – Introdução

Conhecido o conceito de variáveis, podemos, agora, fazer cálculos com elas.

Java possui seis tipos de operador: os atribuidores, os aritméticos, os comparadores, os combinadores de condições, os combinadores de números bit-a-bit e os deslocadores de bits.

As sintaxes dos operadores são detalhadas na tabela a seguir:

Sintaxe	Descrição
Unário	Operador que requer uma única variável.
Binário	Operador que requer duas variáveis.
Ternário	Operador que requer três variáveis.
Prefixado	Operador que é posicionado antes da variável.
Infixado	Operador que é posicionado entre as variáveis.
Pós-fixado	Operador que é posicionado após a variável.

Tabela 6.1: Sintaxe dos operadores.

Fórmulas tendem a ficar bastante deformadas quando transpostas para o código-fonte ("0 < x < 10", por exemplo, transforma-se em "0 < x && x < 10"). Por esse motivo, é altamente recomendado escrevê-las da maneira mais legível possível. Ao utilizar os operadores binários, por exemplo, procure posicionar o termo variável antes do constante: isso torna a expressão mais legível. Para saber se um aluno foi aprovado, por exemplo, podemos usar dois testes: "score >= 7" ou "7 <= score"; o primeiro é claramente a melhor escolha.

6.2 – Operador de Atribuição

Operador de atribuição é aquele que vincula o valor à direita com a referência à esquerda.

Operador de Atribuição	Sintaxe	Descrição
=	Binário infixado	Atribui o valor à direita à referência à esquerda.

Tabela 6.2: Operador de atribuição.

Para nossa comodidade, há as formas abreviadas que mesclam o operador de atribuição com os operadores aritméticos. A vantagem delas torna-se evidente quando o nome da variável é extenso. As duas formas de atribuição a seguir, por exemplo, são equivalentes.

```
class ShortcutAssignmentOperatorsDemo
{
   int longVariableName;

   void sampleIt()
   {
      int n = ...
      this.longVariableName = this.longVariableName + n;
      this.longVariableName += n;
   }
}
```

Figura 6.1: Cortando caminho.

6.3 – Operadores Aritméticos

Operadores aritméticos são aqueles que efetuam cálculos.

Java possui cinco operadores aritméticos: "+" (adição), "-" (subtração), "*" (multiplicação), "/" (divisão) e "%" (resto da divisão). As demais operações aritméticas (potenciação, radiciação, etc.) são efetuadas através dos métodos utilitários da classe predefinida Math. "Math.pow(2, 5)", por exemplo, retorna o resultado de dois elevado à quinta potência, ou seja, 32.

Operador Aritmético	Sintaxe	Descrição
+	Binário infixado	Adição
–		Subtração
*		Multiplicação
/		Divisão
%		Resto da divisão

Tabela 6.3: Operadores aritméticos.

Para incrementar/decrementar variáveis em uma unidade, há ainda os operadores ++ e —. O incremento em uma unidade, por exemplo, pode ser feito da maneira convencional (variable = variable + 1) ou da forma abreviada (variable++).

A posição dos operadores ++ e — é relevante: na forma prefixada, o incremento/decremento é efetuado antes das outras operações; na forma pós-fixada, a mudança é realizada por último.

O exemplo é esclarecedor. Repare que o novo valor da variável "a" (1) é atribuído à "b" ao passo que a variável "c" ainda recebe o valor antigo de "a" (c = 1 e a = 2).

```java
class ShortcutArithmeticOperatorsDemo
{
    void sampleIt()
    {
        int a = 0,
            b = ++a,
            c = a++,
            d = a;
        System.out.println("a = " + a +
                          "\nb = " + b +
                          "\nc = " + c +
                          "\nd = " + d);
    }

    public static void main(String[] args)
    {
        new ShortcutArithmeticOperatorsDemo().sampleIt();
    }
}
```

Figura 6.2: *Desvendando o mistério.*

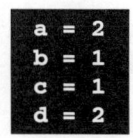

```
a = 2
b = 1
c = 1
d = 2
```

Figura 6.3: *Intuitivo, não?!*

E o operador de resto da divisão? Se pensarmos que o resto de uma divisão nunca alcança o divisor, chegaremos à conclusão de que tal operador pode ser usado para restringir qualquer número a um intervalo específico. De fato, esse é o seu uso mais comum.

Portanto, para garantir que uma variável não ultrapassará um determinado valor:

```
variable % (MAX_VALUE+1);
```

A expressão anterior assumirá o seu menor valor (zero) quando a variável for zero, "MAX_VALUE+1" ou múltiplo de "MAX_VALUE+1". Em todos os outros casos, a expressão assumirá um valor de zero até "MAX_VALUE".

Eis como efetuar uma travessia circular pelos elementos de uma matriz. Para interromper o programa, pressione <Ctrl> + <C>.

```java
class RemainderOperatorDemo
{
   void sampleIt()
   {
      String[] techCycle = {"invent", "improve", "embed"};
      for (int i=0; true; i=(i+1)%techCycle.length)
      {
         System.out.print(techCycle[i] + ", ");
      }
   }

   public static void main(String[] args)
   {
      new RemainderOperatorDemo().sampleIt();
   }
}
```

Figura 6.4: *Voltando à estaca zero.*

```
invent, improve, embed, invent, improve, embed...
```
Figura 6.5: *Recomeço.*

6.4 – Comparadores

Comparadores são operadores que verificam se a relação estabelecida entre as variáveis é realmente verdadeira ou não.

Na reta numérica, quanto mais à esquerda um número estiver, menor ele será. De modo simétrico, quanto mais à direita o número estiver, maior ele será. Portanto, associamos a "seta" à esquerda (<) ao teste "menor que" e a seta à direita (>) ao teste "maior que".

Comparador	Sintaxe	Descrição
<	Binário infixado	Menor que
<=		Menor que ou igual a
==		Igual a
>=		Maior que ou igual a
>		Maior que
!=		Diferente de

Tabela 6.4: Comparadores.

Eis um exemplo:

```
class RelationalOperatorsDemo
{
  void sampleIt()
  {
    int x = 2,
        y = 3;
    boolean result = x < y;
    System.out.println("x < y (" + result + ")");
  }

  public static void main(String[] args)
  {
    new RelationalOperatorsDemo().sampleIt();
  }
}
```

Figura 6.6: *Comparando variáveis.*

```
x < y (true)
```

Figura 6.7: *Simples assim.*

Repare que o operador usado para teste de igualdade é o "==" e não o "=" (operador de atribuição). Embora sua função seja comparar endereços de memória, na prática ele é usado para comparar o conteúdo de literais, pois, graças ao repositório (pool), todo literal com o mesmo conteúdo aponta para um único trecho da memória.

Comparadores são destinados, portanto, aos literais. Para comparar objetos, use métodos.

```
class CompareToDemo
{
  void sampleIt()
  {
    Comparable<Integer> obj1 = new Integer(1);
    String message = "obj1 < obj2 (" +
                    (obj1.compareTo(2) < 0) + ")";
    System.out.println(message);
  }

  public static void main(String[] args)
  {
    new CompareToDemo().sampleIt();
  }
}
```

Figura 6.8: *Comparando objetos.*

obj1 < obj2 (true)

Figura 6.9: *Poder.*

6.5 – Combinadores de Condições

"static final QUESTION = ((bb) || !(bb));"

SHAKESPEARE;-)

Combinadores de condições são aqueles que combinam duas ou mais condições em uma só. São eles: "&&" (E), "||" (OU inclusivo), "^" (OU exclusivo) e "!" (negação).

Combinador de Condição	Sintaxe	Descrição
&&	Binário infixado	Retorna "verdadeiro" se ambas as condições são verdadeiras.
||	Binário infixado	Retorna "verdadeiro" se pelo menos uma das condições é verdadeira.
^	Binário infixado	Retorna "verdadeiro" se as condições possuem valores contrários.
!	Unário prefixado	Retorna o valor oposto ao da condição.

Tabela 6.5: Combinadores de condições.

O código seguinte demonstra esses operadores.

```java
class ConditionalOperatorsDemo
{
   void sampleIt()
   {
      boolean b1 = false && true,
              b2 = true || false,
              b3 = true ^ false,
              b4 =    !true;
      System.out.println("false && true  (" + b1 +
                    ")\ntrue  || false (" + b2 +
                    ")\ntrue  ^  false (" + b3 +
                    ")\n       !true        (" + b4 + ")");
   }
}
```

```
public static void main(String[] args)
{
    new ConditionalOperatorsDemo().sampleIt();
}
}
```

Figura 6.10: *Flexibilidade.*

```
false && true   (false)
true  || false  (true)
true  ^  false  (true)
!true           (false)
```

Figura 6.11: *Lógico, não?*

6.6 – Combinares de Números bit-a-bit

Combinadores de números bit-a-bit geram um novo número a partir da comparação de cada bit da variável à esquerda com o bit correspondente da variável à direita. São eles: "&" (E), "|" (OU inclusivo), "^" (OU exclusivo) e "~" (complemento).

Combinador de números	Sintaxe	Descrição
&	Binário infixado	Configura o bit do resultado como 1 se o bit correspondente de ambas as variáveis é 1.
|	Binário infixado	Configura o bit do resultado como 1 se o bit correspondente de pelo menos uma variável é 1.
^	Binário infixado	Configura o bit do resultado como 1 se o bit correspondente de uma variável é o oposto do bit correspondente da outra variável.
~	Unário prefixado	Configura o bit do resultado com o complemento (o que falta para 1) do bit correspondente da variável.

Tabela 6.6: Combinadores de números.

Se 3 possui seqüência binária igual a "0000...0011" e 5 possui seqüência binária igual a "0000...0101", então "3 & 5" produz 1 (0000...0001), "3 | 5" produz 7 (0000...0111), "3 ^ 5" produz 6 (0000...0110) e ~3 produz -4 (1111...1100).

```
  00000011      00000011      00000011
 &00000101     |00000101     ^00000101    ~00000011
 ─────────     ─────────     ─────────
  00000001      00000111      00000110    11111100
```

Figura 6.12: *Novas operações.*

Comprove:

```java
class BitwiseOperatorsDemo
{
   void sampleIt()
   {
      int  n1 = 3 & 5,
           n2 = 3 | 5,
           n3 = 3 ^ 5,
           n4 = ~3;
      System.out.println("3 & 5 =  " + n1 +
                         "\n3 | 5 =  " + n2 +
                         "\n3 ^ 5 =  " + n3 +
                         "\n  ~3 =  " + n4);
   }

   public static void main(String[] args)
   {
      new BitwiseOperatorsDemo().sampleIt();
   }
}
```

Figura 6.13: *Brincando com os bits.*

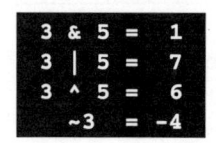

```
3 & 5 =   1
3 | 5 =   7
3 ^ 5 =   6
 ~3   =  -4
```

Figura 6.14: *Mais poder.*

6.7 – Deslocadores de Bits

Os deslocadores de bits são: "<<", ">>" e ">>>".

Deslocador de bits	Sintaxe	Descrição
<<	Binário infixado	Produz uma cópia da primeira variável na qual todos os bits dela estão deslocados para a esquerda pela quantidade de vezes especificada pela segunda variável.
>>	Binário infixado	Produz uma cópia da primeira variável na qual todos os bits dela estão deslocados para a direita pela quantidade de vezes especificada pela segunda variável. Preserva o sinal.
>>>	Binário infixado	Idem ao anterior. Não preserva o sinal.

Tabela 6.7: Deslocadores de bits.

Se o menor número inteiro possui seqüência binária igual a "1000...0000", então "Integer.MIN_VALUE << 1" produz 0 (0000...0000), "Integer.MIN_VALUE >> 1" produz -1073741824 (1100...0000), "Integer.MIN_VALUE >> 2" produz -536870912 (1110...0000) e "Integer.MIN_VALUE >>> 1" produz 1073741824 (0100...0000).

O exemplo é esclarecedor.

```java
class ShiftOperatorsDemo
{
   void sampleIt()
   {
      int  n1 = Integer.MIN_VALUE << 1,
           n2 = Integer.MIN_VALUE >> 1,
           n3 = Integer.MIN_VALUE >> 2,
           n4 = Integer.MIN_VALUE >>> 1;
      String msg =
              "Integer.MIN_VALUE <<  1 = " + n1 + "\n" +
              "Integer.MIN_VALUE >>  1 = " + n2 + "\n" +
              "Integer.MIN_VALUE >>  2 = " + n3 + "\n" +
              "Integer.MIN_VALUE >>> 1 = " + n4;
      System.out.println(msg);
   }

   public static void main(String[] args)
   {
      new ShiftOperatorsDemo().sampleIt();
   }
}
```

Figura 6.15: Pra lá e pra cá.

```
Integer.MIN_VALUE <<  1 =  0
Integer.MIN_VALUE >>  1 = -1073741824
Integer.MIN_VALUE >>  2 = -536870912
Integer.MIN_VALUE >>> 1 =  1073741824
```

Figura 6.16: *Sem limites.*

6.7.1 – Máscaras

A principal utilidade dos combinadores de números bit-a-bit e dos deslocadores de bits são as máscaras.

Em computação, máscara um valor que "encobre" o original, produzindo, assim, uma variação dele.

Veja o programa seguinte: ele usa as potências de base 2 (1, 2, 4, 8 e etc.) e o operador "&" (E) para descobrir o agrupamento binário correspondente a qualquer número.

```java
import java.util.Scanner;

class MaskDemo
{
   String getBits(int n)
   {
      StringBuilder temp = new StringBuilder(Integer.SIZE);
      for (int mask=Integer.MIN_VALUE; mask != 0; mask >>>= 1)
      {
         temp.append((n & mask) == mask? '1': '0');
      }
      return temp.toString();
   }

   void sampleIt()
   {
      Scanner keyboard = new Scanner(System.in);
      System.out.println("Please, enter a number:");
      int n = keyboard.nextInt();
      keyboard.close();
      System.out.println(
                  "\n" + n + " = \"" + getBits(n) + "\"");
   }

   public static void main(String[] args)
   {
      new MaskDemo().sampleIt();
   }
}
```

Figura 6.17: *Mascaramento.*

```
[...]$ <jdk-dir>/bin/javac MaskDemo.java
[...]$ <jdk-dir>/bin/java MaskDemo
Please, enter a number:
1073741824

1073741824 = "01000000000000000000000000000000"
```

Figura 6.18: *Desmascaramento.*

Na prática, a função mais comum das máscaras é o armazenamento de dados booleanos.

Como sabemos, cada variável booleana ocupa 8 bits de memória. Logo, a solução mais engenhosa para manipular uma grande quantidade de valores desse tipo é a manipulação bit-a-bit via máscara: em vez de usar várias variáveis booleanas, crie apenas uma variável numérica inteira e associe cada bit dela a um par de métodos de ajuste e de obtenção. Mais que elegante, a técnica é econômica: adotando-a, conseguimos armazenar até oito vezes mais dados no mesmo trecho de memória! De fato, as classes da Java API fazem isso. Dê uma olhada, por exemplo, no código-fonte da classe "javax.swing.DefaultButtonModel" e comprove.

```java
class MaskDemo2
{
   ...
   public void setBooleanProperty(boolean b)
   {
      if (this.isBooleanProperty() != b)
      {
         flags ^= BOOLEAN_PROPERTY;
      }
   }

   public boolean isBooleanProperty()
   {
      return (flags & BOOLEAN_PROPERTY) != 0;
   }
   ...
}
```

Figura 6.19: *Entendendo a mágica.*

Felizmente, não é preciso "sujar as mãos" para realizar a proeza – basta usar a classe EnumSet ou a classe BitSet (pacote java.util) em vez dos operadores de manipulação bit-a-bit.

O exemplo é esclarecedor.

```java
import java.util.EnumSet;

enum State { ENABLED, SELECTED }
```

```
class EnumSetDemo
{
   EnumSet<State> state = EnumSet.noneOf(State.class);
   void setEnabled(boolean b)
   {
      if (b)
      {
         this.state.add(State.ENABLED);
      }
      else
      {
         this.state.remove(State.ENABLED);
      }
   }
   boolean isEnabled()
   {
      return this.state.contains(State.ENABLED);
   }

   void setSelected(boolean b)
   {
      if (b)
      {
         this.state.add(State.SELECTED);
      }
      else
      {
         this.state.remove(State.SELECTED);
      }
   }

   boolean isSelected()
   {
      return this.state.contains(State.SELECTED);
   }

   public static void main(String[] args)
   {
      EnumSetDemo object = new EnumSetDemo();
      System.out.println("Before:\nobject.isSelected() (" +
                                    object.isSelected() +  )");
      object.setSelected(true);
      System.out.println("After:\nobject.isSelected() (" +
      object.isSelected() + ")");
   }
}
```

Figura 6.20: *Escovando bits.*

```
Before:
object.isSelected() (false)
After:
object.isSelected() (true)
```

Figura 6.21: *O milagre da multiplicação do espaço.*

6.8 – Operador Instanceof

Algumas vezes desejamos restringir o tipo de uma referência, mas não temos certeza se a operação é possível.

O operador instanceof verifica se o alvo da referência é um objeto da classe especificada. Se o resultado for verdadeiro, então será possível restringir o tipo da referência para o tipo especificado.

Eis um exemplo.

```java
class InstanceOfDemo
{
    void sampleIt()
    {
        Object obj = "Text";

        String msg = "This object " +
                    (obj instanceof String? "is": "is not") +
                            " an instance of the String class.";
        System.out.println(msg);
    }

    public static void main(String[] args)
    {
        new InstanceOfDemo().sampleIt();
    }
}
```

Figura 6.22: *Olhando além das aparências.*

```
This object is an instance of the String class.
```

Figura 6.23: *Revelação.*

6.9 – Operador New

O operador new cria um novo objeto chamando o construtor especificado.

Veja o código a seguir: nele, o operador new cria objetos de várias maneiras.

```java
class Person
{
   String name;
   int age;

   Person(String name, int age)
   {
      this.name = name;
      this.age = age;
   }

   Person()
   {
      this("Unknown", 0);
   }

   @Override
   public String toString()
   {
      return this.name + ", " + this.age;
   }

   public static void main(String[] args)
   {
      Person woman = new Person("Letícia", 31),
             man = new Person();
      System.out.println("woman = " + woman +
                         "\nman = " + man);
   }
}
```

Figura 6.24: *Construindo objetos.*

```
woman = Letícia, 31
man = Unknown, 0
```

Figura 6.25: *Construções.*

6.10 – Ordem de Execução (Precedência e Associatividade)

Conhecer a precedência e a associatividade dos operadores é fundamental. O exemplo seguinte é um caso clássico cujo resultado é 7. Se a adição fosse realizada antes da multiplicação, o resultado seria 9.

```java
class PrecedenceDemo
{
   void sampleIt()
   {
      int n = 1 + 2 * 3;
      System.out.println("1 + 2 * 3 = " + n);
   }

   public static void main(String[] args)
   {
      new PrecedenceDemo().sampleIt();
   }
}
```

Figura 6.26: *Parece piada, mas não é.*

`1 + 2 * 3 = 7`

Figura 6.27: *As aparências enganam.*

Conforme a aritmética, os operadores possuem uma precedência que estabelece a ordem de execução das operações. Felizmente, tudo quase sempre ocorre como esperamos. Operadores aritméticos, por exemplo, são executados antes dos comparadores e esses, por sua vez, são executados antes das atribuições: isso garante o funcionamento da maioria das instruções.

Veja o caso a seguir: se a comparação fosse realizada antes da adição, o sistema entraria em colapso (boolean b = true + 3). E o que ocorreria se a atribuição fosse realizada antes das outras operações (boolean b = 1)?

```java
class PrecedenceDemo2
{
   @Deprecated
   void sampleIt()
   {
      boolean b = 1 < 2 + 3;
      System.out.println("1 < 2 + 3 (" + b + ")");
   }

   public static void main(String[] args)
   {
      new PrecedenceDemo2().sampleIt();
   }
}
```

Figura 6.28: *Perdendo a inocência.*

```
1 < 2 + 3 (true)
```

Figura 6.29: *A precedência é relevante.*

Para evidenciar a ordem de execução das operações, indique-a através de parênteses – eles possuem o nível de precedência mais elevado e, por essa razão, "atropelam" todos os outros operadores. O exemplo anterior, portanto, pode ser escrito da seguinte maneira:

```
class PrecedenceDemo2
{
   void sampleIt()
   {
      boolean b = 1 < (2 + 3);
      System.out.println("1 < (2 + 3) (" + b + ")");
   }

   public static void main(String[] args)
   {
      new PrecedenceDemo2().sampleIt();
   }
}
```

Figura 6.30: *Melhorando a legibilidade do código.*

Quando dois ou mais operadores possuem a mesma precedência, o desempate é feito pela associatividade deles. No código a seguir, por exemplo, o valor "0" é atribuído à variável "n" e o valor dessa, à variável "m", pois o operador de atribuição associa-se da direita para a esquerda.

```
class PrecedenceDemo3
{
   void sampleIt()
   {
      int m, n;
      m = n = 0;
   }
}
```

Figura 6.31: *Saindo do impasse.*

Operadores (em ordem decrescente de precedência)	Associatividade
Parênteses	Da esquerda para a direita
Aritméticos	
Comparadores	
Combinadores	
Atribuidores	Da direita para a esquerda

Tabela 6.8: Ordem de precedência dos operadores.

Lembre-se: em caso de dúvida, recorra aos parênteses.

Capítulo 7

Métodos (Modularidade)

7.1 – Introdução

"Nunca diga às pessoas como fazer as coisas. Diga-lhes o que deve ser feito e elas surpreenderão você com sua engenhosidade."

George Patton.

Seria complicado escrever programas se, para isso, tivéssemos que redigitar um determinado conjunto de instruções toda vez que precisássemos executá-lo. Para evitar a duplicação de código, foram criadas as funções, trechos que podem ser utilizados várias vezes dentro do programa através do mecanismo de chamadas.

Tecnicamente, métodos são funções. Conceitualmente, eles são os verbos dos objetos – algoritmos que utilizam as variáveis como matéria-prima para produzir o seu resultado.

A divisão do programa em métodos (modularidade) facilita a manutenção do software, pois, ao isolar as partes, ela permite-nos introduzir mudanças em um método sem que, para isso, seja necessário alterar os demais. Desde que a assinatura do método mantenha-se a mesma, não haverá necessidade de reescrever as outras partes do programa, pois a comunicação com o método continuará sendo feita da mesma maneira.

7.2 – Ordem de Execução

Não importa quantos métodos criemos: o único deles que será automaticamente chamado pelo sistema é "main(...)".

Ao executar o programa seguinte, por exemplo, apenas o método principal é usado.

```java
class ControlFlowDemo
{
   static void method()
   {
      System.out.println("Running method()...");
   }

   static void otherMethod()
   {
      System.out.println("Running otherMethod()...");
   }

   public static void main(String[] args)
   {
      System.out.println("Running main(...)...");
   }
}
```

Figura 7.1: *Ordem de execução dos métodos.*

```
Running main(...)...
```

Figura 7.2: *O método principal.*

Se quisermos usar outros métodos, devemos chamá-los dentro do método principal.

```java
class ControlFlowDemo
{
   static void method()
   {
      System.out.println("Running method()...");
   }

   static void otherMethod()
   {
      System.out.println("Running otherMethod()...");
   }

   public static void main(String[] args)
   {
      method();
      otherMethod();
      System.out.println("Running main(...)...");
   }
}
```

Figura 7.3: *Controlando o fluxo de execução.*

```
Running method()...
Running otherMethod()...
Running main(...)...
```

Figura 7.4: *Controle.*

Agora, nosso programa imprime na tela todas as mensagens. Repare que a ordem de execução dos métodos é definida pelo método principal.

Além do nome, todo método deve especificar uma lista de parâmetros e o tipo do valor que ele retorna.

A ordem preferencial dos componentes de uma declaração de método é mostrada no diagrama a seguir.

annotation	access	static	abstract/final	native	synchronized	returnType	name

Figura 7.5: *Componentes da declaração de métodos.*

7.3 – Nome do Método

O nome do método deve ser um verbo que descreva, em poucas palavras, o que as suas instruções fazem. Métodos de ajuste têm nomes iniciados por "set" e métodos de obtenção, nomes iniciados por "get" (exceto quando retornam um valor booleano, caso em que o nome pode ser iniciado com "is").

Veja um exemplo.

```
class MethodDemo
{
    String message;

    void setMessage(String newValue)
    {
        this.message = newValue;
    }

    String getMessage()
    {
        return this.message;
    }

    public static void main(String[] args)
    {
        MethodDemo object = new MethodDemo();
        object.setMessage("Caffeine here!");
        System.out.println(object.getMessage());
    }
}
```

Figura 7.6: *Dando nome aos bois.*

`Caffeine here!`

Figura 7.7: *Resultado.*

7.4 – Lista de Parâmetros

Parâmetros são os ingredientes necessários para a realização de uma tarefa. Métodos definem parâmetros e recebem argumentos – cada parâmetro é uma lacuna a ser preenchida por um argumento. A lista de parâmetros é escrita à direita do nome do método, pois pode conter vários ítens. Nela, cada parâmetro deve declarar o seu tipo.

Para especificar que o método aceita uma quantidade qualquer de argumentos, use as reticências. Parâmetros assim são matrizes cujo comprimento só é determinado no momento da chamada ao método.

O cálculo de uma soma, por exemplo, requer que conheçamos previamente o valor das parcelas a serem adicionadas; elas são, portanto, os ingredientes necessários para a realização da tarefa.

```java
class ParamListDemo
{
    static int sum(int... values)
    {
        int result = 0;
        for (int next : values)
        {
            result += next;
        }
        return result;
    }

    public static void main(String[] args)
    {
        System.out.println(
                "The sum is: " + ParamListDemo.sum(3, 7));
    }
}
```

Figura 7.8: *Forçando a barra.*

`The sum is: 10`

Figura 7.9: *Valeu?!*

Em Java 5, também podemos tratar o tipo dos parâmetros como parâmetro.

Parâmetros de tipo são iniciados em letra maiúscula para indicar que eles representam um tipo e possuem apenas um caracter de extensão para diferenciá-los dos tipos convencionais.

```
class TypeParameterDemo
{
    <T> returnType methodName(T arg)
    {
        ...
    }
}
```

Figura 7.10: *Aceitando argumento de qualquer tipo.*

7.4.1 – Natureza dos Parâmetros

Os parâmetros de um método não são cópias dos argumentos fornecidos a ele, mas apenas cópias das referências. Isso gera um efeito colateral importante decorrente da natureza dos tipos de dados.

Variáveis de tipo primitivo armazenam apenas um valor, por isso a única alteração possível é atribuir um novo valor à variável. Essa atribuição, entretanto, modifica apenas a referência fazendo-a apontar para outro trecho da memória – o valor original não é alterado.

Figura 7.11: *Variável de tipo primitivo*

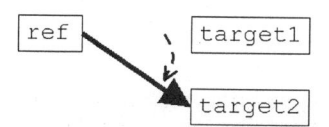

Figura 7.12: *Alterando o valor de uma variável de tipo primitivo*

A situação é diferente para as variáveis de tipo construído. Por armazenarem vários valores, há duas alterações possíveis de serem feitas: atribuir um novo objeto à variável ou modificar apenas uma das variáveis do objeto original. O primeiro ajuste altera apenas a referência fazendo-a apontar para outro objeto. O segundo ajuste, porém, é capaz de alterar o objeto original (cuidado)!

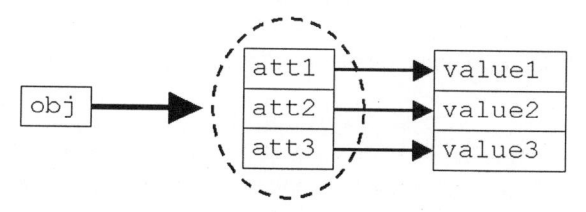

Figura 7.13: *Variável de tipo construído*

```java
import java.awt.Dimension;

class ParamListDemo2
{
   static void changeThem(int primitive, Dimension object)
   {
      primitive = 7;
      object = new Dimension(640, 480);
   }

   public static void main(String[] args)
   {
      int primitive = 3;
      Dimension object = new Dimension(800, 600);
      String msg = "(Before) primitive = " + primitive +
                  ", object = " +
                     object.width + "x" + object.height + ".";
      System.out.println(msg);
      ParamListDemo2.changeThem(primitive, object);

      msg = "(After) primitive = " + primitive +
                        ", object = " +
                     object.width + "x" + object.height + ".";
      System.out.println(msg);
   }
}
```

Figura 7.14: *Antes e depois.*

```
(Before) primitive = 3, object = 800x600.
(After)  primitive = 3, object = 800x600.
```

Figura 7.15: *Sem susto.*

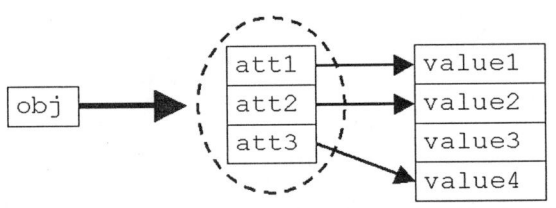

Figura 7.16: *Alterando parcialmente o valor de uma variável de tipo construído*

A saída gerada pelo exemplo demonstra que a atribuição modifica apenas a referência fazendo-a apontar para um novo valor em vez do antigo – o valor original não é alterado.

O próximo programa explora o efeito colateral gerado pela natureza dos tipos de dados construídos.

```java
import java.awt.Dimension;

class ParamListDemo3
{
   @Deprecated
   static void changeThem(int primitive, Dimension object)
   {
      primitive = 7;
      object.width = 640;
      object.height = 480;
   }

   public static void main(String[] args)
   {
      int primitive = 3;
      Dimension object = new Dimension(800, 600);
      String msg = "(Before) primitive = " + primitive +
                   ", object = " +
                   object.width + "x" + object.height + ".";
      System.out.println(msg);
      ParamListDemo3.changeThem(primitive, object);

      msg ="(After) primitive = " + primitive +
                   ", object = " +
                   object.width + "x" + object.height + ".";
      System.out.println(msg);
   }
}
```

Figura 7.17: *Assustado o método principal.*

```
(Before) primitive = 3, object = 800x600.
(After)  primitive = 3, object = 640x480.
```

Figura 7.18: *Descontrole.*

A diferença entre os resultados é esclarecedora: ao modificar apenas as propriedades de um parâmetro, o método consegue alterar o objeto original.

Ao escrever métodos, portanto, utilize os parâmetros apenas como ingredientes. Evite alterá-los, pois isso pode gerar efeitos inesperados.

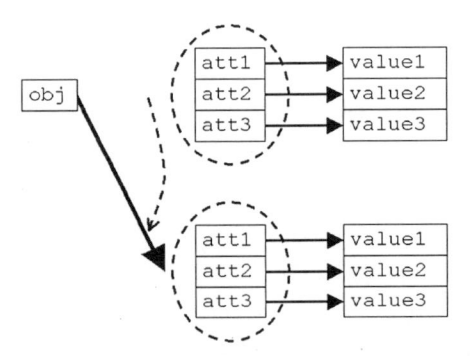

Figura 7.19: *Alterando totalmente o valor de uma variável de tipo construído*

7.4.2 – Argumentos de Linha de Comando

Assim como os métodos, alguns programas também requerem ingredientes para funcionar. Um comando de busca, por exemplo, precisa saber qual recurso deve ser localizado.

Argumentos fornecidos a programas Java são armazenados no parâmetro presente na assinatura do método principal. Para fornecer argumentos a um programa no NetBeans, clique com o botão direito do mouse sobre o modo raiz do projeto no painel File, vá até "Properties > General > Run > Running project" e indique os valores no campo apropriado.

Veja o código seguinte: ele imprime na tela todos os argumentos recebidos (—option, target e "single arg").

```java
class PrintArgs
{
   <T> void printThem(T[] array)
   {
      for (T next : array)
      {
         System.out.println(next);
      }
   }

   public static void main(String[] args)
   {
      new PrintArgs().printThem(args);
   }
}
```

Figura 7.20: *Devolvendo a mercadoria.*

```
—option
target
single arg
```

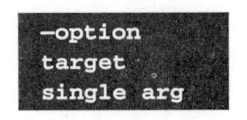

Figura 7.21: *Devolução.*

7.5 – Tipo de Retorno

Todo método deve informar qual é o tipo do valor que ele retorna como resultado. Métodos que não retornam valores devem usar "void" como tipo de retorno.

A entrega do resultado é feita através da cláusula "return".

```java
class ReturnDemo
{
   String getMessage()
   {
      return "100% pure coffee!";
   }

   public static void main(String[] args)
   {
      ReturnDemo obj = new ReturnDemo();
      System.out.println(obj.getMessage());
   }
}
```

Figura 7.22: *Entregando a mercadoria.*

```
100% pure coffee!
```

Figura 7.23: *Fácil, extremamente fácil.*

Em Java 5, podemos ainda especificar que o tipo de retorno será definido dinamicamente. Veja o código seguinte. Ele devolve tudo o que lhe entregamos, seja lá o que for.

```java
class Echo
{
   <T> T echoIt(T value)
   {
      return value;
   }

   public static void main(String[] args)
   {
      Echo chamber = new Echo();
    System.out.println(chamber.echoIt(5));
    System.out.println(chamber.echoIt(true));
      System.out.println(chamber.echoIt(new Object()));
   }
}
```

Figura 7.24: *Aceitando tudo.*

```
5
true
java.lang.Object@10b62c9
```
Figura 7.25: *Devolvendo tudo.*

Graças ao valor retornado, podemos efetuar chamadas de método em cascata. No encadeamento a seguir, por exemplo, o objeto retornado pelo primeiro método chama outro método.

```java
class CascadeDemo
{
   void sampleIt()
   {
      int length =
            "Letícia Spiller Pena".split(" ")[2].length();
      System.out.println("The length is " + length + ".");
   }

   public static void main(String[] args)
   {
      new CascadeDemo().sampleIt();
   }
}
```
Figura 7.26: *Encadeando chamadas de método.*

```
The length is 4.
```
Figura 7.27: *Quem ama entende.*

7.6 – Assinatura

Assinatura é o conjunto formado pelo nome do método e pela lista de parâmetros dele. Para ser aceito em uma classe, o método deve possuir assinatura diferente dos demais.

Veja o exemplo a seguir: ele contém dois métodos quase idênticos; quase, pois, embora possuam o mesmo nome, seus parâmetros são diferentes, o que permite diferenciá-los no momento da chamada.

```java
import java.awt.Point;

class SignatureDemo
{
   Point location;
```

```java
void setLocation(Point location)
{
    this.location = location;
}

void setLocation(int row, int column)
{
    setLocation(new Point(column, row));
}

@Override
public String toString()
{
    return "[row=" + this.location.y +
             ",column=" + this.location.x + "]";
}

public static void main(String[] args)
{
    SignatureDemo obj1 = new SignatureDemo(),
                  obj2 = new SignatureDemo();
    obj1.setLocation(15, 10);
    obj2.setLocation(new Point(15, 20));
    System.out.println(
           "obj1 = " + obj1 + "\nobj2 = " + obj2);
}
}
```

Figura 7.28: *Quando a distinção é possível.*

```
obj1 = [row=15,column=10]
obj2 = [row=20,column=15]
```

Figura 7.29: *Eficácia.*

Repare que o tipo de retorno não é incluído na assinatura, pois não é possível identificá-lo no momento da chamada ao método.

7.7 – Tipos de Método

Conceitualmente, os métodos podem ser classificados em vários tipos: de ajuste (set), de obtenção (get/is), utilitários e etc. Tecnicamente, entretanto, há apenas dois tipos de métodos: os de instância e os de classe.

7.7.1 – Métodos de Instância

Métodos de instância são aqueles que só podem ser executados por objetos de sua classe.

Use-os para manipular as propriedades do objeto que estiver executando o método (this).

```java
class Person
{
   String name;
   int    age;
   String address;

   void speak()
   {
      System.out.println("Hi! My name is " + this.name + ".");
   }

   public static void main(String[] args)
   {
       Person woman = new Person(),
              boy = new Person();

      woman.name = "Letícia";
      woman.age = 31;
      woman.address = "Itanhangá - RJ - BR";

      boy.name = "Pedro";
      boy.age = 7;
      boy.address = "Itanhangá - RJ - BR";

      woman.speak();
      boy.speak();
   }
}
```

Figura 7.30: *Recordar é viver...*

```
Hi! My name is Letícia.
Hi! My name is Pedro.
```

Figura 7.31: *... e viver é amar.*

7.7.2 – Métodos de Classe

Métodos estáticos são aqueles que não precisam ser executados por um objeto, pois manipulam apenas parâmetros e/ou variáveis estáticas. Dentro deles, portanto, não podemos usar a cláusula "this".

```
class ParamListDemo
{
    static int sum(int... values)
    {
        int result = 0;
        for (int next : values)
        {
            result += next;
        }
        return result;
    }

    public static void main(String[] args)
    {
        System.out.println("The sum is: " +
                                    ParamListDemo.sum(3, 7, 11));
    }
}
```

Figura 7.32: *Dispensando objetos.*

O método principal é estático, pois a execução dos programas Java é feita através da chamada "ClassName.main(args)".

7.8 – Sobrecarga de Métodos

Sobrecarregar um método significa criar variações dele alterando apenas a sua lista de parâmetros. Ao oferecer várias maneiras para se realizar a tarefa, permitimos que ela seja executada com valores padrão ou com valores personalizados. A repetição de código não é problema, pois apenas um dos métodos precisa conter a implementação propriamente dita – os demais podem ser atalhos para ele.

Comprove.

```
import java.awt.Rectangle;
import java.awt.Point;
import java.awt.Dimension;

class OveloadingDemo
{
    Rectangle bounds = new Rectangle(0, 0, 0, 0);

    void setBounds(Rectangle bounds)
    {
        this.bounds = bounds;
    }

    void setBounds(int row, int column, int width, int height)
```

```java
   {
      setBounds(new Rectangle(column, row, width, height));
   }

   void setLocation(Point location)
   {
      setBounds(new Rectangle(location.x, location.y,
            this.bounds.width, this.bounds.height));
   }

   void setLocation(int row, int column)
   {
      setLocation(new Point(column, row));
   }

   void setSize(Dimension size)
   {
      setBounds(new Rectangle(this.bounds.x, this.bounds.y,
                                 size.width, size.height));
   }

   void setSize(int width, int height)
   {
      setSize(new Dimension(width, height));
   }

   @Override
   public String toString()
   {
      return "[row=" + this.bounds.y +
            ",column=" + this.bounds.x +
               ",width=" + this.bounds.width +
                  ",height=" + this.bounds.height + "]";
   }

   public static void main(String[] args)
   {
      OverloadingDemo obj1 = new OverloadingDemo(),
                  obj2 = new OverloadingDemo();
      obj1.setSize(800, 600);
      obj2.setBounds(150, 200, 400, 300);
      System.out.println(
      "obj1 = " + obj1 + "\nobj2 = " + obj2);
   }
}
```

Figura 7.33: *Sobrecarregando métodos.*

```
obj1 = [row=0,column=0,width=800,height=600]
obj2 = [row=150,column=200,width=400,height=300]
```
Figura 7.34: *Flexibilidade.*

7.9 – Métodos Nativos

"Mantenha os amigos por perto. Quanto aos inimigos, mantenha-os mais perto ainda."

PROVÉRBIO SICILIANO.

Num mundo em constante transformação, freqüentemente somos tentados a jogar tudo fora em nome das novidades. Pelos mais diversos motivos, porém, continuamos usando os sistemas já existentes (sistemas legados).

Ao dominar uma linguagem moderna como Java, é normal desejarmos "reescrever a Bíblia". Entretanto, muitos programas em uso atualmente ainda não foram portados sequer para C/C++ (quem dirá para Java) e permanecem escritos em linguagens como Cobol e Clipper, por exemplo. Por melhor que seja uma tecnologia, portanto, ela deve ser capaz de interagir com as outras já existentes de modo a adicionar e não apenas substituir.

Além de rodar em várias plataformas, programas Java podem conversar com aplicativos escritos em outras linguagens de programação, tais como C, C++ e assembly. O intercâmbio é feito através da interface nativa. A principal vantagem dessa tática não é o ganho de desempenho, mas sim sua capacidade de integração com o código legado.

Para declarar que um método está implementado numa linguagem específica da plataforma local, use a cláusula "native".

```
native returnType methodName(...);
```

Como exemplo, conversaremos com um método nativo em linguagem C.

Para começar, crie o seguinte programa:

```java
public class Person
{
    static
    {
        System.loadLibrary("mylib");
    }
    public native void speak();

    public static void main(String[] args)
    {
        new Person().speak();
    }
}
```

Figura 7.35: *Conversando com programas em C.*

Após compilar o código, use a ferramenta "javah" para gerar o arquivo de cabeçalho (ClassName.h) necessário para o intercâmbio.

```
[...]$ <jdk-dir>/bin/javac Person.java
[...]$ <jdk-dir>/bin/javah Person
```

Figura 7.36: *Criando o arquivo de cabeçalho.*

Aqui termina Java e começa C.

Ao implementar métodos em outra linguagem:

1. Inclua sempre os dois arquivos de cabeçalho fundamentais para o intercâmbio com Java: "ClassName.h" (criado com o javah) e "jni.h";
2. Nomeie-os usando a seguinte convenção:

```
JNIEXPORT returnType JNICALL
        Java_package_ClassName_methodName(JNIEnv *, jobject);
```

Figura 7.37: *Convenção para declaração de métodos nativos.*

Na dúvida, consulte o arquivo de cabeçalho: ele contém a assinatura a ser usada.

Crie, então, o programa em C.

```
/* Save as: MyNativeCode.c */
# include <jni.h>
# include "Person.h"
# include <stdio.h>

JNIEXPORT void JNICALL Java_Person_speak(JNIEnv *env, jobject obj)
{
    printf("Hi, Java! I'm the C programming language.\n");
    return;
}
```

Figura 7.38: *Programa em C.*

A seguir, compile o código em forma de biblioteca (shared object).

Para compilar programas C, instale o pacote "task-c-devel". No Conectiva Linux, abra o Synaptic e agende a instalação, clicando sobre a extremidade esquerda do pacote e, no menu que surge, escolhendo a opção "Instalar". Para executar as operações agendadas, clique sobre o botão "Aplicar" (parte superior central).

Enfim, use o gcc.

```
[...]$ gcc -shared
-I/usr/java/jdk5/include/
-I/usr/java/jdk5/include/linux/
MyNativeCode.c -o libmylib.so
```
Figura 7.39: *Criando a biblioteca nativa.*

Para carregar a biblioteca gerada, inserimos anteriormente em nossa classe Java uma chamada a "System.loadLibrary(...)". Repare que o nome da biblioteca é fornecido sem o prefixo (lib) e a extensão (.so) característicos do sistema operacional.

```
static
{
    System.loadLibrary("mylib");
}
```
Figura 7.40: *Recordação.*

Antes de executar o programa, inclua o diretório da biblioteca na variável de ambiente "LD_LIBRARY_PATH". A alteração é feita no arquivo oculto "~/.bash_profile". Em nosso exemplo:

```
LD_LIBRARY_PATH=$LD_LIBRARY_PATH:.

export LD_LIBRARY_PATH
```
Figura 7.41: *Ajustando a variável de ambiente LD_LIBRARY_PATH.*

Agora é só rodar o programa e surpreender-se com o poder da integração.

```
[...]$ <jdk-dir>/bin/java Person
Hi, Java! I'm the C programming language.
```
Figura 7.37: *Integração.*

Capítulo 8

Programação Estruturada

8.1 – Introdução

Programação estruturada é aquela resultante da eliminação do recurso "go to" e da adoção de estruturas de controle de entrada e saída únicas.

A orientação a objetos altera somente a maneira como se projeta o código: as funções (métodos) continuam sendo elaboradas de acordo com os princípios provados e comprovados da programação estruturada.

8.2 – Fluxo de Execução

O fluxo pode ser entendido como o "caminho" percorrido pelo sistema durante a execução do programa.

Antes da programação estruturada, o fluxo podia seguir qualquer caminho (go to). Com o passar do tempo, essa abordagem acabou mostrando-se inviável, pois dificultava o entendimento do código (lógica de espaguete) e, conseqüentemente, atrapalhava a depuração dele.

Em 1966, Böhm e Jacopini provaram que todos os algoritmos podem ser escritos de maneira organizada (estruturada). Os saltos "mortais" são, portanto, desnecessários.

8.3 – Estruturas de Controle

Estruturas de controle organizam o fluxo de execução. Elas são os blocos com os quais montamos os algoritmos.

Java possui apenas sete estruturas de controle: uma estrutura de seqüência, três de condição (if, if-else e switch-case) e três de repetição (while, do-while e for).

Fluxograma é o gráfico usado para ilustrar o caminho imposto pelas estruturas de controle ao fluxo de execução. Ele nos ajuda a entender a programação estruturada assim com a UML nos ajuda a entender a programação orientada a objetos.

8.3.1 – Estrutura de Seqüência

A estrutura de controle de fluxo padrão (seqüência) é a mais simples de todas. Basicamente, ela induz o computador a executar as instruções de acordo com o modo de leitura ocidental: da esquerda para a direita e de cima para baixo.

Comprove.

```
import java.io.PrintStream;

class SequenceDemo
{
   public static void main(String[] args)
   {
      PrintStream out = System.out;
      out.print("1 "); out.print("2 ");
      out.print("3 ");
   }
}
```

Figura 8.1: *"1, 2 e 3" ou "1, 3 e 2"?*

`1 2 3`

Figura 8.2: *Conforme a leitura.*

8.3.2 – Estruturas de Condição

> *"É nos momentos de decisão que o seu destino é traçado."*
> ANTHONY ROBBINS.

Estruturas de condição permitem demarcar um trecho do código de modo que ele seja executado somente se uma determinada condição for verdadeira.

A opcionalidade das condições é representada em UML por um par de colchetes ([]).

8.3.2.1 – if

A estrutura de condição "if" executa o trecho selecionado somente se (if) a condição indicada entre parênteses é verdadeira. Se a condição é falsa, o bloco é pulado.

Veja.

```java
class IfDemo
{
    void sampleIt()
    {
        boolean condition = false;
        // Without block
        if (condition == true)
            System.out.println("inside");
            System.out.println("outside");
        // With block
        if (condition == true)
        {
            System.out.println("inside");
            System.out.println("inside");
        }
    }

    public static void main(String[] args)
    {
        new IfDemo().sampleIt();
    }
}
```

Figura 8.3: *Executando condicionalmente.*

`outside`

Figura 8.4: *Pulou, viu?!*

O corpo da estrutura "if" é delimitado pelas chaves de abertura ({) e de fechamento (}). Quando não o explicitamos, apenas a próxima instrução é executada condicionalmente (repare que a indentação não influi no resultado, pois ela é ignorada pelo compilador).

Eis o fluxograma da estrutura "if".

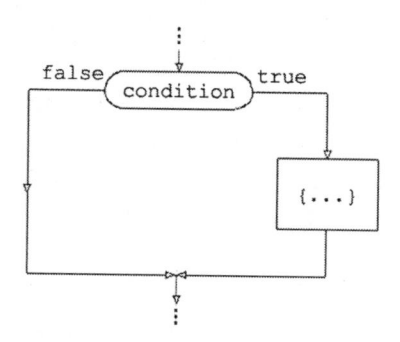

Figura 8.5: *Fluxograma da estrutura "if".*

Obs.: O uso do losango como símbolo de condição é um resquício dos tempos da linguagem Fortran. Originalmente, a figura foi escolhida para essa função, pois suas três extremidades inferiores eram ideais para indicar os três casos possíveis em uma comparação relacional: menor que, igual a ou maior que. Em um teste booleano (verdadeiro ou falso), não há motivo para adotar esse símbolo.

8.3.2.2 – If-Else

A estrutura de condição "if-else" executa o primeiro trecho demarcado somente se (if) a condição indicada entre parênteses é verdadeira. Caso contrário (else), o outro trecho é executado.

Eis um exemplo.

```java
class IfElseDemo
{
    void sampleIt()
    {
        boolean condition = false;
        // Without block
        if (condition == true)
            System.out.println("inside if");
        else
            System.out.println("inside else");
            System.out.println("outside else");
        // With block
        if (condition == true)
        {
            System.out.println("inside if");
        }
        else
        {
            System.out.println("inside else");
            System.out.println("inside else");
        }
    }

    public static void main(String[] args)
    {
        new IfElseDemo().sampleIt();
    }
}
```

Figura 8.6: *Simétrico.*

```
inside  else
outside else
inside  else
inside  else
```

Figura 8.7: *O outro lado da história.*

O próximo fluxograma ilustra a estrutura "if-else".

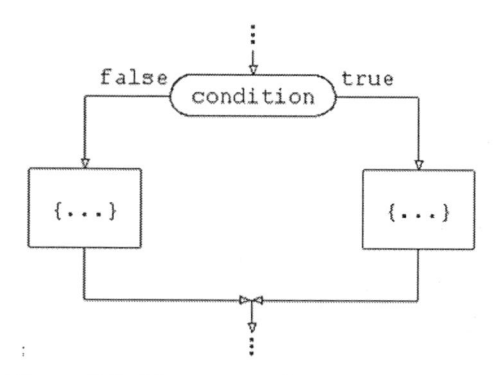

Figura 8.8: *Fluxograma da estrutura "if-else".*

O operador condicional (?:) é um caso especial de estrutura "if-else": ele pode substituí-la quando a única ação executada pelos blocos é o retorno de valores.
Veja.

```java
class IfElseDemo2
{
   void evalIt(double score)
   {
      String result = null;
      if (score >= 7)
      {
         result = "Congratulations. Go on!";
      }
      else
      {
         assert score >= 0: "Bad score: " + score;
         result = "Sorry: start from scratch.";
      }
      System.out.println(result);
   }

   public static void main(String[] args)
```

```
      {
         new IfElseDemo2().evalIt(7.5);
      }
   }
```

Figura 8.9: Extenso.

O exemplo anterior pode ser escrito assim:

```
class ConditionalOperatorDemo
{
   void evalIt(double score)
   {
      System.out.println(score >= 7?
   "Congratulations. Go on!": "Sorry: start from scratch.");
   }

   public static void main(String[] args)
   {
      new ConditionalOperatorDemo().evalIt(7.5);
   }
}
```

Figura 8.10: Enxuto.

Congratulations. Go on!

Figura 8.11: O resultado é o mesmo.

O operador condicional requer três parâmetros: a condição a ser avaliada, o resultado a ser retornado se a condição for verdadeira e o resultado a ser retornado se a condição for falsa.

8.3.2.3 – Switch-Case

A estrutura de condição "switch-case" permite comparar uma única variável com vários valores sem precisar repetir o nome dela a cada teste. As comparações são iniciadas por uma cláusula "case" e encerradas por uma cláusula "break" correspondente.

```
enum Month { JANUARY, FEBRUARY, MARCH, APRIL, MAY, JUNE,
       JULY, AUGUST, SEPTEMBER, OCTOBER, NOVEMBER, DECEMBER }

class SwitchCaseDemo
{
   void commentIt(Month month)
   {
      String holiday = null;
      switch (month)
```

```
        {
            case JANUARY:
                holiday = "New year";
                break;
            case FEBRUARY:
                holiday = "St. Valentine";
                break;
            case MARCH:
                holiday = "Freedom of Information";
                break;
            case APRIL:
                holiday = "Easter";
                break;
            case MAY:
                holiday = "Mother";
                break;
            case JUNE:
                holiday = "Father";
                break;
            case JULY:
                holiday = "Independence";
                break;
            case AUGUST:
                holiday = "Family";
                break;
            case SEPTEMBER:
                holiday = "Labor";
                break;
            case OCTOBER:
                holiday = "Hallowe'en";
                break;
            case NOVEMBER:
                holiday = "Thanksgiving";
                break;
            case DECEMBER:
                holiday = "Christmas";
/*              break;
            default:
                assert false;
                holiday = "Bug"; */
        }
        System.out.println(
                        month + ": " + holiday + "'s month.");
    }
```

```
    public static void main(String[] args)
    {
       new SwitchCaseDemo().commentIt(Month.JUNE);
    }
}
```

Figura 8.12: *Comparando uma única variável com diversos valores.*

```
JUNE: Father's month.
```
Figura 8.13: *Interessante.*

Embora a inserção das cláusulas "break" pudesse ter sido automatizada pelo compilador, isso não ocorre, pois é na omissão intencional delas que a estrutura "switch-case" mostra toda a sua força.

Comprove.

```
enum Month { JANUARY, FEBRUARY, MARCH, APRIL, MAY, JUNE,
        JULY, AUGUST, SEPTEMBER, OCTOBER, NOVEMBER, DECEMBER }

class UnbrokenCaseDemo
{
   void commentIt(Month month)
   {
      String holidays = "";
      switch (month)
      {
         case JANUARY:
            holidays += "\nNew year";
         case FEBRUARY:
            holidays += "\nSt. Valentine";
         case MARCH:
            holidays += "\nFreedom of Information";
         case APRIL:
            holidays += "\nEaster";
         case MAY:
            holidays += "\nMother";
         case JUNE:
            holidays += "\nFather";
         case JULY:
            holidays += "\nIndependence";
         case AUGUST:
            holidays += "\nFamily";
         case SEPTEMBER:
            holidays += "\nLabor";
```

```
            case OCTOBER:
                holidays += "\nHallowe'en";
            case NOVEMBER:
                holidays += "\nThanksgiving";
            case DECEMBER:
                holidays += "\nChristmas";
                break;
            default:
                assert false;
                holidays += "\nBug";
        }
        System.out.println(
                    "The next holidays are: " + holidays);
    }

    public static void main(String[] args)
    {
        new UnbrokenCaseDemo().commentIt(Month.JUNE);
    }
}
```

Figura 8.14: *Cascata.*

```
The next holidays are:
Father
Independence
Family
Labor
Hallowe'en
Than
ksgiving
Christmas
```

Figura 8.15: *Muito interessante.*

Repare que, a partir do momento em que um caso é satisfeito, todas as instruções seguintes são executadas até que um "break" ou o fim da estrutura "switch-case" seja alcançado. No exemplo anterior, inserimos um "break" antes do caso padrão (default) para que a mensagem de erro não seja exibida.

Uma limitação da estrutura "switch-case" é o fato de ela só comparar tipos de dados primitivos numéricos inteiros e ítens de enumeração.

O fluxograma a seguir tenta ilustrar o caminho imposto pela estrutura ao fluxo de execução.

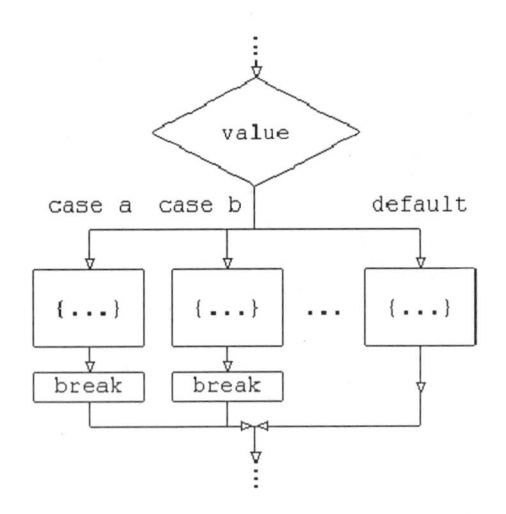

Figura 8.16: *Fluxograma da estrutura switch-case.*

8.3.3 – Estruturas de Repetição

Estruturas de repetição permitem repetir a execução de um trecho do código enquanto uma condição se mantiver verdadeira. Cada passagem pelo bloco é chamada iteração.

Para que o laço (loop) tenha fim, é preciso alterar periodicamente um dos integrantes da condição de modo que, em algum momento, ela se torne falsa.

A repetitividade das iterações é representada em UML por um asterisco (*).

8.3.3.1 – While

Estrutura "while" é aquela usada para repetir a execuçãopor um número indeterminado de vezes (repetição por sentinela).

Veja:

```
import java.util.Scanner;

class WhileDemo
{
   void sampleIt()
   {
      double sum = 0,
             item = 0;
      int counter = 0;
      Scanner keyboard = new Scanner(System.in);
      while (item != -1)
```

```
        {
            System.out.println(
                        "Please, enter a number (-1 to quit):");
            item = keyboard.nextDouble();
            if (item != -1)
            {
                sum += item;
                ++counter;
                System.out.println(
                            "average = " + sum / counter + "\n");
            }
        }
        keyboard.close();
        System.out.println("Bye!");
    }

    public static void main(String[] args)
    {
        new WhileDemo().sampleIt();
    }
}
```

Figura 8.17: *Repetindo por um número indeterminado de vezes.*

```
[...]$ <jdk-dir>/bin/javac WhileDemo.java
[...]$ <jdk-dir>/bin/java WhileDemo
Please, enter a number (-1 to quit):
10
average = 10.0

Please, enter a number (-1 to quit):
0
average = 5.0

Please, enter a number (-1 to quit):
-1
Bye!
```

Figura 8.18: *Enfim, o sentinela.*

Eis o fluxograma.

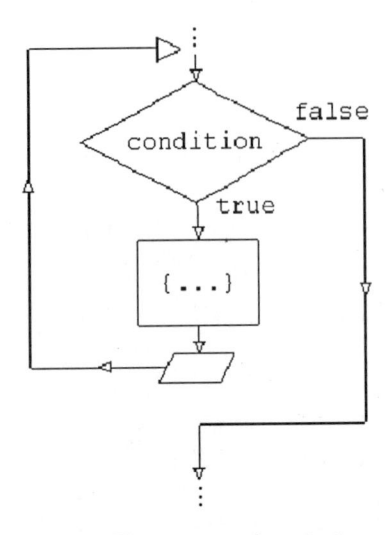

Figura 8.19: *Fluxograma da estrutura while.*

8.3.3.2 – Do-While

Estrutura "do-while" é aquela usada para realizar validações. Nela, o teste é feito após o bloco – isso garante que ele seja executado pelo menos uma vez.

Compare.

```java
import java.util.Scanner;

class DoWhileDemo
{
    void sampleIt()
    {
        Scanner keyboard;
        do
        {
            keyboard = new Scanner(System.in);
            System.out.println("Please, enter a number:");
        }
        while (!keyboard.hasNextDouble());
        System.out.println("number = " + keyboard.nextDouble() +
                                                "\nThanks!");

        keyboard.close();
    }
```

```java
    public static void main(String[] args)
    {
      new DoWhileDemo().sampleIt();
    }
}
```

Figura 8.20: *Solicitando uma informação ao usuário.*

```
[...]$ <jdk-dir>/bin/javac DoWhileDemo.java
[...]$ <jdk-dir>/bin/java DoWhileDemo
Please, enter a number:
abc
Please, enter a number:
+-*/
Please, enter a number:
?![()]
Please, enter a number:
12
number = 12.0
Thanks!
```

Figura 8.21: *Validação.*

O fluxograma seguinte ilustra a estrutura.

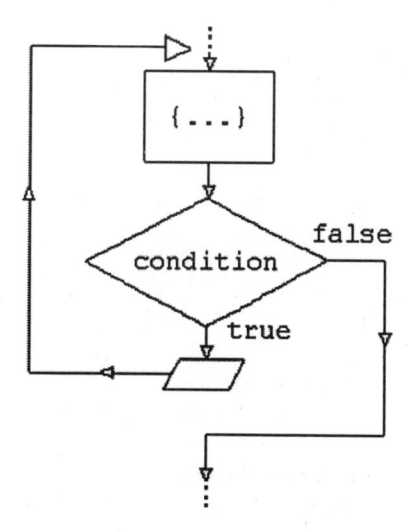

Figura 8.22: *Fluxograma da estrutura do/while.*

8.3.3.3 – For

Estrutura "for" é aquela usada para repetir a execução por um número pré-determinado de vezes (repetição por contador). Para isso, o seu cabeçalho incorpora, além do teste, a inicialização do contador e a instrução que induz o término da repetição. As partes são separadas por ponto-e-vírgula.

```
class ForDemo
{
    void sampleIt()
    {
        for (initialization; condition; increment/decrement)
        {
            ...
        }
    }
}
```

Figura 8.23: *Estrutura for.*

A primeira parte do cabeçalho, a instrução de inicialização, é executada somente uma vez: antes da primeira iteração; as variáveis criadas aqui são para uso exclusivo do laço. Já as outras partes podem ser executadas diversas vezes: o teste é feito sempre antes de cada iteração enquanto que o incremento/decremento é feito sempre depois delas; de fato, a forma pós-fixa dos operadores —/++ é freqüentemente usada para lembrar essa ordem.

O código seguinte imprime os "n" primeiros números ímpares.

```
class PrintOdd
{
    void printThem(int n)
    {
        for (int i=0; i < n; i++)
        {
            System.out.print(((2*i) + 1) + ", ");
        }
        System.out.println("\b\b."); // eraser
    }

    public static void main(String[] args)
    {
        new PrintOdd().printThem(10);
    }
}
```

Figura 8.24: *Repetindo por um número preestabelecido de vezes.*

```
1, 3, 5, 7, 9, 11, 13, 15, 17, 19.
```

Figura 8.25: *Um jogo de cartas marcadas.*

Para simplesmente percorrer os elementos de uma matriz, há ainda a forma compacta do laço "for" que automatiza o gerenciamento do contador.

```
class EnhancedForDemo
{
   void sampleIt()
   {
      ...
      for (Type next : array)
      {
         ...
      }
   }
}
```

Figura 8.26: *Livrando-se do contador.*

O aninhamento de laços "for" é uma técnica muito utilizada para manipulações bidimensionais. Veja o próximo programa: nele, os laços "for" pintam e bordam.

```
import java.awt.Dimension;

class NestedLoopsDemo
{
   void printShape()
   {
      Dimension size = new Dimension(80, 25);
      for (int row=0, column; row < size.height; row++)
      {
         for (column=0; column <= row; column++)
         {
            System.out.print("*");
         }
         System.out.println(); // new line
      }
   }

   public static void main(String[] args)
   {
      new NestedLoopsDemo().printShape();
   }
}
```

Figura 8.27: *Percorrendo linhas e colunas.*

Figura 8.28: Pintando o "sete".

O último exemplo é o que há de mais complexo – ele imprime um enorme "X" na tela. Se você conseguir compreendê-lo, perderá definitivamente o medo do assunto.

```java
class MadX
{
    void printIt()
    {
        int limit = 21;
        char c = '\u0000';
        for (int row=0, column; row < limit; row++)
        {
            for (column=0; column < limit; column++)
            {
                if (row == column || row + column == limit-1)
                {
                    c = '*';
                }
                else
```

```
                {
                    c = ' ';
                }
                System.out.print(c);
            }
            System.out.println(); // new line
        }
    }

    public static void main(String[] args)
    {
        new MadX().printIt();
    }
}
```

Figura 8.29: Um excelente exercício de lógica.

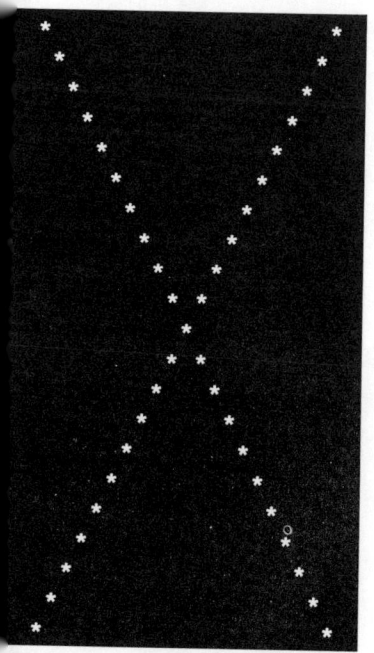

Figura 8.30: O resultado mais expressivo ocorreu em sua mente.

Eis o fluxograma da estrutura.

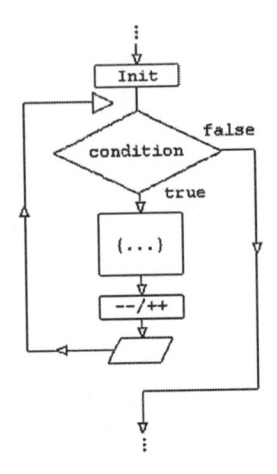

Figura 8.31: *Fluxograma da estrutura for.*

8.4 – Instruções de Interrupção

8.4.1 – Continue

A cláusula "continue" ignora o restante da iteração atual e continua, ou seja, vai para a próxima iteração. A expressão de incremento/decremento da estrutura "for" não é pulada, pois ela não faz parte do corpo do laço.

No código a seguir, por exemplo, "continue" pula o restante da segunda iteração.

```java
class ContinueDemo
{
    void sampleIt()
    {
        for (int i=0; i < 3; i++)
        {
            System.out.println("Starting " + (i+1) +
                                            "ª iteration...");
            if (i == 1)
            {
                continue;
            }
            System.out.println((i+1) + "ª iteration done.");
        }
    }
}
```

```
    public static void main(String[] args)
    {
        new ContinueDemo().sampleIt();
    }
}
```

Figura 8.32: *Pulando o restante de uma iteração.*

```
Starting 1ª iteration...
1ª iteration done.
Starting 2ª iteration...
Starting 3ª iteration...
3ª iteration done.
```

Figura 8.33: *Sentiu falta de alguma coisa?*

Como podemos notar, "continue" pula para a próxima iteração do laço no qual ela está contida. Para pular para a próxima iteração de um laço mais externo, recorra aos rótulos.

```
class LabeledContinueDemo
{
    void sampleIt()
    {
        int[][] table = {{1, 2, 3},
                         {4, 5, 6},
                         {7, 8, 9}};
        int x = 0;
        enclosingLoop:
        for (int row=0, column; row < table.length; row++)
        {
            for (column=0; column < table[row].length; column++)
            {
                x = table[row][column];
                if (x == 5)
                {
                    continue enclosingLoop;
                }
                System.out.print(x + ", ");
            }
        }
        System.out.println("\b\b."); // eraser
    }

    public static void main(String[] args)
    {
        new LabeledContinueDemo().sampleIt();
    }
}
```

Figura 8.34: *Pulando para a próxima iteração de um laço mais externo.*

`1, 2, 3, 4, 7, 8, 9.`

Figura 8.35: *Sentiu falta do 6?*

8.4.2 – break

A cláusula "break" ignora o restante da iteração atual e todas as outras iterações, encerrando o laço.

O próximo exemplo demonstra como encerrar uma busca ao encontrar o valor desejado.

```java
class BreakDemo
{
   void search(String[] list, String key)
   {
      for (int i=0; i < list.length; i++)
      {
         if (list[i] == key)
         {
            System.out.println("\"" + key +
                        "\" found at index \"" + i + "\".");
            break;
         }
      }
   }

   public static void main(String[] args)
   {
      String[] names = {"Letícia", "Pedro", "Vallerie"};
      new BreakDemo().search(names, "Pedro");
   }
}
```

Figura 8.36: *Encerrando um laço prematuramente.*

`"Pedro" found at index "1".`

Figura 8.37: *Resultado da busca.*

Assim como "continue", "break" atua apenas sobre o laço no qual está contida. Para encerrar um laço mais externo, recorra aos rótulos.

```java
class LabeledBreakDemo
{
   void search(int[][] list, int key)
```

```
    {
        enclosingLoop:
        for (int row=0, column; row < list.length; row++)
        {
            for (column=0; column < list[row].length; column++)
            {
                if (list[row][column] == key)
                {
                    System.out.println("\"" + key +
                        "\" found at row \"" + row +
                        "\" and column \"" + column + "\".");
                    break enclosingLoop;
                }
            }
        }
    }

    public static void main(String[] args)
    {
        int[][] table = {{1, 2, 3},
                         {4, 5, 6},
                         {7, 8, 9}};
        new LabeledBreakDemo().search(table, 5);
    }
}
```

Figura 8.38: Encerrando prematuramente um laço mais externo.

"5" found at row "1" and column "1".

Figura 8.39: Resultado obtido sem iterações desnecessárias.

8.4.3 – Return

A cláusula "return" encerra imediatamente a execução de um método e desempilha, ou seja, retorna ao método onde ocorreu a chamada.

Eis um exemplo:

```
class ReturnDemo
{
    void sampleIt()
    {
        boolean goAhead = false;
        System.out.println("Starting method...");
        if (!goAhead)
```

```
      {
         return;
      }
      System.out.println("Done.");
   }

   public static void main(String[] args)
   {
      new ReturnDemo().sampleIt();
   }
}
```

Figura 8.40: *Encerrando um método prematuramente.*

Starting method...

Figura 8.41: *Voltou, viu?*

Preferencialmente, use "return" apenas uma vez dentro de cada método: os leitores do código agradecem.

```
class FactorialDemo
{
   @Deprecated
   long factorial(int n)
   {
      if (n == 0 || n == 1)
      {
         return 1;
      }
      else
      {
         assert n > 0;
         return n*factorial(n-1);
      }
   }

   public static void main(String[] args)
   {
      FactorialDemo object = new FactorialDemo();
      System.out.println("4! = " + object.factorial(4));
   }
}
```

Figura 8.42: *Perdendo o controle.*

```java
class FactorialDemo
{
   long factorial(int n)
   {
      long result = 0;

      if (n == 0 || n == 1)
      {
         result = 1;
      }
      else
      {
         assert n > 0;
         result = n*factorial(n-1);
      }

      return result;
   }

   public static void main(String[] args)
   {
      FactorialDemo object = new FactorialDemo();
      System.out.println("4! = " + object.factorial(4));
   }
}
```

Figura 8.43: *Mantendo o controle.*

```
4! = 24
```

Figura 8.44: *O resultado é o mesmo.*

Quando usada em métodos com tipo de retorno diferente de "void", a cláusula "return" requer, como parâmetro, o valor a ser devolvido.

8.5 – Pilha de Execução

O empilhamento é uma abstração poderosa que nos ajuda a entender o mecanismo das chamadas de método e, conseqüentemente, o fluxo de execução.

Pilha de execução é uma estrutura de dados do tipo LIFO (Last in, first out), ou seja, o último elemento a entrar nela é sempre o primeiro a sair dela. Isso significa que somente podem ser manipulados os elementos que estão no topo da pilha. Logo, as únicas operações permitidas sobre a pilha são empurrar para o topo (push) e remover do topo (pop).

uando um programa é iniciado, sua pilha contém apenas o método principal

```
        ┌─────────────────────────┐
        │        main(...)        │
    ────┴─────────────────────────┴────
    ///                             ///
```

Figura 8.45: *Estado inicial da pilha de execução.*

A partir do momento em que chamamos um método, "main(...)" é interrompido, o outro método é inserido (push) no topo da pilha e a execução continua a partir da primeira linha dele.

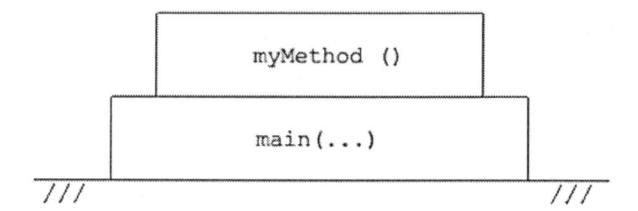

```
        ┌─────────────────────────┐
        │        myMethod ()      │
     ┌──┴─────────────────────────┴──┐
     │            main(...)          │
    ─┴───────────────────────────────┴─
    ///                             ///
```

Figura 8.46: *Empilhamento.*

Ao ser encerrado, o método é removido (pop) do topo da pilha e a execução continua a partir de onde o método anterior foi interrompido.

A classe a seguir demonstra o empilhamento.

```java
class StackDemo
{
   void otherMethod()
   {
      Thread.dumpStack();
   }

   void method()
   {
      otherMethod();
   }

   public static void main(String[] args)
   {
      new StackDemo().method();
   }
}
```

Figura 8.47: *Empilhando métodos.*

```
java.lang.Exception: Stack trace
    at java.lang.Thread.dumpStack(Thread.java:1149)
    at StackDemo.otherMethod(StackDemo.java:5)
    at StackDemo.method(StackDemo.java:10)
    at StackDemo.main(StackDemo.java:15)
```

Figura 8.48: *Estado da pilha após as chamadas de método.*

A pilha das chamadas de método nos informa, de baixo para cima, a origem de cada chamada de método. Por essa razão, ela é muito usada para depuração.

O método em execução é sempre aquele que se encontra no topo da pilha. Ao chamarmos um método, Java empurra-o (push) para o topo. Quando o método é encerrado, ele é automaticamente retirado (pop) da pilha.

8.6 – Recursividade

Existem dois tipos de repetição: a iteratividade e a recursividade. A primeira, vista anteriormente, é feita pelas estruturas de repetição (while, do-while ou for) enquanto a outra é feita por chamadas de método.

A recursividade consiste em fazer um método invocar ele mesmo, direta ou indiretamente – cada invocação para ele próprio é denominada recursão. Como o método solicitado é uma cópia do atual, então ele também chamará uma cópia dele e assim por diante. Para que o empilhamento termine, é preciso que o método recursivo contenha um teste que, em algum momento, evite a nova invocação.

A recursividade infinita é um erro de lógica (bug) duplamente desastroso, já que, além de interromper a execução do programa, sobrecarrega o sistema. O exemplo seguinte comete o "suicídio".

```java
class OverflowDemo
{
    @Deprecated
    void boom()
    {
        boom();
    }

    public static void main(String[] args)
    {
        new OverflowDemo().boom();
    }
}
```

Figura 8.49: *Cometendo suicídio.*

```
Exception in thread "main" java.lang.StackOverflowError
        at OverflowDemo.boom(OverflowDemo.java:5)
        at OverflowDemo.boom(OverflowDemo.java:5)
        at OverflowDemo.boom(OverflowDemo.java:5)
                         .
                         .
                         .
        at OverflowDemo.boom(OverflowDemo.java:5)
```

Figura 8.50: *Desastre.*

Na prática, a recursividade é usada para decompor um problema complexo em problemas mais simples – fazemos isso até alcançar o "caso básico". Quando esse é alcançado, o método no topo da pilha ignora a chamada para si próprio, encerrando o empilhamento.

O exemplo é esclarecedor.

```java
class Ceiling
{
   int level = 0,
       limit = 10;

   void stack()
   {
      ++this.level;
      System.out.println(
                       "Starting level " + this.level + "...");
      if (this.level < limit)
      {
         stack();
      }
      System.out.println(this.level + "º level done.");
      this.level--;
   }

   public static void main(String[] args)
   {
      new Ceiling().stack();
   }
}
```

Figura 8.51: *Batendo a "cabeça" no "teto".*

```
Starting level 1...
Starting level 2...
Starting level 3...
Starting level 4...
Starting level 5...
Starting level 6...
Starting level 7...
Starting level 8...
Starting level 9...
Starting level 10...
10º level done.
9º level done.
8º level done.
7º level done.
6º level done.
5º level done.
4º level done.
3º level done.
2º level done.
1º level done.
```

Figura 8.52: *Doeu?!*

A força da recursividade está em sua capacidade de produzir efeitos complexos a partir de códigos enxutos. Essa aparente leveza, entretanto, é uma ilusão: embora exija menos instruções, a recursividade consome mais recursos, pois, enquanto uma cópia do método é executada, as variáveis locais das demais cópias têm de permanecer na memória. O comportamento multi-dimensional da recursividade também dificulta a depuração.

O fatorial de um número (n!), por exemplo, é uma produtória de natureza recursiva que consiste na multiplicação desse número pelo fatorial do número inteiro imediatamente anterior a ele, sendo que "0!" vale, por definição (para não zerar todos os demais fatoriais), 1. As classes seguintes demonstram como calcular o fatorial de um número de maneira recursiva e iterativa.

```java
import java.util.Scanner;

// Recursive approach
class FactorialDemo
{
   @Deprecated
   long factorial(int n)
   {
      assert n >= 0;
      return ((n == 0 || n == 1)? 1: n*factorial(n-1));
   }

   void sampleIt()
```

```
      {
         int n = 0;
         Scanner keyboard = new Scanner(System.in);
         while (n != -1)
         {
            System.out.println(
                  "Please, enter an integer number (-1 to quit):");
            n = keyboard.nextInt();
            if (n != -1)
            {
               System.out.println(
                               n + "! = " + factorial(n) + "\n");
            }
         }
         keyboard.close();
         System.out.println("Bye!");
      }

      public static void main(String[] args)
      {
         new FactorialDemo().sampleIt();
      }
}
```

Figura 8.53: *Calculando o fatorial de maneira recursiva.*

```
import java.util.Scanner;

// Iterative approach
class FactorialDemo
{
   long factorial(int n)
   {
      assert n >= 0;
      long f = 1;
      for (; n > 0; n--)
      {
          f *= n;
      }
      return f;
   }

   void sampleIt()
   {
      int n = 0;
      Scanner keyboard = new Scanner(System.in);
      while (n != -1)
```

```
         {
            System.out.println(
               "Please, enter an integer number (-1 to quit):");
            n = keyboard.nextInt();
            if (n != -1)
            {
               System.out.println(
                           n + "! = " + factorial(n) + "\n");
            }
         }
         keyboard.close();
         System.out.println("Bye!");
      }

      public static void main(String[] args)
      {
         new FactorialDemo().sampleIt();
      }
   }
```

Figura 8.54: *Calculando o fatorial de maneira iterativa.*

```
[...]$ <jdk-dir>/bin/javac FactorialDemo.java
[...]$ <jdk-dir>/bin/java FactorialDemo
Please, enter an integer number (-1 to quit):
0
0! = 1

Please, enter an integer number (-1 to quit):
1
1! = 1

Please, enter an integer number (-1 to quit):
2
2! = 2

Please, enter an integer number (-1 to quit):
3
3! = 6

Please, enter an integer number (-1 to quit):
4
4! = 24

Please, enter an integer number (-1 to quit):
-1
Bye!
```

Figura 8.55: *Os resultados são idênticos.*

Nos exemplos anteriores, a diferença de desempenho entre as abordagens é insignificante. Em processamentos mais intensos, entretanto, ela pode ser expressiva. Para evidenciar isso, eis dois programas projetados unicamente para sobrecarregar o computador. Repare que a iteratividade rende mais.

```java
// Recursive approach
class OverflowDemo2
{
   @Deprecated
   void boom(int currentLevel)
   {
      double stuff = currentLevel + 0.5;
      System.out.println(
                     "Starting level " + currentLevel + "...");
      if (currentLevel++ < Integer.MAX_VALUE)
      {
         boom(currentLevel);
      }
      System.out.println("Finishing...");
   }

   public static void main(String[] args)
   {
      OverflowDemo2 obj = new OverflowDemo2();
      try
      {
         obj.boom(0);
      }
      catch(Error e)
      {
         System.err.println("Limit reached!");
      }
   }
}
```

Figura 8.56: *Sobrecarregando o sistema.*

```
Starting level 0...
Starting level 1...
Starting level 2...
Starting level 3...
       .
       .
       .
Starting level 26236
Limit reached!
```

Figura 8.57: *Sistema sobrecarregado.*

```java
// Iterative approach
class OverflowDemo2
{
    void boom()
    {
        for (int currentLevel = 0;
                    currentLevel < Integer.MAX_VALUE;
                                            currentLevel++)
        {
            double stuff = currentLevel + .5;
            System.out.println(
                    "Running level " + currentLevel + "...");
        }
    }

    public static void main(String[] args)
    {
        OverflowDemo2 obj = new OverflowDemo2();
        try
        {
            obj.boom();
        }
        catch(Error e)
        {
            System.err.println("Limit reached!");
        }
    }
}
```

Figura 8.58: *Poupando o sistema.*

```
Running level 0...
Running level 1...
Running level 2...
Running level 3...
    .
    .
    .
```

Figura 8.59: *Sem limite.*

Toda iteratividade pode ser convertida em recursividade. O contrário, entretanto, nem sempre é verdadeiro.

8.7 – Diferença entre Chamadas de Método e "Go to"

Ao ingressar no mundo da programação é comum confundir as chamadas de método com o antigo recurso "go to". A alegação de similaridade procede, como pode ser verificado no código seguinte.

```java
class GoToOrNotGoTo
{
    void method()
    {
        System.out.println("Running line 5...");
    }

    public static void main(String[] args)
    {
        GoToOrNotGoTo object = new GoToOrNotGoTo();
        System.out.println("Running line 11...");
        object.method();
        System.out.println("Running line 13...");
    }
}
```

Figura 8.60: *Evidenciando a similaridade.*

```
Running line 11...
Running line 5...
Running line 13...
```

Figura 8.61: *Programação estruturada?*

A saída produzida pelo programa demonstra a aparente desordem. Após executar a linha 11, o sistema "pula" para a linha 5 e, em seguida, volta para a linha 13.

Não confunda: métodos são apenas uma maneira de empacotar as instruções de acordo com a função delas – eles facilitam consideravelmente o desenvolvimento de software. Quando a linha 12 do exemplo anterior é executada, tudo que o sistema faz é substituí-la pelo conteúdo do método solicitado: não há saltos "mortais".

Tecnicamente, a diferença entre ambas as técnicas é que as chamadas de método fazem o fluxo de execução retornar ao local de partida, pois, graças ao mecanismo de pilha, cada chamada (empilhamento) possui um retorno (desempilhamento) correspondente. O "go to", por outro lado, realmente vai para outro lugar e nunca retorna.

Capítulo 9

Herança

9.1 – Introdução

O maior mérito de Java é encorajar boas práticas de programação, como a reutilização de software. Entre as principais vantagens dessa técnica, estão:

- **custo**: os investimentos feitos hoje não precisarão ser descartados futuramente, mas apenas complementados pelos novos;
- **tempo**: o software tende a ser concluído mais rapidamente, pois muitos de seus componentes já estão prontos;
- **manutenção**: o produto final tende a ser mais rápido e estável, pois as partes reutilizadas já se encontram testadas e otimizadas.

Java promove a reutilização de software através das classes, da herança-agregação-polimorfismo e dos pacotes.

9.2 – Herança

"Nós somos o que fazemos com aquilo que fizeram de nós."

Sartre.

Herança é um mecanismo que permite a reutilização dos tipos de dados. Graças a ela, não é preciso "reinventar a roda" – basta estender uma classe existente e continuar a partir de onde ela parou. A classe estendida é chamada super-classe e a classe que estende, sub-classe.

Na sub-classe, definimos apenas as diferenças entre ela e a sua super-classe. Ao modelar a hierarquia, portanto, defina os membros comuns na super-classe e os membros não comuns nas sub-classes.

Para que uma classe estenda (herde os membros de) outra, adicione, após o nome dela, a cláusula "extends" e informe o nome da classe que deseja estender.

```
class MyClass extends MySuperclass
{
    ...
}
```

Figura 9.1: *Estendendo uma classe.*

Na verdade, todas as classes estendem alguém. Ao não especificar a super-classe, herdamos implicitamente da classe Object do pacote "java.lang" (language). As classes a seguir, portanto, são idênticas.

```
class MyClass extends java.lang.Object
{
    ...
}
```

Figura 9.2: *Herança explícita.*

```
class MyClass
{
    ...
}
```

Figura 9.3: *Herança implícita.*

O exemplo a seguir demonstra a herança.

```
class Superclass
{
    int var;

    void sampleIt()
    {
        System.out.println("Running method...");
    }
}

class Subclass extends Superclass
{
}

public class InheritanceDemo
{
```

```
public static void main(String[] args)
{
    Subclass obj = new Subclass();
    // Using inherited members
    obj.var = 3;
    obj.sampleIt();
}
}
```

Figura 9.4: *Usando membros herdados.*

Running method...

Figura 9.5: *Reutilização.*

A herança é representada em UML por uma seta direcionada para cima.

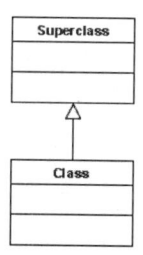

Figura 9.5A: *Herança.*

9.3 – Hierarquia de Classes

Java usa herança simples, ou seja, cada classe só pode herdar membros de uma única superclasse. O resultado disso é um conjunto legível de relacionamentos.

O topo da hierarquia é a classe Object. Ela fornece a estrutura básica sobre a qual podemos construir novos tipos de objeto. Todas as outras classes devem herdar dela ou de alguma de suas sub-classes. Para encaixar uma classe na hierarquia, use a cláusula "extends".

O organograma a seguir demonstra uma possível hierarquia de classes.

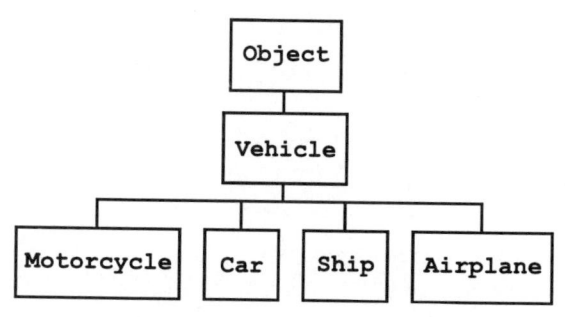

Figura 9.6: *Hierarquia de classes.*

Entre sub-classe e super-classe há o chamado relacionamento "é um". Ele estabelece que todo objeto de sub-classe pode ser tratado como um objeto de sua super-classe, pois ambos possuem os mesmos membros (variáveis e métodos). Em outras palavras, sempre que um objeto de super-classe for requerido, podemos usar, em vez dele, um objeto de sub-classe. Logo, todo objeto de sub-classe "é um" objeto de sua super-classe.

9.4 – Construtor

Construtor é o bloco responsável pela criação dos objetos da classe. Ele possui nome igual ao da classe, não especifica tipo de retorno (nem mesmo void) e pode ser chamado apenas pelo operador "new". Use-o para inicializar as variáveis de instância.

Objetos são construídos de dentro para fora, ou seja, os membros herdados da super-classe são inicializados antes daqueles introduzidos pela sub-classe. Portanto, a primeira instrução de todo construtor é uma chamada para o construtor da super-classe.

Para chamar o construtor da super-classe, use "super()". Para chamar o construtor da classe atual, use "this()".

```
class Subclass extends Superclass
{
   Subclass()
   {
      super();
      ...
   }
}
```

Figura 9.7: *De dentro para fora.*

Toda classe deve possuir pelo menos um construtor. Quando não o fornecemos, o compilador encarrega-se de incluir em nossa classe um construtor padrão cuja única função é chamar o construtor da super-classe.

O exemplo seguinte demonstra a ordem de construção dos objetos.

```
class OtherClass extends java.lang.Object
{
   OtherClass()
   {
      super();
      System.out.println("Running \"OtherClass()\"...");
   }
}

class Class extends OtherClass
{
   Class()
```

```
        {
            super();
            System.out.println("Running \"Class()\"...");
        }
    }
    public class ConstructorDemo
    {
        public static void main(String[] args)
        {
            new Class();
        }
    }
```

Figura 9.8: *Construindo.*

```
Running "OtherClass()"...
Running "Class()"...
```

Figura 9.9: *Construção.*

9.5 – Destrutor

Destrutor é um método comum: possui o nome "finalize()", especifica tipo de retorno (void) e é chamado automaticamente pelo sistema antes do objeto ser removido da memória. Use-o para finalizar as variáveis de instância.

Objetos são destruídos de fora para dentro, ou seja, os membros introduzidos pela sub-classe devem ser finalizados antes daqueles herdados da super-classe. Portanto, a última instrução de todo destrutor é uma chamada ao destrutor da super-classe.

```
class Subclass extends Superclass
{
    @Override
    public void finalize() throws Throwable
    {
        ...
        super.finalize();
    }
}
```

Figura 9.10: *De fora para dentro.*

Toda classe deve possuir um destrutor. Quando não o fornecemos, estamos implicitamente optando pela definição (vazia) herdada da classe Object. Dê uma olhada no arquivo "<jdk-dir>/src.zip" e comprove que a eficácia do destrutor depende da definição que damos a ele nas sub-classes.

O exemplo seguinte demonstra a ordem de destruição dos objetos.

```java
class OtherClass extends java.lang.Object
{
   @Override
   public void finalize() throws Throwable
   {
      System.out.println(
               "Running finalize() at \"OtherClass\"...");
//    super.finalize();
   }
}

class Class extends OtherClass
{
   @Override
   public void finalize() throws Throwable
   {
      System.out.println(
               "Running finalize() at \"Class\"...");
      super.finalize();
   }
}

public class FinalizeDemo
{
   public static void main(String[] args)
   {
      new Class();
      System.runFinalization();
      System.gc();
   }
}
```

Figura 9.11: *Demolindo.*

```
Running finalize() at "Class"...
Running finalize() at "OtherClass"...
```

Figura 9.12: *Demolição.*

9.6 – Bloco Estático de Inicialização

Bloco estático de inicialização é aquele executado apenas uma vez – durante o carregamento da classe. Use-o para inicializar as variáveis estáticas.

Compare.

```java
class StaticBlockDemo
{
   static double sharedValue;

   static
   {
      StaticBlockDemo.sharedValue = Math.PI;
   }

   public static void main(String[] args)
   {
      System.out.println("StaticBlockDemo.sharedValue = " +
                           StaticBlockDemo.sharedValue);
   }
}
```

Figura 9.13: *Inicializando uma variável estática.*

```
StaticBlockDemo.sharedValue = 3.141592653589793
```

Figura 9.14: *Inicialização comprovada.*

9.7 – Agregação

Todo objeto é, em última análise, um conjunto de variáveis de tipo primitivo. Logo, podemos incluir um deles dentro de outro para formar novos tipos.

Agregação consiste em reutilizar objetos dentro de outros objetos.

Eis um exemplo:

```java
class CPU
{
   double speed; // clock
   String model,
          vendor;
}

class Keyboard
{
   String model,
          layout,
          vendor;
}
class Mouse
{
   int buttons;
   boolean hasWheel;
   String vendor;
}
```

```
class Display
{
   int size;   // in inchs
   String model,
          vendor;
}

public class Computer
{
   CPU cpu;
   Keyboard keyboard;
   Mouse mouse;
   Display display;
   String model,
          vendor;   // oem
}
```

Figura 9.15: *Uma forma de reutilização de código.*

A agregação talvez seja a forma mais simples de reutilização de código. Mesmo a nossa primeira classe (Pessoa) já a utilizava, uma vez que cada objeto dela possuía, como variável, um objeto de outra classe (a classe predefinida java.lang.String).

A agregação é representada em UML por uma linha encerrada em losango no lado da classe que efetua a reutilização.

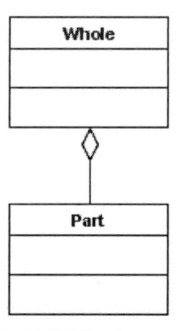

Figura 9.15A: *Agregação.*

9.8 – Sobrescrita de Métodos

Ao chamarmos um método, a busca pela definição correspondente inicia-se na classe dele e prossegue em direção ao topo da hierarquia. Java executa a primeira implementação localizada. Isso permite que as sub-classes substituam uma definição herdada por outra mais adequada às suas necessidades.

Sobrescrever um método significa redefinir na sub-classe um método herdado da super-classe.

Eis um exemplo:

```java
class Superclass
{
   void sampleIt()
   {
      System.out.println(
                  "Running superclass implementation...");
   }
}

class Subclass extends Superclass
{
   @Override
   void sampleIt()
   {
      System.out.println(
                  "Running subclass implementation...");
   }
}

public class OverridingDemo
{
   public static void main(String[] args)
   {
      new Subclass().sampleIt();
   }
}
```

Figura 9.16: *Personalizando um método herdado.*

```
Running subclass implementation...
```

Figura 9.17: *Substituição.*

Para apenas adicionar conteúdo à implementação original, inclua, como primeira instrução do método substituto, uma chamada à definição da super-classe.

```java
class OverridingDemo2
{
   @Override
   void myMethod()
   {
      super.myMethod();
      ...
   }
}
```

Figura 9.18: *Adicionando instruções a um método herdado.*

Compare.

```java
class Superclass
{
   void sampleIt()
   {
      System.out.println(
                "Running superclass implementation...");
   }
}

class Subclass extends Superclass
{
   @Override
   void sampleIt()
   {
      super.sampleIt();
      System.out.println(
                "Running subclass implementation...");
   }
}

public class OverridingDemo3
{
   public static void main(String[] args)
   {
      new Subclass().sampleIt();
   }
}
```

Figura 9.19: *Continuando apenas.*

```
Running superclass implementation...
Running subclass implementation...
```

Figura 9.20: *Acréscimo.*

9.9 – Restrição do Tipo da Referência

O tipo das referências nem sempre é igual ao do alvo delas. Uma referência Object, por exemplo, pode apontar para qualquer objeto, pois, pela herança, todo objeto "é um" Object. Embora sejam úteis, as referências genéricas não conseguem acessar os membros introduzidos pelas sub-classes. Para usar todos os membros de um objeto, é preciso acessá-lo a partir de uma referência que possua exatamente o mesmo tipo que ele. A restrição permite igualar os tipos.

Para restringir o tipo de uma referência:

```
(type) reference;
```

A operação de restrição resume-se a uma convergência do tipo – não há transformação alguma no "alvo". Só devemos, portanto, restringir o tipo das referências a um tipo que possa ser assumido pelo valor para o qual elas apontam.

9.9.1 – Referências de Tipo Primitivo

Podemos atribuir um valor "int" a uma referência "double", pois esse último tipo é capaz de assumir todos os valores suportados pelo primeiro.

```
class CastDemo
{
   void sampleIt()
   {
      double ref = 7;
   }
}
```

Figura 9.21: *Escassez válida.*

Não é possível, entretanto, atribuir um valor "double" a uma referência "int", pois esse tipo não é capaz de assumir todos os valores suportados pelo outro.

```
class CastDemo2
{
   @Deprecated
   void sampleIt()
   {
      int ref = 7.5; // syntax error
   }
}
```

Figura 9.22: *Excesso ilegal.*

Para forçar a atribuição, precisamos informar que estamos cientes que ocorrerá uma perda de precisão. Nesse caso, Java efetuará o truncamento da parte não inteira (ref = 7).

```
class CastDemo3
{
   void sampleIt()
   {
      int ref = (int) 7.5; // ok
      System.out.println("ref = " + ref);
   }
}
```

```
        public static void main(String[] args)
        {
            new CastDemo3().sampleIt();
        }
    }
```

Figura 9.23: *Forçando a barra.*

`ref = 7`

Figura 9.24: *Pagando o preço.*

9.9.2 – Referências de Tipo Construído

Podemos atribuir um valor "String" a uma referência "Object", pois o primeiro possui todas as variáveis e métodos do último (a classe "String" herda de "Object").

```
class CastDemo4
{
    void sampleIt()
    {
        Object ref = "Text";
    }
}
```

Figura 9.25: *Quando o excesso é válido.*

Não é possível, entretanto, atribuir um "Object" a uma referência "String", pois ele não possui todo o conteúdo do outro.

```
class CastDemo5
{
    @Deprecated
    void sampleIt()
    {
        String ref = new Object(); // syntax error
    }
}
```

Figura 9.26: *Quando a escassez é inválida.*

Referências de super-classe só podem acessar os membros definidos pela super-classe. Para recuperar o objeto original, restringimos o tipo da referência.

```
class CastDemo6
{
    void sampleIt()
```

```
{
    Object obj1 = "Text";
    String obj2 = (String) obj1;
}
}
```

Figura 9.27: Restringindo o tipo da referência.

No exemplo anterior, podemos restringir o tipo da referência "obj1", pois sabemos que ela aponta, na verdade, para um "String".

9.10 – Classes Abstratas

"A Filosofia é o caminho para a verdadeira felicidade e cujos misteres são dois:
Contemplar a Deus e abstrair a alma do sentido corpóreo."

SÓCRATES.

Classes abstratas são aquelas projetadas unicamente para serem estendidas. Elas não podem ser instanciadas, pois representam apenas idéias vagas em vez de objetos. Use-as para reunir em uma super-classe as características comuns das sub-classes.

Para definir uma classe como sendo abstrata, use a cláusula "abstract".

```
abstract class ClassName
{
    ...
}
```

Figura 9.28: Evitando a dupliação de código.

Métodos abstratos são aqueles projetados unicamente para serem sobrescritos pelas sub-classes. Somente classes abstratas podem conter esse tipo de método. Como eles não possuem conteúdo, não devemos chamar a versão original ao sobrescrevê-los.

Eis um exemplo de como as classes abstratas podem ser usadas para compartilhar conteúdo e, conseqüentemente, evitar duplicação de código.

```
abstract class Person
{
    String name;
    Person(String name)
    {
        this.name = name;
    }
    abstract void speak();
}
```

```java
class Woman extends Person
{
   Woman(String name)
   {
      super(name);
   }

   void speak()
   {
      System.out.println("Hi! I'm Mrs. " + this.name + ".");
   }
}

class Man extends Person
{
   Man(String name)
   {
      super(name);
   }

   void speak()
   {
      System.out.println("Hi! I'm Mr. " + this.name + ".");
   }
}

public class AbstractClassDemo
{
   public static void main(String[] args)
   {
      Person she = new Woman("Vallerie"),
             he = new Man("Mauro");

      System.out.println("she.name = " + she.name);
      System.out.println("he.name = " + he.name);
   }
}
```

Figura 9.29: *Compartilhando conteúdo.*

```
she.name = Vallerie
he.name = Mauro
```

Figura 9.30: *Compartilhamento.*

9.11 – Interfaces

"O superior não pode atuar sobre o inferior sem um elo intermediário que os una; o espírito não pode atuar sobre o corpo sem o elo de ligação da alma, nem a alma sobre o corpo, senão por meio da vida. Não podemos preparar por meio do amor um prato de sopa para um mendigo que perece de fome; porém o amor move a vontade e gera ações que a mente orienta, e assim pode-se preparar a sopa, graças ao amor e a caridade."

FRANZ HARTMAN.

Para agrupar classes com características semelhantes, usamos as super-classes. Já para agrupar classes com comportamentos semelhantes, usamos as interfaces.

Tecnicamente, interface é um conjunto opcional de membros (constantes e declarações de método) que pode ser adotado por qualquer classe. Conceitualmente, ela resume-se a um comportamento que pode ser desempenhado por qualquer tipo de objeto.

Para criar a sua própria interface, basta trocar "class" pela cláusula "interface". O nome da interface é o adjetivo correspondente ao comportamento que ela requer das classes que a implementam.

```
interface MyInterface
{
    ...
}
```

Figura 9.31: *Definindo uma interface.*

Ao elaborar uma interface não é preciso ser detalhista. Por convenção:

1. todas as variáveis não locais são públicas, estáticas e finais; e
2. todos os métodos são públicos e abstratos.

Outra peculiaridade das interfaces é que, dentro delas, não é possível adicionar construtores (pois elas não são classes) e nem recorrer às cláusulas "private", "protected" e "transient".

Diferentemente das classes, as interfaces não fazem parte da hierarquia (não estendem "java.lang.Object"), por isso suportam herança múltipla. Uma única interface pode herdar declarações de inúmeras outras.

Pasme.

```
interface MyInterface extends Interface1, Interface2, ... ,
InterfaceN
{
    ...
}
```

Figura 9.32: *Herança múltipla.*

Implementar uma interface significa:

1. herdar as constantes dela; e
2. comprometer-se a definir conteúdo para todos os seus métodos.

Para implementar interfaces, use a cláusula "implements". Cada classe pode implementar várias interfaces (os elementos da lista são separados por vírgulas).

```
class Subclass extends Superclass implements Interface1, ... ,
                                                      InterfaceN
{
    ...
}
```

Figura 9.33: *Contrato.*

Uma bola e o atleta que a utiliza, por exemplo, são tipos de objeto diferentes demais para serem posicionados debaixo de uma mesma super-classe, mas possuem um comportamento comum – a mobilidade. Em casos como esse, a solução são as interfaces.

O exemplo é esclarecedor.

```
public interface Mobile
{
    int MAX_SPEED = 299792458; // light speed (m/s)

    void moveToUp();
    void moveToLeft();
    void moveToRight();
    void moveToDown();
}

class Ball implements Mobile
{
    public void moveToUp()
    {
        ...
    }

    public void moveToLeft()
    {
        ...
    }

    public void moveToRight()
    {
        ...
    }
```

```
      public void moveToDown()
      {
         ...
      }
}

class Athlete implements Mobile
{
   public void moveToUp()
   {
      ...
   }

   public void moveToLeft()
   {
      ...
   }

   public void moveToRight()
   {
      ...
   }

   public void moveToDown()
   {
      ...
   }
}
```

Figura 9.34: *Agrupando classes de acordo com o comportamento dos seus objetos.*

Mesmo desconhecendo uma classe, podemos manipular os objetos dela com segurança se conhecermos as interfaces implementadas (daí o nome interface, ou seja, elo de comunicação entre dois extremos).

Interfaces podem ser usadas como tipo de referência, mas não podem ser instanciadas – isso parece contraditório. No código a seguir, por exemplo, como atribuir um valor à variável se não é possível instanciar interfaces?

```
class InterfaceDemo
{
   void sampleIt()
   {
      Mobile obj; // ???
   }
}
```

Figura 9.35: *Beco sem saída?!*

Como poderíamos imaginar, a solução é atribuir à referência anterior um objeto de qualquer classe que implemente a interface solicitada. De fato, o uso de interfaces como tipo de dados é uma tática recomendada, pois enfatiza o comportamento dos objetos.

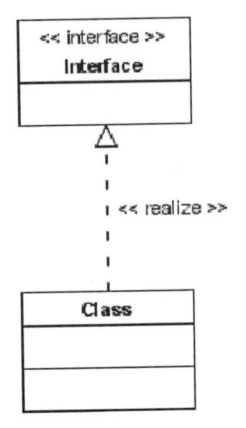

Figura 9.36: *Interface.*

Interfaces são a base do polimorfismo.

9.11.1 – Tipos de Anotação

Introduzidas em Java 5, os tipos de anotação são interfaces através das quais associamos atributos a qualquer elemento do programa (classes, variáveis, métodos e etc.) de forma que ele possa ser tratado da maneira mais adequada possível pelas ferramentas de desenvolvimento.

Para declarar um novo tipo de anotação, prefixe com um sinal de arroba(@) a cláusula interface.

```java
@Target(value = ElementType)
@interface MyAnnotationType
{
    String value() default "value";
}
```

Figura 9.37: *Implementando.*

Para usar um tipo de anotação, basta prefixar com ele a declaração do elemento a ser descrito.

```java
class AnnotationDemo
{
    void sampleIt()
```

```
    {
        @MyAnnotationType(
                        field1 = value1, ... , fieldN = valueN)
        target declaration;
    }
}
```

Figura 9.38: *Usando.*

Dentro de um tipo de anotação só podemos retornar instâncias ou matrizes (unidimensionais) de literais, de objetos Class, de itens de enumeração ou de outro tipo de anotação.

Por convenção, tipos de anotação com um único método devem chamá-lo "value()".

9.12 – Classes Aninhadas

Classes aninhadas são classes definidas dentro de outra classe.

Quando um programa precisar de classes adicionais:

- use classes aninhadas se elas forem úteis apenas para a classe principal;
- use classes separadas se elas também forem úteis para outras classes.

Cada classe refere-se a um tipo de objeto. Logo, podemos dizer que uma classe aninhada não estática é uma classe interna, pois representa um objeto dentro de outro.

O exemplo é esclarecedor. Nele, o método principal comete um ato apaixonado – ele "engravida" a moça.

```
class Woman // enclosing class
{
    class Baby // inner class
    {
    }
}

class Man // dante class
{
    public static void min(String[] args)
    {
        Woman leticia = new Woman();
        // Countdown...
        Woman.Baby pedro = leticia.new Baby();
        System.out.println("Yahoo!");
    }
}
```

Figura 9.39: *Amando loucamente...*

> **Yahoo!**

Figura 9.40: *Ah, meu Deus!*

Objetos da classe interna podem acessar os membros do objeto no qual estão contidos, pois fazem parte dele. Para isso, basta prefixar "this" com o nome da classe externa (EnclosingClass.this).

Veja:

```java
class Woman
{
   String lastName;

   class Baby
   {
      String lastName = Woman.this.lastName;
   }
}

class Man
{
   public static void main(String[] args)
   {
      Woman leticia = new Woman();
      leticia.lastName = "Spiller Pena";
      // Once more...
      Woman.Baby pedro = leticia.new Baby();
      System.out.println(
                "pedro.lastName = " + pedro.lastName);
   }
}
```

Figura 9.41: *Acessando o objeto da classe externa.*

> **pedro.lastName = Spiller Pena**

Figura 9.42: *Comprovação.*

Classe interna anônima é um caso particular de classe interna. Nela, só especificamos o nome da classe que desejamos estender ou o nome da interface que desejamos implementar e a classe interna anônima automaticamente estenderá a tal classe ou implementará a tal interface.

A criação da classe interna anônima é uma operação intuitiva. Comprove.

```java
class InnerClassDemo
{
   void sampleIt()
```

```
{
    Class obj1 = new Class();
    Class obj2 = new Class(){};
}
}
```

Figura 9.43: *Rebelando-se contra a moda vigente.*

As duas instruções acima são semelhantes – elas criam um objeto cada uma. A diferença entre elas é que o par de chaves após a segunda instrução permite alterar a classe indicada – podemos adicionar variáveis a ela ou sobrescrever seus métodos. De fato, a chave de abertura inicia uma definição de classe.

Classes internas anônimas podem estender uma classe ou implementar uma interface.

```
class InnerClassDemo2
{
    void sampleIt()
    {
        Class obj1 = new Class(){};
        Interface obj2 = new Interface(){};
    }
}
```

Figura 9.44: *Filhos únicos.*

Lembre-se de que as interfaces não podem ser instanciadas. O que a última linha anterior faz, portanto, é instanciar uma classe interna anônima que implementa a interface.

A limitação das classes internas anônimas é o fato de só poderem gerar um objeto.

A estrutura a seguir demonstra a diferença entre os dois tipos de classe interna.

```
class EnclosingClass
{
    class InnerClass
    {
        ...
    }

    Type single = new AnyClassOrInterface() // anonymous inner class
    {
        ...
    };
}
```

Figura 9.45: *Classes internas.*

Quando declarada dentro de um método, a classe interna anônima ganha acesso também às constantes locais.

```java
class EnclosingClass
{
   void method()
   {
      final int LOCAL_CONST = 7;
      Type single = new AnyClassOrInterface()
      {
         int var = LOCAL_CONST;
      };
   }
}
```

Figura 9.46: *Acessando uma constante local a partir da classe interna anônima.*

Classes internas são exaustivamente usadas para tratamento de eventos.

9.13 – Polimorfismo

"Tenho de segui-los, sou o líder deles."

Ledru-Rallin.

A herança permite tratar objetos distintos de maneira uniforme através das super-classes e/ou interfaces.

Polimorfismo é a técnica que consiste em fazer um mesmo tipo de objeto comportar-se de diversas formas. Para isso, criamos vários objetos de uma classe abstrata ou de uma interface e os acessamos através de referências de classe abstrata ou de interface. Ao executarem suas tarefas, cada objeto comportar-se-á de uma forma, cada forma correspondendo a uma sub-classe da classe abstrata ou a uma clsse que implemente a interface em questão.

O exemplo a seguir demonstra o polimorfismo através de classes abstratas. Repare que o mesmo método produz resultados diferentes.

```java
@Deprecated
abstract class Person
{
   String name;

   Person(String name)
   {
      this.name = name;
   }

   abstract void speak();
}
```

```java
class Woman extends Person
{
   Woman(String name)
   {
      super(name);
   }

   void speak()
   {
      System.out.println("Hi! I'm Mrs. " + this.name + ".");
   }
}

class Man extends Person
{
   Man(String name)
   {
      super(name);
   }

   void speak()
   {
      System.out.println("Hi! I'm Mr. " + this.name + ".");
   }
}

public class PolymorphismDemo
{
   void sampleIt()
   {
      Person[] people = {new Woman("Vallerie Spiller"),
                         new Man("Mauro Pena")};
      for (Person next : people)
      {
         next.speak();
      }
   }

   public static void main(String[] args)
   {
      new PolymorphismDemo().sampleIt();
   }
}
```

Figura 9.47: *Um método, ...*

```
Hi! I'm Mrs. Vallerie Spiller.
Hi! I'm Mr. Mauro Pena.
```

Figura 9.48: ... vários comportamentos.

Como sabemos, métodos abstratos não possuem conteúdo. Ao chamarmos um deles, Java executa, portanto, a definição fornecida pela sub-classe. Esse simples truque gera as várias formas.

A magia do polimorfismo está em sua capacidade de manipular a complexidade de uma maneira simples.

O próximo exemplo demonstra o assunto através de interfaces. Use essa abordagem sempre que possível, pois o polimorfismo é baseado em comportamentos semelhantes e agrupar classes de acordo com o comportamento delas é mérito das interfaces.

```java
interface Speaker
{
   void speak();
}

abstract class Person
{
   String name;

   Person(String name)
   {
      this.name = name;
   }
}

class Woman extends Person implements Speaker
{
   Woman(String name)
   {
      super(name);
   }

   public void speak()
   {
      System.out.println("Hi! I'm Mrs. " + this.name + ".");
   }
}

class Man extends Person implements Speaker
{
   Man(String name)
```

```java
    {
        super(name);
    }

    public void speak()
    {
        System.out.println("Hi! I'm Mr. " + this.name + ".");
    }
}

public class PolymorphismDemo2
{
    void sampleIt()
    {
        Speaker[] speakers = {new Woman("Vallerie Spiller"),
                              new Man("Mauro Pena")};
        for (Speaker next : speakers)
        {
            next.speak();
        }
    }

    public static void main(String[] args)
    {
        new PolymorphismDemo2().sampleIt();
    }
}
```

Figura 9.49: *O estado-da-arte em orientação a objetos.*

```
Hi! I'm Mrs. Vallerie Spiller.
Hi! I'm Mr. Mauro Pena.
```

Figura 9.50: *O resultado é o mesmo.*

Use polimorfismo quando um mesmo método precisar se comportar de várias maneiras.

9.14 – UML

Mantida pela OMG (Object management group – "http://www.omg.org/"), a UML (Unified modeling language – "http://www.uml.org/") é a convenção usada para ilustrar os objetos e os relacionamentos entre eles. Ela é formada basicamente por 3 diagramas: diagrama de casos de uso, diagrama de classes e diagrama de seqüência.

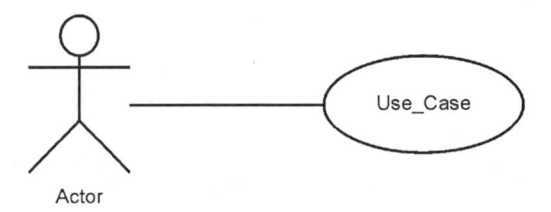

Figura 9.51: *Casos de uso.*

Casos de uso a sr estudados (use cases) são ovais que representam as tarefas que poderão ser realizadas através do sistema. Atores, por sua vez, são as entidades envolvidas nos casos de uso. Já as comunicações com o sistema (communication associations) são as ligações que relacionam cada ator com os casos de uso dos quais ele pode participar.

A especificação das classes e dos relacionamentos é feita no diagrama de classes. Classes são descritas por seus membros e relacionamentos, por suas cardinalidades.

Cardinalidade (multiplicity) são as quantidades mínima e máxima de instâncias da classe que podem ser associadas a cada instância da outra classe do relacionamento. Indicamos a cardinalidade de um extremo do relacionamento usando a notação "min..max". "1..*", por exemplo, indica uma instância ou várias delas.

Interface e estruturas descritas, é hora de especificar a seqüência de interações desejada. Isso é feito no diagrama de seqüência, um quadro vertical onde especificamos, de cima para baixo e da esquerda para a direita, a ordem dos acontecimentos. Nele, o tempo é representado por uma linha tracejada quando o objeto está ocioso e por uma barra quando o objeto está ocupado.

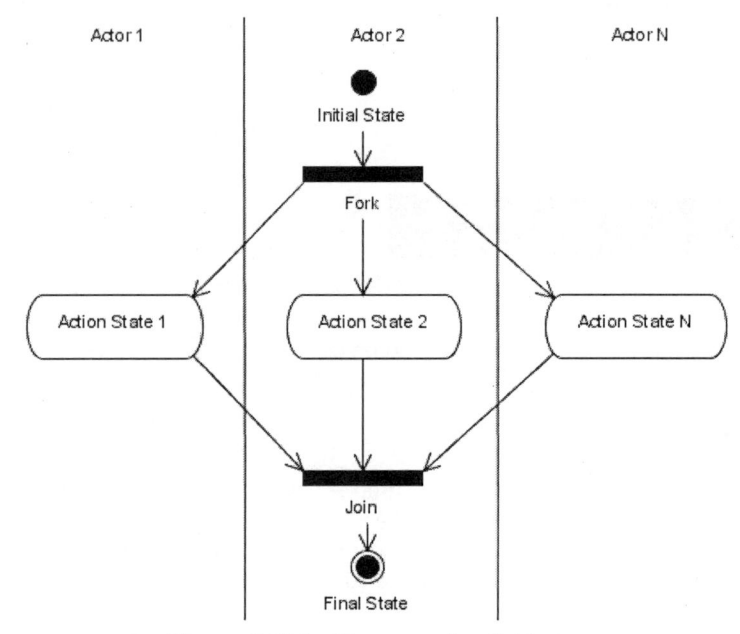

Figura 9.51A: *Diagrama de atividades.*

9.15 – Pacotes

Pacote é um conjunto de classes relacionadas entre si. Cada pacote equivale a um diretório. Definimos que nossas classes pertencem a um pacote declarando-o antes delas.

```java
package com.company.region;

class HelperClass
{
    ...
}

public class MainClass
{
    ...
}
```

Figura 9.52: *Organizando as classes.*

Nomes de pacote são iniciados em letra minúscula de forma que, ao ler o nome completo de uma classe, possamos diferenciar as partes. Através deles, explicitamos quem é o criador das classes. Para resolver o espinhoso problema da exclusividade, recorreu-se aos nomes de domínio da Internet. Por convenção, o nome de um pacote Java é o contrário do nome de domínio do seu mantenedor. Portanto, se o seu endereço na Internet for "http://www.company.com.br/office/you/", então o nome do seu pacote será "com.company.br.office.you".

```
java  .  lang  .  String
package  package   Class
```

Figura 9.53: *Partes de um nome de classe.*

Eis um exemplo:

```java
package com.company.br;

class PackageDemo
{
    void sampleIt()
    {
        System.out.println("class = " +
                            PackageDemo.class.getName());
    }

    public static void main(String[] args)
    {
        new PackageDemo().sampleIt();
    }
}
```

Figura 9.54: *Preparando uma classe para exportação.*

```
class = com.company.br.PackageDemo
```

Figura 9.55: *Nossa classe no mundo.*

Pacotes são representados em UML por pastas.

9.15.1 – Importação de Classes

Ao nos referir a uma classe, precisamos especificar o pacote no qual ela está contida. Nomes de pacote, entretanto, tendem a ser longos.

Veja:

```java
package com.hpg.evertonbarbosagomes.br.books.java.2ed.ch09;

class DrawbackDemo
{
    @Deprecated
    void sampleIt()
    {
        java.util.Scanner keyboard =
                          new java.util.Scanner(System.in);
    }
}
```

Figura 9.56: *Efeito colateral.*

Para agilizar a digitação, podemos abreviar o nome da classe. Nesse caso, devemos indicar, no início do arquivo, em que pacote está a definição a ser trazida/importada para o programa. É isso mesmo: importar "java.util.Scanner", por exemplo, significa apenas dizer à Java que, ao encontrar a forma abreviada "Scanner", ela deve procurar a classe no pacote "java.util".

Comprove:

```java
package com.hpg.evertonbarbosagomes.br.books.java.2ed.ch09;

import java.util.Scanner;

class ImportDemo
{
    void sampleIt()
    {
        Scanner keyboard = new Scanner(System.in);
        ...
        keyboard.close();
    }
}
```

Figura 9.57: *Evitando o excesso de digitação.*

A importação de todas as classes de um pacote é feia através do asterisco. Repare que ele não inclui as classes dos sub-pacotes.

Para importar apenas os membros estáticos (constantes, métodos utilitários e etc.) de uma classe/interface:

```
import static package.Class/Interface.*;
```

Experimente.

```
package com.hpg.evertonbarbosagomes.br.books.java.2ed.ch09;

import java.util.*;
import java.util.concurrent.*;
import java.util.concurrent.locks.*;

class ImportDemo2
{
   void sampleIt()
   {
      Object obj1 = new Object(),
             obj2 = new Scanner(System.in),
             obj3 = Executors.newCachedThreadPool(),
             obj4 = new ReentrantLock();
   }
}
```

Figura 9.58: Abusando.

Por serem fundamentais, as classes públicas do pacote "java.lang" (Object, String, Math, System e etc.) são automaticamente importadas pelo compilador. É por isso que conseguimos acessá-las mesmo sem importá-las explicitamente.

9.15.2 – Pacotes Opcionais

Pacotes projetados para serem usados por vários programas podem ser adicionados à Java API. Para tanto, copie o arquivo JAR correspondente para o diretório "<jdk-dir>/jre/lib/ext/".

Ao distribuir programas, certifique-se de que a instalação inclua o pacote opcional no plug-in Java do usuário.

Capítulo 10

As Classes Principais

10.1 – Introdução

> "Ou nós encontramos um caminho, ou abrimos um."
>
> Aníbal.

Java possui uma generosa API (Application programming interface) repleta de classes prontas para uso. A especificação está contida na documentação do jdk (<jdk-dir>/docs/api/overview-summary.html).

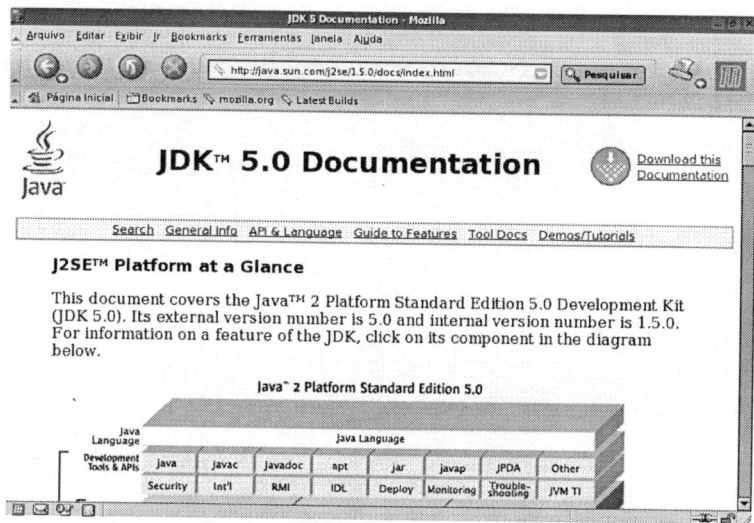

Figura 10.1: Especificação das classes predefinidas de Java.

Graças à API, não precisamos "reinventar a roda" – basta aprender a usar os recursos já existentes. À primeira vista, a enorme quantidade de classes pode assustar. Quando nos familiarizarmos com elas, entretanto, aprenderemos a apreciá-las, afinal quanto mais trabalho pudermos empurrar para elas, menos linhas de código precisaremos escrever.

10.2 – A Classe Object (java.lang.Object)

A classe "Object" é a raiz da hierarquia de classes para que todos os tipos de dados construídos sejam, acima de tudo, objetos. Graças a ela, o trabalho de criar classes é fácil, pois toda a estrutura básica já está definida.

Embora alguns métodos da classe "Object" possuam conteúdo, é recomendável adaptá-los às mudanças introduzidas pela sub-classe. Felizmente, dos 9 métodos definidos, apenas 5 precisam ser redefinidos.

10.2.1 – equals(...)

> "Não tenha amigos iguais a você."
>
> CONFÚCIO.

Como vimos anteriormente, o operador de comparação (==) é destinado aos literais. A comparação de objetos é feita através de métodos.

O método "equals(...)" informa se o objeto que o executa (this) é equivalente ao argumento que fornecemos a ele. Na verdade, tudo o que a implementação da classe Object faz é verificar se as referências apontam para o mesmo endereço de memória (reference-equality). É responsabilidade da sub-classe criar uma definição que realmente compare o conteúdo dos objetos (object-equality).

Ao sobrescrever "equals(...)", a primeira providência é verificar se ambos os objetos (this e o parâmetro) pertencem à mesma classe. Se eles representam classes diferentes, então podemos retornar "false" de imediato. Caso contrário, estabelecido o parentesco, comparamos o código de "hash" deles e só retornamos "true" se os resultados forem iguais.

```java
package com.hpg.evertonbarbosagomes.br.books.java.2ed.ch10;

class Person
{
    String name;

    Person(String name)
    {
        this.name = name;
    }

    @Override
    public int hashCode()
```

```java
        {
            return this.name.hashCode();
        }

        @Override
        public boolean equals(Object obj)
        {
            return ((obj instanceof Person) &&
                            (obj.hashCode() == this.hashCode()));
        }
    }

    public class EqualsDemo
    {
        public static void main(String[] args)
        {
            Person woman = new Person("Letícia"),
                    she = new Person("Letícia");
            System.out.println("woman.equals(she) = " +
                                            woman.equals(she));
        }
    }
```

Figura 10.2: *Comparando o conteúdo dos objetos.*

```
woman.equals(she) = true
```

Figura 10.3: *Conteúdos equivalentes.*

10.2.2 – hashCode()

O método "hashCode()" fornece uma representação numérica dos objetos. Código de hash é o número que associamos ao conteúdo deles. Dois objetos equivalentes devem gerar o mesmo código de hash.

Na prática, usamos como código de hash o valor do atributo identificador (chave primária) do objeto. Um bom código de hash para objetos Pessoa, por exemplo, seria o número da carteira de identidade. De maneira semelhante, uma mercadoria poderia usar o seu número de série como código de hash e um carro, a placa dele.

10.2.3 – toString()

O método "toString()" fornece uma representação textual dos objetos. A implementação original desse método retorna o nome da classe do objeto acompanhado pelo código de hash dele. Sempre que possível, substitua essa definição por uma que descreva melhor o conteúdo do objeto.

```java
package com.hpg.evertonbarbosagomes.br.books.java.2ed.ch10;

class Person
{
   String firstName,
          lastName;

   @Override
   public String toString()
   {
      return this.firstName + " " + this.lastName;
   }
}

public class ToStringDemo
{
   public static void main(String[] args)
   {
      Person woman = new Person();
      woman.firstName = "Letícia";
      woman.lastName = "Spiller Pena";
      System.out.println("woman = " + woman.toString());
   }
}
```

Figura 10.4: *Representando um objeto textualmente.*

```
woman = Letícia Spiller Pena
```

Figura 10.5: *O prazer é todo meu.*

10.2.4 – clone()

Como visto anteriormente, é inseguro fornecer objetos como argumento a um método, pois eles podem ter o seu conteúdo alterado. Uma possível solução é enviar para o método uma cópia do objeto original.

O método "clone()" cria cópias totalmente independentes do objeto. A definição herdada da classe "Object", entretanto, duplica apenas o objeto que a executa (this). As variáveis não são clonadas e permanecem apontando para o mesmo trecho de memória que as variáveis do objeto original. Para tornar o clone totalmente independente, devemos construir as nossas próprias cópias das variáveis de tipo construído.

Ao sobrescrever "clone()", portanto, clone o objeto que o executa (this) e, em seguida, clone todas as variáveis de tipo construído que ele contém.

A clonagem de objetos é um recurso opcional. As classes que a suportam devem explicitar isso implementando a interface "java.lang.Cloneable".

```java
package com.hpg.evertonbarbosagomes.br.books.java.2ed.ch10;

import java.util.Calendar;
import java.util.Date;

class Person implements Cloneable
{
   Date birthday;

   Person()
   {
      this.birthday = Calendar.getInstance().getTime();
   }

   @Override
   public int hashCode()
   {
      return this.birthday.hashCode();
   }

   @Override
   public boolean equals(Object obj)
   {
      return ((obj instanceof Person) &&
                          (obj.hashCode() == this.hashCode()));
   }

   @Override
   public Object clone()
   {
      Person clone;
      ry
      {
         clone = (Person) super.clone();
      }
      catch(CloneNotSupportedException e)
      {
         throw new InternalError();
      }
      clone.birthday = (Date) clone.birthday.clone();
      return clone;
   }
}

public class CloneDemo
{
```

```java
    public static void main(String[] args)
    {
       Person woman = new Person(),
              she = (Person) woman.clone();
       System.out.println("woman.equals(she) = " +
                                                woman.equals(she));

    }
}
```

Figura 10.6: *Clonando objetos.*

```
woman.equals(she) = true
```
Figura 10.7: *Conteúdos equivalentes.*

10.2.5 – Uma Classe Completa

Eis uma implementação belíssima para a classe Pessoa. Ela usa tudo o que vimos até agora.

Na verdade, para deixá-la realmente completa, ainda falta transformá-la em um javabean, mas vamos deixar isso para mais tarde.

```java
package com.hpg.evertonbarbosagomes.br.books.java.2ed.ch10;

import java.util.Calendar;
import java.util.Date;

class Person implements Cloneable
{
   static     int counter;
              String firstName,
                     lastName;
              Date birthday;
         final int ID;

   Person(String firstName,
          String lastName)
   {
      this.firstName = firstName;
      this.lastName = lastName;
      this.birthday = Calendar.getInstance().getTime();
      this.ID = ++Person.counter;
   }

   @Override
```

```java
      public boolean equals(Object obj)
      {
         return ((obj instanceof Person) &&
                        (obj.hashCode() == this.hashCode()));
      }

      @Override
      public int hashCode()
      {
         return this.ID;
      }

      @Override
      public String toString()
      {
         return this.firstName + " " + this.lastName;
      }

      @Override
      public Object clone()
      {
         Person clone;
         try
         {
            clone = (Person) super.clone();
         }
         catch(CloneNotSupportedException e)
         {
            throw new InternalError();
         }
         clone.birthday = (Date) clone.birthday.clone();
         return clone;
      }
}

public class PersonDemo
{
   public static void main(String[] args)
   {
      Person woman = new Person("Letícia", "Spiller Pena"),
              boy = new Person("Pedro", "Spiller Pena");

      String msg =
            "woman.equals(boy)\t\t= " + woman.equals(boy) +
            "\nwoman.hashCode()\t\t= " + woman.hashCode() +
```

```
            "\nboy.hashCode()\t\t\t= " + boy.hashCode() +
            "\nwoman.toString()\t\t= " + woman +
            "\nboy.toString()\t\t\t= " + boy +
            "\nwoman.clone() == woman\t\t= " +
                              (woman.clone() == woman) +
            "\n(woman.clone()).equals(woman)\t= " +
                              (woman.clone().equals(woman));
        System.out.println(msg);
    }
}
```

Figua 10.8: *Apostando o diploma.*

```
woman.equals(boy)                 = false
woman.hashCode()                  = 1
boy.hashCode()                    = 2
woman.toString()                  = Letícia Spiller Pena
boy.toString()                    = Pedro Spiller Pena
woman.clone() == woman            = false
(woman.clone()).equals(woman)     = true
```

Figura 10.9: *Coerência.*

10.3 – Classes Envoltórias (java.lang.*)

Como sabemos, valores de tipo primitivo não são objetos. Algumas vezes, entretanto, desejaremos manipulá-los como se eles assim fossem. Para isso, usamos as oito classes envoltórias do pacote "java.lang": Byte, Short, Integer, Long, Float, Double, Character e Boolean.

Para tratar valores primitivos como objetos:

```
new PrimitiveTypeWrapperClass(primitiveValue);
```

Tipo primitivo	Classe envoltória
byte	Byte
short	Short
int	Integer
long	Long
float	Float
double	Double
char	Character
boolean	Boolean

Tabela 10.1: Tipos primitivos e classe envoltória correspondente.

A recuperação do valor primitivo contido no objeto é feita através dos métodos extratores: byteValue(), shortValue(), intValue(), longValue(), floatValue(), doubleValue(), charValue() e booleanValue().

Há ainda os métodos utilitários para conversão de texto: "Byte.parseByte(...)", "Short.parseShort(...)", "Integer.parseInt(...)", "Long.parseLong(...)", "Float.parseFloat(...)", "Double.parseDouble(...)" e "Boolean.parseBoolean(...)".

O exemplo seguinte calcula a soma correspondente à adição de todos os argumentos fornecidos (1, 2, 4, 8, 16, 32, 64 e 128).

```
package com.hpg.evertonbarbosagomes.br.books.java.2ed.ch10;

class SumArgs
{
    static double sum(String[] numbers)
    {
        double sum = 0.0;
        for (String next : numbers)
        {
            sum += Double.parseDouble(next);
        }
        return sum;
    }

    public static void main(String[] args)
    {
        System.out.println("The sum is: " + SumArgs.sum(args));
    }
}
```

Figura 10.10: Adicionando tudo.

```
The sum is: 255.0
```

Figura 10.11: A adição faz a soma.

10.4 – A classe String (java.lang.String)

String é uma cadeia não-modificável de caracteres.

A delimitação do conteúdo pelas aspas duplas torna a criação bastante cômoda, mas o que fazer quando desejarmos incluir tais aspas dentro do texto? A solução para isso são as seqüências de escape. Para indicar que o próximo caractere da String é um caractere de escape, optou-se por um símbolo pouco usado – a barra invertida (\).

Seqüência de escape	Descrição
\b	Volta para a coluna anterior (backspace).
\r	Volta para a primeira coluna (carriage return).
\t	Tabulação (horizontal).
\n	Muda de linha (new line).
\"	Aspa dupla.
\\	Barra invertida.
\uhhhh	Caractere Unicode. Cada 'h' representa um algarismo hexadecimal (zero até F).

Tabela 10.2: Seqüências de escape.

O código a seguir imprime uma mensagem complexa.

```
package com.hpg.evertonbarbosagomes.br.books.java.2ed.ch10;
```

```
class StringDemo
{
   voi sampleIt()
   {
      String msg = "Carriage-return here\r*" +
                   "\nnew line here\n" +
                   "\ttabulation here\n" +
                   "\"double quotes here\"\n" +
                   "\\backslashes here\\\n" +
                   "unicode char here: \u004A";
      System.out.println(msg);
   }

   public static void main(String[] args)
   {
      new StringDemo().sampleIt();
   }
}
```

Figura 10.12: Enfeitando o pavão.

```
*arriage-return here
new line here
  tabulation here
"double quotes here"
\backslashes here\
unicode char here: J
```

Figura 10.13: Plumagem.

Conheça os principais métodos dos objetos da classe "String":

- **charAt(...)**: obtém o caractere localizado na posição especificada;
- **indexOf(...)**: obtém a posição da primeira ocorrência do argumento;
- **lastIndexOf(...)**: obtém a posição da última ocorrência do argumento;
- **startsWith(...)**: informa se o texto inicia com o prefixo fornecido;
- **contains(...)**: informa se o texto contém o termo fornecido;
- **endsWith(...)**: informa se o texto termina com o sufixo fornecido;
- **equals(...)**: compara conteúdo, caractere-a-caractere;
- **equalsIgnoreCase(...)**: compara conteúdo, caractere-a-caractere, ignorando o aspecto maiúsculo/minúsculo;
- **intern()**: retorna uma referência para o objeto String correspondente armazenado no repositório (pool);
- **length()**: obtém a quantidade de caracteres;
- **replace(...)**: obtém o texto equivalente após a substituição;
- **split(...)**: obtém uma matriz contendo cópias das partes do texto;
- **substring(...)**: obtém o trecho desejado;
- **toLowerCase()**: obtém o texto equivalente em letras minúsculas;
- **toUpperCase()**: obtém o texto equivalente em letras maiúsculas;
- **trim()**: obtém o texto equivalente sem espaços laterais.

Para efetuar comparação ultra-rápida de textos, use o operador de comparação (==) em vez do método "equals(...)". Ele compara apenas os endereços de memória dos objetos, é verdade, mas o resultado é o mesmo, pois textos são literais e, graças ao repositório (pool), todo literal com o mesmo conteúdo aponta para um único trecho da memória. Em Java, portanto, as coisas são menos confusas que em C/C++, linguagem onde "abc" é diferente de "abc".

Comprove:

```
/* Save as: StringDemo.c */
# include <stdio.h>
# include <string.h>

void sampleIt()
{
   char text[4],
        msg[32];
   strcpy(text, "abc");
   if (text == "abc")
   {
      strcpy(msg, "text == \"abc\" (true)");
   }
   else
   {
```

```
      strcpy(msg, "text == \"abc\" (false)");
   }
   printf("%s\n", msg);
}

int main()
{
   sampleIt();
   return 0;
}
```

Figura 10.14: *Comparando textos em C.*

```
[...]$ gcc StringDemo.c -o StringDemo.bin
[...]$ ./StringDemo.bin
text == "abc" (false)
```

Figura 10.15: *Estranho.*

```
package com.hpg.evertonbarbosagomes.br.books.java.2ed.ch10;

class StringDemo2
{
   static void sampleIt()
   {
      String text,
             msg;
      text = "abc";
      if (text == "abc")
      {
         msg = "text == \"abc\" (true)";
      }
      else
      {
         msg = "text == \"abc\" (false)";
      }
      System.out.println(msg);
   }

   public static void main(String[] args)
   {
      sampleIt();
   }
}
```

Figura 10.16: *Comprando textos em Java.*

```
text == "abc" (true)
```

Figura 10.17: Menos estranho.

10.4.1 – Localização de Texto (java.util.regex.*)

Introduzido em Java SE "1.4", o pacote "java.util.regex" oferece recursos avançados para localização de texto.

Para definir a expressão a ser procurada:

```
Pattern.compile(expression);
```

Para obter o comparador correspondente:

```
pattern.matcher(sentence);
```

Conheça os principais métodos do localizador:
- **find()**: informa se há mais ocorrências da expressão;
- **group()**: obtém a expressão encontrada;
- **start()**: obtém a posição inicial da última ocorrência localizada;
- **end()**: obtém a posição final da última ocorrência localizada.

O exemplo seguinte localiza todas as ocorrências da expressão indicada.

```
package com.hpg.evertonbarbosagomes.br.books.java.2ed.ch10;

import java.util.Scanner;

import java.util.regex.Pattern;
import java.util.regex.Matcher;

class RegexDemo
{
   void sampleIt()
   {
      Scanner keyboard = new Scanner(System.in);
      String sentence,
             expression;
      System.out.println("Please, enter a sentence:");
      sentence = keyboard.nextLine();
      System.out.println("Please, enter an expression:");
      expression = keyboard.nextLine();
      keyboard.close();
```

```
        Matcher matcher =
                Pattern.compile(expression).matcher(sentence);
        System.out.println("\nMatching...");
        String msg = "";
        while (matcher.find())
        {
            msg = "\n\"" + matcher.group() +
                            "\" found at index " +
                                        matcher.start() + ";";
        }
        msg += "\b.";
        System.out.println(msg);
    }

    public static void main(String[] args)
    {
        new RegexDemo().sampleIt();
    }
}
```

Figura 10.18: *Definindo o texto e a expressão a ser procurada dentro dele.*

```
Please, enter a sentence:
KDE - The K desktop.
Please, enter an expression:
desktop

Matching...
"desktop" found at index 12.
```

Figura 10.19: *Achou!*

10.4.1.1 – Recursos avançados

Para especificar que, em uma determinada posição do texto, podem ocorrer vários caracteres em vez de um só, agrupe-os entre colchetes, em seqüência ([abc]) ou em intervalo ([a-c]). Da mesma maneira, para especificar que em uma posição podem ocorrer todos os caracteres, com exceção de alguns, prefixe os caracteres indesejados com "^" ([^abc]).

A expressão "[ck]de", por exemplo, procura por "cde" e também por "kde" enquanto que a expressão "[^ck]de" procura por qualquer palavra de três letras terminada em "de", com exceção de "cde" e de "kde".

Execute novamente o programa anterior e comprove.

10.5 – A Classe System (java.lang.System)

System é a classe utilitária responsável pelo acesso aos recursos do sistema. Suas três principais variáveis correspondem aos fluxos padrão do sistema:

- **System.out**: objeto correspondente à saída padrão;
- **System.err**: objeto correspondente à saída padrão para erros;
- **System.in**: objeto correspondente à entrada padrão.

As informações sobre o sistema estão disponíveis na forma de propriedades.

Propriedade	Descrição
"line.separator"	quebra de linha
"file.separator"	separador de diretório
"path.separator"	separador de opções
"user.dir"	diretório atual
"user.home"	diretório pessoal
"user.name"	nome da conta do usuário
"os.arch"	arquitetura
"os.name"	sistema operacional
"os.version"	versão do s.o.
"java.class.path"	localização dos executáveis
"java.home"	diretório do jre
"java.version"	versão da API
"sun.boot.class.path"	endereço das classes da API
"file.encoding"	Codificação dos caracteres

Tabela 10.3: Principais propriedades do sistema.

Para obter o valor de uma das propriedades:

```
System.getProperty("property");
```

O programa a seguir imprime na saída padrão todas as propriedades disponíveis no sistema.

```
package com.hpg.evertonbarbosagomes.br.books.java.2ed.ch10;

class SystemDemo
{
    void listIt()
```

```
    {
        System.getProperties().list(System.out);
    }

    public static void main(String[] args)
    {
        new SystemDemo().listIt();
    }
}
```

Figura 10.20: *Vasculhando as propriedades do sistema local.*

```
- listing properties -
path.separator=:
user.dir=/home/dante/books/java
os.arch=i386
line.separator=

os.name=Linux
os.version=2.4.21-28872c1
user.home=/home/dante
file.encoding=ISO-8859-1
user.name=dante
java.class.path=.
java.home=/usr/java/jdk5/jre
java.version=5
file.separator=/
       .
       .
       .
```

Figura 10.21: *Propriedades encontradas.*

Conheça os principais métodos fornecidos pela classe System:

- **System.arraycopy(...)**: efetua cópia de matrizes;
- **System.getenv(...)**: obtém o valor de uma variável de ambiente;
- **System.gc()**: efetua coleta de lixo;
- **System.exit(...)**: encerra o programa.

10.6 – A Classe ProcessBuilder (java.lang.ProcessBuilder)

ProcessBuilder é a classe responsável pela criação de processos nativos. O gerenciamento deles é feito através da classe Process.

Para executar um programa externo:

```
new ProcessBuilder("program", "arg1", ... , "argN").start();
```

O exemplo é esclarecedor.

```java
package com.hpg.evertonbarbosagomes.br.books.java.2ed.ch10;

import java.uil.Scanner;

import java.io.BufferedInputStream;
import java.io.IOException;

class Shell
{
   void runIt(String[] command)
   {
      Scanner in;
      Process proc = null;
      try
      {
         proc = new ProcessBuilder(command).start();
      }
      catch(IOException e)
      {
         System.err.println(e.getMessage());
      }
      in = new Scanner(new BufferedInputStream(
                                    proc.getInputStream()));
      while(in.hasNextLine())
      {
         System.out.println(in.nextLine());
      }
      in.close();
      proc.destroy();
   }

   public static void main(String[] args)
   {
      if (args.length == 0)
      {
         System.err.println("Usage: Shell command");
         System.exit(-1);
      }
      new Shell().runIt(args);
   }
}
```

Figura 10.22: *Acionando outros programas.*

```
[...]$ <jdk-dir>/bin/javac Shell.java
[...]$ <jdk-dir>/bin/java Shell cal
      august 2004
Su Mo Tu We Th Fr Sa
 1  2  3  4  5  6  7
 8  9 10 11 12 13 14
15 16 17 18 19 20 21
22 23 24 25 26 27 28
29 30 31
```

Figura 10.23: *Sem limites.*

10.7 – A Classe Math (java.lang.Math)

A classe "java.lang.Math" oferece métodos utilitários para o cálculo das operações aritméticas não suportadas pelos operadores de Java. São eles:

- **Math.pow(...)**: calcula base^(expoente);
- **Math.sqrt(...)**: calcula o lado do quadrado (square root) cuja área é igual ao argumento;
- **Math.exp(...)**: calcula e^(arg);
- **Math.log10(...)**: calcula o logaritmo do argumento na base 10;
- **Math.sin(...)**: calcula o seno do ângulo;
- **Math.cos(...)**: calcula o cosseno do ângulo;
- **Math.tan(...)**: calcula a tangente do ângulo;
- **Math.abs(...)**: retorna o módulo do argumento, ou seja, o equivalente positivo dele;
- **Math.min(...)**: retorna o menor argumento;
- **Math.max(...)**: retorna o maior argumento;
- **Math.floor(...)**: arredonda para baixo;
- **Math.ceil(...)**: arredonda para cima;
- **Math.rint(...)**: arredonda para o inteiro mais próximo.

Experimente:

```
package com.hpg.evertonbarbosagomes.br.books.java.2ed.ch10;

import static java.lang.Math.*;

class MathDemo
{
   void sampleIt()
   {
```

```
        double d = 6.8;
        String msg = "Math.floor(6.8) = " + floor(6.8) +
                    "\nMath.ceil(6.8) = " + ceil(6.8) +
                    "\nMath.rint(6.8) = " + rint(6.8);
        System.out.println(msg);
    }

    public static void main(String[] args)
    {
        new MathDemo().sampleIt();
    }
}
```

Figura 10.24: *Arredondando.*

```
Math.floor(6.8) = 6.0
Math.ceil(6.8) = 7.0
Math.rint(6.8) = 7.0
```

Figura 10.25: *Altos e baixos.*

10.8 – Precisão Arbitrária (java.math.*)

As classes BigInteger e BigDecimal do pacote "java.math" permitem criar números de precisão arbitrária.

Para criar um número inteiro:

```
new BigInteger("value");
```

Para criar um número não-inteiro:

```
new BigDecimal("value");
```

Os cálculos são feitos através de métodos correspondentes aos operadores aritméticos e às operações da classe Math:

- **add(...)**: obtém this + arg;
- **subtract(...)**: obtém this – arg;
- **multiply(...)**: obtém this * arg;
- **divide(...)**: obtém this/arg;
- **reminder(...)**: obtém o resto de this/arg;
- **pow(...)**: calcula this^expoente;
- **gcd(...)**: obtém o maior divisor comum, ou seja, o número ideal para realizar a simplificação/mudança de base entre this e arg.

> **Tome nota!**
> Não confunda máximo divisor comum com mínimo múltiplo comum: o primeiro é usado para simplificação e o outro, para nivelamento de denominadores.

Comprove:

```java
package com.hpg.evertonbarbosagomes.br.books.java.2ed.ch10;

import java.math.BigInteger;
import java.math.BigDecimal;

class BigMathDemo
{
   void sampleIt()
   {
      long integer = Long.MAX_VALUE;
      double decimal = Double.MAX_VALUE;
      System.out.println("Before:" +
                         "\ninteger\t\t= " + integer +
                         "\nnext integer\t= " + ++integer +
                         "\ndecimal\t\t= " + decimal +
                         "\ndecimal*10\t= " + decimal*10);

      BigInteger bigInteger = new BigInteger(
                              "9223372036854775807");
      BigDecimal bigDecimal = new BigDecimal(
                              "1.7976931348623157E308");
      System.out.println("\nAfter:" +
           "\ninteger\t\t= " + bigInteger +
           "\nnext integer\t= " +
                bigInteger.add(new BigInteger("1")) +
           "\ndecimal\t\t= " + bigDecimal +
           "\ndecimal*10\t= " +
                bigDecimal.multiply(new BigDecimal("10")));
   }

   public static void main(String[] args)
   {
      new BigMathDemo().sampleIt();
   }
}
```

Figura 10.26: *Extrapolando.*

```
Before:                 o
integer         =  9223372036854775807
next integer    = -9223372036854775808
decimal         =  1.7976931348623157E308
decimal*10      =  Infinity

After:
integer         =  9223372036854775807
next integer    =  9223372036854775808
decimal         =  1.7976931348623157E+308
decimal*10      =  1.7976931486231570E+309
```

Figura 10.27: *Sem perdas.*

Use objetos BigDecimal em vez de variáveis float ou double sempre que a precisão for importante.

10.9 – A Classe Class (java.lang.Class)

"Para compreender as pessoas devo tentar escutar o que elas não estão dizendo, o que elas talvez nunca venham a dizer."

JOHN POWELL.

Na Java API, há classes para realizar quase tudo, inclusive "nada". A classe "java.lang.Class", por exemplo, tem como única função expor a estrutura das outras classes (daí o termo reflexão).

Para obter o objeto "Class" correspondente a uma classe:

```
MyClass.class;
       ou
object.getClass();
```

Conheça os principais métodos dele:

- **isPrimitive()**: informa se o objeto "Class" refere-se a um tipo primitivo;
- **isEnum()**: informa se o objeto "Class" refere-se a uma classe-enumeração;
- **isInterface()**: informa se o objeto "Class" refere-se a uma interface;
- **isAnnotation()**: informa se o objeto "Class" refere-se a um tipo de anotação;
- **isArray()**: informa se o objeto "Class" refere-se a uma matriz;
- **getName()**: obtém o nome completo da classe;
- **getPackage()**: obtém o objeto "Package" correspondente ao pacote;
- **getSuperclass()**: obtém o objeto "Class" correspondente à super-classe;
- **getInterfaces()**: obtém os objetos "Class" correspondentes às interfaces implementadas;

- **getModifiers()**: obtém a representação numérica dos modificadores;
- **getConstructors()**: obtém objetos "Constructor" correspondentes aos construtores públicos da classe;
- **getFields()**: obtém objetos "Field" correspondentes às variáveis e constantes públicas;
- **getMethods()**: obtém os objetos "Method" correspondentes aos métodos públicos;
- **newInstance()**: cria um objeto da classe.

Objetos da classe "java.lang.reflect.Constructor" representam os construtores de uma classe.

Conheça o principal método:

getParameterTypes(): obtém os objetos "Class" correspondentes ao tipo dos parâmetros.

Já os objetos da classe "java.lang.reflect.Field" representam as vaiáveis e constantes de uma classe ou interface.

Eis o seu principal método:

getType(): obtém o objeto "Class" correspondente ao tipo do valor.

Objetos da classe "java.lang.reflect.Method", por sua vez, representam os métodos de uma classe.

Entre os seus principais métodos, podemos citar:

getReturnType(): obtém o objeto "Class" correspondente ao tipo de retorno;

invoke(...): executa o método.

A classe "java.lang.reflect.Modifier" contém métodos utilitários para extrair informações da representação numérica retornada por "getModifiers()". São eles:

- **Modifier.isPublic(...);**
- **Modifier.isStatic(...);**
- **Modifier.isAbstract(...);**
- **Modifier.isFinal(...)**.

Como podemos notar, os passos necessários para examinar a estrutura das classes são sempre os mesmos. Por essa razão, o jdk disponibiliza-nos uma ferramenta só para essa tarefa – o javap (java class file disassembler).

O exemplo seguinte demonstra como bisbilhotar rapidamente uma classe.

```
[...]$ <jdk-dir>/bin/javap java.lang.Object
Compiled from "Object.java"
public class java.lang.Object{
    public java.lang.Object();
    public final native java.lang.Class getClass();
    public native int hashCode();
    public boolean equals(java.lang.Object);
```

```
    protected native java.lang.Object clone()
              throws java.lang.CloneNotSupportedException;
    public java.lang.String toString();
    public final native void notify();
    public final native void notifyAll();
    public final native void wait(long)
              throws java.lang.InterruptedException;
    public final void wait(long, int)
              throws java.lang.InterruptedException;
    public final void wait()
              throws java.lang.InterruptedException;
    protected void finalize() throws java.lang.Throwable;
    static {};
}
```

Figura 10.28: *Raio-X.*

10.10 – A Classe Color (java.awt.Color)

São três as cores básicas da luz: vermelho, verde e azul. Todas as outras cores são obtidas a partir da mistura dessas três. No computador, as cores possuem 24 bits – cada byte armazena a intensidade de uma cor básica. A intensidade das cores básicas pode variar, portanto, de zero (ausência da cor) até 255 (intensidade máxima).

☺ **Curiosidade**:
As cores básicas da luz (vermelho, verde e azul) são diferentes das cores básicas das tintas (ciano, magenta, amarelo e preto). É por isso que as impressões em papel dificilmente são idênticas à visualização no monitor.

Em Java, cores são objetos da classe "java.awt.Color".

Para criar uma cor manualmente:

```
new Color(red, green, blue);
```

Como comodidade, a classe Color oferece constantes correspondentes às cores mais comuns (Color.RED, Color.CYAN, etc.).

Entre os métodos dos objetos da classe Color, podemos destacar:

- **brighter()**: obtém uma versão mais clara da cor;
- **darker()**: obtém uma versão mais escura da cor.

10.11 – A Classe Font (java.awt.Font)

Fonte é um conjunto de glifos – imagens usadas para representar visualmente os caracteres. Em Java, fontes são objetos da classe "java.awt.Font".

Para obter todas as fontes disponíveis no sistema:

```
GraphicsEnvironment.getLocalGraphicsEnvironment().getAllFonts();
```

Para criar uma fonte manualmente:

```
new Font(family, style, size);
```

- **family**: nome da fonte;
  - "Monospaced": fonte cujos glifos possuem a mesma largura;
  - "Serif": fonte cujos glifos possuem pontas com adornos;
  - "Sanserif": fonte cujos glifos possuem pontas sem adornos;
  - "Dialog": fonte usada para exibir mensagens;
  - "DialogInput": fonte usada para obter dados;
  - nome de qualquer fonte disponível;
- **style**: formato do texto;
  - Font.PLAIN: normal;
  - Font.BOLD: negrito;
  - Font.ITALIC: inclinado;

  size: tamanho, em pontos (aprox. 1/72").

A obtenção de versões personalizadas de uma fonte é feita através do método "deriveFont(...)".

Veja o exemplo: ele imprime o nome de todas as famílias de fonte disponíveis no sistema.

```
package com.hpg.evertonbarbosagomes.br.books.java.2ed.ch10;

import java.awt.GraphicsEnvironment;

class FontDemo
{
    void sampleIt()
    {
        GraphicsEnvironment ge =
            GraphicsEnvironment.getLocalGraphicsEnvironment();
        String[] list = ge.getAvailableFontFamilyNames();

        System.out.println("— listing fonts —");
```

```
    for (String next : list)
    {
        System.out.println(next);
    }
}

public static void main(String[] args)
{
    new FontDemo().sampleIt();
}
```

Figura 10.29: *Vasculhando as fontes do sistema local.*

```
— listing fonts —
Dialog
DialogInput
Monospaced
SansSerif
Serif
```

Figura 10.30: *Fontes disponíveis.*

A medição dos glifos é feita através do objeto obtido pelo método getLineMetrics(...).

10.12 – A Classe Calendar (java.util.Calendar)

A manipulação do tempo é feita através da classe "Calendar" do pacote "java.util".

Para obter a data e a hora atuais:

```
Calendar.getInstance();
```

Para obter o valor de um campo:

```
calendar.get(field);
```

- **field**:
  - Calendar.MILLISECOND;
  - Calendar.SECOND;
  - Calendar.MINUTE;
  - Calendar.HOUR_OF_DAY;
  - Calendar.DAY_OF_MONTH;

- Calendar.MONTH;
- Calendar.YEAR.

O exemplo é animador: ele simula o comando cal do Unix.

```java
package com.hpg.evertonbarbosagomes.br.books.java.2ed.ch10;

import java.util.Calendar;

import java.text.DateFormat;
import java.text.SimpleDateFormat;
import java.text.DateFormatSymbols;

class CalendarDemo
{
   void sampleIt()
   {
      Calendar calendar = Calendar.getInstance();
      calendar.set(Calendar.DAY_OF_MONTH, 1); // reset
      int firstDayOfWeek = calendar.getFirstDayOfWeek(),
          firstDayOfWeekInMonth =
                             calendar.get(Calendar.DAY_OF_WEEK),
          offset=0;
      DateFormatSymbols symbols =
          ((SimpleDateFormat)DateFormat.getInstance()).
                                       getDateFormatSymbols();
      String[] months = symbols.getMonths(),
               weekdays = symbols.getShortWeekdays();
      String title = months[calendar.get(Calendar.MONTH)]
                      + "-" + calendar.get(Calendar.YEAR);
      System.out.println("\t\t\t" + title);
      // Print head
      System.out.print("\t"); // left margin
      boolean first = true;
      for (int i=firstDayOfWeek; first || i != firstDayOfWeek;
                                 i=(i+1)%weekdays.length)
      {
         if (i != 0)
         {
            System.out.print(weekdays[i] + "\t");
         }
         else
         {
            first = false;
         }
      }
```

```java
      System.out.println();
      System.out.print(" \t"); // left margin
      for (int i=firstDayOfWeek; i != firstDayOfWeekInMonth;
                                  i=(i+1)%weekdays.length)
      {
        if (i != 0)
        {
          System.out.print("\t");
          offset++;
        }
      }
      // Print body
      int lastDayOfMonth =
              calendar.getActualMaximum(Calendar.DAY_OF_MONTH);
      for (int i=offset+1; i-offset <= lastDayOfMonth; i++)
      {
        System.out.print((i - offset) + "\t");
        if (i%(weekdays.length-1) == 0)
        {
          System.out.println();
          System.out.print("\t"); // left margin
        }
      }
      System.out.println();
  }

  public static void main(String[] args)
  {
    new CalendarDemo().sampleIt();
  }
}
```

Figura 10.31: *Manipulando data.*

			August-2004			
Sun	Mon	Tue	Wed	Thu	Fri	Sat
1	2	3	4	5	6	7
8	9	10	11	12	13	14
15	16	17	18	19	20	21
22	23	24	25	26	27	28
29	30	31				

Figura 10.32: *Calendário.*

10.13 – A Classe Random (java.util.Random)

"Coisas menores podem tornar-se momentos de grande revelação quando as encontramos pela primeira vez."

MARGOR FONTEYN.

A classe "java.util.Random" oferece recursos para a realização de sorteios.

Para criar um gerador de números aleatórios:

```
new Random();
```

Para sortear números de zero até um valor máximo:

```
random.nextInt(MAXVALUE+1);
```

De agora em diante, então, você já sabe: antes de apostar na sorte, consulte Java.

```
package com.hpg.evertonbarbosagomes.br.books.java.2ed.ch10;

import java.util.Random;
import java.util.Set;
import java.util.TreeSet;

class Lottery
{
   void chooseThem()
   {
      Random r = new Random();
      Set<Integer> choices = new TreeSet<Integer>();
      while(choices.size() < 6)
      {
         choices.add(1 + r.nextInt(60));
      }
      System.out.print("Chose numbers: [");
      for(int next : choices)
      {
         System.out.print(next + ", ");
      }
      System.out.println("\b\b]");
   }
   public static void main(String[] args)
   {
      new Lottery().chooseThem();
   }
}
```

Figura 10.33: *Sorteando números.*

```
Chose numbers: [11, 21, 25, 26, 58, 59]
```

Figura 10.34: *Sorteio.*

Um aspecto interessante a ressaltar sobre os sorteios eletrônicos é que a sua aleatoriedade é determinada pelo número usado como ponto-de-partida (semente) e não pelo algoritmo propriamente dito. Se inicializarmos com um número pré-determinado o objeto Random do código anterior, por exemplo, obteremos sempre os mesmos resultados!

Capítulo 11

Consistência

11.1 – Introdução

Mesmo na computação, uma área cujo principal objetivo é agilizar os procedimentos, a velocidade não é tudo – a integridade dos dados é mais importante.

Para que a informação gerada pelo programa seja confiável, o processamento executado por ele não deve corromper os dados. Para manter a integridade dos dados manipulados, o programa deve ser consistente. Programas consistentes mantêm os dados íntegros e, conseqüentemente, produzem informações confiáveis.

A consistência de programas Java é alcançada principalmente através da restrição de acesso a membros (variáveis e/ou métodos), da validação de argumentos e do tratamento de exceções.

11.2 – Restrição de Acesso aos Membros

"Não possuir algumas das coisas que desejamos é parte indispensável da felicidade."

BERTRAND RUSSEL.

Preferencialmente, os programas devem ter acesso apenas àquilo que precisam para realizar a sua tarefa. Afinal, se um recurso só deve ser usado por um programa, por que permitir que ele seja manipulado por qualquer um? A restrição de acesso a membros é uma forma de aplicação desse princípio.

Java possui quatro níveis de acesso aos membros dos objetos: privado, de pacote, protegido ou público. Para ajustar a visibilidade de um membro, declare-o com o especificador correspondente.

Lembre-se: o "invasor" é sempre a classe que faz uso da notação de acesso a membro (object.member).

11.2.1 – Privado

O nível de acesso privado é o mais restrito. Nem mesmo o objeto consegue acessar os seus membros privados. Apenas as instruções contidas dentro da classe do objeto conseguem acessá-los.

O acesso privado é representado em UML por um "-".

```java
package street;

class Family
{
    // Top secret members!
    private int variable;

    private void method()
    {
        System.out.println("Access allowed.");
    }

    public static void main(String[] args)
    {
        Family object = new Family();
        object.variable = 3;
        object.method();
    }
}
```

Figura 11.1: *Compartilhando um segredo apenas com a própria família.*

```
Access allowed.
```

Figura 11.2: *Em casa.*

No exemplo anterior, conseguimos acessar os membros privados, pois pertencemos à mesma "família" que eles. Fora dela, não conseguiríamos acessá-los.

O código seguinte não é aceito pelo compilador.

```java
package street;

class Family
{
    // Top secret members!
    private int variable;

    private void method()
    {
        System.out.println("Access allowed.");
    }
}

class Neighbour extends Family
{
    public static void main(String[] args)
    {
        Family object = new Family();
        object.variable = 3;  // illegal
        object.method();      // illegal
    }
}
```

Figura 11.3: *Vizinhos frustrados.*

Use o especificador de acesso privado para declarar variáveis de instância e métodos auxiliares.

11.2.2 – Pacote (Padrão)

O próximo especificador, o de pacote, adiciona permissão de acesso às classes do mesmo pacote.

Na verdade, não existe um especificador para esse nível – ele entra em ação quando há omissão dos demais.

```java
// Save all as "Family.java", but run Neighbour class
package street;

public class Family
{
    int variable;

    void method()
```

```
      {
         System.out.println("Access allowed.");
      }
   }
}

class Neighbour
{
   public static void main(String[] args)
   {
      Family object = new Family();
      object.variable = 3; // ok
      object.method(); // ok
   }
}
```

Figura 11.4: *Compartilhando um segredo com a família e com todos os vizinhos.*

```
Access allowed.
```

Figura 11.5: *Condomínio fechado.*

No exemplo anterior, conseguimos acessar os membros de pacote, pois estamos na mesma "rua" que eles. Fora dela, não conseguiríamos acessá-los.

O código seguinte é rejeitado pelo compilador.

```
package otherstreet;

import street.Family;

class Relative extends Family
{
   public static void main(String[] args)
   {
      Family object = new Family();
      object.variable = 3; // Illegal
      object.method(); // Illegal
   }
}
```

Figura 11.6: *Barrados no baile.*

Use o especificador de acesso de pacote para declarar membros que você gostaria de compartilhar com as demais classes do mesmo pacote.

11.2.3 – Protegido

O especificador de proteção adiciona permissão aos objetos DAS SUBCLASSES.
O acesso protegido é represenado em UML por um "#".

```java
// Save all as "Family.java", but run Neighbour class
package street;

public class Family
{
   protected int variable;

   protected void method()
   {
      System.out.println("Access allowed.");
   }
}

class Neighbour
{
   public static void main(String[] args)
   {
      Family object = new Family();
      object.variable = 3;
      object.method();
   }
}
```

Figura 11.7: *Compartilhando um segredo com a família, com todos os vizinhos e com todos os parentes.*

```
Access allowed.
```

Figura 11.8: *Chega mais.*

No exemplo anterior, conseguimos acessar os membros protegidos, pois estamos dentro do pacote em que eles são definidos. No próximo exemplo, também conseguimos acessá-los, pois fazemos isso através de um objeto de sub-classe da classe em que eles são definidos.

```java
package otherstreet;

import street.Family;

class Relative extends Family
```

```
{
   public static void main(String[] args)
   {
      Relative object = new Relative();
      object.variable = 3; // ok
      object.method(); // ok
   }
}
```

Figura 11.9: *A vez dos parentes.*

Access allowed.

Figura 11.10: *Agora sim.*

O código a seguir é rejeitado pelo compilador.

```
package otherstreet;

import street.Family;

class Relative extends Family
{
   public static void main(String[] args)
   {
      Family object = new Family();
      object.variable = 3; // illegal
      object.method(); // illegal
   }
}
```

Figura 11.11: *Quase.*

Use o especificador de acesso protegido para declarar membros que você gostaria de compartilhar com as sub-classes.

11.2.4 – Público

Membros públicos são aqueles que podem ser acessados por qualquer um. O método principal de uma classe, por exemplo, precisa ser público para que o ambiente de execução possa acessá-lo.

O acesso público é representado em UML por um "+".

O exemplo seguinte demonstra a falta de restrições.

```java
// Save as "Family.java"
package street;

public class Family
{
   public int variable;

   public void method()
   {
      System.out.println("Access allowed.");
   }
}
```

Figura 11.12: *Divulgando na TV.*

```java
package otherstreet;

import street.Family;

class Stranger
{
   public static void main(String[] args)
   {
      Family object = new Family();
      object.variable = 3;  // ok
      object.method();  // ok
   }
}
```

Figura 11.13: *Desconhecido.*

Access allowed.

Figura 11.14: *Domínio público.*

Use o especificador de acesso público para declarar classes principais, constantes estáticas reutilizáveis, construtores e métodos em geral.

11.3 – Validação de Argumentos

"Pagai o mal com o bem, porque o amor é vitorioso no ataque e invulnerável
na defesa."

Lao-Tsé.

A segunda maneira de preservar a consistência dos programas é a validação de argumentos. Para realizá-la, simplesmente troque "object.variable=n" por "object.setVariable(n)" e faça a verificação necessária no método de ajuste.

Veja a classe seguinte – ela permite que o motorista engate qualquer marcha.

```java
package com.hpg.evertonbarbosagomes.br.books.java.2ed.ch11;

class Car
{
   public int gear;
}

public class Driver
{
   public static void main(String[] args)
   {
      Car object = new Car();
      object.gear = 7; // Is it possible?
      System.out.println("The current gear is " +
                                      object.gear + ".");
   }
}
```

Figura 11.15: *Engatando a marcha.*

```
The current gear is 7.
```

Figura 11.16: *Veículo desgovernado.*

Permitir livre acesso às variáveis é arriscado, pois um valor inválido pode ser atribuído a elas. Escondendo-as, obrigamos que o novo valor passe pelo teste imposto pelo método de ajuste.

O carro a seguir, por exemplo, é mais robusto que o anterior.

```java
package com.hpg.evertonbarbosagomes.br.books.java.2ed.ch11;

class Car
{
   private int gear;

   public void setGear(int nextGear)
   {
      this.gear =
            ((nextGear >= -1 && nextGear < 6)? nextGear: 0);
   }
```

```
    public int getGear()
    {
       return this.gear;
    }
}

public class Driver
{
   public static void main(String[] args)
   {
      Car object = new Car();
      object.setGear(7);
      System.out.println("The current gear is " +
                                    object.getGear() + ".");
   }
}
```

Figura 11.17: *Engatando a marcha.*

The current gear is 0.

Figura 11.18: *Veículo sob controle.*

Uma forma de validação bastante usada é o dígito de controle, um algarismo adicional destinado a facilitar a detecção de erros de digitação. Ele é o resultado de um cálculo específico sobre os outros dígitos. Quando acessamos nossa conta bancária, por exemplo, o sistema nos pede esse valor apenas para validar os dados. Se eles gerarem um dígito de controle diferente do fornecido, então o sistema pode inferir que ocorreu um erro de digitação.

11.4 – Tratamento de Exceções

"O que não mata, fortalece."
FRIEDRICH NIETZSCHE.

Outra maneira de manter a consistência dos programas é o tratamento de exceções.

Exceção é o sinal de emergência disparado por um método quando algo impede a continuação da execução do programa. O lançamento da exceção é uma chance para nos recuperarmos da situação adversa. Logo, precisamos lidar com a exceção para que a execução do programa possa continuar.

A captura e o tratamento das exceções são feitos através de três blocos: "try", "catch(...)" e "finally".

```
class ExceptionDemo
{
   void sampleIt()
   {
      try
      {
         ...
      }
      catch(ExceptionType object)
      {
         ...
      }
      finally
      {
         ...
      }
   }
}
```

Figura 11.19: *Blocos para tratamento de exceções em Java.*

O bloco try, herdado de C/C++, é aquele usado para demarcar as instruções que podem lançar a exceção. Ao envolvermos um conjunto de instruções com esse bloco, estamos dizendo ao sistema para que ele tente (try) executá-las.

Dentro do bloco de captura (catch(...)), também herdado de C/C++, inserimos os procedimentos de emergência que serão executados se a exceção for lançada. Cada "catch(...)" captura um tipo de exceção.

Introduzido em Java, o bloco "finally", opcional, é destinado àquelas instruções de limpeza que precisariam ser inseridas tanto no bloco "try" como nos blocos "catch(...)". Ele é sempre executado, haja ou não lançamento da exceção. Cada "try" pode ter vários "catch(...)", mas apenas um finally.

Quando uma exceção é lançada, o bloco "try" é destruído e o fluxo de execução é desviado para o bloco "catch(...)" correspondente ao tipo da exceção. Se "catch(...)" também causar uma exceção, então todas as instruções do método atual serão destruídas – apenas o bloco "finally", se houver, será executado. Isso ocorre, pois o sistema começa a desmontar a pilha de execução em busca de um método que trate a exceção.

Exceções são lançadas através da cláusula "throw".

```
package com.hpg.evertonbarbosagomes.br.books.java.2ed.ch11;

public class ThrowDemo
{
   public static void main(String[] args) throws Exception
   {
      Exception sos = new Exception();
      throw sos;
   }
}
```

Figura 11.20: *Disparado o alarme.*

```
Exception in thread "main" java.lang.Exception
   at ThrowDemo.main(ThrowDemo.java:5)
```

Figura 11.21: *Fim da linha.*

O método principal da classe anterior comete suicídio – ele lança uma exceção e não a captura. Repare que o programa só é interrompido quando a exceção é lançada (throw sos).

Exceções são objetos derivados da classe "java.lang.Exception". Cada sub-classe de Exception corresponde a um tipo de exceção. Todas elas precisam ser tratadas, exceto aquelas derivadas de RuntimeException – essa classe define exceções que podem ocorrer a praticamente todo momento e que, por essa razão, não precisam ser tratadas.

Ao lidar com exceções, evite usar "remédios milagrosos" como o seguinte:

```
class Panacea
{
   void sampleIt()
   {
      try
      {
         ...
      }
      catch(Exception e)
      {
         ...
      }
   }
}
```

Figura 11.22: *Panacéia.*

Na vida real, doenças diferentes precisam de tratamentos diferentes – para cada doença é desenvolvido um remédio. Em programação, é recomendável que as exceções também sejam tratadas de maneira personalizada – para cada tipo de exceção que pode ser lançada deve haver um bloco de captura correspondente.

Cada exceção lançada é tratada por apenas um "catch(...)" – o primeiro que aceitá-la como argumento. Por essa razão, a ordem desses blocos é importante – deve-se tratar primeiro as exceções mais específicas e só depois as mais genéricas.

```java
package com.hpg.evertonbarbosagomes.br.books.java.2ed.ch11;

import java.io.IOException;

public class CatchDemo
{
   void catchIt()
   {
      try
      {
         throw new IOException();
      }
      catch(IOException e)
      {
         System.err.println("Running subclass handler...");
      }
      catch(Exception e)
      {
         System.err.println("Running superclass handler...");
      }
   }

   public static void main(String[] args)
   {
      new CatchDemo().catchIt();
   }
}
```

Figura 11.23: *Capturando exceções.*

```
Running subclass handler...
```

Figura 11.24: *Executando apenas o primeiro tratamento compatível.*

O bloco "finally", outra evolução de Java em relação às suas antecessoras C/C++, adiciona robustez à linguagem, uma vez que garante a execução de partes críticas do código, haja ou não lançamento de exceção. De fato, mesmo que ocorra algum problema dentro do bloco de tratamento, "finally" será executado.

```java
package com.hpg.evertonbarbosagomes.br.books.java.2ed.ch11;

public class FinallyDemo
{
   void sampleIt(boolean goAhead)
   {
      try
      {
         if (!goAhead)
         {
            throw new Exception();
         }
         System.out.println("No exception thrown.");
      }
      catch (Exception e)
      {
         System.err.println("Exception thrown.");
      }
      finally
      {
         System.out.println("Running finally block...");
      }
   }

   public static void main(String[] args)
   {
      FinallyDemo object = new FinallyDemo();
      object.sampleIt(true);
      object.sampleIt(false);
   }
}
```

Figura 11.25: *Comprovando a eficácia do bloco finally.*

```
No exception thrown.
Running finally block...
Exception thrown.
Running finally block...
```

Figura 11.26: *Eficácia comprovada.*

11.4.1 – "Batata-quente"

Quando houer vários tratamentos possíveis para a exceção, passe-a adiante e deixe o programa-cliente do método escolher o tratamento mais adequado ao propósito dele.

Métodos que repassam a exceção em vez de tratá-la devem explicitar isso em sua assinatura através da cláusula "throws".

```
class ThrowsDemo
{
    void method() throws SomeException
    {
        ...
    }
}
```

Figura 11.27: *Você decide.*

Obviamente, essa tática não elimina a necessidade de tratamento da exceção. As chamadas ao método precisarão ser feitas dentro de um bloco "try".

Capítulo 12

Multitarefa (Concorrência)

12.1 – Introdução

Além de descartar as complexidades de C/C++, Java traz recursos úteis não existentes em suas antecessoras.

12.2 – Multitarefa

Multitarefa, ou concorrência, é a capacidade de executar vários métodos ao mesmo tempo. Cada um deles é executado por uma unidade independente (thread).

O primeiro sistema operacional multitarefa foi criado em 1962. A primeira linguagem a incorporar essa capacidade, entretanto, só apareceu em 1978 na forma de Ada, uma evolução de Pascal criada nos Estados Unidos para uso militar.

Desde Java 5, o modo mais seguro para se realizar multitarefa é através das classes do pacote "java.util.concurrent".

Para criar uma unidade de execução adicional:

```
Executors.newSingleThreadScheduledExecutor();
```

Para adicionar tarefas a ela:

- **executor.execute(runnable)**: executa imediatamente a tarefa definida em "run()";
- **executor.submit(callable)**: executa imediatamente a tarefa definida em "call()" e retorna um resultado (future.get()) ao término dela;
- **executor.scheduleAtFixedRate(runnable, delay, interval, unit)**: executa o método "run()" periodicamente após o atraso especificado.

O programa a seguir executa 2 métodos ao mesmo tempo. Para interrompê-lo, tecle <Ctrl> + <C>.

```java
package com.hpg.evertonbarbosagomes.br.books.java.2ed.ch12;

import java.util.concurrent.Executors;
import java.util.concurrent.ScheduledExecutorService;
import java.util.concurrent.TimeUnit;

public class MultithreadingDemo
{
   public void sampleIt()
   {
      Runnable task1 = new Runnable()
      {
         public void run()
         {
            System.out.println("Running a task...");
         }
      },
                task2 = new Runnable()
      {
         public void run()
         {
            System.out.println("Running another task...");
         }
      };
      ScheduledExecutorService pool =
                      Executors.newScheduledThreadPool(2);
      pool.scheduleAtFixedRate(task1, 0, 1, TimeUnit.SECONDS);
      pool.scheduleAtFixedRate(task2, 0, 1, TimeUnit.SECONDS);
   }

   public static void main(String[] args)
   {
      new MultithreadingDemo().sampleIt();
   }
}
```

Figura 12.1: *Executando tarefas simultaneamente.*

```
Running a task...
Running another task...
Running a task...
Running another task...
        .
        .
        .
Running a task...
Running another task...
```

Figura 12.2: *Multitarefa*.

A qualquer momento, para recusar novos agendamentos:

```
executor.shutdown();
```

Para cancelar imediatamente todas as tarefas:

```
executor.shutdownNow();
```

Programas com uma única unidade de execução são automaticamente encerrados após a conclusão do seu método principal. Para encerrar programas multitarefa, chame "System.exit(...)".

A multitarefa é representada em UML por uma barra horizontal preenchida.

12.3 – Sincronização

A concorrência é certamente fascinante, mas há tarefas que não devem ser executadas ao mesmo tempo – enquanto fazemos uma, não devemos fazer outra. São muitos s exemplos da vida real:

- Enquanto consertamos um vazamento de gás, não devemos acender fósforos;
- Enquanto dirigimos um veículo, não devemos dormir;
- Enquanto lemos um registro, não devemos alterá-lo.

O primeiro algoritmo para sincronização foi criado em 1962 pelo holandês Th. J. Dekker. No mesmo ano, o também holandês Edsger Dijkstra (1930-2002) introduziu o conceito de semáforos e, em 1971, o de monitores.

Felizmente, não é mais preciso recorrer às cláusulas synchronized e volatile (e aos métodos wait(...), notify() e notifyAll()) para coordenar as tarefas. Desde Java 5, toda a sincronização é feita através das classes do pacote "java.util.concurrent.locks".

Para definir que UM OBJETO não deve executar dois ou mais blocos de instrução simultaneamente, associamos uma trava a ele e a bloqueamos/desbloqueamos antes/depois da execução de cada bloco, respectivamente. Enquanto uma trava estiver bloqueada por uma unidade de execução, todas as demais unidades que desejarem bloqueá-la terão que esperar pela sua vez.

```
class Driver
{
   Lock lock = new ReentrantLock();

   void drive()
   {
      this.lock.lock();
      try
      {
         ...
      }
      finally
      {
         this.lock.unlock();
      }
   }

   void sleep()
   {
      this.lock.lock();
      try
      {
         ...
      }
      finally
      {
         this.lock.unlock();
      }
   }
}
```

Figura 12.3: *Sincronizando métodos.*

Todo objeto só pode executar um bloco sincronizado por vez. O máximo que podemos fazer é empilhá-los.

Como o exemplo seguinte demonstra, o empilhamento não viola a sincronização, pois, quando um bloco de instruções é chamado, o outro deixa de ser executado. Em nenhum momento, portanto, o objeto atual (this) executa mais de um bloco sincronizado ao mesmo tempo.

```
package com.hpg.evertonbarbosagomes.br.books.java.2ed.ch12;

import java.util.concurrent.locks.Lock;
import java.util.concurrent.locks.ReentrantLock;

public class ReentrantLockDemo
```

```
{
   private Lock lock = new ReentrantLock();

   public void runOtherSyncMethod()
   {
      this.lock.lock();  // ???
      try
      {
         Thread.dumpStack();
      }
      finally
      {
         this.lock.unlock();
      }
   }

   public void runSyncMethod()
   {
      this.lock.lock();
      try
      {
         runOtherSyncMethod();
      }
      finally
      {
         this.lock.unlock();
      }
   }

   public static void main(String[] args)
   {
      new ReentrantLockDemo().runSyncMethod();
   }
}
```

Figura 12.4: *Travamento?*

```
java.lang.Exception: Stack trace
  at java.lang.Thread.dumpStack(Thread.java:1149)
  at ReentrantLockDemo.runOtherSyncMethod(
                           ReentrantLockDemo.java:13)
  at ReentrantLockDemo.runSyncMethod(
                           ReentrantLockDemo.java:26)
  at ReentrantLockDemo.main(ReentrantLockDemo.java:36)
```

Figura 12.5: *Sem crise.*

Sempre que possível, sincronize apenas as instruções necessárias. Isso aumenta o desempenho do programa, pois permite que o restante do código continue sendo executado concorrentemente.

```java
class LockDemo
{
    Lock lock = new ReentrantLock();

    void method()
    {
        ...
        this.lock.lock();
        try
        {
            ...
        }
        finally
        {
            this.lock.unlock();
        }
        ...
    }
}
```

Figura 12.6: *Sincronizando apenas as instruções necessárias.*

O exemplo é esclarecedor: nele, duas unidades de execução tentam, em vão, fazer um objeto executar dois métodos sincronizados ao mesmo tempo.

```java
package com.hpg.evertonbarbosagomes.br.books.java.2ed.ch12;

import java.util.concurrent.Executors;
import java.util.concurrent.ExecutorService;
import java.util.concurrent.TimeUnit;

import java.util.concurrent.locks.Lock;
import java.util.concurrent.locks.ReentrantLock;

public class LockDemo
{
    private class Person
    {
        private Lock lock = new ReentrantLock();
        private boolean driving = false;

        private void delay()
```

```
{
   try
   {
      TimeUnit.SECONDS.sleep(3);
   }
   catch(InterruptedException e)
   {
      System.err.println(e.getMessage());
   }
}

public void drive()
{
   this.lock.lock();
   this.driving = true;
   try
   {
      System.out.println("Starting drive()...");
      delay();
      System.out.println("drive() done.");
   }
   finally
   {
      this.driving = false;
      this.lock.unlock();
   }
}

public void sleep()
{
   this.lock.lock();
   try
   {
      System.out.println("Starting sleep()...");
      if (!driving)
      {
         delay();
      }
      else
      {
         System.err.println("Crash!\nGame over!");
         System.exit(-1);
      }
      System.out.println("sleep() done.");
   }
   finally
```

```java
            {
               this.lock.unlock();
            }
         }
      }

      public void attemptIt()
      {
         final Person driver = new Person(); // shared resource
         Runnable drive = new Runnable()
         {
            public void run()
            {
               while(true)
               {
                  driver.drive();
                  Thread.yield();
               }
            }
         },
                  sleep = new Runnable()
         {
            public void run()
            {
               while(true)
               {
                  driver.sleep();
                  Thread.yield();
               }
            }
         };
         ExecutorService pool = Executors.newFixedThreadPool(2);
         pool.execute(drive);
         pool.execute(sleep);
      }

      public static void main(String[] args)
      {
         new LockDemo().attemptIt();
      }
   }
```

Figura 12.7: *Tentação.*

```
Starting drive()...
drive() done.
Starting sleep()...
sleep() done.
         .
         .
         .
Starting drive()...
drive() done.
Starting sleep()...
sleep() done.
```

Figura 12.8: *Juízo.*

Repare que, enquanto um método é executado, o outro tem que esperar pela vez dele.

> ☞ **Dica:**
> Retire as instruções de sincronização do programa anterior e o execute novamente para ver a diferença!

12.3.1 – Um de Cada Vez, Por Favor

Como podemos ver, o segredo da sincronização é compartilhar um único objeto com várias unidades de execução.

Para acabar de vez com as dúvidas, eis um exemplo mais real – o do banheiro. Basicamente, todos os casos de sincronização são variações desse.

```java
package com.hpg.evertonbarbosagomes.br.books.java.2ed.ch12;

import java.util.concurrent.Executors;
import java.util.concurrent.ExecutorService;
import java.util.concurrent.TimeUnit;

import java.util.concurrent.locks.Lock;
import java.util.concurrent.locks.ReentrantLock;

public class LockDemo2
{
    private class Toilet
    {
        private Lock lock = new ReentrantLock();

        private void delay()
```

```java
    {
        try
        {
            TimeUnit.SECONDS.sleep(3);
        }
        catch(InterruptedException e)
        {
            System.err.println(e.getMessage());
        }
    }

    public void enter(String name)
    {
        this.lock.lock();
        try
        {
            System.out.println(name + " in...");
            delay();
            System.out.println(name + " out.");
        }
        finally
        {
            this.lock.unlock();
        }
    }
}

private class Enter implements Runnable
{
    private String username;
    private Toilet toilet;

    Enter(String username, Toilet toilet)
    {
        this.username = username;
        this.toilet = toilet;
    }

    public void run()
    {
        while(true)
        {
            this.toilet.enter(this.username);
            Thread.yield();
        }
    }
}
```

```
public void sampleIt()
{
    Toilet toilet = new Toilet(); // shared resource
    ExecutorService pool = Executors.newFixedThreadPool(2);
    pool.execute(new Enter("Peter", toilet));
    pool.execute(new Enter("John", toilet));
}

public static void main(String[] args)
{
    new LockDemo2().sampleIt();
}
```

Figura 12.9: *Um banheiro para várias pessoas.*

```
Peter in...
Peter out.
John in...
John out.
   .
   .
   .
Peter in...
Peter out.
John in...
John out.
```

Figura 12.10: *Uma pessoa por vez.*

Capítulo 13

Interface Gráfica

13.1 – Introdução

> *"Uma imagem vale por mil palavras."*
> Provérbio.

Na era da multimídia, é frustrante ver o resultado de nossos programas limitar-se à simples mensagens. Queremos criar nossas próprias janelas. Enfim, chegou a hora.

Interfaces gráficas (Graphical user interfaces) transformam os comandos em símbolos que podem ser facilmente compreendidos pelo usuário. O primeiro computador a usá-las foi o Sketchpad criado em 1963 por Ivan Sutherland. Tempos depois, surgiram o Alto (1972) da Xerox e o Macintosh (1984) da Apple.

O Swing é o conjunto padrão para construção de interfaces gráficas em Java. Ele substituiu o Awt (Abstract window toolki), usado até a especificação "1.1.8" da plataforma.

13.2 – Estrutura

Janela, contêineres e componentes são a base da interface gráfica.

Componente é qualquer objeto que possui aparência visual. Existem basicamente dois tipos de componentes:

- **peso-pesado (top-level)**: é o componente que oferece espaço para os demais desenharem-se na tela. Exemplos: "JFrame", "JDialog" e "JApplet";
- **peso-leve (lightweight)**: são os componentes que, para serem exibidos, precisam ser adicionados a um componente peso-pesado. Independentes de plataforma, eles são inteiramente escritos em Java.

Contêineres são componentes invisíveis cuja única função é conter outros componentes.

Componentes Swing armazenam os seus dados em modelos. Essa separação entre o componente e os dados que ele apresenta é estratégica, pois traz flexibilidade ao conjunto.

13.3 – Formulário

Para criar programas com interface gráfica no NetBeans, inclua um formulário no projeto (File > New file... > Java GUI forms > JFrame form). Formulário é o editor no qual construímos a interface gráfica dos programas. O primeiro passo para se criar aplicativos gráficos, portanto, é carregá-lo na tela.

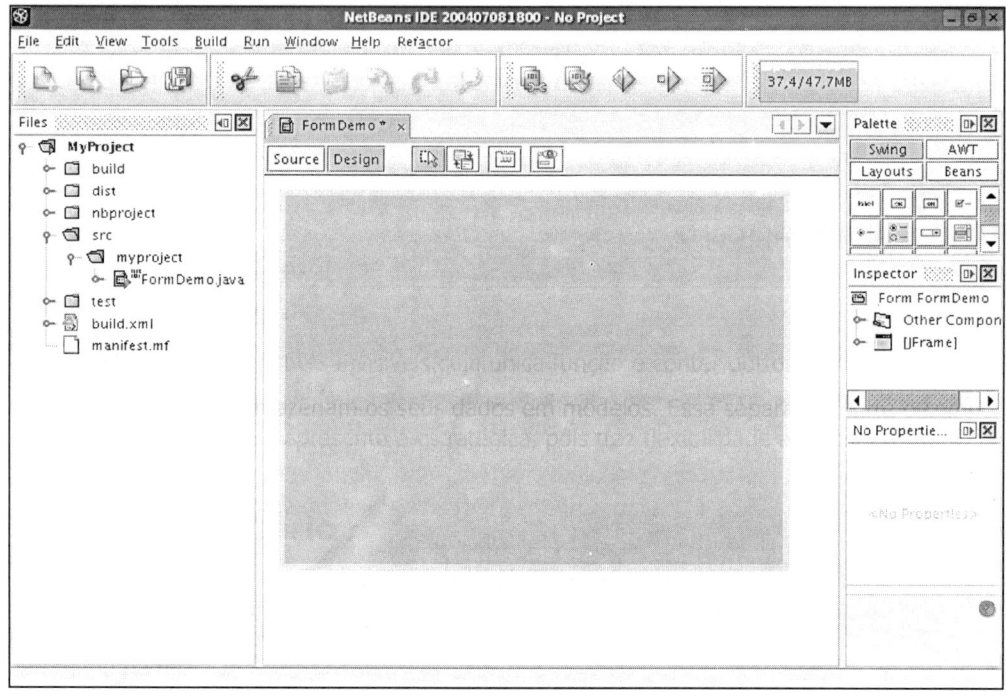

Figura 13.1: *Formulário.*

Após o carregamento, o formulário será envolvido com várias barras de ferramentas nas quais encontraremos todas as ferramentas de que precisamos. Surgirão, então, quatro painéis editores:

- **Formulário**: área na qual construiremos a interface gráfica propriamente dita;
- **Paleta**: lista dos componentes que podemos inserir no formulário;
- **Inspetor**: esqueleto do formulário;

- **Propriedades**: área na qual configuramos o componente atualmente selecionado.

De posse de todo esse aparato, o desenvolvimento resume-se a inserir no formulário os componentes desejados e configurá-los através do painel de propriedades.

13.4 – Janela Principal (javax.swing.JFrame)

A janela principal é o começo de tudo.

Para criar uma delas:

```
new JFrame(title);
```

Conheça os principais métodos:

- **setIconImage(...)**: configura a imagem a ser mostrada no canto superior esquerdo da janela;
- **setJMenuBar(...)**: configura a barra de menus;
- **setLayout(...)**: configura a maneira como os componentes serão dispostos;
- **setCursor(...)**: configura o ponteiro do mouse;
  - Cursor.getPredefinedCursor(...);
- **setResizable(...)**: define se a janela poderá ou não ser redimensionada;
- **setPreferredSize(...)**: define o tamanho preferencial;
- **pack()**: prepara a janela para exibição;
- **setDefaultCloseOperation(...)**: define o que acontecerá quando a janela for fechada. São quatro as possibilidades:
  - WindowConstants.DO_NOTHING_ON_CLOSE;
  - WindowConstants.HIDE_ON_CLOSE;
  - WindowConstants.DISPOSE_ON_CLOSE;
  - WindowConstants.EXIT_ON_CLOSE;
- **setVisible(...)**: ativa ou desativa a exibição.

Janelas possuem uma unidade de execução exclusiva (Event dispatching thread) para realizar as operações de pintura e de interação com o usuário (tratamento de eventos). Após a exibição, a interface gráfica só deve ser alterada pela unidade de execução das janelas.

Janelas geram eventos de janela.

13.5 – Janelas Auxiliares (javax.swing.JDialog)

Janelas auxiliares são aquelas usadas para conversar com o usuário. Dizemos que elas são modais quando não podem ser ignoradas.

Para criar uma janela auxiliar:

```
new JDialog(parent, title, isModal);
```

Os métodos não apresentam novidades – eles são os mesmos da janela principal.

13.6 – Caixas de Diálogo (javax.swing.JOptionPane)

Caixas de diálogo são janelas auxiliares usadas para exibir mensagem, solicitar confirmação ou obter dados.

13.6.1 – Notificação

O método "JOptionPane.showMessageDialog(...)" é a versão gráfica de "System.out.println(...)".

Há basicamente três tipos de mensagem: informação, advertência e erro. Cada um deles é representado na caixa de diálogo por um ícone.

Para mostrar mensagens ao usuário:

```
JOptionPane.showMessageDialog(parent, message, "title", type);
```

- **parent**: janela principal;
- **type**:
    - JOptionPane.INFORMATION_MESSAGE;
    - JOptionPane.WARNING_MESSAGE;
    - JOptionPane.ERROR_MESSAGE.

O método para exibição de mensagens não retorna valor algum.

13.6.2 – Pergunta

Para confirmar uma escolha:

```
JOptionPane.showConfirmDialog(parent, message, "title", buttons);
```

- **buttons**:
    - JOptionPane.OK_CANCEL_OPTION;

- JOptionPane.YES_NO_OPTION;
- JOptionPane.YES_NO_CANCEL_OPTION.

A resposta do usuário é indicada pelo valor retornado.

```
JOptionPane.OK_OPTION;
JOptionPane.CANCEL_OPTION;
JOptionPane.YES_OPTION;
JOptionPane.NO_OPTION;
JOptionPane.CLOSED_OPTION.
```

13.6.3 – Obtenção de Dados

Para obter dados do usuário, usamos "JOptionPane.showInputDialog(...)".

A chamada é semelhante à do método de notificação.

```
JOptionPane.showInputDialog(parent, message, "title", type);
```

O método para obtenção de dados retorna o texto digitado pelo usuário.

13.7 – Barra de Menus (javax.swing.JMenuBar)

Barra de menus é a área reservada para a listagem de todos os comandos disponibilizados pelo programa.

Para criar uma barra de menus:

```
new JMenuBar();
```

Para adicioná-la à janela:

```
frame.setJMenuBar(menubar);
```

A barra de menus não gera eventos.

15.7.1 – Menus (javax.swing.JMenu)

Menu (cardápio em francês) é um conjunto de opções relacionadas entre si.

Para criar um menu:

```
new JMenu(text);
```

Conheça os principais métodos:

- **setMnemonic(...)**: configura a tecla que o usuário pode pressionar (juntamente com <Alt>) para ativar o componente pelo teclado. As teclas são representadas pelas constantes da classe "java.awt.event.KeyEvent";
- **add(...)**: adiciona um item ou ainda outro menu;
- **addSeparator()**: adiciona um separador.

Para adicionar menus à barra correspondente:

```
menubar.add(menu);
```

Menus também não geram eventos.

13.7.2 – Itens de Menu (javax.swing.JMenuItem)

Para criar um item de menu:

```
new JMenuItem(text);
```

Itens de menu também podem exercer a função de caixas de seleção e de botões de opção – isso é feito através das classes "JCheckBoxMenuItem" e "JRadioButtonMenuItem", respectivamente.

Conheça os principais métodos:

- **setAction(...)**: define a ação a ser realizada quando o usuário escolher esse item de menu;
- **setMnemonic(...)**: define a tecla que o usuário pode pressionar (juntamente com <Alt>) para ativar o componente pelo teclado. As teclas são representadas pelas constantes da classe "java.awt.event.KeyEvent";
- **setAccelerator(...)**: define a combinação de teclas (key stroke) que o usuário pode pressionar para ativar esse item sem abrir o menu no qual ele está contido. Crie aceleradores apenas para as funções mais usadas.

Para criar um acelerador (javax.swing.KeyStroke):

```
KeyStroke.getKeyStroke(key, modifiers);
```

- **key**: constante da classe "java.awt.event.KeyEvent":
  - KeyEvent.VK_*;
- **modifiers**: constante da classe "java.awt.event.InputEvent":
  - InputEvent.CTRL_DOWN_MASK;
  - InputEvent.ALT_DOWN_MASK;

- InputEvent.SHIFT_DOWN_MASK;
- InputEvent.BUTTON1_DOWN_MASK;
- InputEvent.BUTTON2_DOWN_MASK;
- InputEvent.BUTTON3_DOWN_MASK.

Itens de menu geram eventos de ação quando são escolhidos pelo usuário.

13.8 – Barra de Ferramentas (javax.swing.JToolBar)

Barra de ferramentas é a área na qual incluímos atalhos para os itens de menu mais usados.

Para criar uma barra de ferramentas:

```
new JToolBar(title);
```

Preferencialmente, crie um painel com formato de borda para uso exclusivo da barra de ferramentas e do componente que ela afeta – isso permitirá posicioná-la em qualquer lado do componente.

```
class JToolBarDemo
{
    void sampleIt()
    {
        JPanel panel = new JPanel(new BorderLayout());
        panel.add(toolbar, BorderLayout.NORTH);
        panel.add(target, BorderLayout.CENTER);
    }
}
```

Figura 13.2: *Truque.*

Conheça os principais métodos.

- **setFloatable(...)**: ativa ou desativa a mobilidade da barr;
- **setRollover(...)**: ativa ou desativa o realce dos atalhos durante a passagem do ponteiro do mouse;
- **add(...)**: adiciona atalho;
- **addSeparator()**: adiciona separador.

13.9 – Aparência e Comportamento (Pluggable look and feel)

Diferentemente do AWT, o Swing permite escolher a aparência e o comportamento da interface gráfica. É possível optar pelo modelo nativo ou por um modelo uniforme entre as plataformas.

Os recursos de gerenciamento da interface são fornecidos pela classe "javax.swing.UIManager". O ajuste inicial deve ser feito antes da criação dos componentes.

Para ajustar a aparência e o comportamento:

```
UIManager.setLookAndFeel("plaf");
```

- "**plaf**":
  - UIManager.getCrossPlatformLookAndFeelClassName();
  - UIManager.getSystemLookAndFeelClassName().

Caso efetue a alteração após a exibição, atualize a janela.

```
SwingUtilities.updateComponentTreeUI(frame);
frame.pack();
```

13.10 – Transferência de Dados

Transferir dados significa atribuir o valor da variável de um componente à variável de outro componente.

Transferências podem ser feitas diretamente de um componente para outro ou indiretamente através da área de transferência. Objetos da classe TransferHandler são os interlocutores que levam os dados da origem até o destino.

13.10.1 – Arrastar-e-Soltar

A transferência direta de um componente para outro é feita arrastando-se os dados a partir da origem e os soltando no destino.

Por padrão, a capacidade de arrastar-e-soltar dos componentes encontra-se desativada. Para ativá-la:

```
source.setDragEnabled(true);
```

Para definir qual das variáveis representará o objeto nas operações de arrastar-e-soltar:

```
object.setTransferHandler(new TransferHandler("variable"));
```

Enfim, para indicar ao sistema que o usuário iniciou uma operação de arrastar-e-soltar, exporte o valor a ser arrastado:

```
source.getTransferHandler().exportAsDrag(
            source, trigger, behavior);
```

- **behavior**:
  - TransferHandler.COPY;
  - TransferHandler.MOVE.

Quando o usuário soltar o botão do mouse, o valor que representa a origem será automaticamente atribuído à variável que representa o destino.

13.10.2 – Área de Transferência

A transferência indireta de um componente para outro é feita exportando os dados para a área de transferência e, em seguida, importando-os para o destino.

Para definir qual das variáveis representará o objeto nas operações de copiar, cortar ou colar:

```
object.setTransferHandler(new TransferHandler("variable"));
```

A operação de copiar ou cortar é feita exportando-se o valor correspondente para a área de transferência.

```
source.getTransferHandler().exportToClipboard(
                        source, clipboard, behavior);
```

- **clipboard**:
  - source.getToolkit().getSystemClipboard().

Enfim, para colar o valor no destino:

```
target.getTransferHandler().importData(target, data);
```

- **data**:
  - target.getToolkit().getSystemClipboard().getContents(target).

13.11 – Manipulações Pós-exibição

Após a exibição, as janelas ganham vida própria. A partir daí, todas as operações relativas à interface gráfica devem ser efetuadas na unidade de execução das janelas.

Para manipular componentes após a exibição deles, crie um objeto Runnable contendo a tarefa a ser realizada e o entregue à unidade de execução das janelas através do método "invokeLater(...)" da classe "java.awt.EventQueue".

Programas que precisam efetuar uma longa tarefa durante a sua inicialização, por exemplo, podem beneficiar-se da manipulação pós-exibição. Para agilizar a inicialização, posicione a tarefa "pesada" em outra unidade de execução e, após obter os dados desejados, usamos o método "EventQueue.invokeLater(...)" para ajustar a interface gráfica.

A unidade de execução as janelas executa, portanto, três tarefas: pintura da interface gráfica, interação com o usuário (tratamento de eventos) e manipulações pós-exibição fornecidas a "EventQueue.invokeLater(...)". Cada uma dessas tarefas deve ser breve o suficiente para não comprometer a execução das demais. (É por isso que não devemos executar a tarefa pesada na unidade de execução das janelas!)

Para verificar se um método está sendo executado pela unidade de execução das janelas:

```
EventQueue.isDispatchThread();
```

O método "repaint()" é o único 100% seguro – em vez de atualizar a interface gráfica, ele apenas agenda a atualização. Por isso, ele pode ser chamado a qualquer momento por qualquer unidade de execução.

Capítulo 14

Componentes

14.1 – Introdução

Como vimos anteriormente, componente é qualquer objeto que possui interface gráfica. Nesse capítulo, conheceremos os componentes de peso leve disponibilizados pelo Swing.

14.2 – Rótulos (javax.swing.JLabel)

Rótulos são componentes cuja única função é exibir texto e/ou imagem. Freqüentemente, eles são usados para identificar outro componente.

Para criar um rótulo:

```
new JLabel(text/icon);
```

Conheça os principais métodos:

- **setLabelFor(...)**: define a qual componente o rótulo se refere;
- **setHorizontalTextPosition(...)**: define a posição horizontal do texto em relação ao ícone;
  - SwingConstants.LEADING;
  - SwingConstants.LEFT;
  - SwingConstants.CENTER;
  - SwingConstants.RIGHT;
  - SwingConstants.TRAILING;

- **setVerticalTextPosition(...)**: define a posição vertical do texto em relação ao ícone;
  - SwingConstants.TOP;
  - SwingConstants.CENTER;
  - SwingConstants.BOTTOM;
- **setDisplayedMnemonic(...)**: configura a tecla que o usuário pode pressionar (juntamente com <Alt>) para ativar o componente ao qual o rótulo se refere. As teclas são representadas por constantes da classe "java.awt.event.KeyEvent";
- **setIcon(...)**: altera o ícone (útil para animações).

A partir de Java "1.3", os componentes Swing passaram a suportar formatação de textos em HTML.

Rótulos são transparentes e não geram eventos.

14.3 – Botões

Bastante usados na maioria dos programas, os botões são componentes destinados a iniciar (ou interromper) a execução de uma tarefa.

Há dois tipos de botão: botão comum e botão alternável (ligado/desligado).

Conheça os principais métodos:

- **setAction(...)**: define a ação a ser realizada após a interação com o usuário;
- **setMnemonic(...)**: define a tecla que o usuário poderá pressionar (juntamente com <Alt>) para ativar o componente pelo teclado. As teclas são representadas pelas constantes da classe "java.awt.event.KeyEvent";
- **setToolTipText(...)**: define a breve descrição a ser mostrada quando o usuário estacionar o ponteiro do mouse sobre o componente;
- **setBackground(...)**: define a cor de fundo;
- **setForeground(...)**: define a cor do texto;
- **setFont(...)**: define o tipo da letra;
- **setHorizontalTextPosition(...)**: define a posição horizontal do texto em relação ao ícone;
  - SwingConstants.LEADING;
  - SwingConstants.LEFT;
  - SwingConstants.CENTER;
  - SwingConstants.RIGHT;
  - SwingConstants.TRAILING;
- **setVerticalTextPosition(...)**: define a posição vertical do texto em relação ao ícone;

- SwingConstants.TOP;
- SwingConstants.CENTER;
- SwingConstants.BOTTOM;
- **setBorder(...)**: define a borda do componente;
- **setMargin(...)**: define o espaço entre o texto e a borda;
- **setCursor(...)**: define o ponteiro do mouse;
- **setOpaque(...)**: define se o componente é opaco ou transparente;
- **setEnabled(...)**: ativa ou desativa o componente;
- **setPressedIcon(...)**: define o ícone a ser mostrado quando o botão for pressionado;
- **setDisabledIcon(...)**: define o ícone a ser mostrado quando o botão for desativado;
- **setRolloverEnabled(...)**: ativa ou desativa a mudança de ícone durante a passagem do ponteiro do mouse;
- **setRolloverIcon(...)**: define o cone a ser mostrado durante a passagem do ponteiro do mouse.

14.3.1 – Botão Comum (javax.swing.JButton)

Para criar um botão comum:

```
new JButton(text, icon);
```

Botões comuns geram eventos de ação quando são pressionados pelo usuário.

14.3.2 – Botão Alternável (javax.swing.JToggleButton)

Para criar um botão alternável:

```
new JToggleButton(text, icon);
```

Botões alternáveis geram eventos de item quando são pressionados pelo usuário. Esse tipo de evento nos permite identificar se o botão foi selecionado ou não selecionado.

14.4 – Componentes de Escolha Única

Botões de opção e caixa combinada permitem ao usuário escolher apenas uma resposta para cada pergunta. Todos geram eventos de ação quando o usuário efetua sua escolha.

14.4.1 – Botões de Opção (javax.swing.JRadioButton)

Para criar um grupo de botões de opção:

```
new ButtonGroup();
```

Para criar botões de opção:

```
new JRadioButton(text);
```

Para adicionar os botões ao grupo:

```
group.add(button);
```

Use botões de opção quando houver poucas alternativas.

14.4.2 – Caixa Combinada (javax.swing.JComboBox)

Caixas combinadas são a melhor opção quando o espaço disponível é escasso.

Para criar uma delas:

```
new JComboBox(options);
```

Conheça os principais métodos:

- **setAction(...)**: define a ação a ser realizada após a escolha do usuário;
- **setToolTipText(...)**: define a breve descrição a ser mostrada quando o usuário estacionar o ponteiro do mouse sobre o componente;
- **setModel(...)**: altera as opções;
- **setMaximumRowCount(...)**: define a quantidade máxima de opções a ser mostrada de cada vez;
- **setSelectedIndex(...)**: define o índice atualmente selecionado;
- **getSelectedItem()**: obtém a opção atualmente selecionada.

14.5 – Componentes de Múltipla Escolha

Caixas de seleção e lista permitem ao usuário escolher várias respostas para a mesma pergunta.

14.5.1 – Caixas de Seleção (javax.swing.JCheckBox)

Para criar uma caixa de seleção:

```
new JCheckBox(text);
```

Caixas de seleção geram eventos de item quando são marcadas/desmarcadas pelo usuário. Esse tipo de evento nos permite identificar se a caixa foi marcada ou desmarcada.

14.5.2 – Lista (javax.swing.JList)

Para criar uma lista:

```
new JList(options);
```

Geralmente, as listas são associadas a um botão para confirmação das escolhas efetuadas.

Conheça os principais métodos:

- **setListData(...)**: altera as opções;
- **setVisibleRowCount(...)**: define quantas opções serão visíveis por vez;
- **ensureIndexIsVisible(...)**: move o painel de rolagem no qual a lista foi adicionada para garantir que a opção especificada seja mostrada;
- **getValueIsAdjusting()**: informa se as opções ainda estão sendo ajustadas;
- **getSelectedValue()**: obtém a opção atualmente selecionada;
- **clearSelection()**: limpa a seleção.

14.6 – Barra de Progresso (javax.swing.JProgressBar)

Barras de progresso permitem ao usuário monitorar o andamento das tarefas.

Para criar uma barra de progresso:

```
new JProgressBar(minValue, maxValue);
```

Conheça os principais métodos:

- **setValue(...)**: atualiza a barra de progresso;
- **setStringPainted(...)**: ativa/desativa texto;
- **setString(...)**: configura o texto a ser exibido;
- **setIndeterminate(...)**: ativa/desativa o modo de exibição para valor máximo indeterminado;
- **getPercentComplete()**: obtém o percentual (de 0 até 1) da tarefa já completado.

Outras classes relacionadas ao monitoramento do progresso das tarefas são "ProgressMonitor" e "ProgressMonitorInputStream".

14.7 – Calibrador Móvel (javax.swing.JSlider)

Calibradores permitem ao usuário escolher um valor dentro de um intervalo específico.

Para criar um calibrador:

```
new JSlider(minValue, maxValue, default);
```

Conheça os principais métodos:

- **setMinorTickSpacing(...)**: define a quantidade de valores entre cada marca de item;
- **setMajorTickSpacing(...)**: defne a quantidade de valores entre cada marca de grupo;
- **setPaintTrack(...)**: ativa ou desativa a exibição da trilha;
- **setPaintTicks(...)**: ativa ou desativa a exibição das graduações;
- **setPaintLabels(...)**: ativa ou desativa a exibição dos rótulos;
- **setInverted(...)**: ativa ou desativa a inversão das extremidades;
- **setSnapToTicks(...)**: define se o puxador deve escorregar para o valor mais próximo;
- **getValueIsAdjusting()**: informa se o valor ainda está sendo ajustado pelo usuário;
- **getValue()**: obtém o valor atual.

Calibradores geram eventos de mudança quando o usuário altera o seu valor.

14.8 – Calibrador Compacto (javax.swing.JSpinner)

Introduzidos em Java "1.4", os calibradores compactos são a melhor opção quando o espaço disponível é escasso.

Para criar um calibrador desse tipo:

```
new JSpinner(new SpinnerListModel(options));
                    ou
new JSpinner(new SpinnerNumberModel(
     default, minValue, maxValue, stepSize));
```

Conheça o principal método.

```
getValue(): obtém o valor atual.
```

Como poderíamos esperar, calibradores compactos também geram eventos de mudança quando o usuário altera o seu valor.

14.9 – Seletor de Arquivo (javax.swing.JFileChooser)

Seletores permitem que o usuário escolha um arquivo ou diretório.

Para criar um seletor de arquivos:

```
new JFileChooser();
```

Em Java, os endereços de arquivo são objetos da classe "java.io.File".

Conheça os principais métodos:

- **setApproveButtonText(...)**: define o texto do botão de confirmação;
- **setApproveButtonMnemonic(...)**: define o mnemônico do botão de confirmação;
- **setApproveButtonToolTipText(...)**: define a dica a ser mostrada quando o ponteiro do mouse pairar sobre o botão de confirmação;
- **setDialogTitle(...)**: define o título do diálogo;
- **setAccessory(...)**: permite personalizar o diálogo;
- **addChoosableFileFilter(...)**: adiciona um filtro;
- **ensureFileIsVisible(...)**: move o painel de rolagem até que o arquivo/diretório especificado seja mostrado;
- **showOpenDialog(...)**: exibe o diálogo para abertura de arquivo. O valor retornado indica qual botão foi pressionado pelo usuário:
  - JFileChooser.APPROVE_OPTION;
  - JFileChooser.CANCEL_OPTION;
  - JFileChooser.ERROR_OPTION;
- **showSaveDialog(...)**: exibe o diálogo para gravação de arquivo. O valor retornado indica qual botão foi pressionado pelo usuário;
- **getSelectedFile()**: obtém o endereço escolhido pelo usuário.

Para restringir os tipos de arquivo selecionáveis, implemente uma sub-classe de "javax.swing.filechooser.FileFilter" e forneça uma instância dela ao método de ajuste correspondente.

```
class FileFilterDemo
{
    void sampleIt()
    {
        FileFilter filter = new MyFileFilter();

        filter.addExtension("gif");
```

```
        filter.addExtension("jpg");
        filter.setDescription("Image Files");

        myFileChooser.setFileFilter(filter);
    }
}
```

Figura 14.1: *Restringindo a busca.*

14.10 – Paleta de Cores (javax.swing.JColorChooser)

Paletas oferecem ao usuário várias opções de cor.

Para mostrar a paleta:

```
JColorChooser.showDialog(parent, title, default);
```

O valor retornado corresponde à cor escolhida pelo usuário.

14.11 – Manipulação de Texto

Java oferece uma base sólida para manipulação de texto através das sub-classes de "javax.swing.text.JTextComponent". Há componentes para todas as necessidades, desde as mais simples até as mais complexas. São eles:

- **Campo de texto**;
- **Campo de senha**;
- **Área de texto**;
- **Painel editor**;
- **Painel de texto**.

O conteúdo dos componentes de texto deve ser alterado apenas pelo usuário.

A manipulação de eventos é feita no modelo (documento).

14.11.1 – Campo de Texto (javax.swing.JFormattedTextField)

Camo é uma caixa na qual o usuário pode inserir uma única linha de texto.

Para criar um campo de texto:

```
new JFormattedTextField(object);
```

Conheça os principais métodos:

- **setAction(...)**: define a ação a ser realizada após a confirmação;
- **setColumns(...)**: define o número de colunas;
- **setHorizontalAlignment(...)**: define o alinhamento horizontal do texto.
  - SwingConstants.LEADING;
  - SwingConstants.LEFT;
  - SwingConstants.CENTER;
  - SwingConstants.RIGHT;
  - SwingConstants.TRAILING;
- **getValue()**: obtém o último valor válido digitado pelo usuário.

Campos de texto geram eventos de ação quando o usuário pressiona <Enter>.

14.11.2 – Campo de Senha (javax.swing.JPasswordField)

Campo de senha é aquele especialmente projetado para entrada de senhas. Por motivos de segurança, cada caractere digitado é exibido como um asterisco.

Para criar um campo de senha:

```
new JPasswordField(columns);
```

Conheça os principais métodos:

- **setAction(...)**: define a ação a ser realizada após a confirmação;
- **setEchoChar(...)**: define o caractere a ser ecoado na tela a cada digitação;
- **getPassword()**: obtém a senha.

Como poderíamos esperar, campos de senha também geram eventos de ação quando o usuário pressiona <Enter>.

14.11.3 – Área de Texto (javax.swing.JTextArea)

Áreas de texto são componentes projetados para manipulação básica de texto.

Para criar uma delas:

```
new JTextArea(rows, columns);
```

Conheça os principais métodos.

- **append(...)**: adiciona texto;
- **setFont(...)**: altera a fonte;

- **setLineWrap(...)**: ativa/desativa a mudança automática de linha;
- **setWrapStyleWord(...)**: define se a mudança automática de linha não deve quebrar as palavras;
- **setTabSize(...)**: define a quantidade de espaços a serem pulados a cada tabulação.

14.11.4 – Painel Editor (javax.swing.JEditorPane)

Painel editor é o componente projetado para manipulação intermediária de texto. Ele suporta texto plano ou estilizado (formatado).

Para criar um painel editor:

```
new JEditorPane();
```

Conheça os principais métodos.

- **setEditable(...)**: permite ou não edições de conteúdo;
- **setPage(...)**: abre um arquivo texto, HTML ou RTF.

14.11.5 – Painel de Texto (javax.swing.JTextPane)

Painel de texto é o componente projetado para manipulação avançada de texto. Além de manipular texto formatado, ele também suporta imagens.

Para criar um painel de texto:

```
new JTextPane();
```

Conheça os principais métodos:

- **setPage(...)**: abre um arquivo texto, HTML ou RTF usando o conjunto editor correspondente;
- **cut()**: move o texto selecionado para a área de transferência;
- **copy()**: copia o texto selecionado para a área de transferência;
- **paste()**: cola o conteúdo da área de transferência;
- **insertIcon(...)**: adiciona imagem;
- **read(...)**: lê texto;
- **write(...)**: grava texto;
- **getActions()**: obtém as ações suportadas;
- **setCaret(...)**: configura o cursor;
- **setHighlighter(...)**: configura o destacador;
- **registerEditorKitForContentType(...)**: adiciona suporte a um formato de arquivo.

Documento (javax.swing.text.Document) é um modelo formado por conjunto de elementos (javax.swing.text.Element). Cada elemento, por sua vez, consiste em um conjunto de atributos (javax.swing.text.AttributeSet).

Conheça os principais métodos de um documento.

- **insertString(...)**: insere texto;
- **remove(...)**: remove texto;
- **getStartPosition()**: obtém a posição inicial;
- **getEndPosition()**: obtém a posição final;
- **getLength()**: obtém o número de caracteres.

Documentos geram eventos de documento e de desfazer/refazer quando o seu conteúdo é alterado.

Para criar um gerenciador de mudanças (javax.swing.undo.UndoManager):

```
new UndoManager();
```

Conheça os principais métodos:

- **addEdit(...)**: registra uma mudança para que ela possa ser futuramente desfeita/refeita;
- **undo()**: desfaz a última mudança registrada;
- **redo()**: refaz a última mudança desfeita.

14.12 – Tabela (javax.swing.JTable)

Tabela é o componente projetado para exibição de dados em linhas e colunas. Cada intersecção é chamada célula.

Para criar uma tabela:

```
new JTable(body[][], head[]);
```

Conheça os principais métodos:

- **setCellSelectionEnabled(...)**: permite ou não a seleção de apenas uma célula;
- **setShowGrid(...)**: ativa/desativa a exibição da grade;
- **getValueAt(...)**: obtém o valor da célula especificada;
- **print()**: imprime o conteúdo da tabela.

Tabelas geram eventos de seleção de lista.

14.13 – Árvore (javax.swing.JTree)

Árvore é o componente projetado para exibição de dados em tópicos.

Na hierarquia, um item é denominado nodo-folha e um grupo de itens, nodo-galho. Nodo-raiz é aquele do qual todos os outros descendem.

Para criar uma árvore:

```
new JTree(rootNode);
```

Para criar um nodo:

```
new DefaultMutableTreeNode(value);
```

Conheça os principais métodos do nodo:

- **add(...)**: adiciona um nodo;
- **getUserObject()**: obtém o valor.

Para personalizar a aparência dos nodos da árvore, altere o renderizador (javax.swing.tree.DefaultTreeCellRenderer).

```
class TreeCellRendererDemo
{
   void sampleIt()
   {
      DefaultTreeCellRenderer renderer =
                     new DefaultTreeCellRenderer();
      renderer.setClosedIcon(...);
      renderer.setOpenIcon(...);
      renderer.setLeafIcon(...);

      tree.setCellRenderer(renderer);
   }
}
```

Figura 14.2: *Personalizando.*

Árvores geram eventos de seleção de árvore.

14.14 – Menu Flutuante (javax.swing.JPopupMenu)

Menu flutuante é aquele no qual listamos todas as operações que podem ser feitas sobre um componente. Associe um deles a cada componente editável.

Para criar um menu flutuante:

```
new JPopupMenu(title);
```

Conheça os principais métodos:

- **add(...)**: adiciona um item;
- **addSeparator()**: adiciona um separador.

Desde Java 5, a associação do menu flutuante aos componentes é feita através do método "setComponentPopupMenu(...)" do componente.

```
component.setComponentPopupMenu(myPopupMenu);
```

14.15 – Ícone (javax.swing.ImageIcon)

Ícones são imagens de tamanho fixo. Eles NÃO são componentes, por isso não podem ser adicionados a um contêiner. O modo mais fácil para exibí-los é através de rótulos.

Para criar um ícone:

```
new ImageIcon(url, description);
```

Os formatos de arquivo suportados são os mesmos da Internet:

- **gif (Graphics interchange format)**: formato criado pela Compuserv para armazenar desenhos;
- **jpg (Joint photographic experts group)**: formato projetado para armazenar fotografias.

Conheça os principais métodos:

- **getImage()**: obtém a imagem correspondente ao ícone;
- **getIconWidth()**: obtém a largura;
- **getIconHeight()**: obtém a altura;
- **getImageLoadStatus()**: obtém o estado do carregamento;
  - MediaTracker.LOADING;
  - MediaTracker.ERRORED;
  - MediaTracker.ABORTED;
  - MediaTracker.COMPLETE.

O redimensionamento de um ícone só é possível de maneira indireta.

```
icon.setImage(icon.getImage().getScaledInstance(newWidth,
                    newHeight,
                    Image.SCALE_DEFAULT));
```

14.15.1 – Como Gerar Ícones

Para criar ícones no Linux, abra o Gimp (GNU image manipulation program) e:
- Crie uma transparência (Arquivo > Novo... > Preenchimento transparente);
- Copie a imagem desejada para a área de transferência e cole-a sobre a transparência;
- Combine as camadas (Camadas > Ancorar camada);
- Escolha a ferramenta borracha e apague o fundo;
- Ajuste o tamanho (Imagem > Dimensionar imagem...) do ícone para 32x32 pixels;
- Por fim, salve a imagem no formao png.

Para diminuir o tamanho do arquivo, converta a sua profundidade de cores para 8 bits (Imagem > Modo > Indexado... > Paleta otimizada/256 cores). Essa técnica é muito usada para agilizar o carregamento de imagens na web.

14.16 – Impressão

Desde Java "1.4", a impressão (em papel) é feita através das classes do pacote "javax.print". Para exibir o diálogo de impressão:

```
ServiceUI.printDialog(
            gc, x, y, printers, default, format, attributes);
```

- **gc**:
  - parent.getGraphicsConfiguration();
- **printers**:
  - PrintServiceLookup.lookupPrintServices(format, attributes);
- **default**:
  - PrintServiceLookup.lookupDefaultPrintService();
- **attributes**:
  - new HashPrintRequestAttributeSet();
    - **attribute**:
      - MediaSizeName.*;
      - new Copies(...).

Para imprimir:

```
printer.createPrintJob().print(doc, attributes);
```

- **doc**:
  - new SimpleDoc(data, format, attributes);
    - **attributes**:
      - new HashDocAttributeSet();

- **format**:
    - DocFlavor.STRING.TEXT_PLAIN;
    - DocFlavor.STRING.TEXT_HTML;
    - DocFlavor.URL.GIF;
    - DocFlavor.URL.JPEG;
    - DocFlavor.URL.PNG;
    - DocFlavor.URL.PDF;
    - entre outros.

A impressão de documentos no Linux é feita através do CUPS (Common Unix print system). Caso não consiga imprimir, instale o pacote correspondente, ative o serviço de impressão no utilitário ntsysv e, por fim, configure o periférico (Centro de Controle > Periféricos > Impressoras). O resultado é compensador.

14.16.1 – Relatórios

Relatório é um tipo de documento criado para a impressão de dados. Ele é formado por três partes: cabeçalho, linha de detalhe e rodapé. Linha de detalhe é a região onde detalhamos os itens relatados.

Na prática, relatórios nada mais são que tabelas. A linha de detalhe de um relatório, por exemplo, equivale ao corpo de uma tabela.

Desde Java 5, a maneira mais prática para se imprimir relatórios é através do método print() da classe "javax.swing.JTable".

14.17 – Som

Sons podem ser representados eletronicamente de duas maneiras – por amostragem ou por emulação.

14.17.1 – Amostragem

Amostragem é a técnica tradicional na qual o som é manipulado integralmente através da representação de suas ondas. Embora alcance alta fidelidade, a amostragem gera um volume muito grande de dados.

Desde Java "1.3", a manipulação de sons por amostragem é feita através das classes do pacote "javax.sound.sampled".

Para obter um clipe sonoro:

```
AudioSystem.getClip();
```

Conheça os principais métodos:

- **open(...)**: define o som a ser reproduzido;

- **start()**: inicia a reprodução;
- **stop()**: interrompe à reprodução;
- **close()**: libera os recursos utilizados.

Experimente:

```java
package com.hpg.evertonbarbosagomes.br.books.java.2ed.ch14;

import javax.sound.sampled.AudioSystem;
import javax.sound.sampled.Clip;

import java.io.File;

public class SampledSoundDemo
{
   public void playbackIt(File file)
   {
      try
      {
         Clip clip = AudioSystem.getClip();
         clip.open(AudioSystem.getAudioInputStream(file));
         clip.start();
         System.out.println("Playing...");
         while (clip.isRunning())
         {
            Thread.sleep(1000);
         }
         clip.stop();
         clip.close();
      }
      catch(Exception e)
      {
         System.err.println(e.getMessage());
      }
   }

   public static void main(String[] args)
   {
      String filename =
         new File(
            System.getProperty("java.home")).getParent() +
               "/demo/applets/GraphLayout/audio/gong.au";
      new SampledSoundDemo().playbackIt(new File(filename));
   }
}
```

Figura 14.3: *Reproduzindo som.*

```
[...]$ Playing...
```

Figura 14.4: *Som.*

14.17.2 – Emulação

Se pensarmos que todos os sons instrumentais são compostos por apenas 7 notas musicais e suas poucas variações, então chegaremos à conclusão de que a melhor maneira de manipulá-los é dispor de uma orquestra predefinida (wavetable) e lidar apenas com as partituras.

Representação por emulação, ou MIDI (Musical instrument digital interface), é aquela que manipula apenas sons instrumentais. Embora seja muito eficiente, essa técnica não consegue lidar diretamente com nossas vozes.

Desde Java "1.3", a manipulação de sons por emulação é feita através das classes do pacote "javax.sound.midi".

Para obter o manipulador para uma seqüência de notas musicais:

```
MidiSystem.getSequencer();
```

Eis os principais métodos:

- **open()**: adquire os recursos necessários;
- **setSequence(...)**: define a seqüência de notas musicais a ser reproduzida;
- **start()**: inicia a reprodução;
- **stop()**: interrompe a reprodução;
- **close()**: libera os recursos utilizados.

Eis um exemplo.

```java
package com.hpg.evertonbarbosagomes.br.books.java.2ed.ch14;

import javax.sound.midi.MidiSystem;
import javax.sound.midi.Sequencer;

import java.io.File;

public class MidiSoundDemo
{
    public void playbackIt(File file)
    {
        try
        {
            Sequencer sequencer = MidiSystem.getSequencer();
            sequencer.open();
```

```
            sequencer.setSequence(MidiSystem.getSequence(file));
            sequencer.start();
            System.out.println("Playing...");
            while (sequencer.isRunning())
            {
               Thread.sleep(1000);
            }
            sequencer.stop();
            sequencer.close();
        }
        catch(Exception e)
        {
            System.err.println(e.getMessage());
        }
    }

    public static void main(String[] args)
    {
        String filename = "/usr/share/sndconfig/sample.midi";
        new MidiSoundDemo().playbackIt(new File(filename));
    }
}
```

Figura 14.5: *Reproduzindo som.*

`[...]$ Playing...`

Figura 14.6: *Mais som.*

Para se aprofundar no assunto, consulte o guia contido na documentação da linguagem (<jdk-dir>/docs/guide/sound/programmer_guide/contents.html).

14.18 – Como Criar o Seu Próprio Componente

Para criar um componente é preciso saber como desenhá-lo na tela.

14.18.1 – Sistema de Coordenadas Gráficas

O sistema de coordenadas gráficas de Java é semelhante ao cartesiano ortogonal. Neles, a componente "x" indica a coluna e cresce da esquerda para a direita enquanto que a componente "y" indica a linha. A diferença fundamental entre ambos é o sentido de crescimento no eixo das ordenadas (Oy). No sistema cartesiano, a componente "y" cresce de baixo para cima enquanto que em Java o crescimento ocorre no sentido oposto.

A origem do sistema de coordenadas gráficas encontra-se, portanto, no canto superior esquerdo da tela. Os eixos são graduados em pixels (picture elements).

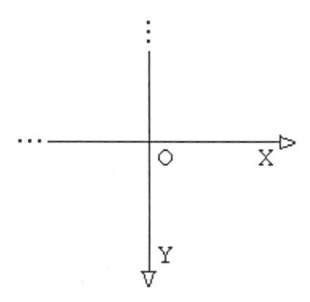

Figura 14.7: *Sistema de coordenadas gráficas de Java.*

14.18.2 – Desenho

O método responsável pelo desenho do componente é "paintComponent(...)". Ao sobrescrevê-lo, insira sempre, como primeira instrução, uma chamada à versão original.

```
class MyComponent extends JPanel
{
   ...
   @Override
   public void paintComponent(Graphics g)
   {
      super.paintComponent(g);
      ...
   }
   ...
}
```

Figura 14.8: *Personalizando o método de pintura.*

O argumento g é o responsável pela pintura. Embora ele seja declarado como "Graphics", o seu tipo é, na verdade, "Graphics2D", uma sub-classe de "Graphics•. Para usar todo o poder dele, restrinja o tipo da referência.

```
class MyComponent extends JPanel
{
   ...
   @Override
   public void paintComponent(Graphics g)
   {
      super.paintComponent(g);
```

```
        Graphics2D g2 = (Graphics2D) g.create();
        ...
    }
    ...
}
```

Figura 14.9: *Obtendo os super-poderes.*

Os métodos de pintura são genéricos. A figura geométrica a ser desenhada é determinada pelo argumento fornecido.

- **draw(...)**: imprime na tela apenas o contorno da figura;
- **fill(...)**: imprime na tela a figura preenchida.

As figuras existentes estão no pacote "java.awt.geom":

- **Point2D.Double**;
- **Line2D.Double**;
- **Rectangle2D.Double**;
- **RoundRectangle2D.Double**;
- **Ellipse2D.Double**;
- **Arc2D.Double**;
- **QuadCurve2D.Double**;
- **CubicCurve2D.Double**;
- **GeneralPath**;
- **Area**.

É importante ressaltar que:

1. As coordenadas dos textos são referentes ao seu canto inferior esquerdo e não ao canto superior esquerdo como ocorre com os ícones;
2. Figuras não retangulares (elipses e arcos) são obtidas a partir de um retângulo imaginado ao redor delas;
3. Ícones são desenhados através do seu próprio método (paintIcon(...)).

O exemplo é esclarecedor.

```
package com.hpg.evertonbarbosagomes.br.books.java.2ed.ch14;
```

```
import javax.swing.JFrame;
import javax.swing.JPanel;
import javax.swing.Icon;
import javax.swing.ImageIcon;
```

```java
import java.awt.Graphics;
import java.awt.Graphics2D;
import java.awt.Shape;
import java.awt.Dimension;
import java.awt.Rectangle;
import java.awt.Polygon;

import java.awt.geom.*;

import java.io.File;

public class MyComponent extends JPanel
{
   @Override
   public void paintComponent(Graphics g)
   {
      super.paintComponent(g);

      Graphics2D g2 = (Graphics2D) g.create();

      int[] x = {40, 65, 53, 27, 15},
            y = {15, 40, 65, 65, 40};

      Shape[] shapes = { new Line2D.Double(40, 15, 105, 65),
         new Polygon(x, y, x.length),
         new Rectangle2D.Double(15, 15, 50, 50),
         new RoundRectangle2D.Double(15, 15, 50, 50, 20, 20),
         new Ellipse2D.Double(15, 15, 50, 50),
         new Arc2D.Double(15, 15, 50, 50, 0, 135, Arc2D.PIE) };

      Rectangle bounds;
      int hTab, vTab;
      for (Shape next : shapes)
      {
         bounds = next.getBounds();
         hTab = bounds.x + bounds.width;
         vTab = bounds.y + bounds.height;

         g2.draw(next);
         // Tab
         g2.translate(hTab, 0);
         g2.fill(next);
         // New line
         g2.translate(-hTab, vTab);
      }
```

```
      g2.drawString("Text", 35, 45);
      String url = new File(
            System.getProperty("java.home")).getParent() +
                                    "/docs/images/cross.gif";
      Icon icon = new ImageIcon(url, "cross");
      icon.paintIcon(this, g2, 80, 15);
   }

   public static void main(String[] args)
   {
      JFrame f = new JFrame("Custom component");
      f.add(new MyComponent());
      f.setPreferredSize(new Dimension(145, 470 + 16));
      f.pack();
      f.setLocation(328, 57);
      f.setDefaultCloseOperation(JFrame.EXIT_ON_CLOSE);
      f.setVisible(true);
   }
}
```

Figura 14.10: *Pintando o 7.*

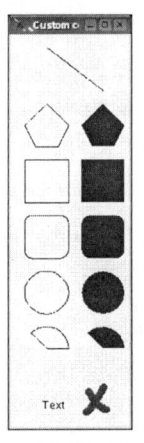

Figura 14.11: *Pintura.*

O "pincel" pode ser radicalmente personalizado.

Conheça os principais métodos de ajuste:
- **setPaint(...)**: define o modo de pintura;
  - new Color(...);
  - new GradientPaint(...);
  - new Texturepaint(...);

- **setStroke(...)**: define o traço do pincel;
  - new BasicStroke(...);
- **setComposite(...)**: define o que deve ocorrer quando duas figuras ocuparem o mesmo lugar;
  - AlphaComposite.getInstance(...);
  - AlphaComposite.SRC_OVER: a figura atual é pintada sobre a anterior;
  - AlphaComposite.DST_OVER: a figura anterior é mantida sobre a atual;
  - AlphaComposite.CLEAR: nem uma, nem outra;
- **translate(...)**: desloca a origem do sistema de coordenadas gráficas;
- **rotate(...)**: gira o sistema de coordenadas no sentido horário pela quantidade especificada de radianos;
- **scale(...)**: dimensiona;
- **shear(...)**: inclina.

O código a seguir demonstra as possibilidades.

```java
package com.hpg.evertonbarbosagomes.br.books.java.2ed.ch14;

import javax.swing.JFrame;
import javax.swing.JPanel;
import javax.swing.Icon;
import javax.swing.ImageIcon;

import java.awt.*;

import java.awt.geom.*;

import java.io.File;

public class MyComponent extends JPanel
{
   @Override
   public void paintComponent(Graphics g)
   {
      super.paintComponent(g);

      Graphics2D g2 = (Graphics2D) g.create();

      int[] x = {40, 65, 53, 27, 15},
            y = {15, 40, 65, 65, 40};

      Shape[] shapes = { new Line2D.Double(40, 15, 105, 65),
```

```java
            new Polygon(x, y, x.length),
            new Rectangle2D.Double(15, 15, 50, 50),
            new RoundRectangle2D.Double(15, 15, 50, 50, 20, 20),
            new Ellipse2D.Double(15, 15, 50, 50),
            new Arc2D.Double(15, 15, 50, 50, 0, 135, Arc2D.PIE) };

    Paint[] paints = { Color.RED,
                new GradientPaint( 15, 15, Color.WHITE,
                                            65, 65, Color.BLACK) };

    Stroke[] strokes = {
            new BasicStroke(1, BasicStroke.CAP_BUTT,
                                        BasicStroke.JOIN_BEVEL),
            new BasicStroke(1, BasicStroke.CAP_ROUND,
                                        BasicStroke.JOIN_MITER),
            new BasicStroke(1, BasicStroke.CAP_SQUARE,
                                        BasicStroke.JOIN_ROUND) };

    Rectangle bounds;
    int hTab, vTab;
    for (int i=0; i < shapes.length; i++)
    {
       bounds = shapes[i].getBounds();
       hTab = bounds.x + bounds.width;
       vTab = bounds.y + bounds.height;

       g2.setPaint(paints[i % paints.length]);
       g2.setStroke(strokes[i % strokes.length]);

       g2.draw(shapes[i]);
       // Tab
       g2.translate(hTab, 0);
       g2.fill(shapes[i]);
       // New line
       g2.translate(-hTab, vTab);
    }
    g2.drawString("Text", 35, 45);
    String url = new File(
            System.getProperty("java.home")).getParent() +
                                "/docs/images/cross.gif";
    Icon icon = new ImageIcon(url, "cross");
    icon.paintIcon(this, g2, 80, 15);
 }
```

```
public static void main(String[] args)
{
    JFrame f = new JFrame("Custom component");
    f.add(new MyComponent());
    f.setPreferredSize(new Dimension(145, 470 + 16));
    f.pack();
    f.setLocation(328, 57);
    f.setDefaultCloseOperation(JFrame.EXIT_ON_CLOSE);
    f.setVisible(true);
}
}
```

Figura 14.12: *Ajustando o pincel.*

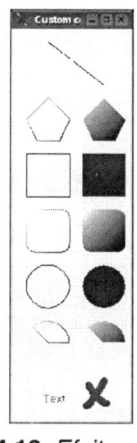

Figura 14.13: *Efeitos especiais.*

Um bom componente deve, também, configurar algumas variáveis herdadas de sua superclasse:

- **setFocusable(...)**: determina se o componente pode ou não receber o foco;
- **setPreferredSize(...)**: define o tamanho preferível;
- **setComponentPopupMenu(...)**: associa um menu flutuante.

14.18.3 – Um Exemplo Completo

Vamos criar um componente não existente na biblioteca padrão de Java – o relógio.

A implementação do relógio digital não tem mistérios. Por essa razão, optaremos pelo modelo analógico. Além de demonstrar os recursos de desenho de Java, ele ainda exercitará nossos conhecimentos matemáticos.

O relógio analógico representa a hora por meio de ponteiros. Para desenhar cada um deles, são necessários dois pontos – um correspondente ao centro do painel de desenho e outro correspondente à hora, ao minuto ou ao segundo. O primeiro é fácil de ser calculado, mas e o outro?

Poderíamos determinar as coordenadas de todas as 60 posições possíveis e armazená-las em uma matriz para uso posterior, mas isso é inviável. Se o painel do relógio for redimensionado, todos os valores precisarão ser calculados novamente.

A melhor solução para esses casos é a trigonometria. Ela é tudo que precisamos para desenhar a hora no formato analógico.

No caso do relógio, as sombras de cada ponteiro em Oy e Ox são, respectivamente, a linha e a coluna de sua extremidade móvel. Logo, as coordenadas de um ponteiro são (metade da largura do painel, metade da altura do painel) e (cosseno do ângulo do ponteiro, seno do ângulo do ponteiro). Logo, para desenhá-los, basta transformar a hora, o minuto e o segundo em ângulos e ligar os pontos.

Ao tentar efetuar a conversão para ângulo, a primeira dificuldade que surge é o fato de as contagens começarem em locais diferentes. O ponto de partida do relógio é a direção norte (12 horas) enquanto o do círculo trigonométrico é a direção leste (3 horas). Outra complicação é o sentido da contagem. O relógio avança no sentido horário enquanto o círculo trigonométrico avança no sentido anti-horário.

Para igualar os pontos de partida, gire o círculo trigonométrico em 90° (sentido anti-horário) e, para igualar os sentidos, inverta os lados da figura. O resultado será um novo círculo onde o seno passa a ser representado na horizontal e o cosseno, na vertical. As coordenadas dos ponteiros, portanto, transformam-se em (metade da largura do painel, metade da altura do painel) e (seno do ângulo do ponteiro, cosseno do ângulo do ponteiro).

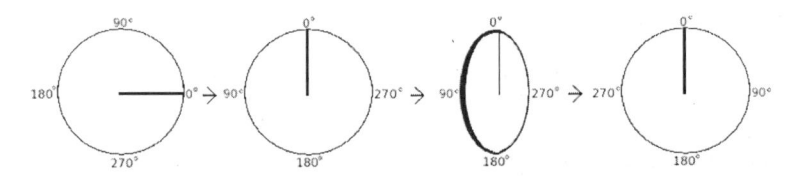

Figura 14.14: *Adaptando o círculo trigonométrico para a função de relógio.*

Agora, já podemos efetuar a conversão.

Se os 360° do círculo equivalem às 12 horas do relógio, então cada hora equivale a 30° e cada minuto/segundo equivale a 6°. Para calcular o ângulo dos ponteiros, portanto, multiplique o número de horas/minutos/segundos pela quantidade de ângulos correspondente ao período.

Outra dificuldade encontrada na conversão hora-ângulo é o fato das linhas de Java serem numeradas de cima para baixo e não de baixo para cima como ocorre no sistema cartesiano ortogonal. Inverta, então, o sinal do número da linha para solucionar o caso. As coordenadas dos ponteiros, portanto, passam a valer (metade da largura do painel, metade da altura do painel) e (seno do ângulo do ponteiro, – cosseno do ângulo do ponteiro).

Finalmente, é preciso ajustar o tamanho do ponteiro. Como o raio do círculo trigonométrico mede 1 unidade de comprimento, o ponteiro do relógio terá seu comprimento limitado inicialmente a um pixel. Para alterar a escala do ponteiro, multiplique o comprimento dele (1) pelo comprimento que ele deverá possuir, ouseja, a metade da largura/altura do painel. As coordenadas dos ponteiros, portanto, valem (metade da largura do painel, metade da altura do painel) e (seno do ângulo do ponteiro * metade da largura do painel, – cosseno do ângulo do ponteiro * metade da altura do painel).

Enfim, podemos criar o programa.

```java
package com.hpg.evertonbarbosagomes.br.books.java.2ed.ch14;

import javax.swing.JFrame;
import javax.swing.JPanel;

import java.awt.Dimension;
import java.awt.Graphics;
import java.awt.Graphics2D;

import java.awt.geom.Ellipse2D;
import java.awt.geom.Line2D;

import java.util.Calendar;

import java.util.concurrent.Executors;
import java.util.concurrent.TimeUnit;

public class Clock extends JPanel
{
   private Calendar calendar;
   private Dimension size;
   private int hRadius,
           vRadius,

           secondAngle, // in degrees
           minuteAngle,
           hourAngle;

   public Clock()
   {
      super(null);
      setFocusable(false);
      setPreferredSize(new Dimension(300, 300));
      Runnable update = new Runnable()
      {
         public void run()
```

```java
            {
                Clock.this.calendar = Calendar.getInstance();
                Clock.this.repaint();
            }
        };
        Executors.newSingleThreadScheduledExecutor().
                        scheduleAtFixedRate(
                                update, 0, 1, TimeUnit.SECONDS);
    }

    private void updateData()
    {
        this.size = getSize();
        this.hRadius = this.size.width / 2;
        this.vRadius = this.size.height / 2;

        int seconds = this.calendar.get(Calendar.SECOND),
            minutes = this.calendar.get(Calendar.MINUTE);

        this.secondAngle = seconds * 6;

        this.minuteAngle = (minutes * 6) + (seconds/10);

        this.hourAngle =
            (this.calendar.get(Calendar.HOUR) * 30) + (minutes/2);
    }

    private void drawHand(Graphics2D g2,
                          int handAngle,
                          double handScale)
    {
        int x = (int)(
            Math.sin(Math.toRadians(handAngle)) *
                                    (this.hRadius*handScale)),
            y = -(int)(
            Math.cos(Math.toRadians(handAngle)) *
                                    (this.vRadius*handScale));
        g2.draw(new Line2D.Double(0, 0, x, y));
    }

    @Override
    public void paintComponent(Graphics g)
    {
        super.paintComponent(g);
        Graphics2D g2 = (Graphics2D) g.create();
        updateData();
        // Paint border
        g2.draw(new Ellipse2D.Double(0, 0,
```

```
                              this.size.width,
                              this.size.height));
    g2.translate(this.hRadius, this.vRadius);
    // Paint hands
    drawHand(g2, this.secondAngle, .9);
    drawHand(g2, this.minuteAngle, .7);
    drawHand(g2, this.hourAngle, .4);
}

public static void main(String[] args)
{
    JFrame f = ew JFrame("Clock");
    f.add(new Clock());
    f.pack();
    f.setLocation(250, 150);
    f.setDefaultCloseOperation(JFrame.EXIT_ON_CLOSE);
    f.setVisible(true);
}
}
```

Figura 14.15: *Acertando os ponteiros.*

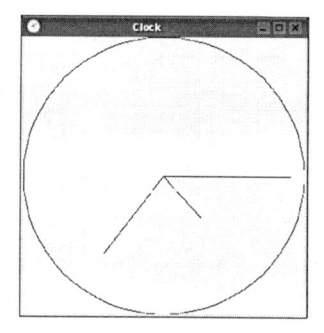

Figura 14.16: *Componente personalizado.*

A pintura dos componentes é executada pela unidade de execução das janelas. O método de desenho, portanto, deve ser breve o suficiente para não comprometer a execução dos métodos tratadores de eventos. Animações, por exemplo, devem ser executadas em uma unidade de execução particular.

Para se aprofundar no assunto, consulte o guia contido na documentação da linguagem (<jdk-dir>/docs/guide/2d/spec/j2d-bookTOC.html).

Para ir além das duas dimensões, pegue carona na extensão Java 3D.

```
http://java.sun.com/products/java-media/3D/
```

Capítulo 15

Contêineres

15.1 – Introdução

Contêiner é qualquer componente ao qual podem ser adicionados outros componentes.

15.2 – Painel (javax.swing.JPanel)

Painel é o componente invisível cuja única função é conter outros componentes.
Para criar um painel:

```
new JPanel(layout);
```

Conheça os principais métodos:
- **setBorder(...)**: altera a borda;
- **getParent(...)**: obtém o contêiner no qual o painel foi adicionado;
- **removeAll()**: remove todos os componentes contidos no painel.

15.2.1 – Borda

Para criar bordas, use os métodos instanciadores (factory methods) da classe "javax.swing.BorderFactory".

O Swing oferece uma rica coleção de bordas:
- BorderFactory.createEmptyBorder(...);
- BorderFactory.createLineBorder(...);

- BorderFactory.createMatteBorder(...);
- BorderFactory.createEtchedBorder(...);
- bevel border;
  - BorderFactory.createLoweredBevelBorder();
  - BorderFactory.createRaisedBevelBorder();
- BorderFactory.createTitledBorder(...);
- BorderFactory.createCompoundBorder(...).

O exemplo é esclarecedor.

```java
package com.hpg.evertonbarbosagomes.br.books.java.2ed.ch15;

import javax.swing.JFrame;
import javax.swing.JPanel;
import javax.swing.BorderFactory;
import javax.swing.JButton;

import javax.swing.border.Border;
import javax.swing.border.EtchedBorder;

import java.awt.Dimension;
import java.awt.GridLayout;
import java.awt.Color;

public class BorderDemo
{
   private JPanel getPane()
   {
     JPanel panel = new JPanel(new GridLayout(0, 2, 10, 10));
     Border outer, inner;
     Border[] border = {
            BorderFactory.createEmptyBorder(),
            BorderFactory.createLineBorder(Color.RED),
            BorderFactory.createEtchedBorder(
                                       EtchedBorder.LOWERED),
            BorderFactory.createEtchedBorder(
                                       EtchedBorder.RAISED),
       outer = BorderFactory.createRaisedBevelBorder(),
       inner = BorderFactory.createLoweredBevelBorder(),
            BorderFactory.createTitledBorder("Title"),
            BorderFactory.createCompoundBorder(
                                       outer, inner)};
```

```
        String[] name = { "Empty border",
                          "Line border",
                          "Etched border (lowered)",
                          "Etched border (raised)",
                          "Rased bevel border",
                          "Lowered bevel border",
                          "Titled border",
                          "Compound border"};

        JButton b;
        for (int i=0; i < border.length; i++)
        {
            b = new JButton(name[i]);
            b.setBorder(border[i]);
            panel.add(b);
        }

        return panel;
    }

    public void sampleIt()
    {
        JFrame f = new JFrame("Border demo");
        f.add(getPane());
        f.pack();
        f.setLocation(238, 190);
        f.setDefaultCloseOperation(JFrame.EXIT_ON_CLOSE);
        f.setVisible(true);
    }

    public static void main(String[] args)
    {
        new BorderDemo().sampleIt();
    }
}
```

Figura 15.1: *Usando bordas.*

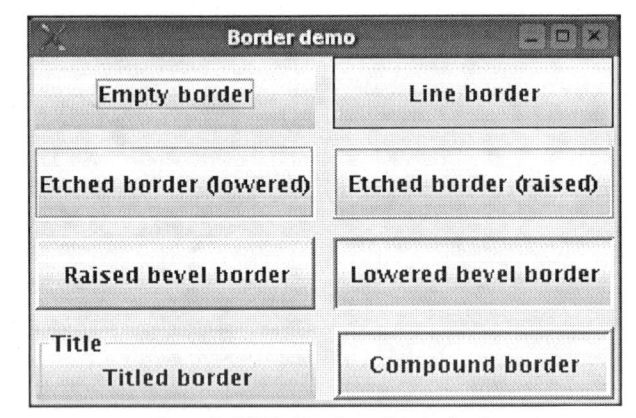

Figura 15.2: *Bordas disponíveis.*

15.2.2 – Opacidade e Transparência

Opacidade é a habilidade de encobrir o que está ao fundo. São opacos a madeira, o alumínio, o ferro, (a roupa da Letícia...) etc.

Transparência, por sua vez, é a capacidade de não encobrir o que está ao fundo. O vidro, por exemplo, é um material com essa característica.

Para tornar um componente transparente:

```
component.setOpaque(false);
```

O código seguinte demonstra o assunto. Repare que, quando o componente é transparente, apenas o texto e as bordas dele são exibidos.

```java
package com.hpg.evertonbarbosagomes.br.books.java.2ed.ch15;

import javax.swing.JFrame;
import javax.swing.JScrollPane;
import javax.swing.JTextArea;

public class TransparencyDemo
{
    public void sampleIt()
    {
        JFrame f = new JFrame("Transparency demo");
        JTextArea area = new JTextArea(12, 16);
        area.setOpaque(false);
        f.add(new JScrollPane(area));
        f.pack();
        f.setLocation(306, 194);
        f.setDefaultCloseOperation(JFrame.EXIT_ON_CLOSE);
        f.setVisible(true);
    }
```

```
   public static void main(String[] args)
   {
      new TransparencyDemo().sampleIt();
   }
}
```

Figura 15.3: *Usando transparência.*

Figura 15.4: *Área de texto transparente.*

15.3 – Painel de Rolagem (javax.swing.JScrollPane)

Painéis de rolagem são contêineres projetados para exibir componentes maiores que a área disponível.

Para criar um painel de rolagem:

```
new JScrollPane(component);
```

Os componentes das classes a seguir são bons candidatos à inserção em um painel de rolagem, pois eles implementam a interface "Scrollable".

- **JList**;
- **JTable**;
- **JTree**;
- **JTextComponent**.

Conheça o principal método:

- **setViewportView(...)**: altera o componente a ser mostrado;

Eis o exemplo.

```java
package com.hpg.evertonbarbosagomes.br.books.java.2ed.ch15;

import javax.swing.JFrame;
import javax.swing.JScrollPane;
import javax.swing.JTextPane;

import java.awt.GraphicsEnvironment;

import java.io.File;
import java.io.IOException;

public class ScrollPaneDemo
{
   public void sampleIt()
   {
      JFrame f = new JFrame("Scroll pane demo");
      JTextPane textPane = new JTextPane();
      try
      {
         String url = "file://" + new File(
               System.getProperty("java.home")).getParent() +
                                   "/docs/index.html";
         textPane.setPage(url);
         textPane.setEditable(false);
         f.add(new JScrollPane(textPane));
         f.pack();
         f.setBouds(
         GraphicsEnvironment.getLocalGraphicsEnvironment().
                                    getMaximumWindowBounds());
         f.setDefaultCloseOperation(JFrame.EXIT_ON_CLOSE);
         f.setVisible(true);
      }
      catch(IOException e)
      {
         System.err.println(e.getMessage());
      }
   }

   public static void main(String[] args)
   {
      new ScrollPaneDemo().sampleIt();
   }
}
```

Figura 15.5: *Exibindo componentes maiores que a área disponível.*

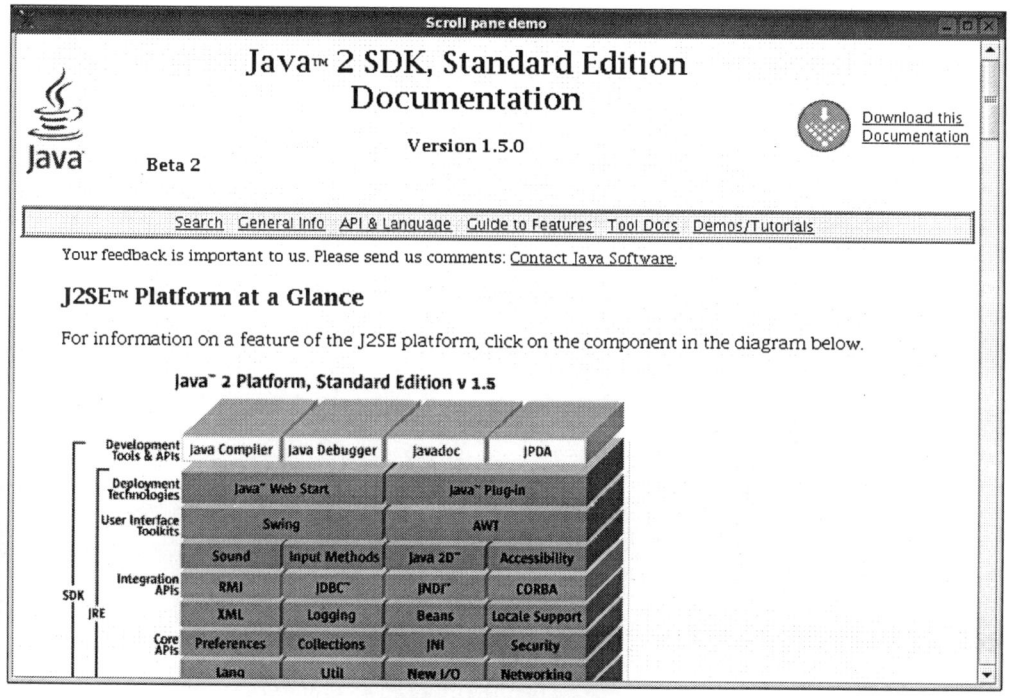

Figura 15.6: *Parte visível.*

Desde Java "1.4", a barra de rolagem vertical pode ser controlada também pela roda disponível em alguns modelos de mouse.

15.4 – Painel Divisor (javax.swing.JSplitPane)

Painel divisor é o contêiner projetado para controlar dinamicamente o espaço ocupado por dois componentes.

Para criar um painel divisor:

```
new JSplitPane(orientation, left, right);
```

- **orientation**:
  - JSplitPane.HORIZONTAL_SPLIT;
  - JSplitPane.VERTICAL_SPLIT.

Conheça os principais métodos:

- **setDividerLocation(...)**: especifica a porcentagem (de 0 até 1) do espaço que será reservada ao primeiro componente. No espaço restante ficará o outro componente;

- **resetToPreferredSizes()**: retorna ao modo de exibição preferencial;
- **setOneTouchExpandable(...)**: ativa ou desativa a retração/expansão em um toque;
- **removeAll()**: remove os dois componentes adicionados.

Painéis divisores podem ser aninhados até a obtenção do visual desejado.

O código a seguir demonstra o assunto.

```java
package com.hpg.evertonbarbosagomes.br.books.java.2ed.ch15;

import javax.swing.JFrame;
import javax.swing.JSplitPane;
import javax.swing.JScrollPane;
import javax.swing.JTextArea;

public class SplitPaneDemo
{
   public void sampleIt()
   {
      JFrame f = new JFrame("Split pane demo");
      JScrollPane left = new JScrollPane(
                                  new JTextArea(9, 12)),
           right = new JScrollPane(new JTextArea(9, 12));
      JSplitPane splitPane = new JSplitPane(
                                  JSplitPane.HORIZONTAL_SPLIT,
                                  left, right);
      splitPane.setOneTouchExpandable(true);
      f.add(splitPane);
      f.pack();
      f.setLocation(254, 215);
      f.setDefaultCloseOperation(JFrame.EXIT_ON_CLOSE);
      f.setVisible(true);
   }

   public static void main(String[] args)
   {
      new SplitPaneDemo().sampleIt();
   }
}
```

Figura 15.7: *Dividindo dinamicamente a área disponível.*

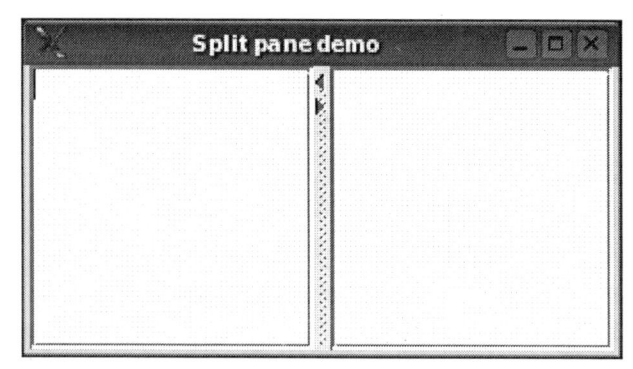

Figura 15.8: *Divisão dinâmica.*

15.5 – Painel Tabulado (javax.swing.JTabbedPane)

Painel tabulado é o contêiner projetado para compartilhar um mesma área com vários painéis. A seleção de painel é feita através das abas.

Para criar um painel tabulado:

```
new JTabbedPane();
```

Para adicionar abas:

```
tabbedPane.addTab(title, content);
```

O código seguinte usa o painel tabulado para demonstrar os diversos tipos de borda disponibilizados pelo Swing.

```
package com.hpg.evertonbarbosagomes.br.books.java.2ed.ch15;

import javax.swing.JFrame;
import javax.swing.JTabbedPane;
import javax.swing.JPanel;
import javax.swing.JButton;
import javax.swing.BorderFactory;

import javax.swing.border.Border;

import java.awt.BorderLayout;
import java.awt.Color;

public class TabbedPaneDemo
{
    private JPanel getPane()
    {
        JPanel panel = new JPanel(new BorderLayout());
```

```java
        JTabbedPane tabbedPane = new JTabbedPane();
        Border[] border = {
                    BorderFactory.createEmptyBorder(),
                    BorderFactory.createLineBorder(Color.RED),
                    BorderFactory.createEtchedBorder(),
                    BorderFactory.createRaisedBevelBorder(),
                    BorderFactory.createLoweredBevelBorder(),
                    BorderFactory.createTitledBorder("Title")};

        String[] title = {"Empty border",
                    "Line border",
                    "Etched border",
                    "Raised bevel border",
                    "Lowered bevel border",
                    "Titled border"};
        Border margin = BorderFactory.createEmptyBorder(
                                        16, 16, 16, 16);
        JButton button;
        for (int i=0; i < border.length; i++)
        {
           button = new JButton();
           button.setBorder(BorderFactory.createCompoundBorder(
                                        margin, border[i]));
           tabbedPane.addTab(title[i], button);
        }

        panel.add(tabbedPane);

        return panel;
     }

     public void sampleIt()
     {
        JFrame f = new JFrame("Tabbed pane demo");
        f.add(getPane());
        f.pack();
        f.setBounds(200, 150, 400, 300);
        f.setDefaultCloseOperation(JFrame.EXIT_ON_CLOSE);
        f.setVisible(true);
     }

     public static void main(String[] args)
     {
        new TabbedPaneDemo().sampleIt();
     }
}
```

Figura 15.9: *Compartilhando uma área com vários contêineres.*

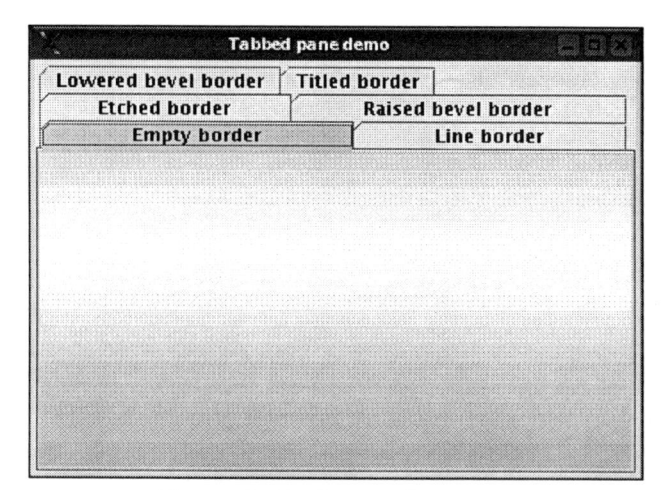

Figura 15.10: *Compartilhamento.*

15.6 – Área de Trabalho (javax.swing.JDesktopPane)

Área de trabalho é o contêiner projetado para permitir a manipulação simultânea de diversos painéis, cada um em sua janela.

Para criar uma área de trabalho:

```
new JDesktopPane();
```

Para criar uma janela interna:

```
new JInternalFrame( title,
                    isResizable,
                    isClosable,
                    isMaximizable,
                    isIconifiable);
```

Para adicionar janelas internas na área de trabalho:

```
desktop.add(frame);
```

Os métodos da janela interna são semelhantes aos da comum:

- **setFrameIcon(...)**: configura o ícone a ser mostrado no canto superior esquerdo;
- **setTitle(...)**: define o título;
- **setJMenuBar(...)**: adiciona uma barra de menus;

- **pack()**: prepara a janela para exibição;
- **setDefaultCloseOperation(...)**: define o que acontecerá quando a janela for fechada pelo usuário. São três as possibilidades:
  - WindowConstants.DO_NOTHING_ON_CLOSE;
  - WindowConstants.HIDE_ON_CLOSE;
  - WindowConstants.DISPOSE_ON_CLOSE;
- **setVisible(...)**: ativa ou desativa a exibição;
- **setSelected(...)**: seleciona ou remove a seleção.

É recomendável ativar a visibilidade da janela interna ANTES de adicioná-la à área detrabalho. Em todo caso, nada é exibido antes da janela principal tornar-se visível.

Veja o exemplo:

```java
package com.hpg.evertonbarbosagomes.br.books.java.2ed.ch15;

import javax.swing.JFrame;
import javax.swing.JDesktopPane;
import javax.swing.JInternalFrame;
import javax.swing.JScrollPane;
import javax.swing.JTextArea;

public class DesktopDemo
{
   public void sampleIt()
   {
      JFrame f = new JFrame("Desktop demo");
      JDesktopPane desktop = new JDesktopPane();
      JInternalFrame ff;
      for (int i=1; i <= 3; i++)
      {
         ff = new JInternalFrame(
                     "Doc " + i, true, true, true, true);
         ff.add(new JScrollPane(new JTextArea(12, 16)));
         ff.setLocation(i * 48, i * 16);
         ff.pack();
         ff.setDefaultCloseOperation(
                     JInternalFrame.DISPOSE_ON_CLOSE);
         ff.setVisible(true);
         desktop.add(ff);
      }
      f.add(desktop);
      f.pack();
      f.setBounds(200, 150, 400, 300);
```

```
        f.setDefaultCloseOperation(JFrame.EXIT_ON_CLOSE);
        f.setVisible(true);
    }

    public static void main(String[] args)
    {
        new DesktopDemo().sampleIt();
    }
}
```

Figura 15.11: Trabalhando com múltiplos documentos.

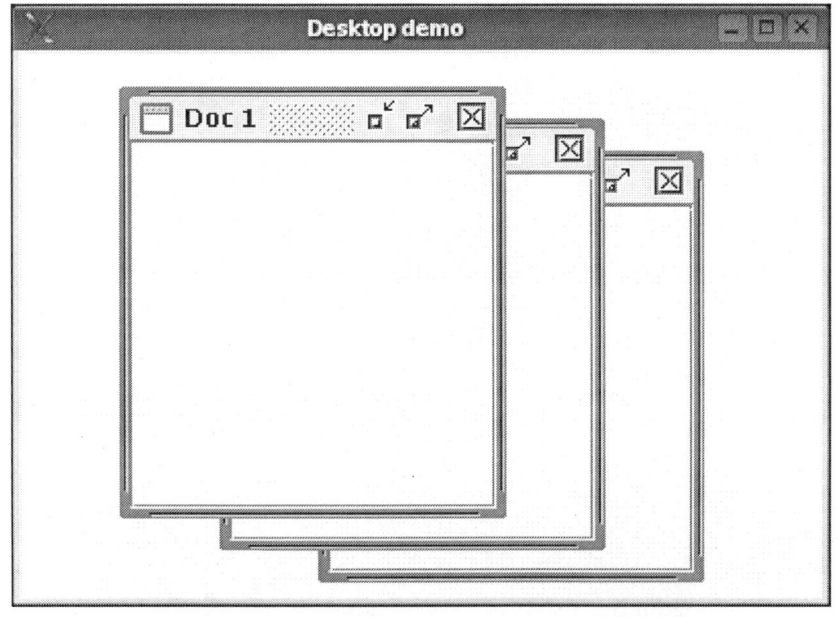

Figura 15.12: Interface de múltiplos documentos.

Janelas internas geram eventos de janela interna.

15.7 – Painel em Camadas (javax.swing.JLayeredPane)

Painel em camadas é o contêiner projetado para gerenciar a profundidade dos componentes. A contagem das camadas é feita de trás para frente. Cada camada possui posições cuja contagem é feita de frente para trás.

Para criar um painel em camadas:

```
new JLayeredPane();
```

Para adicionar componentes a uma camada:

```
pane.add(child, layer);
```

Cuidado: ao adicionar um componente, o número da camada é indicado por um objeto.

Conheça os principais métodos:

- **setLayer(...)**: move o componente para outra camada;
- **setPosition(...)**: move o componente para outra posição dentro da mesma camada;
- **highestLayer()**: obtém o número da camada mais alta.

O exemplo a seguir adiciona componentes em diferentes camadas.

```java
package com.hpg.evertonbarbosagomes.br.books.java.2ed.ch15;

import javax.swing.JFrame;
import javax.swing.JLayeredPane;
import javax.swing.JButton;

public class LayeredPaneDemo
{
   private JLayeredPane getPane()
   {
      JLayeredPane layeredPane = new JLayeredPane();
      String[] names = {"A", "B", "C"};

      JButton b;
      for (int i=1; i <= names.length; i++)
      {
         b = new JButton(names[i-1]);
         b.setBounds(i*64, i*32, 128, 128);
         layeredPane.add(b, new Integer(i));
      }

      return layeredPane;
   }

   public void sampleIt()
   {
      JFrame f = new JFrame("Layered pane demo");
      f.add(getPane());
      f.pack();
      f.setBounds(200, 150, 400, 300);
```

```
        f.setDefaultCloseOperation(JFrame.EXIT_ON_CLOSE);
        f.setVisible(true);
    }

    public static void main(String[] args)
    {
        new LayeredPaneDemo().sampleIt();
    }
}
```

Figura 15.13: *Manipulando camadas.*

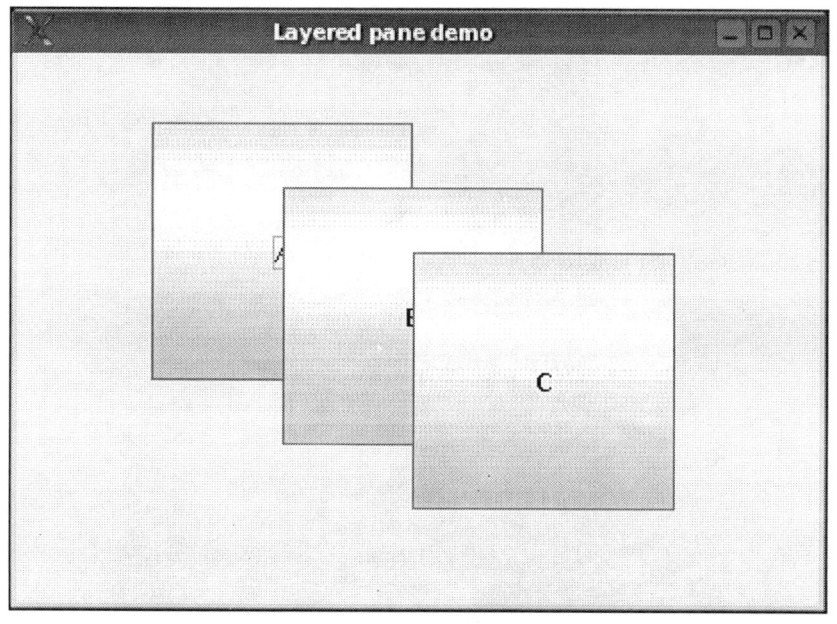

Figura 15.14: *Sobreposição.*

Capítulo 16

Formatos de Contêiner

16.1 – Introdução

Todo contêiner possui um gerenciador de formato – ele é o objeto responsável pelo posicionamento e dimensionamento dos componentes. O uso desse recurso permite criar interfaces gráficas indeformáveis.

Para configurar o formato de um painel:

```
panel.setLayout(lyout);
```

Java disponibiliza sete formatos de painel: formato de fluxo, formato de grade estático, formato de borda, formato de caixa, formato de cartão, formato de grade dinâmico e formato de mola. Eles são os blocos básicos. Na prática, combinamos vários painéis, cada um com seu formato, até obter o visual desejado.

16.2 – Formato de Fluxo (java.awt.FlowLayout)

O formato de fluxo é o mais simples. Nele, os componentes são exibidos de acordo com o modo de leitura local.

Para criar um gerenciador de formato de fluxo:

```
new FlowLayout();
```

Para adicionar componentes a um painel com formato de fluxo:

```
panel.add(child);
```

Veja o exemplo:

```java
package com.hpg.evertonbarbosagomes.br.books.java.2ed.ch16;

import javax.swing.JFrame;
import javax.swing.JPanel;
import javax.swing.JButton;

public class FlowLayoutDemo
{
   private JPanel getPane()
   {
      JPanel panel = new JPanel();
      panel.add(new JButton("< Previous"));
      panel.add(new JButton("Next >"));
      panel.add(new JButton("Cancel"));

      return panel;
   }

   public void sampleIt()
   {
      JFrame f = new JFrame("Flow layout demo");
      f.add(getPane());
      f.pack();
      f.setBounds(200, 150, 400, 300);
      f.setDefaultCloseOperation(JFrame.EXIT_ON_CLOSE);
      f.setVisible(true);
   }

   public static void main(String[] args)
   {
      new FlowLayoutDemo().sampleIt();
   }
}
```

Figura 16.1: *Demonstrando o formato de fluxo.*

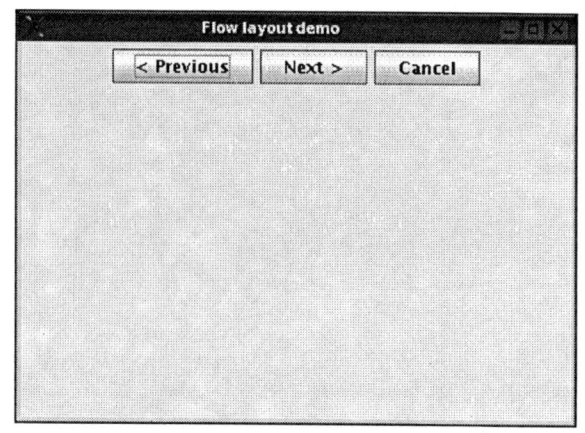

Figura 16.2: *Formato de fluxo.*

O gerenciador de formato de fluxo é o padrão para painéis (JPanel).

16.3 – Formato de Grade Estático (java.awt.GridLayout)

O formato de grade estático divide o painel em linhas e colunas de mesmo tamanho.

Para criar um gerenciador de formato de grade estático:

```
new GridLayout(rows, columns);
```

No construtor anterior, o argumento zero faz a fila correspondente (linha ou coluna) estender-se conforme necessário.

Para adicionar componentes a um painel com formato de grade estático:

```
panel.add(child);
```

O preenchimento das células segue o modo de leitura local.

Veja o exemplo:

```
package com.hpg.evertonbarbosagomes.br.books.java.2ed.ch16;

import javax.swing.JFrame;
import javax.swing.JPanel;
import javax.swing.JButton;
import java.awt.GridLayout;

public class GridLayoutDemo
```

```java
{
    private JPanel getPane()
    {
        JPanel panel = new JPanel(new GridLayout(0,3));
        for (int i=1; i < 10; i++)
        {
            panel.add(new JButton(String.valueOf(i)));
        }

        return panel;
    }

    public void sampleIt()
    {
        JFrame f = new JFrame("Grid layout demo");
        f.add(getPane());
        f.pack();
        f.setBounds(200, 150, 400, 300);
        f.setDefaultCloseOperation(JFrame.EXIT_ON_CLOSE);
        f.setVisible(true);
    }

    public static void main(String[] args)
    {
        new GridLayoutDemo().sampleIt();
    }
}
```

Figura 16.3: *Demonstrando o formato de grade estático.*

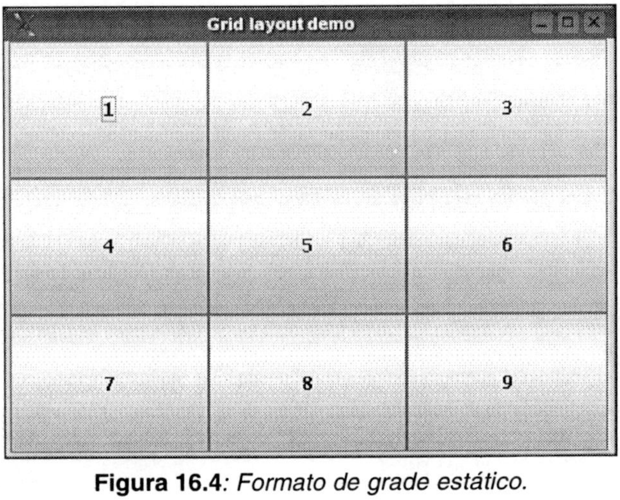

Figura 16.4: *Formato de grade estático.*

16.4 – Formato de Borda (java.awt.BorderLayout)

O gerenciador mais elegante divide o painel em cinco bordas: norte, sul, leste, oeste e centro. Quando uma borda não é preenchida, o seu espaço é cedido às demais.

Para criar um gerenciador de formato de borda:

```
new BorderLayout();
```

Para adicionar componentes a um painel com formato de borda:

```
panel.add(child, border);
```

- **child**: componente a ser adicionado;
- **border**:
  - BorderLayout.NORTH;
  - BorderLayout.SOUTH;
  - BorderLayout.EAST;
  - BorderLayout.WEST;
  - BorderLayout.CENTER.

Eis o exemplo:

```
package com.hpg.evertonbarbosagomes.br.books.java.2ed.ch16;

import javax.swing.JFrame;
import javax.swing.JButton;

import java.awt.BorderLayout;

public class BorderLayoutDemo
{
   private void build(JFrame f)
   {
      String[] borers = {  BorderLayout.NORTH,
                           BorderLayout.SOUTH,
                           BorderLayout.EAST,
                           BorderLayout.WEST,
                           BorderLayout.CENTER};

      for (String next : borders)
      {
         f.add(new JButton(next), next);
      }
   }
}
```

```
    public void sampleIt()
    {
       JFrame f = new JFrame("Border layout demo");
       build(f);
       f.pack();
       f.setBounds(200, 150, 400, 300);
       f.setDefaultCloseOperation(JFrame.EXIT_ON_CLOSE);
       f.setVisible(true);
    }

    public static void main(String[] args)
    {
       new BorderLayoutDemo().sampleIt();
    }
}
```

Figura 16.5: *Demonstrando o formato de borda.*

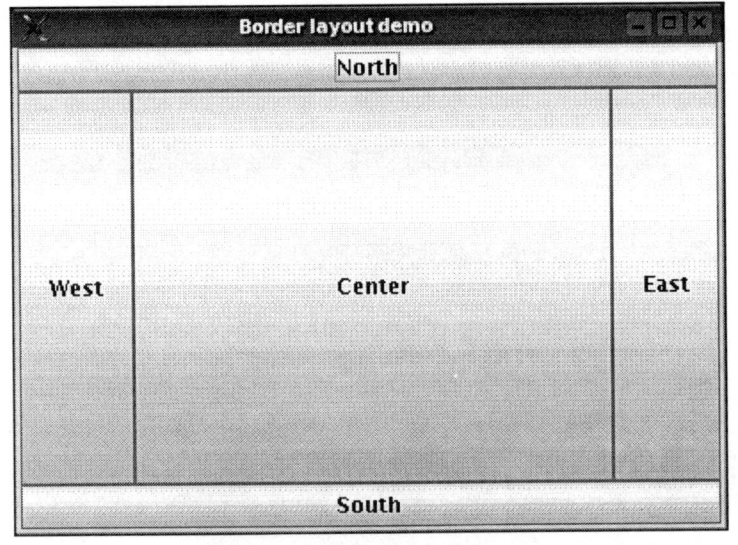

Figura 16.6: *Formato de borda.*

O gerenciador de formato de borda é o padrão para janelas.

16.5 – Formato de Caixa (javax.swing.BoxLayout)

O gerenciador mais moderno divide o painel em linhas ou colunas. É o único a respeitar as preferências de tamanho e de alinhamento definidas pelo componente.

Para criar um formato de caixa:

```
new BoxLayout(panel, axis);
```

- **panel**: painel a ser futuramente gerenciado;
- **axis**:
  - BoxLayout.X_AXIS;
  - BoxLayout.Y_AXIS.

Para adicionar componentes a um painel com formato de caixa:

```
panel.add(child);
```

O preenchimento é feito da esquerda para a direita (eixo horizontal) ou de cima para baixo (eixo vertical).

Em um contêiner com formato de caixa, o espaço extra é posicionado após todos os componentes. Para mudar isso, adicione uma cola na posição onde você gostaria que o espaço fosse acumulado. A classe "javax.swing.Box" oferece métodos utilitários para a criação de preenchedores de espaço.

- **Box.createGlue()**: cria uma cola – componente invisível cuja posição dentro do contêiner indica onde o espaço extra deve ser acumulado.

Ao respeitar as preferências de cada componente, o formato de caixa torna relevantes as configurações de alinhamento e de tamanho.

Para alterar o alinhamento horizontal de um componente:

```
component.setAlignmentX(alignment);
```

- **alignment**:
  - Component.LEFT_ALIGNMENT;
  - Component.CENTER_ALIGNMENT;
  - Component.RIGHT_ALIGNMENT.

Para alterar o alinhamento vertical de um componente:

```
component.setAlignmentY(alignment);
```

- **alignment**:
  - Component.TOP_ALIGNMENT;
  - Component.CENTER_ALIGNMENT;
  - Component.BOTTOM_ALIGNMENT.

Para especificar os tamanhos mínimo, preferido e máximo:

```
component.setMinimumSize(minSize);
component.setPreferredSize(bestSize);
component.setMaximumSize(maxSize);
```

Veja o exemplo:

```java
package com.hpg.evertonbarbosagomes.br.books.java.2ed.ch16;

import javax.swing.JFrame;
import javax.swing.JButton;
import javax.swing.Box;
import javax.swing.BoxLayout;

import java.awt.Container;

public class BoxLayoutDemo
{
   private Container getChild()
   {
      Container panel = new Box(BoxLayout.X_AXIS);

      String[] names = {"Open", "Save", "Print"};
      for (String next : names)
      {
         panel.add(new JButton(next));
      }
      return panel;
   }

   public void sampleIt()
   {
      JFrame f = new JFrame("Box layout demo");
      f.add(getChild());
      f.pack();
      f.setBounds(200, 150, 400, 300);
      f.setDefaultCloseOperation(JFrame.EXIT_ON_CLOSE);
      f.setVisible(true);
   }

   public static void main(String[] args)
   {
      new BoxLayoutDemo().sampleIt();
   }
}
```

Figura 16.7: Demonstrando o formato de caixa.

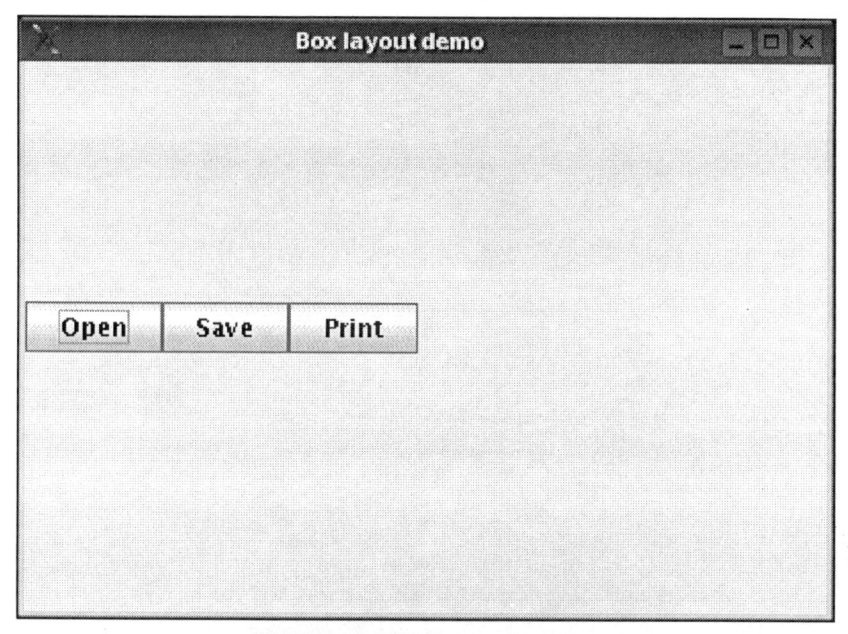

Figura 16.8: *Formato de caixa.*

16.6 – Formato de Cartões (java.awt.CardLayout)

O formato de cartões divide o painel em várias camadas e, em cada uma delas, armazena um conteúdo. O resultado é um maço de cartões no qual apenas um deles é exibido por vez.

Para criar um gerenciador de formato de cartões:

```
new CardLayout();
```

Para adicionar componentes a um painel com formato de cartões:

```
panel.add(card, title);
```

Conheça os principais métodos:

- **first(...)**: exibe o primeiro cartão do painel fornecido como argumento;
- **previous(...)**: exibe o cartão anterior;
- **next(...)**: exibe o próximo cartão;
- **last(...)**: exibe o último cartão;
- **show(...)**: exibe o cartão especificado.

O exemplo é animador – podemos facilmente adaptá-lo para outros fins.

```java
package com.hpg.evertonbarbosagomes.br.books.java.2ed.ch16;

import javax.swing.JFrame;
import javax.swing.JPanel;
import javax.swing.JLabel;
import javax.swing.JButton;

import java.awt.CardLayout;
import java.awt.BorderLayout;

import java.awt.event.ActionListener;
import java.awt.event.ActionEvent;

public class CardLayoutDemo
{
   private JPanel getPane()
   {
      final CardLayout cardLayout = new CardLayout();
      final JPanel centerPanel = new JPanel(cardLayout),
                   southPanel = new JPanel();
      String[] steps = {"First", "Middle", "Last"};
      String message;
      for (String next : steps)
      {
         centerPanel.add(
                      new JLabel(next, JLabel.CENTER), next);
      }

      String[] buttonsName = {"|< First",
                              "< Previous",
                              "Next >",
                              "Last >|"};
      ActionListener l = new ActionListener()
      {
         public void actionPerformed(ActionEvent ev)
         {
            String command = ev.getActionCommand();
            if (command.equals("|< First"))
               cardLayout.first(centerPanel);
            else if (command.equals("< Previous"))
               cardLayout.previous(centerPanel);
            else if (command.equals("Next >"))
               cardLayout.next(centerPanel);
            else if (command.equals("Last >|"))
               cardLayout.last(centerPanel);
         }
      };
```

```java
        JButton button;
        for (String next : buttonsName)
        {
            button = new JButton(next);
            button.addActionListener(l);
            southPanel.add(button);
        }

        JPanel pane = new JPanel(new BorderLayout());
        pane.add(centerPanel, BorderLayout.CENTER);
        pane.add(southPanel, BorderLayout.SOUTH);

        return pane;
    }

    public void sampleIt()
    {
        JFrame f = new JFrame("Card layout demo");
        f.add(getPane());
        f.pack();
        f.setBounds(200, 150, 400, 300);
        f.setDefaultCloseOperation(JFrame.EXIT_ON_CLOSE);
        f.setVisible(true);
    }

    public static void main(String[] args)
    {
        new CardLayoutDemo().sampleIt();
    }
}
```

Figura 16.9: *Demonstrando o formato de cartões.*

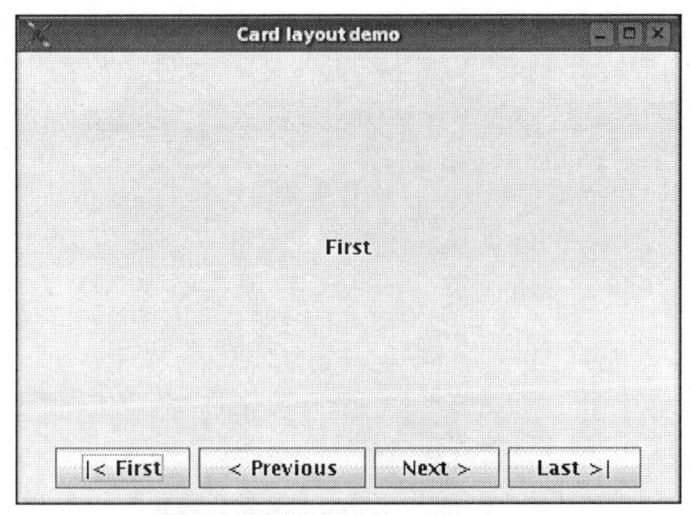

Figura 16.10: *Formato de cartões.*

16.7 – Formato de Grade Dinâmico (java.awt.GridBagLayout)

O formato mais poderoso é um "GridLayout" no qual os componentes podem ocupar mais de uma célula. Cada componente adicionado é associado a um conjunto de restrições que informa ao gerenciador como deve ser a área (bolsa) ocupada.

Para criar um gerenciador de formato de grade dinâmico:

```
new GridBagLayout();
```

Para criar um conjunto de restrições:

```
new GridBagConstraints();
```

São onze as restrições.

- **gridx**: coluna. O valor padrão, "GridBagConstraints.RELATIVE", simboliza a próxima coluna;
- **gridy**: linha. O valor padrão, "GridBagConstraints.RELATIVE", simboliza a próxima linha;
- **gridwidth**: número de colunas a serem ocupadas pelo componente. O valor "GridBagConstraints.REMAINDER" simboliza as colunas restantes da linha atual (na prática, ele "adiciona nova linha");
- **gridheight**: número de linhas a serem ocupadas;
- **weightx**: preferência que a coluna terá no recebimento do espaço extra horizontal. Os valores vão de 0 (não obtém nenhuma fatia do espaço extra) até 1 (obtém todo o espaço extra);
- **weighty**: preferência que a linha terá no recebimento do espaço extra vertical. Os valores vão de 0 (não obtém nenhuma fatia do espaço extra) até 1 (obtém todo o espaço extra);

- **anchor**: direção em que o componente deve ser ancorado;
  - GridBagConstraints.NORTH;
  - GridBagConstraints.SOUTH;
  - GridBagConstraints.EAST;
  - GridBagConstraints.WEST;
  - GridBagConstraints.CENTER;
  - GridBagConstraints.NORTHEAST;
  - GridBagConstraints.NORTHWEST;
  - GridBagConstraints.SOUTHEAST;
  - GridBagConstraints.SOUTHWEST;
- **fill**: direção em que o componente poderá crescer para preencher o espaço extra recebido;
  - GridBagConstraints.NONE;
  - GridBagConstraints.HORIZONTAL;
  - GridBagConstraints.VERTICAL;
  - GridBagConstraints.BOTH;
- **insets**: espaço externo;
- **ipadx**: enchimento dos lados esquerdo e direito;
- **ipady**: enchimento dos lados superior e inferior.

Para definir as restrições de um componente:

```
gbLayout.setConstraints(child, constraints);
```

É possível usar o mesmo objeto para configurar todos os componentes, pois o gerenciador armazena apenas o valor das restrições e não o objeto no qual elas estão contidas.

Para adicionar um componente a um painel com formato de grade dinâmico:

```
panel.add(child);
```

Diante de tamanha flexibilidade, é recomendável elaborar um rascunho da grade. O primeiro passo é definir o número necessário de linhas e colunas.

O exemplo é esclarecedor.

```
package com.hpg.evertonbarbosagomes.br.books.java.2ed.ch16;

import javax.swing.JFrame;
import javax.swing.JPanel;
import javax.swing.JButton;
```

```java
import java.awt.GridBagLayout;
import java.awt.GridBagConstraints;

public class GridBagLayoutDemo
{
   private JPanel getPane()
   {
      GridBagLayout gbLayout = new GridBagLayout();
      JPanel panel = new JPanel(gbLayout);
      String[] names = {
                  "North", "West", "Center", "East", "South"};
      int[][] constraints = {
            {0, 0, 3, 1, 1, 0, GridBagConstraints.HORIZONTAL},
            {0, 1, 1, 1, 0, 1, GridBagConstraints.VERTICAL},
            {1, 1, 1, 1, 1, 1, GridBagConstraints.BOTH},
            {2, 1, 1, 1, 0, 1, GridBagConstraints.VERTICAL},
            {0, 2, 3, 1, 1, 0, GridBagConstraints.HORIZONTAL}};

      GridBagConstraints c = new GridBagConstraints();
      JButton button;
      for (int i=0; i < names.length; i++)
      {
        button = new JButton(names[i]);
        c.gridx = constraints[i][0];
        c.gridy = constraints[i][1];
        c.gridwidth =constraints[i][2];
        c.gridheight = constraints[i][3];
        c.weightx = constraints[i][4];
        c.weighty = constraints[i][5];
        c.fill =  constraints[i][6];
        gbLayout.setConstraints(button, c);
        panel.add(button);
      }
      return panel;
   }

   public void sampleIt()
   {
      JFrame f = new JFrame("Gridbag layout demo");
      f.add(getPane());
      f.pack();
      f.setBounds(200, 150, 400, 300);
      f.setDefaultCloseOperation(JFrame.EXIT_ON_CLOSE);
      f.setVisible(true);
   }
```

```java
    public static void main(String[] args)
    {
        new GridBagLayoutDemo().sampleIt();
    }
}
```

Figura 16.11: Demonstrando o formato de grade dinâmico.

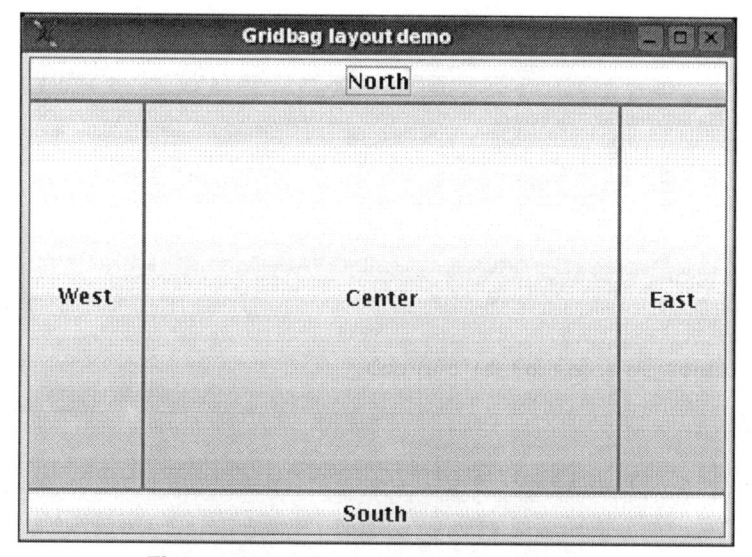

Figura 16.12: Formato de grade dinâmico.

O código a seguir demonstra como fazer a mesma coisa através de "GridBagConstraints. REMAINDER". Repare que, usando essa tática, podemos ignorar gridx, gridy e gridheight e nos concentrar apenas nas "mudanças de linha".

```java
package com.hpg.evertonbarbosagomes.br.books.java.2ed.ch16;

import javax.swing.JFrame;
import javax.swing.JPanel;
import javax.swing.JButton;

import java.awt.GridBagLayout;
import java.awt.GridBagConstraints;
public class GridBagLayoutDemo
{
    private JPanel getPane()
```

```java
   {
      GridBagLayout gbLayout = new GridBagLayout();
      JPanel panel = new JPanel(gbLayout);
      String[] names =
               {"North", "West", "Center", "East", "South"};
      int[][] constraints =
      {
         {GridBagConstraints.REMAINDER, 1, 0,
                           GridBagConstraints.HORIZONTAL},
         {                  1, 0, 1,
                              GridBagConstraints.VERTICAL},
         {                  1, 1, 1, GridBagConstraints.BOTH},
         {GridBagConstraints.REMAINDER, 0, 1,
                              GridBagConstraints.VERTICAL},
         {                  3, 1, 0,
                              GridBagConstraints.HORIZONTAL}};

      GridBagConstraints c = new GridBagConstraints();
      JButton button;
      for (int i=0; i < names.length; i++)
      {
         button = new JButton(names[i]);
         c.gridwidth =constraints[i][0];
         c.weightx =   constraints[i][1];
         c.weighty =   constraints[i][2];
         c.fill =    constraints[i][3];
         gbLayout.setConstraints(button, c);
         panel.add(button);
      }
      return panel;
   }

   public void sampleIt()
   {
      JFrame f = new JFrame("Gridbag layout demo");
      f.add(getPane());
      f.pack();
      f.setBounds(200, 150, 400, 300);
      f.setDefaultCloseOperation(JFrame.EXIT_ON_CLOSE);
      f.setVisible(true);
   }

   public static void main(String[] args)
   {
      new GridBagLayoutDemo().sampleIt();
   }
}
```

Figura 16.13: *Mudando de linha.*

Embora o formato de grade dinâmico possa substituir os outros gerenciadores, por questão de legibilidade devemos usá-lo somente em último caso.

16.8 – Formato de Mola (javax.swing.SpringLayout)

Introduzido em Java "1.4", o formato de mola é aquele projetado para uso em ambientes gráficos de desenvolvimento como o NetBeans. Para livrar o programador da riidez dos demais formatos, o formato de mola gerencia apenas o posicionamento dos componentes e deixa o dimensionamento deles a cargo do programador. Isso permite que a interface gráfica seja montada da maneira tradicional, ou seja, soltando os componentes sobre o formulário e dimensionando-os manualmente. O controle do posicionamento é feito especificando-se a distância de uma lateral do componente até uma das laterais de outro componente, daí o termo "mola".

Para criar um gerenciador de formato de mola:

```
new SpringLayout();
```

A adição de componentes a um painel com formato de mola é feita da maneira convencional.

```
panel.add(child);
```

Para especificar a distância (pad) de uma lateral do componente até uma das laterais de outro componente, use o método "putConstraint(...)" do gerenciador.

```
layout.putConstraint(border, child, pad, border, neighbour);
```

- **border**:
  - SpringLayout.NORTH;
  - SpringLayout.SOUTH;
  - SpringLayout.EAST;
  - SpringLayout.WEST.

Use o par "SpringLayout.NORTH" e "SpringLayout.SOUTH" para configurar as linhas e o par "SpringLayout.EAST" e "SpringLayout.WEST" para configurar as colunas.

O exemplo é esclarecedor:

```
package com.hpg.evertonbarbosagomes.br.books.java.2ed.ch16;

import javax.swing.JFrame;
import javax.swing.JPanel;
import javax.swing.SpringLayout;
```

```java
import javax.swing.JLabel;
import javax.swing.JTextField;

import java.awt.Dimension;

public class SpringLayoutDemo
{
   public void sampleIt()
   {
      JFrame f = new JFrame("Spring layout demo");
      SpringLayout layout = new SpringLayout();
      JPanel p = new JPanel(layout);
      JLabel label = new JLabel("Label: ");
      JTextField field = new JTextField(2);
      p.add(label);
      p.add(field);

      // Set label row
      layout.putConstraint(
         SpringLayout.NORTH, label, 10, SpringLayout.NORTH, p);
      // Set field row
      layout.putConstraint(
         SpringLayout.NORTH, field, 10, SpringLayout.NORTH, p);
      // Set label column
      layout.putConstraint(
         SpringLayout.WEST, label, 15, SpringLayout.WEST, p);
      // Set field column
      layout.putConstraint(
      SpringLayout.WEST, field, 5, SpringLayout.EAST, label);

      f.add(p);
      f.pack();
      f.setLocation(395, 285);
      f.setDefaultCloseOperation(JFrame.EXIT_ON_CLOSE);
      f.setVisible(true);
   }

   public static void main(String[] args)
   {
      new SpringLayoutDemo().sampleIt();
   }
}
```

Figura 16.14: *Relacionando os fatos.*

Figura 16.15: *Quebra-cabeça montado.*

16.9 – Posicionamento Absoluto

Posicionamento absoluto consiste em efetuar manualmente o posicionamento e o dimensionamento de cada componente contido no contêiner. Para isso, anulamos o formato (panel.setLayout(null)) e gerenciamos livremente a interface gráfica através dos seguintes métodos:

- **setLocation(...)**: altera a localização do canto superior esquerdo do componente;
- **setSize(...)**: altera o tamanho do componente;
- **setBounds(...)**: substitui os dois métodos anteriores, alterando, de uma só vez, a posição e o tamanho do componente.

Janelas são componentes cujo posicionamento e dimensionamento só podem ser feitos de maneira manual.

16.10 – Aninhamento de Painéis

O aninhamento de painéis oferece a mesma flexibilidade do posicionamento absoluto sem, entretanto, abrir mão das vantagens dos gerenciadores.

Como exemplo, vamos montar uma calculadora. O primeiro passo é identificar os formatos necessários. Mais uma vez, poderíamos fazer tudo usando apenas o formato de grade dinâmico. Entretanto, por questão de legibilidade, usaremos um formato de borda para o visor e o teclado e um formato de grade estático para as teclas.

Confira.

```
package com.hpg.evertonbarbosagomes.br.books.java.2ed.ch16;

import javax.swing.JFrame;
impor javax.swing.JPanel;
import javax.swing.JLabel;
import javax.swing.JButton;
import javax.swing.BorderFactory;

import java.awt.BorderLayout;
import java.awt.GridLayout;
import java.awt.Dimension;

public class Calculator extends JPanel
```

```java
{
    // Sole constructor
    public Calculator()
    {
        super(new BorderLayout());
        JLabel display = new JLabel(" ", JLabel.RIGHT);
        JPanel keyboard = new JPanel(new GridLayout(4, 4));

        display.setBorder(
                BorderFactory.createTitledBorder("Display"));

        String[] buttons = { "7", "8", "9", "+",
                             "4", "5", "6", "-",
                             "1", "2", "3", "*",
                             ".", "0", "=", "/"};
        for (String next : buttons)
        {
           keyboard.add(new JButton(next));
        }

        add(display, BorderLayout.NORTH);
        add(keyboard, BorderLayout.CENTER);

        setPreferredSize(new Dimension(186, 255));
    }

    public static void main(String[] args)
    {
        JFrame f = new JFrame("Calculator");
        f.add(new Calculator());
        f.pack();
        f.setLocation(307, 173);
        f.setDefaultCloseOperation(JFrame.EXIT_ON_CLOSE);
        f.setVisible(true);
    }
}
```

Figura 16.16: *Demonstrando o aninhamento de painéis.*

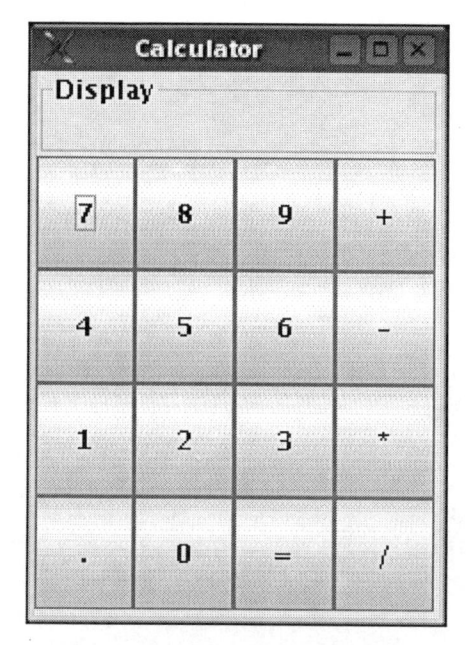

Figura 16.17: *Painéis aninhados.*

16.11 – Como criar o seu próprio gerenciador

A variedade dos leiautes de Java é boa para programação em modo texto, pois permite controlar a dedo a posição e o dimensionamento dos componentes. Ela, entretanto, atrapalha a programação em ambientes gráficos. O gerenciador ideal, portanto, deveria nos permitir arrastar os componentes sobre o formulário, ajustar a sua posição e seu tamanho e deixar o redimensionamento ser feito automaticamente nos bastidores quando necessário.

Além de usar os modelos predefinidos, podemos criar nosso próprio gerenciador. Para isso, basta criar uma classe que implemente a interface LayoutManager (pacote java.awt).

O exemplo abaixo é um dos pontos altos da obra. Nele, aproveito a oportunidade para demonstrar uma possível solução para o problema dos gerenciadores.

```java
package com.hpg.evertonbarbosagomes.br.books.java.2ed.ch16;
import java.awt.LayoutManager2;
import java.awt.Component;
import java.awt.Container;
import java.awt.Rectangle;

    import java.awt.Dimension;

    import javax.swing.JFrame;
    import javax.swing.JLabel;
    import javax.swing.JTextField;
```

```java
import javax.swing.JButton;

import java.util.List;
import java.util.LinkedList;

/**
 * A layout manager based on scale.
 * @autor: Dante
 */
class Child
{
   Component comp;
   Rectangle bounds;

   public Child(Component comp, Rectangle bounds)
   {
      this.comp = comp;
      this.bounds = bounds;
   }
}

class DanteLayout implements LayoutManager2
{
   private Container parent;
   private List<Child> children;
   private Dimension initialContainerSize;

   // Construtor define contêiner a ser gerenciado
   public DanteLayout(Dimension defaultContainerSize)
   {
      this.children = new LinkedList<Child>();
      this.initialContainerSize = defaultContainerSize;
   }

   // Unused
   public void addLayoutComponent(String name, Component comp)
   {
   }

   public void addLayoutComponent(Component comp, Object defaultBounds)
   {
      this.children.add(new Child(comp, (Rectangle)defaultBounds));
   }
```

```
// Unused
public void removeLayoutComponent(Component comp)
{
}

public Dimension maximumLayoutSize(Container target)
{
   if (this.parent == null)
   {
      this.parent = target;
   }
   return new Dimension(Integer.MAX_VALUE, Integer.MAX_VALUE);
}

public Dimension preferredLayoutSize(Container target)
{
   if (this.parent == null)
   {
      this.parent = target;
   }
   return this.initialContainerSize;
}

public Dimension minimumLayoutSize(Container target)
{
   if (this.parent == null)
   {
      this.parent = target;
   }
   return preferredLayoutSize(target);
}

// Unused
public float getLayoutAlignmentX(Container target)
{
   if (this.parent == null)
   {
      this.parent = target;
   }
   return 0;
}

// Unused
public float getLayoutAlignmentY(Container target)
{
   if (this.parent == null)
```

```java
      {
         this.parent = target;
      }
      return 0;
   }

   // Unused
   public void invalidateLayout(Container target)
   {
      layoutContainer(target);
   }

   // Efetua posicionamento e dimensionamento
   public void layoutContainer(Container target)
   {
      if (this.parent == null)
      {
         this.parent = target;
      }
      synchronized(target.getTreeLock())
      {
         Rectangle defaultBounds = new Rectangle(0, 0,
                    this.initialContainerSize.width,
this.initialContainerSize.height),
              currentBounds = target.getBounds(),
              newBounds = null;
         double hScale = (double) currentBounds.width /
defaultBounds.width,
              vScale = (double) currentBounds.height /
defaultBounds.height;
         Component currentChild;
         for (Child c : this.children)
         {
            currentChild = (Component) c.comp;
            defaultBounds = c.bounds;

            currentBounds = currentChild.getBounds();
            if (currentBounds.width == 0 && currentBounds.height == 0)
            {
               currentBounds = defaultBounds;
            }
            newBounds = (Rectangle) currentBounds.clone();
            if (hScale != 1)
            {
               newBounds.x = (int)(defaultBounds.x * hScale);
               newBounds.width = (int)(defaultBounds.width * hScale);
            }
```

```
            if (vScale != 1)
            {
               newBounds.y = (int)(defaultBounds.y * vScale);
               newBounds.height = (int)(defaultBounds.height *
vScale);
            }
            currentChild.setBounds(newBounds);
         }
      }
   }
}

public class DanteLayoutDemo
{
   public static void main(String[] args)
   {
      JFrame f = new JFrame("Dante layout demo");
      f.setLayout(new DanteLayout(new Dimension(400, 300)));
      f.add(new JLabel("Label here"), new Rectangle(50, 50, 100,
50));
      f.add(new JTextField("Text field here"), new Rectangle(250,
50, 100, 50));
      f.add(new JButton("Button here"), new Rectangle(150, 200,
100, 50));
      f.pack();
      f.setDefaultCloseOperation(JFrame.EXIT_ON_CLOSE);
      f.setVisible(true);
      f = null;
   }
}
```

Figura 16:18: *Leiaute personalizado.*

Capítulo 17

Eventos

17.1 – Introdução

Para ligar um automóvel, precisamos girar a chave de ignição. Para usar um computador, precisamos pressionar botões. Enfim, para lidar com máquinas precisamos interagir com elas.

17.2 – Eventos e Ouvintes

No modo texto, os métodos são arbitrários e executados na ordem especificada no método principal. No modo gráfico, por outro lado, os métodos são predefinidos e sua ordem de execução é definida pelo usuário.

Evento é qualquer interação entre o usuário e a interface gráfica.

Interfaces gráficas permitem criar programas orientados a eventos. Em vez de determinar em "main(...)" a ordem exata dos acontecimentos, atribuímos cada parte do programa a um tipo de evento e deixamos que o usuário defina a ordem de execução. No momento em que o usuário executar o evento, todos os códigos associados serão acionados. Ouvinte é o objeto no qual definimos essas tarefas.

A programação visual consiste, portanto, em montar a interface gráfica e associar um trecho de código para cada tipo de interação possível. No NetBeans, isso é feito através da aba "Events" do painel de propriedades ou ainda através do botão direito do mouse.

☺ **Não confunda:**
A orientação a objetos é uma característica da linguagem e se refere à maneira como estruturamos os programas. Já a orientação a eventos é uma característica de todas as interfaces gráficas e diz respeito à ordem na qual as partes do código são executadas.

Os métodos associados às interações são executados pela unidade de execução das janelas, por isso eles devem ser breves para não comprometer o desenho da própria interface.

Eventos são representados em UML na forma "event[guard]/activity".

Eis um exemplo de como os programas gráficos são guiados pelo usuário.

```java
package com.hpg.evertonbarbosagomes.br.books.java.2ed.ch17;

import javax.swing.JFrame;
import javax.swing.JPanel;
import javax.swing.JButton;

import java.awt.Dimension;

import java.awt.event.KeyListener;
import java.awt.event.KeyEvent;

public class Game extends JPanel
{
   public Game()
   {
      super(null);
      final JButton player = new JButton("Move me!");
      player.addKeyListener(new KeyListener()
      {
         final int STEP_SIZE = 8;
         int row = 0,
             column = 0;

         public void keyPressed(KeyEvent ev)
         {
            switch(ev.getKeyCode())
            {
               case KeyEvent.VK_UP:
                  this.row -= STEP_SIZE;
                  break;
               case KeyEvent.VK_DOWN:
                  this.row += STEP_SIZE;
                  break;
```

```
            case KeyEvent.VK_LEFT:
                this.column -= STEP_SIZE;
                break;
            case KeyEvent.VK_RIGHT:
                this.column += STEP_SIZE;
        }
        player.setLocation(column, row);
    }

    public void keyTyped(KeyEvent ev)
    {
    }

    public void keyReleased(KeyEvent ev)
    {
    }
  });
  player.setSize(player.getPreferredSize());
  add(player);
  setPreferredSize(new Dimension(400, 300));
}

public static void main(String[] args)
{
    JFrame f = new JFrame("Game");
    f.add(new Game());
    f.pack();
    f.setLocation(200, 150);
    f.setDefaultCloseOperation(JFrame.EXIT_ON_CLOSE);
    f.setVisible(true);
}
}
```

Figura 17.1: *Dando vida aos componentes.*

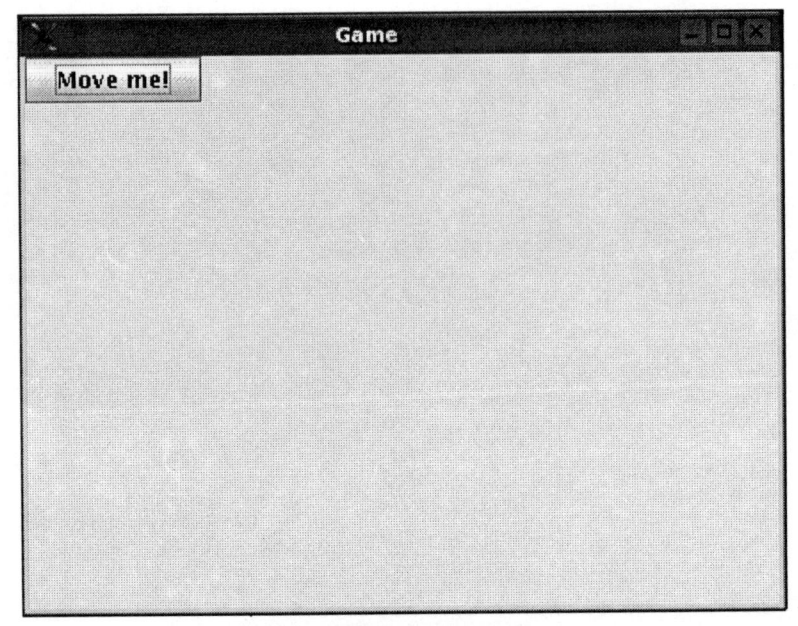

Figura 17.2: *Componente vivo.*

No código anterior criamos o ouvinte através de uma classe interna anônima. Poderíamos tê-lo criado de qualquer outra maneira. O importante é oferecer ao método de cadastro um objeto que implemente a interface ouvinte correspondente.

Os programas a seguir demonstram as várias maneiras de se dar vida aos componentes.

```java
package com.hpg.evertonbarbosagomes.br.books.java.2ed.ch17;

import javax.swing.JFrame;
import javax.swing.JPanel;
import javax.swing.JButton;

import java.awt.Dimension;

import java.awt.event.KeyListener;
import java.awt.event.KeyEvent;

public class Game extends JPanel
{
   private class MyKeyListener implements KeyListener
    {
       private JButton target;
       private final int STEP_SIZE = 8;
       private int row = 0,
                   column = 0;
```

```java
      MyKeyListener(JButton target)
      {
         this.target = target;
      }

      public void keyPressed(KeyEvent ev)
      {
         switch(ev.getKeyCode())
         {
            case KeyEvent.VK_UP:
               this.row -= STEP_SIZE;
               break;
            case KeyEvent.VK_DOWN:
               this.row += STEP_SIZE;
               break;
            case KeyEvent.VK_LEFT:
               this.column -= STEP_SIZE;
               break;
            case KeyEvent.VK_RIGHT:
               this.column += STEP_SIZE;
         }
         this.target.setLocation(column, row);
      }

      public void keyTyped(KeyEvent ev)
      {
      }

      public void keyReleased(KeyEvent ev)
      {
      }
   }

   public Game()
   {
      super(null);
      JButton player = new JButton("Move me!");
      player.addKeyListener(new MyKeyListener(player));
      player.setSize(player.getPreferredSize());
      add(player);
      setPreferredSize(new Dimension(400, 300));
   }
   public static void main(String[] args)
   {
      JFrame f = new JFrame("Game");
      f.add(new Game());
      f.pack();
      f.setLocation(200, 150);
```

```
        f.setDefaultCloseOperation(JFrame.EXIT_ON_CLOSE);
        f.setVisible(true);
    }
}
```

Figura 17.3: *Dando vida aos componentes através de classes internas.*

```
package com.hpg.evertonbarbosagomes.br.books.java.2ed.ch17;
import javax.swing.JFrame;
import javax.swing.JPanel;
import javax.swing.JButton;
import java.awt.Dimension;
import java.awt.event.KeyListener;
import java.awt.event.KeyEvent;
public class Game extends JPanel implements KeyListener
{
    private JButton player;
    private final int STEP_SIZE = 8;
    private int row = 0,
                column = 0;
    public Game()
    {
        super(null);
        this.player = new JButton("Move me!");
        this.player.addKeyListener(this);
        this.player.setSize(player.getPreferredSize());
        add(this.player);
        setPreferredSize(new Dimension(400, 300));
    }
    public void keyPressed(KeyEvent ev)
    {
        switch(ev.getKeyCode())
        {
            case KeyEvent.VK_UP:
                this.row -= STEP_SIZE;
                break;
            case KeyEvent.VK_DOWN:
                this.row += STEP_SIZE;
                break;
            case KeyEvent.VK_LEFT:
                this.column -= STEP_SIZE;
                break;
            case KeyEvent.VK_RIGHT:
                this.column += STEP_SIZE;
        }
        this.player.setLocation(column, row);
```

```
    }
    public void keyTyped(KeyEvent ev)
    {
    }
    public void keyReleased(KeyEvent ev)
    {
    }
    public static void main(String[] args)
    {
        JFrame f = new JFrame("Game");
        f.add(new Game());
        f.pack();
        f.setLocation(200, 150);
        f.setDefaultCloseOperation(JFrame.EXIT_ON_CLOSE);
        f.setVisible(true);
    }
}
```

Figura 17.4: Dando vida aos componentes através da própria classe.

Existem basicamente dois tipos de evento – os de baixo nível e os de alto nível.

17.3 – Eventos de Baixo Nível

Eventos de baixo nível são aqueles mais relacionados à causa da interação do que à finalidade dela. Use-os em último caso.

17.3.1 – Ouvinte de Tecla (java.awt.event.KeyListener)

Teclado é um dispositivo de entrada cujo alvo é indicado pelo foco. Para controlar o foco, use <Tab> e a combinação <Shift> + <Tab>.

Um ouvinte de tecla deve implementar todos os métodos definidos pela interface KeyListener.

- **keyPressed(...)**: chamado após uma tecla ser pressionada/ativada;
- **keyTyped(...)**: chamado quando o conteúdo da tecla pressionada for um caractere;
- **keyReleased(...)**: chamado após uma tecla ser liberada/desativada.

Para implementar apenas alguns métodos, estenda a classe KeyAdapter em ez de implementar a interface KeyListener. A vantagem da classe adaptadora é que ela já contém definições (vazias) para todos os métodos requeridos pela interface de forma que, ao estendê-la, podemos definir apenas os métodos desejados.

O argumento recebido oferece as seguintes informações sobre o evento:

- **getComponent()**: obtém o componente que gerou o evento;
- **getKeyCode()**: obtém o código da tecla pressionada/liberada;

- **getKeyChar()**: obtém o caractere da tecla pressionada/liberada;
- **isControlDown()**: informa se <Ctrl> estava pressionada;
- **isShiftDown()**: informa se <Shift> estava pressionada.

A adição do ouvinte de tecla a um componente é feita através do método correspondente.

```
component.addKeyListener(keyListener);
```

A classe KeyEvent oferece constantes (teclas virtuais) que representam o código das teclas mais comuns. O seu uso é altamente recomendado, pois a especificação dos valores pode mudar futuramente.

O exemplo a seguir não faz nada até que você interaja com ele.

```
package com.hpg.evertonbarbosagomes.br.books.java.2ed.ch17;

import javax.swing.JFrame;
import javax.swing.JPanel;

import javax.swing.JButton;
import javax.swing.JOptionPane;

import java.awt.event.KeyListener;
import java.awt.event.KeyEvent;

public class KeyListenerDemo
{
    private JPanel getPane()
    {
        final JPanel panel = new JPanel();
        JButton button = new JButton("Key listener");
        button.addKeyListener(new KeyListener()
        {
            private void report(String type, KeyEvent ev)
            {
                String msg = "Key " + type + ":" +
                "\ncomponent: " +
                            ev.getComponent().getClass().getName() +
                "\nkey code: " + ev.getKeyCode() +
                "\nkey char: " + ev.getKeyChar() +
                "\n<Ctrl>: " + ev.isControlDown() +
                "\n<Shift>: " + ev.isShiftDown();
                JOptionPane.showMessageDialog(panel, msg);
            }
            public void keyPressed(KeyEvent ev)
            {
                report("pressed", ev);
            }
```

```java
        public void keyTyped(KeyEvent ev)
        {
            report("typed", ev);
        }
        public void keyReleased(KeyEvent ev)
        {
            report("released", ev);
        }
     });
     panel.add(button);
     return panel;
  }
  public void sampleIt()
  {
     JFrame f = new JFrame("Key listener demo");
     f.add(getPane());
     f.pack();
     f.setBounds(200, 150, 400, 300);
     f.setDefaultCloseOperation(JFrame.EXIT_ON_CLOSE);
     f.setVisible(true);
  }
  public static void main(String[] args)
  {
     new KeyListenerDemo().sampleIt();
  }
}
```

Figura 17.5: *Associando tarefas ao pressionamento de teclas.*

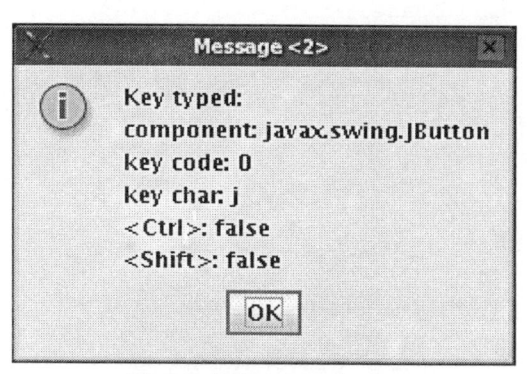

Figura 17.6: *Associação.*

Embora Java disponibilize-nos o método "isMetaDown()", devemos evitar utilizá-lo. Meta é uma tecla encontrada em alguns servidores Unix e equivalente à "nossa" <Alt>. Em nome da portabilidade, portanto, devemos basear o nosso código nas teclas <Ctrl> e <Shift> em vez de em <Alt> ou <Meta>.

17.3.2 – Ouvinte de Foco (java.awt.event.FocusListener)

A travessia do foco pelos componentes gera eventos de foco.

Ouvintes de foco devem implementar os métodos da interface FocusListener:

- **focusLost(...)**: chamado após o componente perder o foco;
- **focusGained(...)**: chamado após o compoente obter o foco.

Para implementar apenas um dos métodos, estenda a classe FocusAdapter em vez de implementar a interface FocusListener.

O argumento recebido oferece as seguintes informações sobre o evento:

- **getComponent()**: obtém o componente que gerou o evento;
- **getOppositeComponent()**: obtém o componente que perdeu/ganhou o foco;
- **isTemporary()**: informa se a perda do foco é passageira ou não.

Para adicionar o ouvinte de foco a um componente:

```
component.addFocusListener(focusListener);
```

Dois componentes nunca devem possuir o foco ao mesmo tempo. Por essa razão, durante a transferência de foco, o componente atual chama "focusLost(...)" antes do próximo componente chamar "focusGained(...)". Nesse pequeno intervalo de tempo, nenhum componente possui o foco.

O código a seguir não faz nada até que você interaja com ele.

```
package com.hpg.evertonbarbosagomes.br.books.java.2ed.ch17;

import javax.swing.JFrame;
import javax.swing.JPanel;
import javax.swing.JButton;

import java.awt.event.FocusListener;
import java.awt.event.FocusEvent;

public class FocusListenerDemo
{
    private JPanel getPane()
    {
        final JPanel panel = new JPanel();
        JButton button1 = new JButton("Button 1"),
                button2 = new JButton("Button 2");
        FocusListener myFocusListener = new FocusListener()
        {
            private void report(String type, FocusEvent ev)
            {
                Object temp = ev.getOppositeComponent();
```

```java
            String msg = "\nFocus " + type + ":" +
            "\ncomponent: " +
                    ((JButton) ev.getComponent()).getText() +
            "\nopposite component: " +
            (temp != null? ((JButton) temp).getText(): temp) +
            "\ntemporary: " + ev.isTemporary();
            System.out.println(msg);
        }

        public void focusLost(FocusEvent ev)
        {
            report("lost", ev);
        }

        public void focusGained(FocusEvent ev)
        {
            report("gained", ev);
        }
    };
    button1.addFocusListener(myFocusListener);
    button2.addFocusListener(myFocusListener);

    panel.add(button1);
    panel.add(button2);

    return panel;
}

public void sampleIt()
{
    JFrame f = new JFrame("Focus listener demo");
    f.add(getPane());
    f.pack();
    f.setBounds(200, 150, 400, 300);
    f.setDefaultCloseOperation(JFrame.EXIT_ON_CLOSE);
    f.setVisible(true);
}

public static void main(String[] args)
{
    new FocusListenerDemo().sampleIt();
}
}
```

Figura 17.7: Associando tarefas a mudanças de foco.

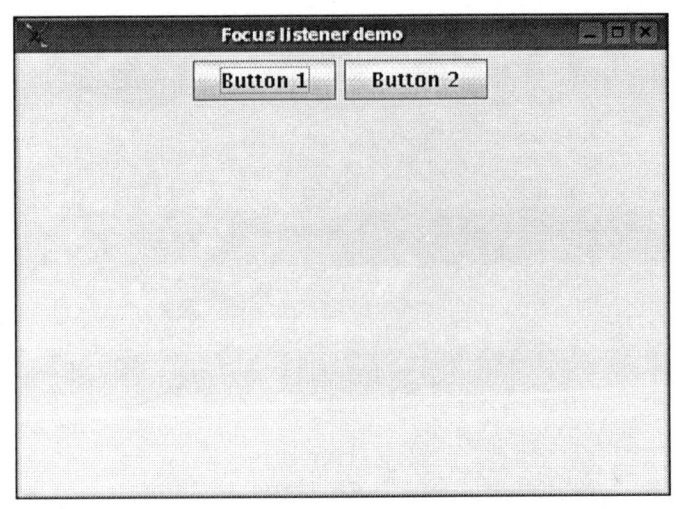

Figura 17.8: *Associação.*

A qualquer momento, para solicitar o foco sobre um componente:

```
component.requestFocusInWindow();
```

17.3.3 – Ouvinte de Mouse (java.awt.event.MouseListener)

Mouse é um dispositivo de entrada cujo alvo é indicado pelo ponteiro. Para controlar o ponteiro, movimentamos o mouse.

Não importa aonde o ponteiro vá – os eventos são sempre enviados ao componente onde ocorreu o pressionamento do botão.

☺ **Curiosidade**:
Você sabia que o mouse foi inventado em 1963, muito antes, portanto, do surgimento do MS-DOS (1981)?!

Um ouvinte de mouse deve implementar os métodos requeridos pela interface MouseListener:

- **mouseEntered(...)**: chamado após o ponteiro do mouse entrar na área de exibição do componente;
- **mousePressed(...)**: chamado após o botão do mouse ser pressionado pelo usuário;
- **mouseReleased(...)**: chamado após o botão do mouse ser liberado pelo usuário;
- **mouseClicked(...)**: chamado quando o pressionamento do botão do mouse e a sua liberação ocorrem no mesmo local;

- **mouseExited(...)**: chamado após o ponteiro do mouse sair da área de exibição do componente.

Para implementar apenas alguns métodos, estenda a classe MouseAdapter em vez de implementar a interface MouseListener.

O evento de mouse oferece as seguintes informações:

- **getComponent()**: obtém o componente onde o evento foi gerado;
- **getButton()**: informa qual botão foi pressionado;
- **getPoint()**: obtém o ponto onde ocorreu o clique;
- **getClickCount()**: obtém o número de cliques;
- **isControlDown()**: informa se <Ctrl> estava pressionada;
- **isShiftDown()**: informa se <Shift> estava pressionada.

Para adicionar o ouvinte de mouse a um componente:

```
component.addMouseListener(mouseListener);
```

O exemplo seguinte não faz nada até que você interaja com ele.

```java
package com.hpg.evertonbarbosagomes.br.books.java.2ed.ch17;

import javax.swing.JFrame;
import javax.swing.JPanel;
import javax.swing.JButton;

import java.awt.event.MouseListener;
import java.awt.event.MouseEvent;

public class MouseListenerDemo
{
    private JPanel getPane()
    {
        JPanel panel = new JPanel();
        JButton button = new JButton("Mouse listener");

        button.addMouseListener(new MouseListener()
        {
            private void report(String type, MouseEvent ev)
            {
                String msg = "\nMouse " + type + ":" +
                    "\ncomponent: " +
                             ev.getComponent().getClass().getName() +
                    "\nbutton: " + ev.getButton() +
                    "\npoint: " + ev.getPoint() +
                    "\nclick count: " + ev.getClickCount() +
                    "\n<Ctrl>: " + ev.isControlDown() +
```

```java
                    "\n<Shift>: " + ev.isShiftDown();
                System.out.println(msg);
            }

            public void mouseEntered(MouseEvent ev)
            {
                report("entered", ev);
            }

            public void mousePressed(MouseEvent ev)
            {
                report("pressed", ev);
            }

            public void mouseReleased(MouseEvent ev)
            {
                report("released", ev);
            }

            public void mouseClicked(MouseEvent ev)
            {
                report("clicked", ev);
            }

            public void mouseExited(MouseEvent ev)
            {
                report("exited", ev);
            }
        });
        panel.add(button);
        return panel;
    }

    public void sampleIt()
    {
        JFrame f = new JFrame("Mouse listener demo");
        f.add(getPane());
        f.pack();
        f.setBounds(200, 150, 400, 300);
        f.setDefaultCloseOperation(JFrame.EXIT_ON_CLOSE);
        f.setVisible(true);
    }
    public static void main(String[] args)
    {
        new MouseListenerDemo().sampleIt();
    }
}
```

Figura 17.9: *Associando tarefas a cliques de mouse.*

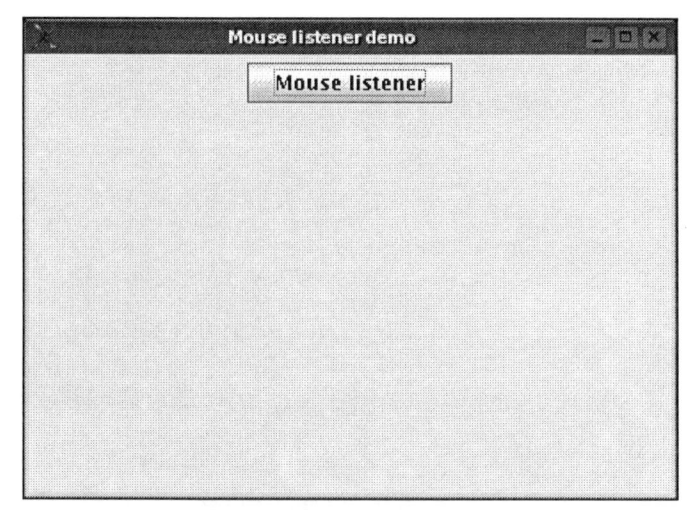

Figura 17.10: *Associação.*

17.3.4 – Ouvinte de Movimentação de Mouse (java.awt.event.MouseMotionListener)

A travessia do ponteiro do mouse pelos componentes gera eventos de movimentação de mouse.

Um ouvnte de eventos de movimentação de mouse deve implementar os métodos da interface MouseMotionListener.

- **mouseMoved(...)**: chamado após o mouse ser movido com todos os seus botões liberados;
- **mouseDragged(...)**: chamado após o mouse ser movido com pelo menos um dos seus botões pressionados.

Para implementar apenas um dos métodos, estenda a classe MouseMotionAdapter em vez de implementar a interface MouseMotionListener.

O evento de mouse é o mesmo explicado na seção anterior.

Para adicionar o ouvinte de movimentação de mouse a um componente:

```
component.addMouseMotionListener(mousemotionListener);
```

O programa seguinte não faz nada até que você interaja com ele.

```
package com.hpg.evertonbarbosagomes.br.books.java.2ed.ch17;

import javax.swing.JFrame;
import javax.swing.JPanel;
import javax.swing.JButton;
```

```java
import java.awt.event.MouseMotionListener;
import java.awt.event.MouseEvent;

public class MouseMotionListenerDemo
{
   private JPanel getPane()
   {
      JPanel panel = new JPanel();
      JButton button = new JButton("Mouse motion listener");

      button.addMouseMotionListener(new MouseMotionListener()
      {
         private void report(String type, MouseEvent ev)
         {
            String msg = "\nMouse " + type + ":" +
            "\ncomponent: " +
                        ev.getComponent().getClass().getName() +
            "\nbutton: " + ev.getButton() +
            "\npoint: " + ev.getPoint() +
            "\nclick count: " + ev.getClickCount() +
            "\n<Ctrl>: " + ev.isControlDown() +
            "\n<Shift>: " + ev.isShiftDown();
            System.out.println(msg);
         }

         public void mouseMoved(MouseEvent ev)
         {
            report("moved", ev);
         }

         public void mouseDragged(MouseEvent ev)
         {
            report("dragged", ev);
         }
      });
      panel.add(button);
      return panel;
   }

   public void sampleIt()
   {
      JFrame f = new JFrame("Mouse motion listener demo");
      f.add(getPane());
      f.pack();
      f.setBounds(200, 150, 400, 300);
      f.setDefaultCloseOperation(JFrame.EXIT_ON_CLOSE);
      f.setVisible(true);
   }
```

```
   public static void main(String[] args)
   {
      new MouseMotionListenerDemo().sampleIt();
   }
}
```

Figura 17.11: *Associando tarefas a movimentos de mouse.*

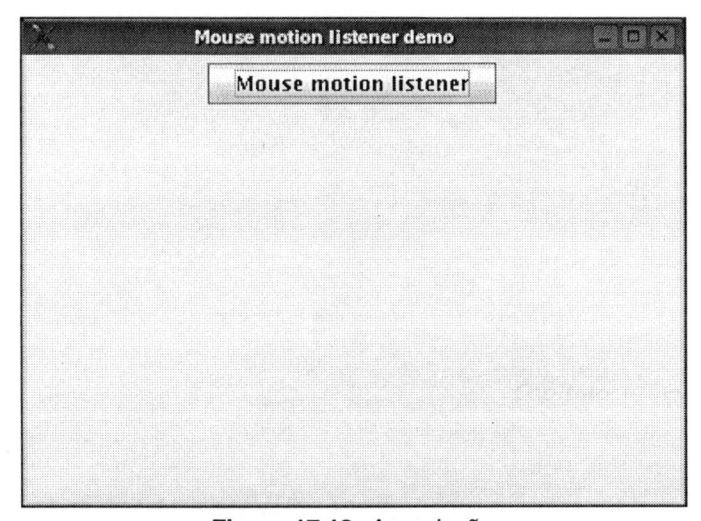

Figura 17.12: *Associação.*

17.3.5 – Ouvinte de Componente (java.awt.event.ComponentListener)

Ouvintes de componente devem implementar os métodos requeridos pela interface ComponentListener:

- **componentShown(...)**: chamado após o componente tornar-se visível;
- **componentMoved(...)**: chamado após deslocamentos;
- **componentResized(...)**: chamado após redimensionamentos;
- **componentHidden(...)**: chamado após o componente tornar-se invisível.

Para implementar apenas alguns métodos, estenda a classe ComponentAdapter em vez de implementar a interface ComponentListener.

O evento de componente oferece a seguinte informação:

- **getComponent()**: obtém o componente que gerou o evento.

Para adicionar o ouvinte a um componente:

```
component.addComponentListener(componentListener);
```

O exemplo seguinte não faz nada até que você interaja com ele.

```
package com.hpg.evertonbarbosagomes.br.books.java.2ed.ch17;

import javax.swing.JFrame;

import java.awt.Point;
import java.awt.Dimension;

import java.awt.event.ComponentListener;
iport java.awt.event.ComponentEvent;

public class ComponentListenerDemo
{
   private void build(JFrame f)
   {
      f.addComponentListener(new ComponentListener()
      {
         private void report(String msg)
         {
            System.out.println(msg);
         }

         public void componentShown(ComponentEvent ev)
         {
            report("Component shown");
         }

         public void componentMoved(ComponentEvent ev)
         {
            JFrame f = (JFrame) ev.getComponent();
            Point location = f.getLocation();
            String msg =
               "Component moved to (" + location.x + ", " +
                                        location.y + ")";
            report(msg);
         }

         public void componentResized(ComponentEvent ev)
         {
            JFrame f = (JFrame) ev.getComponent();
            Dimension size = f.getSize();
            String msg =
                  "Component resized to " + size.width + "x" +
                                                     size.height;
            report(msg);
         }
```

```java
        public void componentHidden(ComponentEvent ev)
        {
            report("Component hidden");
        }
    });
}

public void sampleIt()
{
    JFrame f = new JFrame("Component listener demo");
    build(f);
    f.pack();
    f.setBounds(200, 150, 400, 300);
    f.setDefaultCloseOperation(JFrame.EXIT_ON_CLOSE);
    f.setVisible(true);
}

public static void main(String[] args)
{
    new ComponentListenerDemo().sampleIt();
}
}
```

Figura 17.13: *Associando tarefas a manipulações.*

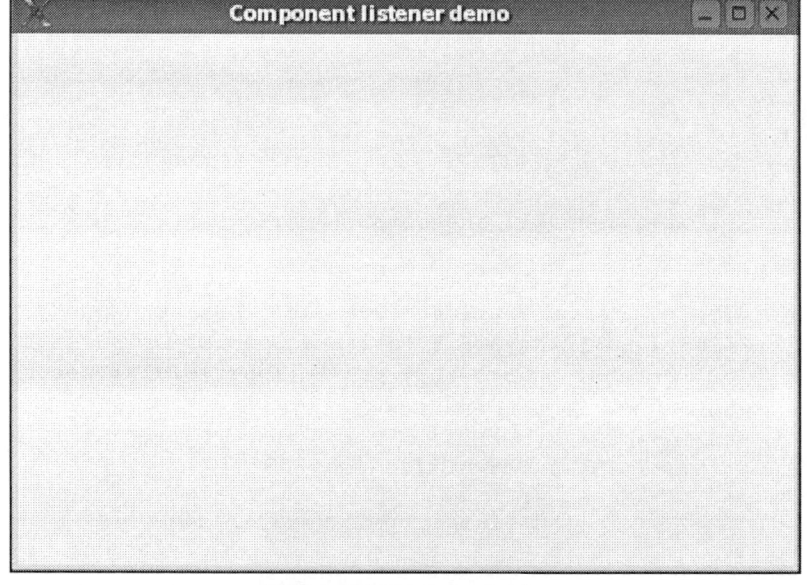

Figura 17.14: *Associação.*

17.3.6 – Ouvinte de Janela (java.awt.event.WindowListener)

Ouvintes de janela devem implementar a interface WindowListener:
- **windowOpened(...)**: chamado após a janela ser aberta;
- **windowIconified(...)**: chamado após a janela ser minimizada;
- **windowDeiconified(...)**: chamado após a janela ser restaurada;
- **windowActivated(...)**: chamado após a janela obter o foco (ideal para reiniciar unidades de execução);
- **windowDeactivated(...)**: chamado após a janela perder o foco (ideal para dar pausa nas unidades de execução);
- **windowClosing(...)**: chamado imediatamente antes da janela ser fechada;
- **windowClosed(...)**: chamado após a janela ser descartada.

Para implementar apenas alguns métodos, estenda a classe WindowAdapter em vez de implementar a interface WindowListener.

O evento de janela oferece as seguintes informações:
- **getWindow()**: obtém a janela onde o evento foi gerado;
- **getOppositeWindow()**: obtém a janela que perdeu/ganhou o foco.

Para adicionar o ouvinte à janela:

```
window.addWindowListener(windowListener);
```

O código a seguir não faz nada até que você interaja com ele.

```
package com.hpg.evertonbarbosagomes.br.books.java.2ed.ch17;

import javax.swing.JFrame;

import java.awt.event.WindowListener;
import java.awt.event.WindowEvent;

public class WindowListenerDemo
{
   private void build(JFrame f)
   {
      f.addWindowListener(new WindowListener()
      {
         private void report(String msg)
         {
            System.out.println(msg);
         }
```

```java
        public void windowOpened(WindowEvent ev)
        {
            report("Window opened");
        }

        public void windowIconified(WindowEvent ev)
        {
            report("Window iconified");
        }

        public void windowDeiconified(WindowEvent ev)
        {
            report("Window deiconified");
        }

        public void windowActivated(WindowEvent ev)
        {
            report("Window activated");
        }

        public void windowDeactivated(WindowEvent ev)
        {
            report("Window deactivated");
        }

        public void windowClosing(WindowEvent ev)
        {
            report("Window closing");
        }

        public void windowClosed(WindowEvent ev)
        {
            report("Window closed");
            System.exit(0);
        }
    });
}

public void sampleIt()
{
    JFrame f = new JFrame("Window listener demo");
    build(f);
    f.pack();
    f.setBounds(200, 150, 400, 300);
    f.setDefaultCloseOperation(JFrame.DISPOSE_ON_CLOSE);
    f.setVisible(true);
}
```

```
    public static void main(String[] args)
    {
        new WindowListenerDemo().sampleIt();
    }
}
```

Figura 17.15: *Associando tarefas a manipulações de janela.*

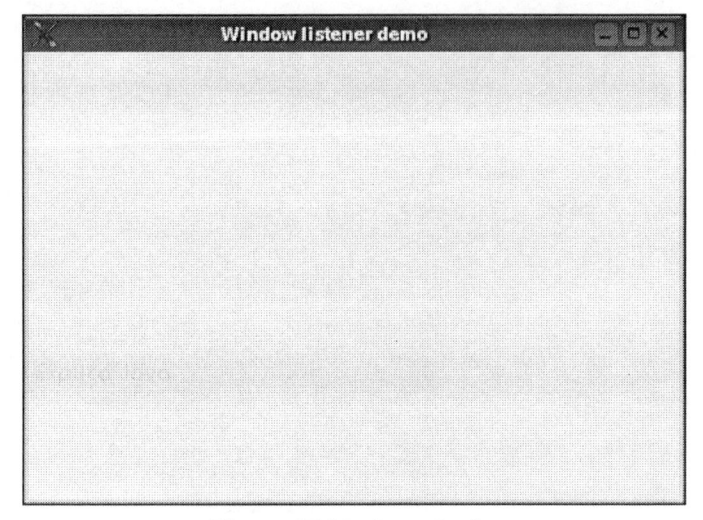

Figura 17.16: *Associação.*

17.3.7 – Ouvinte de Janelas Internas (javax.swing.event.Internalframelistener)

Ouvintes de janelas internas devem implementar a interface InternalFrameListener:

- **internalFrameOpened(...)**: chamado após a janela interna ser aberta;
- **internalFrameIconified(...)**: chamado após a janela interna ser minimizada;
- **internalFrameDeiconified(...)**: chamado após a janela interna ser restaurada;
- **internalFrameActivated(...)**: chamado após a janela interna obter o foco;
- **internalFrameDeactivated(...)**: chamado após a janela interna perder o foco;
- **internalFrameClosing(...)**: chamado imediatamente antes da janela interna ser fechada;
- **internalFrameClosed(...)**: chamado após a janela interna ser fechada.

Para implementar apenas alguns métodos, estenda a classe InternalFrameAdapter em vez de implementar a interface InternalFrameListener.

O evento de janela interna oferece a seguinte informação:

- **getInternalFrame()**: obtém a janela interna que gerou o evento.

Para adicionar o ouvinte a uma janela interna:

```
internalFrame.addInternalFrameListener(internalframeListener);
```

O exemplo seguinte não faz nada até que você interaja com ele.

```java
package com.hpg.evertonbarbosagomes.br.books.java.2ed.ch17;

import javax.swing.JFrame;
import javax.swing.JDesktopPane;
import javax.swing.JInternalFrame;
import javax.swing.JScrollPane;
import javax.swing.JTextArea;

import javax.swing.event.InternalFrameListener;
import javax.swing.event.InternalFrameEvent;

public class InternalFrameListenerDemo
{
   private JInternalFrame getInternalFrame()
   {
      JInternalFrame f = new JInternalFrame(
                   "Internal frame", true, true, true, true);
      f.add(new JScrollPane(new JTextArea(12, 16)));
      f.setLocation(48, 16);
      f.pack();
      f.setDefaultCloseOperation(
                       JInternalFrame.DISPOSE_ON_CLOSE);
      f.setVisible(true);
      return f;
   }

   private JDesktopPane getPane()
   {
      JDesktopPane desktop = new JDesktopPane();
      JInternalFrame ff = getInternalFrame();

      ff.addInternalFrameListener(new InternalFrameListener()
      {
         private void report(String msg)
         {
            System.out.println(msg);
         }
```

```
         public void internalFrameOpened(InternalFrameEvent ev)
         {
            report("Internal frame opened");
         }

         public void internalFrameIconified(
                                      InternalFrameEvent ev)
         {
            report("Internal frame iconified");
         }

         public void internalFrameDeiconified(
                                      InternalFrameEvent ev)
         {
            report("Internal frame deiconified");
         }

         public void internalFrameActivated(
                                      InternalFrameEvent ev)
         {
            report("Internal frame activated");
         }

         public void internalFrameDeactivated(
                                      InternalFrameEvent ev)
         {
            report("Internal frame deactivated");
         }

         public void internalFrameClosing(
                                      InternalFrameEvent ev)
         {
            report("Internal frame closing");
         }

         public void internalFrameClosed(InternalFrameEvent ev)
         {
            report("Internal frame closed");
         }
      });
      desktop.add(ff);
      return desktop;
   }

   public void sampleIt()
```

```
    {
        JFrame f = new JFrame("Internal frame listener demo");
        f.add(getPane());
        f.pack();
        f.setBounds(200, 150, 400, 300);
        f.setDefaultCloseOperation(JFrame.EXIT_ON_CLOSE);
        f.setVisible(true);
    }

    public static void main(String[] args)
    {
        new InternalFrameListenerDemo().sampleIt();
    }
}
```

Figura 17.17: *Associando tarefas a manipulações de janela interna.*

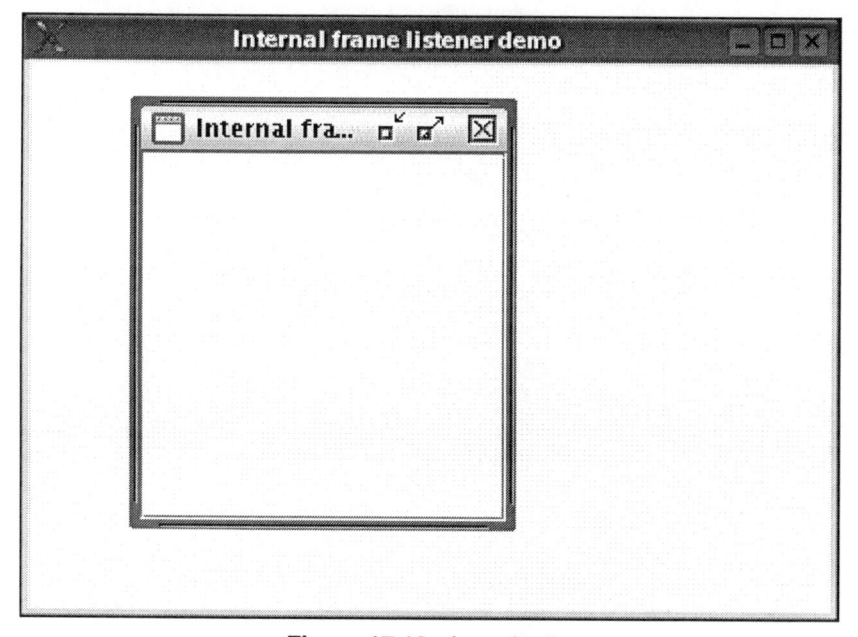

Figura 17.18: *Associação.*

17.4 – Eventos de Alto Nível

Eventos de alto nível (ou eventos semânticos) são aqueles mais relacionados à finalidade da interação do que à causa dela. Cada evento de alto nível pode ser gerado de várias formas por diversos componentes.

O seu uso é altamente recomendado, pois, por não se prenderem aos detalhes, esses eventos tornam o código mais portável.

17.4.1 – Ouvinte de Ação (javax.swing.Action)

Ação é um evento que simplesmente inicia uma tarefa.

Ouvintes de ação devem implementar um único método.

- **actionPerformed(...)**: chamado após a ação se realizada.

O argumento recebido contém as seguintes informações:

- **getSouce()**: obtém o objeto que gerou o evento;
- **getActionCommand()**: obtém o texto do objeto que gerou o evento.

Desde Java "1.3", a configuração da ação é feita através do método "setAction(...)" do componente.

```
component.setAction(action);
```

Conheça o principal método da ação:

- **setEnabled(...)**: ativa/desativa todos os componentes associados.

Veja o exemplo a seguir. Nele, a mesma ação é compartilhada por um item de menu e por um botão. Repare que os dois componentes passam a se comportar da mesma maneira – ao desativar a ação, ambos são desativados.

```
package com.hpg.evertonbarbosagomes.br.books.java.2ed.ch17;

import javax.swing.JFrame;
import javax.swing.JMenuBar;
import javax.swing.JMenu;
import javax.swing.JMenuItem;
import javax.swing.JToolBar;
import javax.swing.JButton;
import javax.swing.Action;
import javax.swing.AbstractAction;

import java.awt.BorderLayout;

import java.awt.event.ActionEvent;

public class ActionDemo
{
    private void build(JFrame f)
```

```java
        {
            final Action off = new AbstractAction("Disable")
            {
                public void actionPerformed(ActionEvent ev)
                {
                    setEnabled(false);
                }
            },
                on = new AbstractAction("Enable ->")
            {
                public void actionPerformed(ActionEvent ev)
                {
                    off.setEnabled(true);
                }
            };
            JMenuBar menubar = new JMenuBar();
            JMenu menu = new JMenu("Menu");
            JMenuItem item1 = new JMenuItem(on),
                      item2 = new JMenuItem(off);
            menu.add(item1);
            menu.add(item2);
            menubar.add(menu);
            f.setJMenuBar(menubar);

            JToolBar toolbar = new JToolBar();
            JButton button1 = new JButton(on),
                    button2 = new JButton(off);
            toolbar.add(button1);
            toolbar.add(button2);
            f.add(toolbar, BorderLayout.NORTH);
        }

        public void sampleIt()
        {
            JFrame f = new JFrame("Action demo");
            build(f);
            f.pack();
            f.setBounds(200, 150, 400, 300);
            f.setDefaultCloseOperation(JFrame.EXIT_ON_CLOSE);
            f.setVisible(true);
        }

        public static void main(String[] args)
        {
            new ActionDemo().sampleIt();
        }
}
```

Figura 17.19: *Associando tarefas a ações do usuário.*

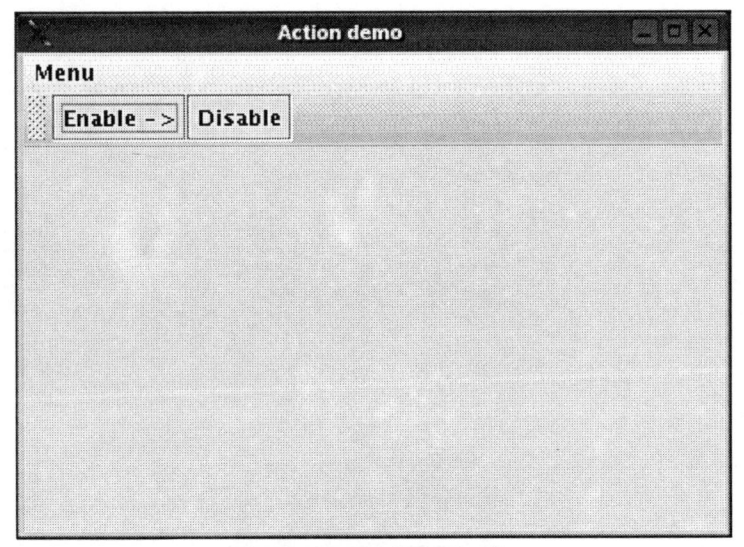

Figura 17.20: *Associação.*

Os eventos de ação são gerados por campos de texto (JFormattedTextField), botões (JButton), botões de opção (JRadioButton) e caixas combinadas (JComboBox).

17.4.2 – Ouvinte de Item (java.awt.event.ItemListener)

Ouvinte de item é aquele projetado para associar duas tarefas a um mesmo componente – uma para quando ele for selecionado e outra para quando ele não for selecionado.

Ouvintes de eventos de item devem implementar a interface ItemListener.

- **itemStateChanged(...)**: chamado após o componente ser selecionado/não selecionado.

O evento de item oferece as seguintes informações:

- **getItem()**: obtém o item que gerou o evento;
- **getStateChange()**: informa o novo estado do item;
  - ItemEvent.SELECTED;
  - ItemEvent.DESELECTED.

Para adicionar o ouvinte a um componente:

```
component.addItemListener(itemListener);
```

Eis a demonstração:

```
package com.hpg.evertonbarbosagomes.br.books.java.2ed.ch17;

import javax.swing.JFrame;
```

```java
import javax.swing.JToolBar;
import javax.swing.JToggleButton;
import javax.swing.JOptionPane;

import java.awt.BorderLayout;

import java.awt.event.ItemListener;
import java.awt.event.ItemEvent;

public class ItemLstenerDemo
{
   private JToolBar getToolBar()
   {
      JToolBar toolbar = new JToolBar();
      JToggleButton button = new JToggleButton("On/Off");
      button.addItemListener(new ItemListener()
      {
         public void itemStateChanged(ItemEvent ev)
         {
            String msg = "Component was " +
   (ev.getStateChange() == ItemEvent.SELECTED? "": "de") +
                                                 "selected!";
            JOptionPane.showMessageDialog(null, msg);
         }
      });
      toolbar.add(button);
      return toolbar;
   }

   public void sampleIt()
   {
      JFrame f = new JFrame("Item listener demo");
      f.add(getToolBar(), BorderLayout.NORTH);
      f.pack();
      f.setBounds(200, 150, 400, 300);
      f.setDefaultCloseOperation(JFrame.EXIT_ON_CLOSE);
      f.setVisible(true);
   }

   public static void main(String[] args)
   {
      new ItemListenerDemo().sampleIt();
   }
}
```

Figura 17.21: *Associando duas tarefas a um mesmo componente.*

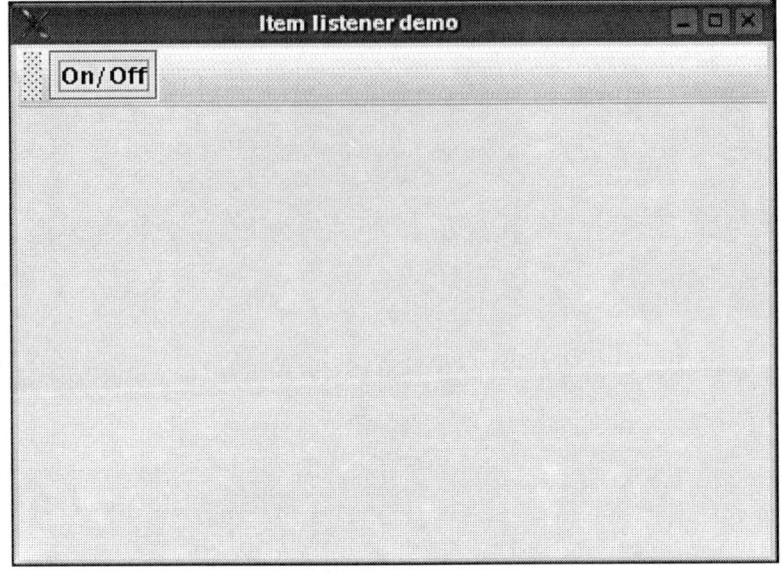

Figura 17.22: *Associação.*

Eventos de item são gerados por botões alternáveis (JToggleButton) e caixas de seleção (JCheckBox e JCheckBoxMenuItem).

17.4.3 – Ouvinte de Mudança (javax.swing.event.ChangeListener)

Ouvinte de mudança é aquele projetado para acompanhar alterações no valor de um componente.

Ouvintes desse tipo de evento devem implementar o único método definido pela interface ChangeListener.

- **stateChanged(...)**: chamado após o valor do componente ser alterado.

O evento de mudança oferece a seguinte informação:

- **getSource()**: obtém o objeto que originou o evento.

Para adicionar o ouvinte a um componente:

```
component.addChangeListener(changeListener);
```

O código a seguir ilustra o assunto.

```
package com.hpg.evertonbarbosagomes.br.books.java.2ed.ch17;

import javax.swing.JFrame;
```

```java
import javax.swing.JSlider;

import javax.swing.event.ChangeListener;
import javax.swing.event.ChangeEvent;

import java.awt.BorderLayout;

public class ChangeListenerDemo
{
   private JSlider getChild()
   {
      JSlider slider = new JSlider(0, 30);
      slider.setMinorTickSpacing(1);
      slider.setMajorTickSpacing(5);
      slider.setPaintTicks(true);
      slider.setPaintLabels(true);
      slider.setSnapToTicks(true);

      slider.addChangeListener(new ChangeListener()
      {
         public void stateChanged(ChangeEvent ev)
         {
            JSlider slider = (JSlider) ev.getSource();
            String msg = null;
            if (slider.getValueIsAdjusting())
            {
               msg = "Adjusting...";
            }
            else
            {
               msg = "Value = " + slider.getValue();
            }
            System.out.println(msg);
         }
      });
      return slider;
   }

   public void sampleIt()
   {
      JFrame f = new JFrame("Change listener demo");
      f.add(getChild(), BorderLayout.NORTH);
      f.pack();
      f.setBounds(200, 150, 400, 300);
      f.setDefaultCloseOperation(JFrame.EXIT_ON_CLOSE);
      f.setVisible(true);
   }
```

```
    public static void main(String[] args)
    {
        new ChangeListenerDemo().sampleIt();
    }
}
```

Figura 17.23: *Associando tarefas a mudanças de valor.*

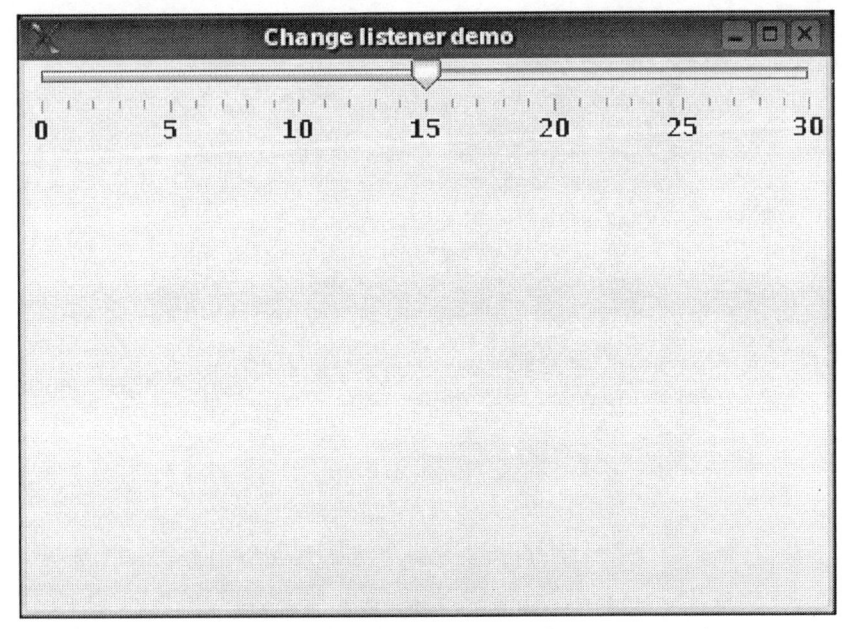

Figura 17.24: *Associação.*

Eventos de mudança são gerados por calibradores (JSlider e JSpinner).

17.4.4 – Ouvinte de Seleção de Lista (javax.swing.event.ListSelectionListener)

Para associar tarefas a seleções de item de lista, usamos o ouvinte de seleção de lista.

Um ouvinte de seleção de lista deve implementar o único método definido pela interface ListSelectionListener:

- **valueChanged(...)**: chamado quando o usuário seleciona um item da lista.

O evento de seleção de lista oferece as seguintes informações:

- **getSource()**: obtém o objeto que originou o evento;
- **getFirstIndex()**: obtém a posição do primeiro item selecionado;

- **getLastIndex()**: obtém a posição do último item selecionado;
- **getValueIsAdjusting()**: informa se a seleção ainda está sendo efetuada pelo usuário.

Para adicionar o ouvinte a uma lista:

```
list.addListSelectionListener(listSelectionListener);
```

O exemplo é esclarecedor.

```java
package com.hpg.evertonbarbosagomes.br.books.java.2ed.ch17;

import javax.swing.JFrame;
import javax.swing.JList;
import javax.swing.JOptionPane;

import javax.swing.event.ListSelectionListener;
import javax.swing.event.ListSelectionEvent;

public class ListSelectionListenerDemo
{
   private JList getChild()
   {
      String[] items = {"Item 1",
                        "Item 2",
                        "Item 3"};
      final JList list = new JList(items);
      list.addListSelectionListener(
                                    new ListSelectionListener()
      {
         public void valueChanged(ListSelectionEvent ev)
         {
            if (ev.getValueIsAdjusting())
            {
               return;
            }
            String msg = "Selected value = \"" +
                                 list.getSelectedValue() + "\".";
            JOptionPane.showMessageDialog(null, msg);
         }
      });
      return list;
   }

   public void sampleIt()
   {
      JFrame f = new JFrame("List selection listener demo");
```

```
        f.add(getChild());
        f.pack();
        f.setBounds(300, 225, 200, 150);
        f.setDefaultCloseOperation(JFrame.EXIT_ON_CLOSE);
        f.setVisible(true);
    }

    public static void main(String[] args)
    {
        new ListSelectionListenerDemo().sampleIt();
    }
}
```

Figura 17.25: *Associando tarefas a seleções de item de lista.*

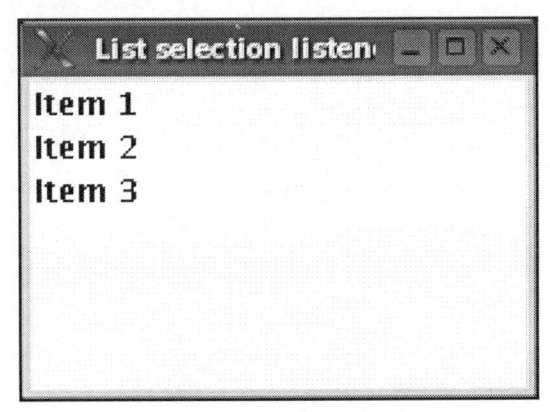

Figura 17.26: *Associação.*

17.4.5 – Ouvinte de Documento (javax.swing.event.DocumentListener)

O acompanhamento das edições de um documento é feito através do ouvinte de documento.

Ouvintes de documento devem implementar os métodos da interface DocumentListener:

- **insertUpdate(...)**: chamado toda vez que o usuário insere conteúdo;
- **removeUpdate(...)**: chamado toda vez que o usuário remove conteúdo;
- **changedUpdate(...)**: chamado toda vez que o usuário altera a formatação.

O evento de documento oferece as seguintes informações:

- **getDocument()**: obtém o documento que gerou o evento;
- **getOffset()**: obtém a posição onde a alteração se iniciou;
- **getLength()**: obtém o tamanho da alteração.

Capítulo 17: Eventos 325

Para adicionar o ouvinte de documento AO DOCUMENTO:

document.addDocumentListener(documentListener);

Eis um exemplo:

```java
package com.hpg.evertonbarbosagomes.br.books.java.2ed.ch17;

import javax.swing.JFrame;
import javax.swng.JScrollPane;
import javax.swing.JTextPane;
import javax.swing.JOptionPane;

import javax.swing.event.DocumentListener;
import javax.swing.event.DocumentEvent;

public class DocumentListenerDemo
{
   private JScrollPane getPane()
   {
      JTextPane textPane = new JTextPane();
      textPane.getDocument().addDocumentListener(
                                        new DocumentListener()
      {
         private void report(String type, DocumentEvent ev)
         {
            String msg = type + ":" +
                     "\noffset: " + ev.getOffset() +
                     "\nlength: " + ev.getLength();
            JOptionPane.showMessageDialog(null, msg);
         }

         public void insertUpdate(DocumentEvent ev)
         {
            report("Insert", ev);
         }

         public void removeUpdate(DocumentEvent ev)
         {
            report("Remove", ev);
         }

         public void changedUpdate(DocumentEvent ev)
         {
            report("Changed", ev);
         }
      });
      return new JScrollPane(textPane);
   }
```

```
    public void sampleIt()
    {
       JFrame f = new JFrame("Document listener demo");
       f.add(getPane());
       f.pack();
       f.setBounds(200, 150, 400, 300);
       f.setDefaultCloseOperation(JFrame.EXIT_ON_CLOSE);
       f.setVisible(true);
    }

    public static void main(String[] args)
    {
       new DocumentListenerDemo().sampleIt();
    }
}
```

Figura 17.27: *Associando tarefas a alterações de documentos.*

Figura 17.28: *Associação.*

Ouvintes de documento não devem alterar o conteúdo do modelo. Para realizar validação dos dados digitados pelo usuário, crie uma sub-classe do documento e sobrescreva os métodos "insertString(...)" e "remove(...)".

17.4.6 – Ouvinte de Cursor (javax.swing.event.CaretListener)

O acompanhamento do cursor é feito através do ouvinte de cursor.

Ouvintes de cursor devem implementar o único método exigido pela interface CaretListener:
- **caretUpdate(...)**: executado toda vez que o usuário movimenta o cursor ou executa alguma seleção.

O evento de cursor oferece as seguintes informações:
- **getSource()**: obtém o objeto que originou o evento;
- **getDot()**: obtém a posição do cursor ou do fim da seleção;
- **getMark()**: obtém a posição do início da seleção.

Para adicionar o evento de cursor a um componente de texto:

```
component.addCaretListener(caretListener);
```

O exemplo seguinte mostra a posição do cursor na barra de estado.

```java
package com.hpg.evertonbarbosagomes.br.books.java.2ed.ch17;

import javax.swing.JFrame;
import javax.swing.JPanel;
import javax.swing.JScrollPane;
import javax.swing.JTextPane;
import javax.swing.JLabel;

import java.awt.BorderLayout;

import javax.swing.event.CaretListener;
import javax.swing.event.CaretEvent;

public class CaretListenerDemo
{
    JLabel statusbar = new JLabel("Caret's position: 0");

    private JPanel getPane()
    {
        JPanel panel = new JPanel(new BorderLayout());
        JTextPane textPane = new JTextPane();
        textPane.addCaretListener(new CaretListener()
        {
            public void caretUpdate(CaretEvent ev)
            {
                CaretListenerDemo.this.statusbar.setText(
                        "Caret's position: " + ev.getDot());
            }
        });
        panel.add(new JScrollPane(textPane));
        panel.add(this.statusbar, BorderLayout.SOUTH);
        return panel;
    }
```

```
public void sampleIt()
{
   JFrame f = new JFrame("Caret listener demo");
   f.add(getPane());
   f.pack();
   f.setBounds(200, 150, 400, 300);
   f.setDefaultCloseOperation(JFrame.EXIT_ON_CLOSE);
   f.setVisible(true);
}

public static void main(String[] args)
{
   new CaretListenerDemo().sampleIt();
}
}
```

Figura 17.29: *Associando tarefas a movimentos de cursor.*

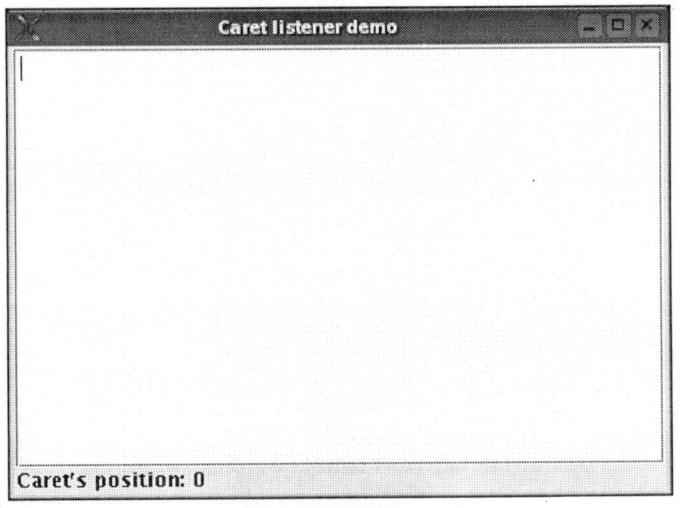

Figura 17.30: *Associação.*

17.4.7 – Ouvinte de Desfazer/Refazer (javax.swing.event.UndoableEditListener)

Para possibilitar o cancelamento de edições, recorremos ao ouvinte de desfazer/refazer.

Ouvintes de desfazer e refazer devem implementar a interface UndoableEditListener:

- **undoableEditHappened(...)**: chamado após o documento ser alterado.

O evento de desfazer/refazer oferece as seguintes informações:

- **getSource()**: obtém o objeto que gerou o evento;
- **getEdit()**: obtém a edição que pode ser desfeita/refeita.

Felizmente, não precisamos nos preocupar com esse tipo de ouvinte – a classe "javax.swing.undo.UndoManager" implementa UndoableEditListener por nós.

Para adicionar o ouvinte AO DOCUMENTO:

```
document.addUndoableEditListener(undoableEditListener);
```

O exemplo é esclarecedor.

```
package com.hpg.evertonbarbosagomes.br.books.java.2ed.ch17;

import javax.swing.JFrame;
import javax.swing.JPanel;
import javax.swing.JToolBar;
import javax.swing.JButton;
import javax.swing.JScrollPane;
import javax.swing.JTextPane;

import javax.swing.undo.UndoManager;

import java.awt.BorderLayout;

import java.awt.event.ActionListener;
import java.awt.event.ActionEvent;

public class UndoableEditListenerDemo
{
    UndoManager undoManager = new UndoManager();

    private JPanel getPane()
    {
        JPanel panel = new JPanel(new BorderLayout());
        JToolBar toolbar = new JToolBar();
        JButton b1 = new JButton("<-"),
                b2 = new JButton("->");
        b1.addActionListener(new ActionListener()
        {
            public void actionPerformed(ActionEvent ev)
            {
                UndoableEditListenerDemo.this.undoManager.undo();
            }
        });
```

```java
      b2.addActionListener(new ActionListener()
      {
         public void actionPerformed(ActionEvent ev)
         {
            UndoableEditListenerDemo.this.undoManager.redo();
         }
      });
      toolbar.add(b1);
      toolbar.add(b2);
      panel.add(toolbar, BorderLayout.NORTH);

      JTextPane textPane = new JTextPane();
      textPane.getDocument().addUndoableEditListener(
                                                this.undoManager);
      panel.add(new JScrollPane(textPane));

      return panel;
   }

   public void sampleIt()
   {
      JFrame f = new JFrame("Undoable edit listener demo");
      f.add(getPane());
      f.pack();
      f.setBounds(200, 150, 400, 300);
      f.setDefaultCloseOperation(JFrame.EXIT_ON_CLOSE);
      f.setVisible(true);
   }

   public static void main(String[] args)
   {
      new UndoableEditListenerDemo().sampleIt();
   }
}
```

Figura 17.31: *Cadastrando edições para cancelamento posterior.*

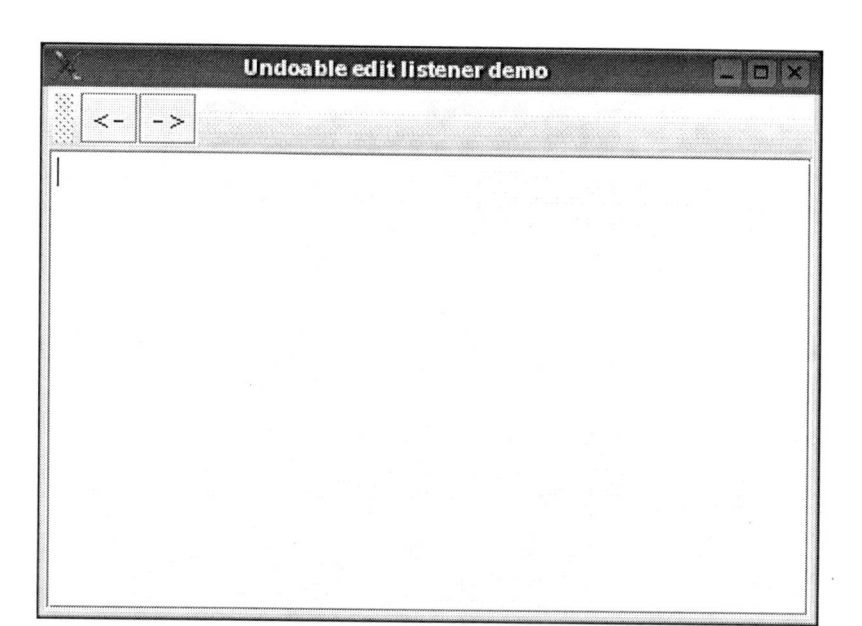

Figura 17.32: *Controle total.*

17.4.8 – Ouvinte de Vínculo (javax.swing.event.HyperlinkListener)

Em Java, o mecanismo de navegação é implementado pelo ouvinte de vínculo dinâmico.

Ouvintes de vínculo dinâmico devem implementar o único método exigido pela interface HyperlinkListener:

- **hyperlinkUpdate(...)**: executado toda vez que o ponteiro do mouse entra na área de atuação do vínculo (ou sai dela) e quando o usuário aciona o vínculo.

O evento de vínculo dinâmico oferece as seguintes informações:

- **getSource()**: obtém o objeto que originou o evento;
- **getEventType()**: obtém o tipo do evento;
  - HyperlinkEvent.EventType.ENTERED;
  - HyperlinkEvent.EventType.ACTIVATED;
  - HyperlinkEvent.EventType.EXITED;
- **getURL()**: obtém o endereço para o qual o vínculo aponta.

Para adicionar o evento de vínculo dinâmico a um painel editor de texto:

```
editorPane.addHyperlinkListener(hyperlinkListener);
```

O exemplo é marcante.

```java
package com.hpg.evertonbarbosagomes.br.books.java.2ed.ch17;

import javax.swing.JFrame;
import javax.swing.JScrollPane;
import javax.swing.JTextPane;

import java.awt.GraphicsEnvironment;

import java.io.File;
import java.io.IOException;

import javax.swing.event.HyperlinkListener;
import javax.swing.event.HyperlinkEvent;

public class HyperlinkListenerDemo
{
   public void sampleIt()
   {
      JFrame f = new JFrame("Hyperlink listener demo");
      final JTextPane browser = new JTextPane();
      try
      {
         String url = "file://" + new File(
            System.getProperty("java.home")).getParent() +
                     "/docs/index.html";
         browser.setPage(url);
         browser.setEditable(false);
         browser.addHyperlinkListener(new HyperlinkListener()
         {
            public void hyperlinkUpdate(HyperlinkEvent ev)
            {
               if (ev.getEventType() ==
                   HyperlinkEvent.EventType.ACTIVATED)
               {
                  try
                  {
                     browser.setPage(ev.getURL());
                  }
                  catch (IOException e)
                  {
                     System.err.println(e.getMessage());
                  }
               }
            }
         });
```

```
            f.add(new JScrollPane(browser));
            f.pack();
            f.setBounds(
               GraphicsEnvironment.getLocalGraphicsEnvironment().
                                       getMaximumWindowBounds());
            f.setDefaultCloseOperation(JFrame.EXIT_ON_CLOSE);
            f.setVisible(true);
         }
         catch(IOException e)
         {
            System.err.println(e.getMessage());
         }
      }

      public static void main(String[] args)
      {
         new HyperlinkListenerDemo().sampleIt();
      }
   }
```

Figura 17.33: *Desafiando o Mozilla.*

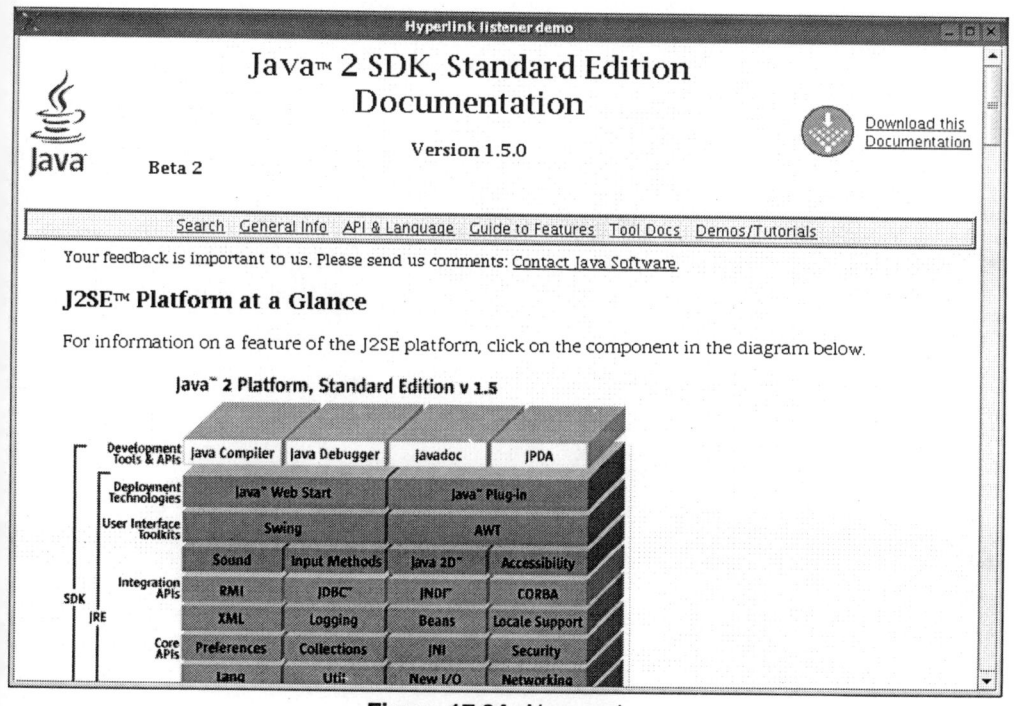

Figura 17.34: *Navegador.*

Capítulo 18

Internacionalização

18.1 – Introdução

Internacionalização é o ato de escrever programas para uso global. Nela, criamos um arquivo personalizado para cada combinação de idioma e país. A tarefa não envolve apenas tradução, mas uma real adaptação aos costumes locais como formato d data e hora, etc.

O termo é extenso. Por comodidade, convencionou-se usar a abreviação "i18n" – o número dezoito faz alusão à quantidade de letras existentes entre o "i" inicial e o "n" final no termo em inglês (internationalization).

18.2 – Internacionalização

A internacionalização de um programa é feita basicamente trocando-se "text" por "translator.getString("text")". Para internacionalizar um programa no NetBeans, acione "Tools > Internationalization > Internationalization wizard".

Veja:

```java
package com.hpg.evertonbarbosagomes.br.books.java.2ed.ch18;

import java.util.ResourceBundle;

public class Polyglot
{
    private static ResourceBundle translator;

    static
```

```
    {
        Polyglot.translator = ResourceBundle.getBundle(
                                          "baseName");
    }

    public void speak()
    {
        System.out.println(translator.getString("welcome"));
    }

    public static void main(String[] args)
    {
        new Polyglot().speak();
    }
}
```

Figura 18.1: *Traduzindo textos.*

Cada combinação de idioma e país é tratada como uma localidade e deve possuir o seu próprio arquivo de definições. Por convenção, o código do idioma é escrito em letras minúsculas e o do país, em letras maiúsculas.

18.2.1 – Localização

Localização é o ato de criar um arquivo de definições para cada localidade. Assim como internacionalização, o termo também é suplantado por sua abreviação (l10n).

Arquivos de definição são arquivos textuais tradicionais. A localidade correspondente é especificada entre o nome do arquivo e a extensão ".properties".

```
locale.properties
locale_en_US.properties
locale_pt_BR.properties
```

Figura 18.2: *Nomes de arquivo de definições.*

Para criar um arquivo de definições padrão no NetBeans, vá até o menu File e escolha "New file... > Other > Properties file". A criação de arquivo para as outras localidades é feita indo-se até o painel "Files", clicando-se com o botão direito do mouse sobre o arquivo de definições padrão e escolhendo-se no menu de contexto a opção "Add locale...".

O conteúdo dos arquivos é simplesmente uma lista das traduções. Comentários são iniciados por "#".

```
# File: resources.properties (default)
hello = Hello!
welcome = Welcome to the Java Platform.
```

Figura 18.3: *Arquivo de definições padrão.*

```
# File: resources_pt_BR.properties
hello = Olá!
welcome = Bem vindo à plataforma Java.
```

Figura 18.4: *Arquivo de definições para a localidade brasileira.*

O exemplo é esclarecedor.

```java
package com.hpg.evertonbarbosagomes.br.books.java.2ed.ch18;

import java.util.ResourceBundle;

public class Polyglot
{
   private static ResourceBundle translator;

   static
   {
      Polyglot.translator = ResourceBundle.getBundle(
                                         "resources");
   }

   public void speak()
   {
      System.out.println(translator.getString("welcome"));
   }

   public static void main(String[] args)
   {
      new Polyglot().speak();
   }
}
```

Figura 18.5: *Traduzindo.*

```
# Save as: resources.properties (default)
hello = Hello!
welcome = Welcome to the Java Platform.
```

Figura 18.6: *Arquivo de definições padrão.*

```
# Save as: resources_pt_BR.properties
hello = Olá!
welcome = Bem vindo à plataforma Java.
```

Figura 18.7: *Arquivo de definições para a localidade brasileira.*

Bem Vindo à plataforma Java.

Figura 18.8: *Tradução.*

18.2.2 – Números (java.text.NumberFormat)

Números possuem dois eparadores – o de grupos e o da parte não-inteira. Eles variam de localidade para localidade.

Por padrão, os números possuem apenas o separador de parte decimal da língua inglesa (.).

```java
package com.hpg.evertonbarbosagomes.br.books.java.2ed.ch18;

public class NumberFormatDemo
{
   public void sampleIt()
   {
      int    number = 1000000;
      double currency = 1.99,
         percent = 0.01;
      System.out.println( "Number = " + number +
                          "\nCurrency = " + currency +
                          "\nPercent = " + percent);
   }

   public static void main(String[] args)
   {
      new NumberFormatDemo().sampleIt();
   }
}
```

Figura 18.9: *Exibindo números.*

```
Number = 1000000
Currency = 1.99
Percent = 0.01
```

Figura 18.10: *Formatação padrão.*

Para formatar números de acordo com a convenção local, use os objetos da classe "java.text.NumberFormat". Repare que ela é uma classe abstrata. A obtenção de objetos é feita através de métodos instanciadores (factory methods).

É possível formatar números, moedas e porcentagens.

```java
package com.hpg.evertonbarbosagomes.br.books.java.2ed.ch18;

import java.text.NumberFormat;

public class NumberFormatDemo
{
    public void sampleIt()
    {
        int    integer = 1000000;
        double currency = 1.99,
               percent = 0.01;

        System.out.println(
            "Number = " +
                NumberFormat.getIntegerInstance().format(integer) +
            "\nCurrency = " +
                NumberFormat.getCurrencyInstance().format(currency) +
            "\nPercent = " +
                NumberFormat.getPercentInstance().format(percent));
    }

    public static void main(String[] args)
    {
        new NumberFormatDemo().sampleIt();
    }
}
```

Figura 18.11: Formatando números.

```
Number = 1.000.000
Currency = R$ 1,99
Percent = 1%
```

Figura 18.12: Formatação personalizada.

18.2.3 – Data e Hora (java.text.DateFormat)

Representações textuais de data e de hora também variam de localidade para localidade.

```java
package com.hpg.evertonbarbosagomes.br.books.java.2ed.ch18;

import java.util.Calendar;
import java.util.Date;
public class DateFormatDemo
{
    public void sampleIt()
```

```
        {
            Date now = Calendar.getInstance().getTime();
            System.out.println("Date = " + now + "\nTime = " + now);
        }

        public static void main(String[] args)
        {
            new DateFormatDemo().sampleIt();
        }
    }
```

Figura 18.13: *Exibindo data e hora.*

```
Date = Thu Aug 26 14:22:49 BRT 2004
Time = Thu Aug 26 14:22:49 BRT 2004
```

Figura 18.14: *Formatação padrão.*

Para formatar a data/hora de acordo com a convenção local, use os objetos da classe "java.text.DateFormat".

```
package com.hpg.evertonbarbosagomes.br.books.java.2ed.ch18;

import java.util.Calendar;
import java.util.Date;

import java.text.DateFormat;

public class DateFormatDemo
{
    public void sampleIt()
    {
        Date now = Calendar.getInstance().getTime();
        System.out.println("Date = " +
                    DateFormat.getDateInstance().format(now) +
                    "\nTime = " +
                    DateFormat.getTimeInstance().format(now));
    }

    public static void main(String[] args)
    {
        new DateFormatDemo().sampleIt();
    }
}
```

Figura 18.15: *Formatando data e hora.*

```
Date = 26/08/2004
Time = 14:24:51
```

Figura 18.16: Formatação personalizada.

Capítulo 19
XML, XHTML e Applets

19.1 – XML

XML (Extensible markup language) é o formato de dados padrão da Internet.

O código XML é textual e seus elementos são delimitados por um par de marcações (<element>...</element> ou <element/>). As marcações são grafadas em letras minúsculas entre os sinais de menor (<) e maior (>) e o fechamento é indicado pela barra (/).

☺ **Cuidado**:
> Não confunda elemento com marcação. Elementos são as partes do documento. Marcações são os delimitadores que usamos para separar as definições de elemento.

Os elementos válidos são arbitrários e armazenados em um arquivo "*.dtd" (document type definition) ou "*.xsd" (XML schema definition) para fins de validação.

Para criar um documento XML no NetBeans, acione "File > New file... > XML > XML document".

Eis um exemplo:

```
<?xml version='1.0' encoding="ISO-8859-1"?>
<!-- My first XML document -->
<person>
  <name>
     Letícia Spiller
  </name>
  <age>
     31
  </age>
  <address>
     Itanhangá - RJ - BR
  </address>
</person>
```

Figura 19.1: Arquivo "person.xml".

A delimitação dos elementos pelos sinais "<" e ">" torna a estruturação do documento bastante cômoda, mas o que fazer quando desejarmos usar tais símbolos dentro de um elemento? Como poderíamos imaginar, a solução é recorrer a outro elemento. Para definir que o texto digitado não deve ser tratado como código XML (PCDATA), use "<![CDATA[...]]>".

19.1.1 - DTDs

Arquivos de definição (*.dtd) descrevem um tipo específico de documento XML.

A definição de um elemento é feita especificando-se a estrutura e os atributos dele.

Para definir a estrutura de um elemento:

```
<!ELEMENT name (content)>
```

O sinal após o conteúdo indica quantas vezes ele pode aparecer dentro do elemento. O sinal "?" especifica que o conteúdo pode aparecer no máximo uma vez e o sinal "*", que ele pode aparecer várias vezes.

Conteúdo do elemento	Descrição
(...)	Lista
content	Conteúdo deve ocorrer.
content?	Conteúdo pode ocorrer até uma vez.
content*	Conteúdo pode ocorrer várias vezes.
-(content)	Conteúdo não deve ocorrer.
content1 | content2	Conteúdo 1 ou conteúdo 2 deve ocorrer.
content1 & content2	Conteúdo 1 e conteúdo 2 devem ocorrer.

Tabela 19.1: Sintaxe para descrição de conteúdo.

Para definir a lista de atributos aceitos por um elemento:

```
<!ATTLIST element
  attribute_1  type  #IMPLIED — att1 description —
  ...
  attribute_n  type  #IMPLIED — attn description —
>
```

No NetBeans, a criação do arquivo de definições pode ser feita de duas maneiras – a habitual (File > New file... > XML > DTD entity) ou a contextual (Painel Files > botão direito do mouse sobre documento XML > Generate DTD...). Uma vez criado, o arquivo de definições pode ser usado para validar documentos.

Para informar qual é o tipo de um documento:

```
<!DOCTYPE mydoctype SYSTEM "mydoctype.dtd">
<mydoctype>
  ...
</mydoctype>
```

O exemplo é esclarecedor.

```
<?xml version='1.0' encoding="ISO-8859-1"?>
<!ELEMENT name (#PCDATA)>
<!ELEMENT age (#PCDATA)>
<!ELEMENT address (#PCDATA)>
<!ELEMENT person (name?,age?,address?)>
```

Figura 19.2: Arquivo de definição dos elementos válidos.

```
<?xml version='1.0' encoding="ISO-8859-1"?>
<!DOCTYPE person SYSTEM "person.dtd">
<person>
  <name>
    Letíca Spiller
  </name>
  <age>
    31
  </age>
  <address>
    Itanhangá - RJ - BR
  </address>
</person>
```

Figura 19.3: *Documento "person.xml"*.

Para validar documentos XML no NetBeans, vá até o painel Files, clique com o botão direito do mouse sobre o documento XML a ser validado e, no menu de contexto, escolha "Validate XML".

> **Dica**:
> Duplique qualquer par de marcações no documento "person.xml" e repita a validação para ver o que acontece.

Para aprender sobre esquemas, consulte:

`http://www.w3.org/TR/xmlschema-0/`

19.1.2 - Variáveis

Em XML, podemos usar referências a valores (entity references) em vez dos valores propriamente ditos. Isso deve parecer familiar... Sim, são as variáveis!

Para declarar uma "variável":

`<!ENTITY name "value">`

Para usá-la dentro do documento XML:

`&variable;`

A declaração das variáveis é feita juntamente com a do arquivo "*.dtd".

```
<!DOCTYPE mydoctype SYSTEM "mydoctype.dtd"
[
  <!ENTITY name SYSTEM "value.xml">
]>
<mydoctype>
   ...
</mydoctype>
```

Para saber mais sobre XML, visite:

http://www.w3.org/TR/REC-xml

19.2 – XHTML

XHTML (Extensible hypertext markup language) é um formato XML projetado para a publicação de páginas na Web.

Toda página da web inicia com <HTML> e possui duas partes – o cabeçalho (head) e o corpo (body). O primeiro é a área usada para definir o título da página e o outro, o conteúdo propriamente dito.

```
<?xml version="1.0" encoding="ISO-8859-1"?>
<!DOCTYPE html
  PUBLIC "-//W3C//DTD XHTML 1.0 Strict//EN"
  "http://www.w3.org/TR/xhtml1/DTD/xhtml1-strict.dtd">
<html>
  <head>
    ...
  </head>

  <body>
    ...
  </body>
</html>
```

Figura 19.4: *Estrutura das páginas da web.*

Pratique. Crie o arquivo "index.xhtml" e preencha-o com o conteúdo indicado.

```
<?xml version="1.0" encoding="ISO-8859-1"?>
<!DOCTYPE html
 PUBLIC "-//W3C//DTD XHTML 1.0 Strict//EN"
 "http://www.w3.org/TR/xhtml1/DTD/xhtml1-strict.dtd">
<html>
  <head>
    <title> Greeting </title>
  </head>
  <body>
    <p>Welcome to XHTML!</p>
  </body>
</html>
```

Figura 19.5: *Exemplo.*

Abra a página em seu navegador e identifique as partes do documento.

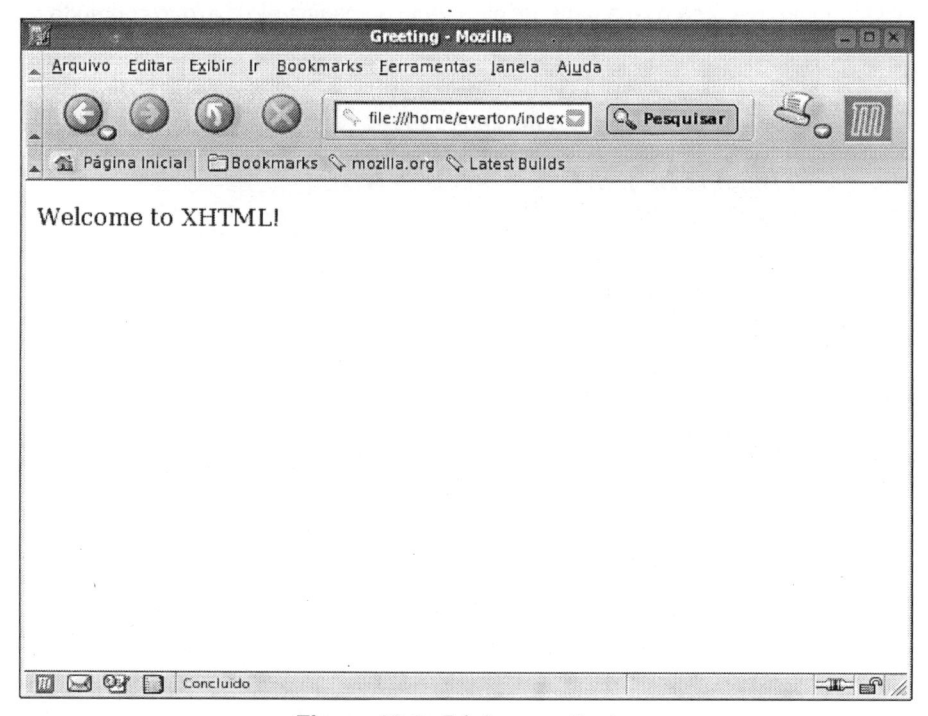

Figura 19.6: *Página resultante.*

Para serem exibidas adequadamente, as páginas da web devem usar apenas os elementos definidos no arquivo de definições padrão da XHTML.

Elemento	Descrição
Geral	
<!-- ... -->	Comentário
<html> ... </html>	Documento XHTML
<head> ... </head>	Cabeçalho da página
<title> ... </title>	Título da página
<body> ... </body>	Corpo da página
<p> ... </p>	Parágrafo
 	Nova linha (line break)
<div> ... </div>	Seção (division)
<hr/>	Separador (horizontal row)
Estilo	
<b> ... </b>	Negrito (bold)
<i> ... </i>	Itálico
<pre> ... </pre>	Texto puro (preformatted text)
^{...}	Sobrescrito
_{...}	Subscrito
<h1> ... </h1>	Título
Lista	
<ol> ... </ol>	Lista ordenada (ordered list)
<ul> ... </ul>	Lista não-ordenada (unordered list)
<li> ... </li>	Item da lista (list item)
<dl> ... </dl>	Dicionário (definition list)
<dt> ... </dt>	Termo a ser definido
<dd> ... </dd>	Definição do termo
Vinculação	
<a href="url"> ... </a>	vínculo dinâmico
Tabela	
<table border="1"> ... </table>	Tabela
<caption> ... </caption>	Legenda
<th> ... </th>	Coluna do Título (table head)
<tr> ... </tr>	Linha (table row)
<td> ... </td>	Coluna (table data)
Imagem	
<img src="url" alt="description"/>	Imagem
Extensão	
<object codetype="type" classid="*.class" height="num" width="num"> ... </object>	Applet Java
<script type="text/javascript"> ... </script>	Script

Tabela 19.2: Marcações correspondentes aos principais elementos.

O exemplo é esclarecedor.

```
<?xml version="1.0" encoding="ISO-8859-1"?>
<!DOCTYPE html
   PUBLIC "-//W3C//DTD XHTML 1.0 Strict//EN"
   "http://www.w3.org/TR/xhtml1/DTD/xhtml1-strict.dtd">
<!-- Comment here -->
<html>
   <head>
      <title> Title here </title>
      <meta name="keywords" content="XHTML, demo, example, sample"/>
   </head>
   <body>
      <p><b> Bold style here </b></p>
      <p><i> Italic style here </i></p>
      <p> Ordered list here </p>
      <ol>
         <li> item </li>
         <li> item </li>
         <li> item </li>
      </ol>
      <p> Unordered list here </p>
      <ul>
         <li> item </li>
         <li> item </li>
         <li> item </li>
      </ul>
      <p> Definition list here </p>
      <dl>
         <dt>t1</dt> <dd>t1 definition</dd>
         <dt>t2</dt> <dd>t2 definition</dd>
         <dt>t3</dt> <dd>t3 definition</dd>
      </dl>
      <p><a href="http://java.sun.com/"> Link here </a></p>
      <table border="1">
         <tr> <th> Column A </th> <th> Column B </th> </tr>
         <tr> <td> Cell A1 </td> <td> Cell B1 </td> </tr>
         <tr> <td> Cell A2 </td> <td> Cell B2 </td> </tr>
      </table>
      <p>
         <img
   src="/usr/java/jdk5/docs/guide/2d/samples/images/bld.jpg"
                                        alt="Image here" />
      </p>
   </body>
</html>
```

Figura 19.7: *Elementos predefinidos.*

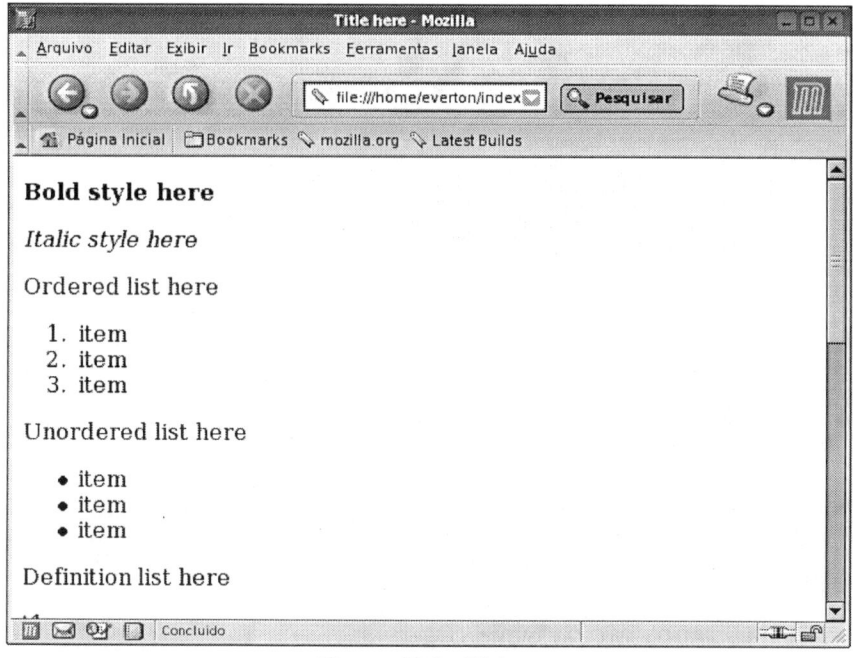

Figura 19.8: *Efeitos.*

19.2.1 – Configurações (Cascading style sheets)

Elementos XHTML podem ser personalizados. A configuração é feita no cabeçalho da página através das marcações <style> e </style>.

```
<?xml version="1.0" encoding="ISO-8859-1"?>
<?xml-stylesheet href="http://www.w3.org/StyleSheets/TR/W3C-REC.css" type="text/css"?>
<?xml-stylesheet href="#internalStyle" type="text/css"?>
<!DOCTYPE html
    PUBLIC "-//W3C//DTD XHTML 1.0 Strict//EN"
    "http://www.w3.org/TR/xhtml1/DTD/xhtml1-strict.dtd">
<html>
   <head>
      ...
      <style type="text/css" id="internalStyle">
         element { attribute: value; }
      </style>
   </head>
   ...
</html>
```

Figura 19.9: *Personalizando os elementos.*

Um mesmo elemento pode possuir várias configurações. Isso é feito definindo-se variações (classes) dele, cada uma com sua própria configuração. Para definir variações de um elemento, basta atribuir um nome a cada uma delas (element.myclass { ... }) e selecionar a variação desejada no momento da utilização (<element class="myclass"> ... </element>).

Eis um exemplo.

```
<?xml version="1.0" encoding="ISO-8859-1"?>
<?xml-stylesheet href="http://www.w3.org/StyleSheets/TR/W3C-REC.css" type="text/css"?>
<?xml-stylesheet href="#internalStyle" type="text/css"?>
<!DOCTYPE html
    PUBLIC "-//W3C//DTD XHTML 1.0 Strict//EN"
    "http://www.w3.org/TR/xhtml1/DTD/xhtml1-strict.dtd">
<html>
    <head>
        <title> CSS demo </title>
        <style type="text/css" id="internalStyle">
            body { margin-left: 10%; margin-right: 10%; }
            h1 { margin-left: -8%;}
            h2,h3,h4,h5,h6 { margin-left: -4%; }
            p.left { text-align: left; }
            p.center { text-align: center; }
            p.right { text-align: right; }
            pre.code { background-color: silver; padding: 0.5em; }
            div.board { color: rgb(255,255,255);
                background-color: rgb(0,255,0);
                text-align: center;
                padding: 0.5em; }
        </style>
    </head>

    <body>
        <h1> Section here </h1>
        <h2> Subsection here </h2>
        <p class="left">
            Left alignment here
        </p>
        <p class="center">
            Center alignment here
        </p>
        <p class="right">
            Right alignment here
        </p>
        <p> Program here: </p>
        <pre class="code">
```

```
      public static void main(String[] args)
      {
         System.out.println("CSS here!");
      }
      </pre>
      <div class="board"> Note here! </div>
   </body>
</html>
```

Figura 19.10: *Personalizando.*

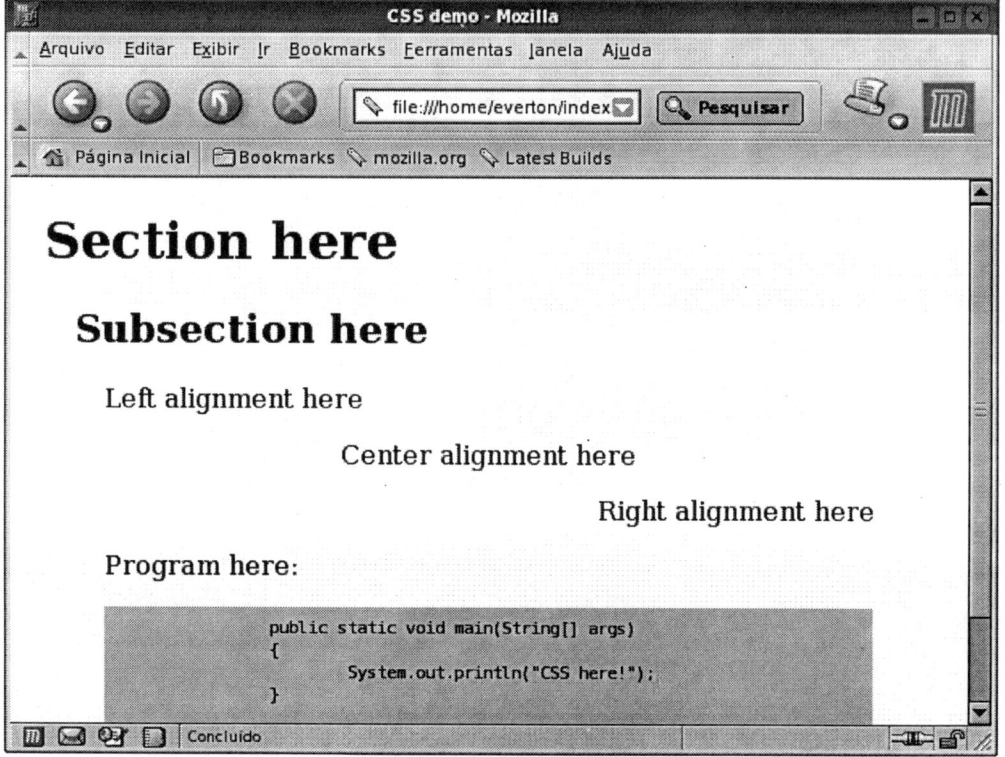

Figura 19.11: *Personalização.*

Para se aprofundar no assunto, consulte:

`http://www.w3.org/TR/REC-CSS2`

19.2.2 – Controles

Além de permitir a personalização de eventos, XHTML suporta ainda a exibição de controles (componentes).

Formulário é o contêiner no qual os controles são adicionados.

Para criar um formulário:

```
<form action="url" method="get|post">
...
</form>
```

Para incluir controles no formulário:

```
<form action="url" method="get|post">
  <input type="type" name="name" value="value">
</form>
```

- **type**:
  - text;
  - password;
  - checkbox;
  - radio;
  - button;
  - submit;
  - reset;
  - file;
  - hidden;
  - image.

Para saber tudo sobre XHTML, consulte:

http://www.w3.org/TR/xhtml1/

Para garantir que sua página será vista corretamente, submeta-a ao teste on-line.

http://validator.w3.org/

19.3 – Applets (javax.swing.JApplet)

Java é a linguagem de programação ideal para o ambiente heterogêneo da Web.

"Applet" (application's extension) é uma janela Java projetada para ser embutida em páginas da Web. Com isso, a página ganha poder de aplicativo, o que torna a funcionalidade dela limitada apenas à sua imaginação. Site de bancos, por exemplo, usam applets para obter a senha do usuário através de cliques de mouse – isso dificulta a captura dela por um possível programa-espião.

Para se beneficiar das applets embutidas nas páginas web, instale no seu navegador o plug-in Java. No Mozilla, o processo pode ser feito simplesmente copiando-se em "<mozilla-dir>/plugins/" o arquivo localizado em "<jdk-dir>/jre/plugin/".

19.3.1 – Criação

Para criar applets no NetBeans, acione "File > New file... > Java GUI forms > JApplet form". Após compilar o código, o arquivo a ser chamado pela página web estará disponível em "~/MyProject/dist/".

A inclusão da applet em páginas web é feita através das marcações <object> e </object>. Entre elas, informe o nome do arquivo onde a applet está contida e a área que ela ocupará na página.

```
<object codetype="application/java"
    archive="MyApplet.jar"
    classid="java:package.Class"
    width="width" height="height">
  Error message
</object>
```

Figura 19.12: *Marcações para inclusão de applets.*

Eis um exemplo:

```
<?xml version="1.0" encoding="ISO-8859-1"?>
<!DOCTYPE html
    PUBLIC "-//W3C//DTD XHTML 1.0 Strict//EN"
    "http://www.w3.org/TR/xhtml1/DTD/xhtml1-strict.dtd">
<html>
    <head>
        <title> My first applet </title>
    </head>

    <body>
        <p>There is an applet embedded in this XHTML page.<br/>
            <object codetype="application/java"
                archive="MyApplet.jar"
                classid="java:mypack.MyApplet"
                width="200" height="50">
              Sorry: your browser doesn't support Java.
            </object>
        </p>

</html>
```

Figura 19.13: *Embutindo applets Java em uma página da web.*

```java
// Save as: MyApplet.java
package mypack;

import javax.swing.JApplet;
import javax.swing.JLabel;

import java.awt.BorderLayout;

public class MyApplet extends JApplet
{
   @Override
   public void init()
   {
      add(new JLabel("Applet here!", JLabel.CENTER),
                                     BorderLayoutCENTER);
   }
}
```

Figura 19.14: *Applet.*

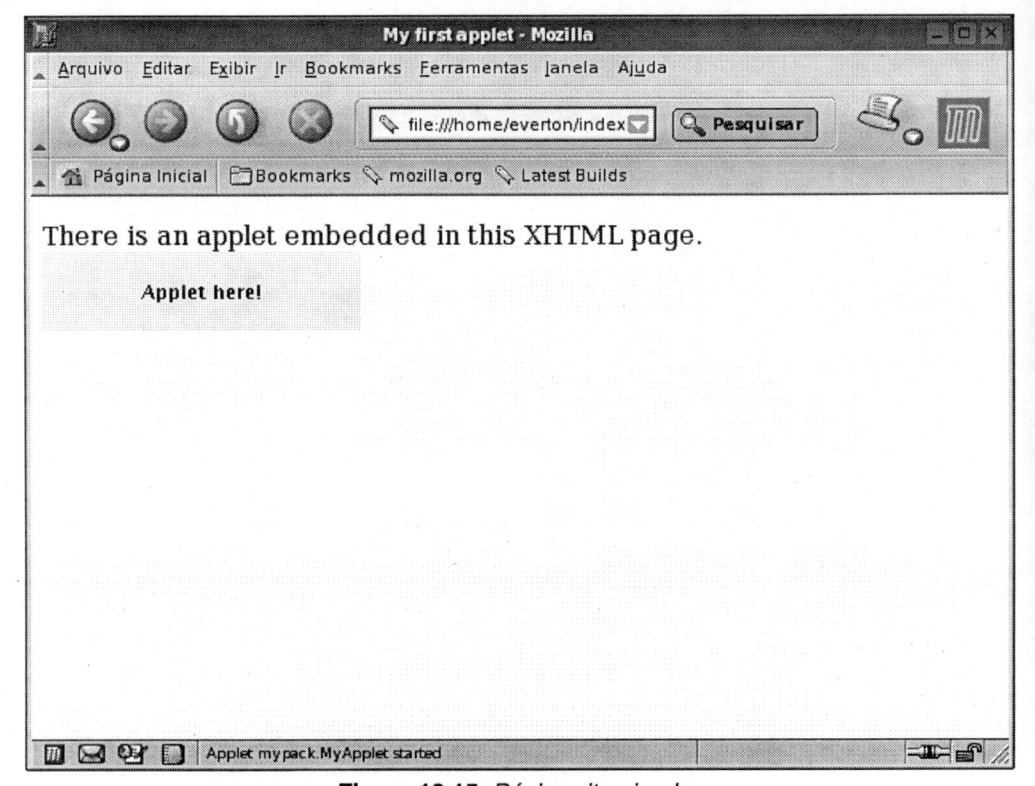

Figura 19.15: *Página vitaminada.*

Por motivos de segurança, applets não podem efetuar leitura/gravação no disco do usuário.

19.3.2 – Estrutura

A inicialização das applets deve ser feita em "init()" e a finalização, em "destroy()". Não podemos definir o método principal em applets, pois a manipulação delas é feita pelo navegador e não mais por nós mesmos.

Uma applet que usa unidades de execução deve pará-las quando a página for oculta e reiniciá-las quando ela voltar a ser usada. Isso é feito nos métodos "start()" e "stop()".

A estrutura é sempre a mesma.

```java
import javax.swing.JApplet;

import java.util.concurrent.Executors;
import java.util.concurrent.ScheduledExecutorService;
import java.util.concurrent.TimeUnit;

public class MyApplet extends JApplet
{
    private class MyTask extends Runnable
    {
        public void run()
        {
            ...
        }
    }
    private ScheduledExecutorService runner;

    @Override
    public void start()
    {
        this.runner =
                Executors.newSingleThreadScheduledExecutor();
        this.runner.scheduleAtFixedRate(
                new MyTask(), 0, 1, TimeUnit.SECONDS);
    }

    @Override
    public void stop()
    {
        this.runner.shutdownNow();
    }
}
```

Figura 19.16: *Estrutura das applets.*

Durante a vida da applet, "init()" é chamado apenas uma vez (quando a página é aberta) ao passo que "start()" e "stop()" podem ser chamados diversas vezes.

Como sempre, a manipulação de componentes só pode ser feita antes da exibição deles, ou seja, em "init()". Para alterar a interface gráfica após a exibição dela, recorra ao método "java.awt.EventQueue.invokeLater(...)".

19.3.3 – Parâmetros

Para passar argumentos a uma applet, insira-os entre <object> e </object>.

```
<object ...>
  <param name=... value="...">
  ...
</object>
```

Dentro da applet, o valor de cada parâmetro pode ser recuperado através do método de obtenção correspondente.

```
getParameter(...);
```

19.3.4 – Diferença entre Applets e Scripts

Applet é um programa compilado chamado de dentro da página web. Scripts, por sua vez, são programas cujo código-fonte é inserido diretamente na página.

O JavaScript, por exemplo, é uma tecnologia da Netscape e não da Sun, como poderíamos imaginar. O nome é uma alusão à semelhança com Java decorrente da sintaxe, também herdada de C/C++.

Capítulo 20

Estruturas de Dados e Algoritmos - Parte 1 (Teoria)

20.1 - Introdução

"A verdadeira viagem se faz na memória."

MARCEL PROUST.

Estruturas de dados são mecanismos projetados para armazenar dados da maneira mais conveniente possível. Elas, por si só, não realizam processamento. Seu objetivo é apenas armazenar/recuperar dados.

Ao lado dos algoritmos de ordenação e de busca, as estruturas de dados são o tópico mais importante da área de computação, pois todos os dados precisam ser armazenados adequadamente antes de serem processados.

20.2 - Estruturas de Dados

Existem apenas duas estruturas de dados: a matriz e a lista encadeada. Todas as outras estruturas nada mais são que variações dessas.

Matrizes são estruturas que armazenam os seus elementos em trechos contíguos da RAM, um após o outro. São estáticas, pois, por dispor os dados dessa maneira, elas precisam reservar o espaço de que precisam antes mesmo de utilizá-lo para evitar que as futuras inserções de elementos sobrescrevam trechos da RAM já usados por outros programas.

Tabelas de hash são matrizes nas quais cada elemento é associado a uma chave de forma a poder ser localizado a partir dela.

Já as listas encadeadas são estruturas que reservam epaço na RAM somente quando necessário, costurando os trechos utilizados uns aos outros de forma a poderem localizá-los posteriormente. São dinâmicas, pois, por dispor os elementos em qualquer lugar disponível, eles podem crescer indefinidamente.

Árvores e grafos são variações da lista encadeada.

20.2.1 – Matriz

Vetor é um conjunto qualquer de elementos. Em linguagens de programação orientadas a objeto, os vetores são as variáveis dos objetos.

```
class Vector
{
    int modulus;
    double orientation;
    boolean direction;
}
```

Figura 20.1: *Vetor.*

Matriz é um vetor de elementos do mesmo tipo. Elas e outras estruturas de dados já disponibilizadas por Java serão abordadas no próximo capítulo.

20.2.2 – Lista Encadeada

Lista encadeada é uma seqüência linear de elementos dispersos na memória e interligados entre si através de referências. Sua implementação é simples: basta definir um novo tipo de objeto (nodo) que armazene, além do valor do elemento, uma referência para o próximo elemento da lista e utilizar várias instâncias desse tipo dentro da lista.

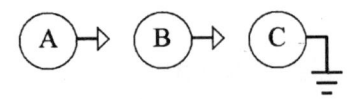

Figura 20.2: *Lista encadeada.*

Diferentemente das matrizes, as demais estruturas de dados são genéricas, ou seja, elas são projetadas para lidar com elementos de qualquer tipo. Por isso, ao implementá-las, solicite que o usuário especifique o tipo exato (<E>) dos elementos que a estrutura deverá armazenar e use esse tipo dentro da classe que define a estrutura.

Para restringir os tipos aceitos pelo parâmetro, use a cláusula "extends" ou ainda a "super". A primeira define que o tipo deve estender/implementar o outro enquanto a última o obriga a ser uma super-classe do outro.

```
class LinkedList<E>
{
   class Node<D>
   {
      D data;
      Node<D> next;
   }
   Node<E> first;
}
```

Figura 20.3: *Costura*.

Dizemos que uma lista é duplamente encadeada quando cada nodo dela armazena, além da referência ao próximo nodo, uma referência para o nodo anterior. A vantagem do duplo encadeamento é que ele possibilita a travessia nos dois sentidos (do primeiro nodo ao último ou do último ao primeiro).

```java
package com.hpg.evertonbarbosagomes.br.books.java.2ed.ch20;

import java.util.Iterator;
import java.util.Collection;
import java.util.SortedSet;
import java.util.TreeSet;
import java.util.List;
import java.util.ArrayList;
import java.util.Random;

class LinkedList<E> implements Iterable<E>
{
    /* This is intended to be invoked only by add(...) method.
       Otherwise, use getNode(...) instead. */
    private class Node<D>
    {
        D data;
        Node<D> previous, next;

        Node(D data)
        {
            this.data = data;
        }
    }
    private Node<E> first, last;
    private int size;

    public void add(E element)
```

```java
   {
      Node<E> current = new Node<E>(element);
      if (!isEmpty())
      {
         (this.last).next = current;
         current.previous = this.last;
      }
      else
      {
         this.first = current;
      }
      this.last = current;
      this.size++;
   }

   private Node<E> getNode(E value)
   {
      Node<E> current = this.first;
      while(current != null)
      {
         if (!current.data.equals(value))
         {
            current = current.next;
         }
         else
         {
            break;
         }
      }
      return current;
   }

   public boolean contains(E element)
   {
      return getNode(element) != null;
   }

   public void remove(E element)
   {
      NodeE> target = getNode(element);
      if (target != null)
      {
         if (target.previous != null)
         {
            (target.previous).next = target.next;
         }
```

```java
      else
      {
         assert target == this.first;
         this.first = target.next;
         (this.first).previous = null;
      }
      if (target.next != null)
      {
         (target.next).previous = target.previous;
      }
      else
      {
         assert target == this.last;
         this.last = target.previous;
         (this.last).next = null;
      }
      this.size--;
   }
}

public int size()
{
   return this.size;
}

public boolean isEmpty()
{
   return this.size == 0;
}

private class MyIterator implements Iterator<E>
{
   private Node<E> next = LinkedList.this.first;
   private E temp;

   public boolean hasNext()
   {
      return this.next != null;
   }

   public E next()
   {
      temp = this.next.data;
      this.next = this.next.next;
      return temp;
   }
```

```java
      public void remove()
      {
         LinkedList.this.remove(temp);
      }
   }

   public Iterator<E> iterator()
   {
      return new MyIterator();
   }
}

public class LinkedListDemo
{
   private <T> void printThem(Iterable<T> values, String label)
   {
      String msg = label + ": [";
      for (T next : values)
      {
         msg += (next + ", ");
      }
      msg += "\b\b]";
      System.out.println(msg);
   }

   public <T> void sampleIt(
                         LinkedList<T> target,
                         Collection<T> in, Collection<T> out)
   {
      // Insert
      for (T next : in)
      {
         target.add(next);
      }
      // Remove
      for (T next : out)
      {
         target.remove(next);
      }

      // Print result
      printThem(in, "in");
      printThem(out, "out");
      printThem(target, "list");
   }
   public static void main(String[] args)
```

```
{
    LinkedList<Integer> list = new LinkedList<Integer>();
    SortedSet<Integer> in = new TreeSet<Integer>(),
                      out = new TreeSet<Integer>();
    Random r = new Random();
    int length = 9;
    // Choose elements to insert
    while(in.size() < length)
    {
        in.add(r.nextInt(60));
    }
    List<Integer> temp = new ArrayList<Integer>(in);
    // Choose elements for removal
    while(out.size() < (in.size()/2))
    {
        out.add(temp.get(r.nextInt(in.size())));
    }
    new LinkedListDemo().sampleIt(list, in, out);
}}
```

Figura 20.4: *Costurando as partes.*

```
in:   [1, 6, 8, 17, 28, 34, 41, 44, 48]
out:  [6, 8, 44, 48]
list: [1, 17, 28, 34, 41]
```

Figura 20.5: *A prova dos 9.*

O ponto forte das listas encadeadas é a sua escalabilidade. O seu ponto fraco é o tempo necessário para acessar os elementos intermediários.

20.2.3 – Pilha

Pilha é toda estrutura de dados que só permite a manipulação (inserção ou remoção) dos elementos localizados em sua extremidade final (topo da pilha). Isso significa que, na pilha, o último elemento a entrar é sempre o primeiro a sair (Last in, fist out).

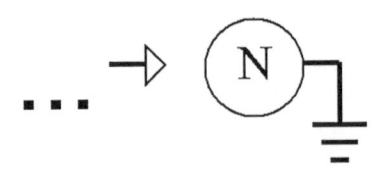

Figura 20.6: *Pilha.*

```java
package com.hpg.evertonbarbosagomes.br.books.java.2ed.ch20;

import java.util.Iterator;
import java.util.Collection;
import java.util.SortedSet;
import java.util.TreeSet;
import java.util.ArrayList;
import java.util.EmptyStackException;
import java.util.Random;

class Stack<E> implements Iterable<E>
{
   // This is intended to be invoked only by push(...) method.
   private class Node<D>
   {
      D data;
      Node<D> previous;

      Node(D data)
      {
         this.data = data;
      }
   }
   private Node<E> last;
   private int size;

   public void push(E element)
   {
      Node<E> current = new Node<E>(element);
      if (!isEmpty())
      {
         current.previous = this.last;
      }
      this.last = current;
      this.size++;
   }
```

```java
public E pop()
{
   if (!isEmpty())
   {
      E temp = this.last.data;
      this.last = this.last.previous;
      this.size--;
      return temp;
   }
   else
   {
      throw new EmptyStackException();
   }
}

public E peek()
{
   return this.last.data;
}

public int size()
{
   return this.size;
}

public boolean isEmpty()
{
   return this.size == 0;
}

private class MyIterator implements Iterator<E>
{
   private Node<E> next = Stack.this.last;
   private E temp;

   public boolean hasNext()
   {
      return this.next != null;
   }

   public E next()
   {
      temp = this.next.data;
      this.next = this.next.previous;
      return temp;
   }
```

```java
      public void remove()
      {
         Stack.this.pop();
      }
   }

   public Iterator<E> iterator()
   {
      return new MyIterator();
   }
}

public class StackDemo
{
   private <T> void printThem(Iterable<T> values, String label)
   {
      String msg = label + ": [";
      for (T next : values)
      {
         msg += (next + ", ");
      }
      msg += "\b\b]";
      System.out.println(msg);
   }

   public <T> void sampleIt(Stack<T> target, Collection<T> in)
   {
      // Insert
      for (T next : in)
      {
         target.push(next);
      }
      // Remove
      Collection<T> out = new ArrayList<T>();
      for (int i=in.size()/2-1; i >= 0; i--)
      {
         out.add(target.pop());
      }

      // Print result
      printThem(in, "in");
         printThem(out, "out");
      printThem(target, "stack");
   }
   public static void main(String[] args)
   {
```

Capítulo 20: Estruturas de Dados e Algoritmos – Parte 1 (Teoria)

```java
Stack<Integer> stack = new Stack<Integer>();
SortedSet<Integer> in = new TreeSet<Integer>();
Random r = new Random();
int length = 9;
// Choose elements to insert
while(in.size() < length)
{
   in.add(r.nextInt(60));
}
new StackDemo().sampleIt(stack, in);
}
}
```

Figura 20.7: *Empilhando e desempilhando.*

```
in: [9, 19, 22, 32, 38, 43, 45, 48, 51]
out: [51, 48, 45, 43, 38]
stack: [32, 22, 19, 9]
```

Figura 20.8: *Pilha resultante.*

Pilhas são uma estrutura de dados muito mais utilizada do que podemos imaginar. Elas estão em todo lugar.

O exemplo a seguir demonstra o funcionamento de um compilador e do interpretador correspondente usando pilhas para avaliar uma expressão aritmética. Repare que a pilha do compilador armazena os operadores e a do interpretador, os operandos.

```java
package com.hpg.evertonbarbosagomes.br.books.java.2ed.ch20;

import java.util.Stack;
import java.util.Scanner;

import java.io.PrintWriter;
import java.io.File;
import java.io.FileNotFoundException;

public class Compiler
{
   private static final Character[] OPERATOR = {
                                   new Character('('),
                                   new Character('+'),
                                   new Character('-'),
                                   new Character('*'),
                                   new Character('/'),
```

```java
                                          new Character(')')'')};
   private int comparePrecedence(Character op1, Character op2)
   {
      int result = 0;
      if (!op1.equals(op2))
      {
         if(
         (op1.equals(OPERATOR[1]) || op1.equals(OPERATOR[2]))
                                 &&
         (op2.equals(OPERATOR[3]) || op2.equals(OPERATOR[4])))
         {
            result = -1;
         }
         else if(
         (op1.equals(OPERATOR[3]) || op1.equals(OPERATOR[4]))
                                 &&
         (op2.equals(OPERATOR[1]) || op2.equals(OPERATOR[2])))
         {
            result = 1;
         }
      }
      return result;
   }

   private boolean isOperator(Character c)
   {
      boolean result = false;
      for (Character next : OPERATOR)
      {
         if (c.equals(next))
         {
            result = true;
            break;
         }
      }
      return result;
   }

   private String compile(String expression)
   {
      for (Character next : OPERATOR)
      {
         expression = expression.replace(next.toString(),
                (!next.equals(OPERATO[0])? " ": "") +
                    next +
```

```java
                        (!next.equals(OPERATOR[5])? " ": ""));
}
String[] tokens = expression.trim().split(" ");
// Postfix expression
StringBuilder stmt = new StringBuilder(expression.length());
Stack<Character> operators = new Stack<Character>();
Character op;
for (String next : tokens)
{
   if (!isOperator(new Character(next.charAt(0))))
   {
      stmt.append(next + " ");
   }
   else
   {
      op = new Character(next.charAt(0));
      if (!operators.isEmpty())
      {
         if (op.equals(OPERATOR[5]))
         {
            while(!operators.peek().equals(OPERATOR[0]))
            {
               stmt.append(operators.pop() + " ");
            }
            operators.pop();
            continue;
         }
         else if (!operators.peek().equals(OPERATOR[0])
                             && !op.equals(OPERATOR[0]))
         {
            if (
               comparePrecedence(operators.peek(), op) > 0)
            {
               stmt.append(operators.pop() + " ");
            }
         }
      }
      operators.push(op);
   }
}
while(!operators.isEmpty())
{
   stmt.append(operators.pop() + " ");
}
return stmt.toString();
}
```

```
   public static void main(String[] args)
   {
      if (args.length == 0 || !args[0].endsWith(".src"))
      {
         System.out.println("Use: Compiler program.src");
         System.exit(-1);
      }
      try
      {
         Scanner in = new Scanner(new File(args[0]));
         PrintWriter out = new PrintWriter(
                 new File(args[0].replace(".src", ".rpn"))));
         Compiler compiler = new Compiler();
         while(in.hasNextLine())
         {
            out.println(compiler.compile(in.nextLine()));
         }
         out.flush();
         out.close();
         in.close();
      }
      catch(FileNotFoundException e)
      {
         System.err.println("Sorry: file not found.");
      }
   }
}
```

Figura 20.9: *Compilador.*

```
1+2*3
```

Figura 20.10: *Arquivo "expression.src".*

```
package com.hpg.evertonbarbosagomes.br.books.java.2ed.ch20;

import java.util.Stack;
import java.util.Scanner;

import java.io.File;
import java.io.FileNotFoundException;
public class Interpreter
{
   private static final Character[] OPERATOR = {
```

```
                                        new Character('('),
                                        new Character('+'),
                                        new Character('-'),
                                        new Character('*'),
                                        new Character('/'),
                                        new Character(')')};

private int calc(int value1, int value2, Character op)
{
   int result = 0;
   switch(op.charValue())
   {
      case '+':
         result = value1 + value2;
         break;
      case '-':
         result = value1 - value2;
         break;
      case '*':
         result = value1 * value2;
         break;
      case '/':
         result = value1 / value2;
   }
   return result;
}

private boolean isOperator(Character c)
{
   boolean result = false;
   for (Character next : OPERATOR)
   {
      if (c.equals(next))
      {
         result = true;
         break;
      }
   }
   return result;
}

private int parse(String stmt)
{
   String[] tokens = stmt.trim().split(" ");
```

```java
      Stack<Integer> operands = new Stack<Integer>();
      Character op;
      int temp;
      for (String next : tokens)
      {
         op = new Character(next.charAt(0));
         if(!isOperator(op))
         {
            operands.push(new Integer(next));
         }
         else
         {
            temp = operands.pop();
            operands.push(calc(operands.pop(), temp, op));
         }
      }
      return operands.pop();
   }

   public static void main(String[] args)
   {
      if (args.length == 0 || !args[0].endsWith(".rpn"))
      {
         System.out.println("Use: Interpreter program.rpn");
         System.exit(-1);
      }
      try
      {
         Scanner in = new Scanner(new File(args[0]));
         Interpreter parser = new Interpreter();
         while(in.hasNextLine())
         {
            System.out.println(parser.parse(in.nextLine()));
         }
         in.close();
      }
      catch(FileNotFoundException e)
      {
         System.err.println("Sorry: file not found.");
      }
   }
}
```

Figura 20.11: *Interpretador.*

Figura 20.12: *Resultado.*

Use pilhas para manipular dados simétricos metades semelhantes).

20.2.4 – Fila

Fila é a estrutura de dados na qual a inserção e remoção de elementos são feitas em extremidades opostas. Por essa razão, na fila, o primeiro elemento a entrar é o primeiro a sair (First in, first out).

Figura 20.13: *Fila.*

```java
package com.hpg.evertonbarbosagomes.br.books.java.2ed.ch20;

import java.util.Iterator;
import java.util.Collection;
import java.util.SortedSet;
import java.util.TreeSet;
import java.util.ArrayList;
import java.util.Random;

class Queue<E> implements Iterable<E>
{
   /* This is intended to be invoked
        only by append(...) method.*/
   private class Node<D>
   {
      D data;
      Node<D> next;

      Node(D data)
      {
         this.data = data;
      }
   }
```

```java
    private class EmptyQueueException extends RuntimeException
    {
    }

    private Node<E> first, last;
    private int size;

    public void append(E element)
    {
        Node<E> current = new Node<E>(element);
        if (!isEmpty())
        {
            (this.last).next = current;
        }
        else
        {
            this.first = current;
        }
        this.last = current;
        this.size++;
    }

    public E remove()
    {
        if (!isEmpty())
        {
            E temp = this.first.data;
            this.first = this.first.next;
            this.size--;
            return temp;
        }
        else
        {
            throw new EmptyQueueException();
        }
    }

    public int size()
    {
        return this.size;
    }

    public boolean isEmpty()
    {
        return this.size == 0;
    }
```

```java
   private class MyIterator implements Iterator<E>
   {
      private Node<E> next = Queue.this.first;
      private E temp;

      public boolean hasNext()
      {
         return this.next != null;
      }

      public E next()
      {
         temp = this.next.data;
         this.next = this.next.next;
         return temp;
      }

      public void remove()
      {
         Queue.this.remove();
      }
   }

   public Iterator<E> iterator()
   {
      return new MyIterator();
   }
}

public class QueueDemo
{
   private <T> void printThem(Iterable<T> values, String label)
   {
      String msg = label + ": [";
      for (T next : values)
      {
         msg += (next + ", ");
      }
      msg += "\b\b]";
      System.out.println(msg);
   }

   public <T> void sampleIt(Queue<T> target, Collection<T> in)
   {
      // Insert
      for (T next : in)
```

```java
        {
            target.append(next);
        }
        // Remove
        Collection<T> out = new ArrayList<T>();
        for (int i=in.size()/2-1; i >= 0; i--)
        {
            out.add(target.remove());
        }

        // Print result
        printThem(in, "in");
        printThem(out, "out");
        printThem(target, "queue");
    }

    public static void main(String[] args)
    {
        Queue<Integer> queue = new Queue<Integer>();
        SortedSet<Integer> in = new TreeSet<Integer>();
        Random r = new Random();
        // Choose elements to insert
        int length = 9;
        while(in.size() < length)
        {
            in.add(r.nextInt(60));
        }
        new QueueDemo().sampleIt(queue, in);
    }
}
```

Figura 20.14: *Enfileirando.*

```
in:    [2, 8, 10, 19, 26, 44, 45, 50, 51]
out:   [2, 8, 10, 19]
queue: [26, 44, 45, 50, 51]
```

Figura 20.15: *Fila dinâmica.*

Embora a fila possa ser implementada elegantemente de maneira dinâmica, geralmente as implementamos de maneira estática para evitar que a fila aumente mais que o desejado.

Para evitar o desperdício das posições já desocupadas, usamos a chamada fila circular.

```java
package com.hpg.evertonbarbosagomes.br.books.java.2ed.ch20;

import java.util.Iterator;
import java.util.Collection;
import java.util.SortedSet;
import java.util.TreeSet;
import java.util.ArrayList;
import java.util.Random;

// A bounded (fixed-capacity) queue
class Buffer<E> implements Iterable<E>
{
   private E[] data;
   private int first, last, size;

   private class EmptyBufferException extends RuntimeException
   {
   }

   private class FullBufferException extends RuntimeException
   {
   }

   public Buffer(E[] length)
   {
      this.data = length;
      this.first = this.last = -1;
   }

   public void append(E element)
   {
      if (!isFull())
      {
         if (isEmpty())
         {
            this.first = (this.first+1) % this.data.length;
         }
         this.last = (this.last+1) % this.data.length;
         this.data[this.last] = element;
         this.size++;
      }
      else
      {
         throw new FullBufferException();
      }
   }
```

```java
public E remove()
{
   if (!isEmpty())
   {
      E temp = this.data[this.first];
      this.data[this.first] = null;
      if (this.first == this.last)
      {
         this.last = (this.last+1) % this.data.length;
      }
      this.first = (this.first+1) % this.data.length;
      this.size--;
      return temp;
   }
   else
   {
      throw new EmptyBufferException();
   }
}

public int capacity()
{
   return this.data.length;
}

public int size()
{
   return this.size;
}

public boolean isEmpty()
{
   return (this.last < 0 || this.data[this.last] == null);
}

public boolean isFull()
{
   return
        this.data[(this.last+1)%this.data.length] != null;
}

private class MyIterator implements Iterator<E>
{
   private int next = Buffer.this.first;
   private E temp;

   public boolean hasNext()
   {
```

```java
            return Buffer.this.data[this.next] != null;
         }

         public E next()
         {
            temp = Buffer.this.data[this.next];
            this.next = (this.next+1) % Buffer.this.data.length;
            return temp;
         }

         public void remove()
         {
            Buffer.this.remove();
         }
      }

      public Iterator<E> iterator()
      {
         return new MyIterator();
      }
   }

public class BufferDemo
{
   private <T> void printThem(<T> values, String label)
   {
      String msg = label + ": [";
      for (T next : values)
      {
         msg += (next + ", ");
      }
      msg += "\b\b]";
      System.out.println(msg);
   }

   public <T> void sampleIt(Buffer<T> target, Collection<T> in)
   {
      // Insert
      for (T next : in)
      {
         target.apppend(next);
      }
      // Remove
      Collection<T> out = new ArrayList<T>();
      for (int i=in.size()/2-1; i >= 0; i—)
      {
         out.add(target.remove());
      }
```

```
    // Print result
    printThem(in, "in");
    printThem(out, "out");
    printThem(target, "buffer");
}

public static void main(String[] args)
{
   Buffer<Integer> buffer = new Buffer<Integer>(
                                          new Integer[9]);
   SortedSet<Integer> in = new TreeSet<Integer>();
   Random r = new Random();
   // Choose elements to insert
   int length = buffer.capacity();
   while(in.size() < length)
   {
      in.add(r.nextInt(60));
   }
   new BufferDemo().sampleIt(buffer, in);
}
}
```

Figura 20.16: *Enfileirando.*

```
in: [7, 12, 13, 14, 19, 34, 35, 48, 49]
out: [7, 12, 13, 14]
buffer: [19, 34, 35, 48, 49]
```

Figura 20.17: *Fila estática (buffer) circular.*

Fila de prioridade é um caso especial no qual a posição dos elementos não é determinada pela ordem de chegada, mas pelo valor deles. Nela, o menor elemento da fila é sempre o primeiro a sair. O último elemento a entrar, por exemplo, pode ir para o início da fila se ele for menor que todos os já existentes.

Use filas quando a demanda por um recurso for maior que a oferta dele.

20.2.5 – Árvore

Proposta em 1951 por David A. Huffman (1926-1999), a árvore binária de busca é uma lista encadeada não-linear na qual cada elemento possui dois próximos – um menor que ele e outro maior. A ramificação dos nodos garante, além de rápido acesso a qualquer elemento da árvore, a ordenação instantânea deles. Para facilitar a visualização, a árvore é representada verticalmente e de cabeça para baixo.

A altura de uma árvore é o maior número de níveis existentes até o nodo mais distante da raiz (a altura da raiz, portanto, é zero). Ela é uma medida muito importante, pois determina a quantidade máxima de comparações que precisam ser feitas para se localizar um valor. Uma árvore de altura 3, por exemplo, consegue encontrar qualquer um dos seus elementos efetuando, no máximo, 4 comparações a partir da raiz.

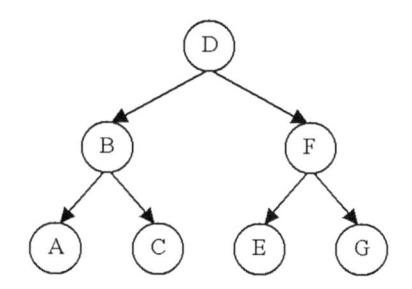

Figura 20.18: *Árvore binária de busca.*

Como a árvore de altura n é capaz de armazenar até "[2^(n+1)]-1" elementos, o resultado é uma estrutura de desempenho fenomenal capaz de localizar uma "agulha no palheiro" num período muito curto de tempo. Uma árvore com aproximadamente 4 BILHÕES de elementos (2^(32)), por exemplo, precisa realizar, no máximo, apenas 32 comparações para encerrar qualquer busca. (Uau!)

As buscas são feitas a partir da raiz. O valor a ser localizado é comparado com os valores encontrados. Caso ele seja menor, a busca continua a partir do nodo à esquerda e, caso ele seja maior, a partir do nodo à direita. Isso é feito até que o valor seja localizado ou se determine que ele não faz parte da árvore. A adição de valores é feita de maneira idêntica. A única diferença é que, ao não ser localizado, o valor é adicioado à árvore.

Árvore é uma estrutura naturalmente recursiva (cada nodo é a raiz de uma sub-árvore), por isso seus algoritmos são tradicionalmente implementados dessa forma.

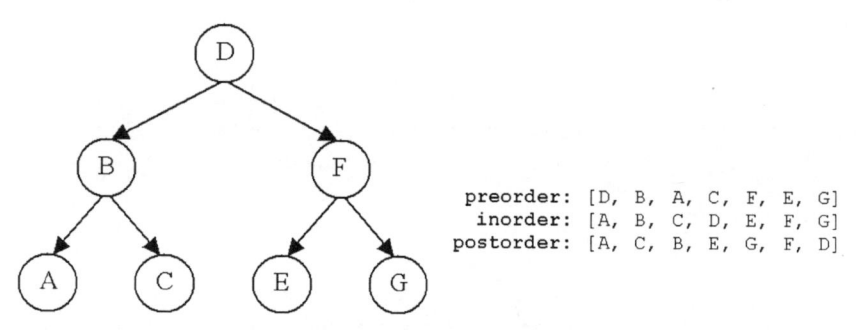

```
preorder:  [D, B, A, C, F, E, G]
inorder:   [A, B, C, D, E, F, G]
postorder: [A, C, B, E, G, F, D]
```

Figura 20.18A: *Formas de travessia.*

Há várias maneiras para se percorrer os elementos da árvore. A travessia pode ser feita na pré-ordem (nodo, nodo-filho à esquerda e nodo-filho à direita), na ordem (nodo-filho à esquerda, nodo e nodo-filho à direita) ou ainda na pós-ordem (nodo-filho à esquerda, nodo-filho à direita e nodo). Na pré-ordem, os elementos são acessados na seqüência de inserção ideal (aquela que produz uma cópia da árvore). Na ordem, por sua vez, eles são acessados na seqüência crescente. Já na pós-ordem, eles são acessados na segunda pior seqüência de inserção (a pior seqüência de inserção é a crescente/decrescente).

```java
package com.hpg.evertonbarbosagomes.br.books.java.2ed.ch20;

import java.util.Collection;
import java.util.SortedSet;
import java.util.TreeSet;
import java.util.List;
import java.util.ArrayList;
import java.util.Random;

class Tree<E extends Comparable<E>>
{
   /* This is intended to be invoked only by add(...) method.
      Otherwise, use getNode(...) instead. */
   private class Node<D extends Comparable<D>>
                                 implements Comparable<Node<D>>
   {
      D data;
      Node<D> left, right;

      Node(D data)
      {
         this.data = data;
      }

      public int compareTo(Node<D> node)
      {
         return this.data.compareTo(node.data);
      }

      @Override
      public int hashCode()
      {
         return this.data.hashCode();
      }

      @Override
      public boolean equals(Object obj)
      {
         return ((obj instanceof Node<D>)
                     && (obj.hashCode() == this.hashCode()));
      }

      @Override
      public String toString()
      {
         return String.valueOf(this.data);
      }
   }
```

```java
private Node<E> root;
private int size;

public boolean isEmpty()
{
   return this.size == 0;
}

private Node<E> getParent(Node<E> current, Node<E> root)
{
   Node<E> parent = null;
   if (current.compareTo(root) < 0)
   {
      if (root.left != null
            && root.left.compareTo(current) != 0)
      {
         parent = getParent(current, root.left);
      }
      else
      {
         parent = root;
      }
   }
   else if (current.compareTo(root) > 0)
   {
      if (root.right != null
            && root.right.compareTo(current) != 0)
      {
         parent = getParent(current, root.right);
      }
      else
      {
         parent = root;
      }
   }
   return parent;
}

private Node<E> getParent(Node<E> node)
{
   Node<E> parent = null;
   if (!isEmpty() && (node.compareTo(this.root) != 0))
   {
      parent = getParent(node, this.root);
   }
```

```java
      else
      {
         parent = null;
      }
      return parent;
   }

   private Noe<E> getNode(E element, Node<E> root)
   {
      Node<E> node = null;
      if (element.compareTo(root.data) < 0)
      {
         if (root.left != null)
         {
            if (root.left.data.compareTo(element) != 0)
            {
               node = getNode(element, root.left);
            }
            else
            {
               node = root.left;
            }
         }
         else
         {
            node = null;
         }
      }
      else if (element.compareTo(root.data) > 0)
      {
         if (root.right != null)
         {
            if (root.right.data.compareTo(element) != 0)
            {
               node = getNode(element, root.right);
            }
            else
            {
               node = root.right;
            }
         }
         else
         {
            node = null;
         }
      }
      return node;
   }
```

```java
    private Node<E> getNode(E element)
    {
      Node<E> node = null;
      if (!isEmpty())
      {
        if(element.compareTo(this.root.data) != 0)
        {
          node = getNode(element, this.root);
        }
        else
        {
          node = this.root;
        }
      }
      return node;
    }

    public boolean contains(E element)
    {
      return getNode(element) != null;
    }

    public void add(E element)
    {
      if (!contains(element))
      {
        Node<E> current = new Node<E>(element);
        if (this.root != null)
        {
          Node<E> parent = getParent(current);
          if (parent != null)
          {
            if (current.compareTo(parent) != 0)
            {
              if (current.compareTo(parent) < 0)
              {
                parent.left = current;
              }
              else
              {
                assert current.compareTo(parent) > 0;
                parent.right = current;
              }
              this.size++;
            }
          }
```

```java
         }
         else
         {
            this.root = current;
            this.size++;
         }
      }
   }

   private void prepend(Node<E> root, Node<E> left)
   {
      if (left != null)
      {
         assert root.compareTo(left) > 0;
         Node<E> leftmost = root;
         if(leftmost.left != null)
         {
            prepend(leftmost.left, left);
         }
         else
         {
            leftmost.left = left;
         }
      }
   }

   private void append(Node<E> root, Node<E> right)
   {
      if (right != null)
      {
         assert root.compareTo(right) < 0;
         Node<E> rightmost = root;
         if(rightmost.right != null)
         {
            append(rightmost.right, right);
         }
         else
         {
            rightmost.right = right;
         }
      }
   }

   private void link(Node<E> root,
                     Node<E> leftOrphan, Node<E> rightOrphan)
```

```java
    {
      if (root == null)
      {
        if (rightOrphan != null)
        {
          prepend(rightOrphan, leftOrphan);
          this.root = rightOrphan;
        }
        else
        {
          this.root = leftOrphan;
        }
      }
      else
      {
        if (leftOrphan != null)
        {
          if (root.compareTo(leftOrphan) < 0)
          {
            append(root, leftOrphan);
            append(leftOrphan, rightOrphan);
          }
          else
          {
            if (rightOrphan != null)
            {
              prepend(root, rightOrphan);
              prepend(rightOrphan, leftOrphan);
            }
            else
            {
              prepend(root, leftOrphan);
            }
          }
        }
        else if (rightOrphan != null)
        {
          if (root.compareTo(rightOrphan) < 0)
          {
            append(root, rightOrphan);
          }
          else
          {
            prepend(root, rightOrphan);
          }
        }
      }
    }
```

```java
   public void remove(E element)
   {
      if (contains(element))
      {
         Node<E> target = getNode(element);
         if (target.compareTo(this.root) != 0)
         {
            Node<E> parent = getParent(target);
            if (parent != null)
            {
               if (target.compareTo(parent) < 0)
               {
                  parent.left = null;
               }
               else
               {
                  parent.right = null;
               }
               link(parent, target.left, target.right);
               this.size--;
            }
         }
         else
         {
            link(null, this.root.left, this.root.right);
            this.size--;
         }
      }
   }

   private void preorder(Node<E> root)
   {
      if (root != null)
      {
         System.out.print(root.data + ", ");
         preorder(root.left);
         preorder(root.right);
      }
   }

   public void preorder()
   {
      System.out.print("tree: [");
      preorder(this.root);
      System.out.println("\b\b]");
   }
```

```java
    private void inorder(Node<E> root)
    {
       if (root != null)
       {
          inorder(root.left);
          System.out.print(root.data + ", ");
          inorder(root.right);
       }
    }

    public void inorder()
    {
       System.out.print("tree: [");
       inorder(this.root);
       System.out.println("\b\b]");
    }

    private void postorder(Node<E> root)
    {
       if (root != null)
       {
          postorder(root.left);
          postorder(root.right);
          System.out.print(root.data + ", ");
       }
    }

    public void postorder()
    {
       System.out.print("tree: [");
       postorder(this.root);
       System.out.println("\b\b]");
    }

    public int size()
    {
       return this.size;
    }
}

public class TreeDemo
{
   private static <T> void printThem(
                          Iterable<T> values, String label)
   {
      String msg = label + ": [";
```

```java
      for (T next : values)
      {
         msg += (next + ", ");
      }
      msg += "\b\b]";
      System.out.println(msg);
   }

   public <T extends Comparable<T>>
                void sampleIt(
                        Tree<T> target,
                        Collection<T> in, Collection<T> out)
   {
      // Insert
      for (T next : in)
      {
         target.add(next);
      }
      // Remove
      for (T next : out)
      {
         target.remove(next);
      }

      // Print result
      printThem(in, "in");
      printThem(out, "out");
      System.out.println("Preorder");
      target.preorder();
      System.out.println("Inorder");
      target.inorder();
      System.out.println("Postorder");
      target.postorder();
   }

   public static void main(String[] args)
   {
      Tree<Integer> tree = new Tree<Integer>();
      List<Integer> in = new ArrayList<Integer>();
      SortedSet<Integer> out = new TreeSet<Integer>();
      Random r = new Random();
      int length = 9;
      // Choose elements to insert
      while(in.size() < length)
      {
         in.add(r.nextInt(60));
      }
```

Capítulo 20: Estruturas de Dados e Algoritmos – Parte 1 (Teoria) 393

```
    // Choose elements for removal
    while(out.size() < (in.size()/2))
    {
        out.add(in.get(r.nextInt(in.size())));
    }
    new TreeDemo().sampleIt(tree, in, out);
  }
}
```

Figura 20.19: *Árvore recursiva.*

```
in: [26, 39, 15, 19, 14, 32, 9, 33, 45]
out: [9, 26, 33, 39]
Preorder
tree: [45, 32, 15, 14, 19]
Inorder
tree: [14, 15, 19, 32, 45]
Postorder
tree: [14, 19, 15, 32, 45]
```

Figura 20.20: *Prova de fogo.*

A forma da árvore depende da ordem em que os valores são inseridos. Quando os valores são inseridos na ordem seqüencial (crescente ou decrescente), a árvore é obrigada a crescer em uma única direção. Isso prejudica o desempenho, pois aumenta a altura da árvore e, conseqüentemente, a quantidade de comparações necessária para a localização dos valores.

Árvore ideal, portanto, é aquela que tem forma de triângulo equilátero (lados iguais). Algebricamente:

- O tamanho (número de elementos) de cada nível é menor que ou igual a 2^altura;
- O tamanho da árvore vai de 2^altura a [2^(altura+1)]-1;
- A altura da árvore é menor que ou igual a log2 tamanho.

Detalhe: a altura é medida a partir da raiz.

Conhecendo essas fórmulas, é possível balancear a árvore, ou seja, mantê-la simétrica.

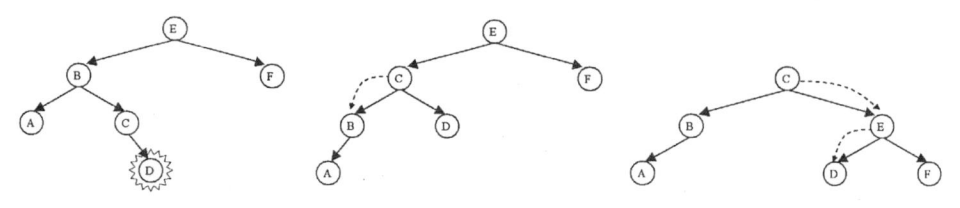

Figura 20.21: *Balanceamento.*

Um aspecto muito importante a considerar é que, na árvore binária, o balanceamento altera apenas a altura dos nodos. Não há movimentações horizontais.

20.2.6 – A Estrutura Ideal

As estruturas mostradas aqui são apenas um ponto-de-partida. Podemos fazer o que quisermos.

A árvore é provavelmente a estrutura de dados mais próxima da perfeição. Prova disso é que o melhor algoritmo de ordenação (quick sort) e o melhor algoritmo de busca (binary search) são baseados nela. Os pontos fracos da estrutura são, basicamente, o espaço extra ocupado pelas referências (4 bytes por referência, em máquinas com registradores de 32 bits), a recursividade e a deformação. Logo, para chegar à estrutura de dados ideal, basta resolver essas limitações. A primeira é praticamente impossível de ser eliminada, mas as demais, não.

Estudando profundamente a natureza da árvore, podemos chegar a algumas conclusões interessantes.

Para dispensar a recursividade, por exemplo, podemos acrescentar mais três referências a cada nodo: uma para o nodo-pai, uma para o nodo anterior e outra para o posterior. Repare que a árvore manter-se-á binária, pois cada nodo continuará tendo apenas dois filhos.

A estrutura de dados resultante é uma árvore não recursiva e, portanto, infinitamente escalável.

```java
package com.hpg.evertonbarbosagomes.br.books.java.2ed.ch20;

import java.util.Iterator;
import java.util.Collection;
import java.util.SortedSet;
import java.util.TreeSet;
import java.util.List;
import java.util.LinkedList;
import java.util.ArrayList;
import java.util.Random;

/**
 * Iterative tree.
 * @autor Dante (E.B.G.)
 */
class Tree<E extends Comparable<E>> implements Iterable<E>
{
    /* This is intended to be invoked only by add(...) method.
       Otherwise, use getNode(...) instead. */
    private class Node<D extends Comparable<D>>
                                implements Comparable<Node<D>>
    {
        D data;
```

```java
      Node<D> parent, left, previous, next, right;

      Node(D data, Node<D> parent)
      {
         this.data = data;
         this.parent = parent;
      }

      public int compareTo(Node<D> node)
      {
         return this.data.compareTo(node.data);
      }

      @Override
      public int hashCode()
      {
         return this.data.hashCode();
      }

      @Override
      public boolean equals(Object obj)
      {
         return ((obj instanceof Node)
              && (obj.hashCode() == this.hashCode()));
      }

      @Override
      public String toString()
      {
         return String.valueOf(this.data);
      }
   }
   private Node<E> root, smallest, biggest;
   private int size;

/*
   private void rotateToLeft(Node<E> current)
   {
      Node<E> parent = current.parent,
           right = current.right,
            temp = right.left;
      if (right != null)
      {
         right.parent = parent;
         if (parent != null)
         {
```

```
            if (right.compareTo(parent) > 0)
            {
               parent.right = right;
            }
            else
            {
               parent.left = right;
            }
         }
         else
         {
            this.root = right;
         }
         current.parent = right;
         right.left = current;
         if (temp != null)
         {
            temp.parent = current;
            current.right = temp;
         }
      }
   }

   private void rotateToRight(Node<E> current)
   {
      Node<E> parent = current.parent,
         left = current.left,
         temp = left.right;
      if (left != null)
      {
         left.parent = parent;
         if (parent != null)
         {
            if (left.compareTo(parent) < 0)
            {
               parent.left = left;
            }
            else
            {
               parent.right = left;
            }
         }
         else
         {
            this.root = left;
         }
```

```java
            current.parent = left;
            left.right = current;
            if (temp != null)
            {
                temp.parent = current;
                current.left = temp;
            }
        }
    }

    private int height(Node<E> root)
    {
        int result = 0,
            temp;
        if (root != null)
        {
            LinkedList<Node<E>> sublevel = new LinkedList<Node<E>>(),
                            level = new LinkedList<Node<E>>();
            sublevel.add(root);
            result = -1;
            Node<E> current;
            while(sublevel.size() > 0)
            {
                result++;
                // From sublevel to level
                while(sublevel.size() > 0)
                {
                    current = sublevel.removeFirst();
                    if (current.left != null)
                    {
                        level.add(current.left);
                    }
                    if (current.right != null)
                    {
                        level.add(current.right);
                    }
                }
                sublevel = level;
                level = new LinkedList<Node<E>>();
            }
        }
        return result;
    }

    // Balance factor
```

```java
   // Gives the difference between right and left subtrees.
   private int bf(Node<E> node)
   {
      return height(node.right) - height(node.left);
   }

   private void balance(Node<E> last)
   {
      Node<E> current = last.parent,
          previous = last;
      int previousBF, currentBF;
      previousBF = currentBF = 0;
      while(current != null
            && Math.abs(currentBF=bf(current)) < 2)
      {
         previous = current;
         previousBF = currentBF;
         current = current.parent;
      }
      if (current != null)
      {
         if ((currentBF < 0 && previousBF > 0)
                  || (currentBF > 0 && previousBF < 0))
         {
            if (previousBF > 0)
            {
               rotateToLeft(previous);
            }
            else if (previousBF < 0)
            {
               rotateToRight(previous);
            }
         }
         if (currentBF > 0)
         {
            rotateToLeft(current);
         }
         else if (currentBF < 0)
         {
            rotateToRight(current);
         }
      }
   }*/

   // Sets next reference
   private void setNext(Node<E> node, Node<E> next)
```

```java
{
   if (node != null)
   {
      node.next = next;
   }
   else
   {
      this.smallest = next;
   }
   if (next != null)
   {
      next.previous = node;
   }
   else
   {
      this.biggest = node;
   }
}

// Sets previous and next references
private void setPreviousAndNext(Node<E> node,
                                Node<E> previous, Node<E> next)
{
   setNext(previous, node);
   setNext(node, next);
}

public boolean isEmpty()
{
   return this.root == null;
}

public void add(E element)
{
   if (!isEmpty())
   {
      Node<E> temp = this.root,
          current;
      int height = 0,
          diff;
      boolean smallest = true,
          biggest = true;
      while((diff=element.compareTo(temp.data)) != 0)
      {
         height++;
         if (diff < 0)
```

```
   {
      if (biggest)
      {
         biggest = false;
      }
      if (temp.left != null)
      {
         temp = temp.left;
         continue;
      }
      else
      {
         current = new Node<E>(element, temp);
         temp.left = current;
         if (smallest)
         {
            this.smallest = current;
         }
         setPreviousAndNext(
             current, temp.previous, temp);
      }
   }
   else
   {
      assert diff > 0;
      if (smallest)
      {
         smallest = false;
      }
      if (temp.right != null)
      {
         temp = temp.right;
         continue;
      }
      else
      {
         current = new Node<E>(element, temp);
         temp.right = current;
         if (biggest)
         {
            this.biggest = current;
         }
         setPreviousAndNext(current, temp, temp.next);
      }
   }
}
this.size++;
```

```
//            balance(current);
            break;
         }
      }
      else
      {
         this.root = this.smallest = this.biggest =
                                 new Node<E>(element, null);
         this.size++;
      }
   }

   private Node<E> getNode(E element)
   {
      Node<E> current = null;
      if (!isEmpty())
      {
         current = this.root;
         int diff;
         while((diff=element.compareTo(current.data)) != 0)
         {
            if (diff < 0)
            {
               current = current.left;
            }
            else
            {
               assert diff > 0;
               current = current.right;
            }
            if (current == null)
            {
               break; // element not found!
            }
         }
      }
      return current;
   }

   public boolean contains(E element)
   {
      return getNode(element) != null;
   }
```

```java
   private void prepend(Node<E> root, Node<E> left)
   {
      if (root != null && left != null)
      {
         assert root.compareTo(left) > 0;
         Node<E> leftmost = root;
         while(leftmost.left != null)
         {
            leftmost = leftmost.left;
         }
         leftmost.left = left;
         left.parent = leftmost;
      }
   }

   private void append(Node<E> root, Node<E> right)
   {
      if (root != null && right != null)
      {
         assert root.compareTo(right) < 0;
         Node<E> rightmost = root;
         while(rightmost.right != null)
         {
            rightmost = rightmost.right;
         }
         rightmost.right = right;
         right.parent = rightmost;
      }
   }

   private void link(Node<E> root,
                     Node<E> leftOrphan, Node<E> rightOrphan)
   {
      if (root == null)
      {
         if (rightOrphan != null)
         {
            prepend((rightOrphan.parent).next, leftOrphan);
            this.root = rightOrphan;
         }
         else
         {
            this.root = leftOrphan;
         }
      }
      else
```

```java
      {
         if (leftOrphan != null)
         {
            if (root.compareTo(leftOrphan) < 0)
            {
               append((leftOrphan.parent).previous,
                              rightOrphan);
               append(root, leftOrphan);
            }
            else
            {
               if (rightOrphan != null)
               {
                  prepend((rightOrphan.parent).next, leftOrphan);
                  prepend(root, rightOrphan);
               }
               else
               {
                  prepend(root, leftOrphan);
               }
            }
         }
         else if (rightOrphan != null)
         {
            if (root.compareTo(rightOrphan) < 0)
            {
               append(root, rightOrphan);
            }
            else
            {
               prepend(root, rightOrphan);
            }
         }
      }
   }

   public void remove(E element)
   {
      Node<E> target = getNode(element);
      if (target != null)
      {
         if (target.compareTo(this.root) != 0)
         {
            Node<E> parent = target.parent;
            if (parent != null)
```

```java
              {
                 if (target.compareTo(parent) < 0)
                 {
                    parent.left = null;
                 }
                 else
                 {
                    parent.right = null;
                 }
                 target.parent = null;
                 lnk(parent, target.left, target.right);
                 this.size—;
              }
           }
           else
           {
              link(null, this.root.left, this.root.right);
              this.size—;
           }
           setNext(target.previous, target.next);
        }
        else
        {
           // element not found!
        }
     }

     private class TreeIterator implements Iterator<E>
     {
        private Node<E> next = Tree.this.smallest;
        private E temp;

        public boolean hasNext()
        {
           return this.next != null;
        }

        public E next()
        {
           temp = this.next.data;
           this.next = this.next.next;
           return temp;
        }
```

```java
    public void remove()
    {
      Tree.this.remove(temp);
    }
  }

  public Iterator<E> iterator()
  {
    return new TreeIterator();
  }

  private void preorder(Node<E> root)
  {
    if (root != null)
    {
      System.out.print(root.data + ", ");
      preorder(root.left);
      preorder(root.right);
    }
  }

  public void preorder()
  {
    System.out.print("tree: [");
    preorder(this.root);
    System.out.println("\b\b]");
  }

  private void inorder(Node<E> root)
  {
    if (root != null)
    {
      inorder(root.left);
      System.out.print(root.data + ", ");
      inorder(root.right);
    }
  }

  public void inorder()
  {
    System.out.print("tree: [");
    inorder(this.root);
    System.out.println("\b\b]");
  }
```

```java
    private void postorder(Node<E> root)
    {
      if (root != null)
      {
        postorder(root.left);
        postorder(root.right);
        System.out.print(root.data + ", ");
      }
    }

    public void postorder()
    {
      System.out.print("tree: [");
      postorder(this.root);
      System.out.println("\b\b]");
    }

    public int size()
    {
      return this.size;
    }
}

public class TreeDemo
{
    private static <T> void printThem(
                            Iterable<T> values, String label)
    {
      String msg = label + ": [";
      for (T next : values)
      {
        msg += (next + ", ");
      }
      msg += "\b\b]";
      System.out.println(msg);
    }

    public <T extends Comparable<T>>
              void sampleIt(
                      Tree<T> target,
                      Collection<T> in, Collection<T> out)
    {
      // Insert
      for (T next : in)
      {
        target.add(next);
      }
```

```java
        // Remove
        for (T next : out)
        {
           target.remove(next);
        }

        // Print result
        printThem(in, "in");
        printThem(ou, "out");
        printThem(target, "tree");
        System.out.println("Preorder");
        target.preorder();
        System.out.println("Inorder");
        target.inorder();
        System.out.println("Postorder");
        target.postorder();
    }

    public static void main(String[] args)
    {
        Tree<Integer> tree = new Tree<Integer>();
        List<Integer> in = new ArrayList<Integer>();
        SortedSet<Integer> out = new TreeSet<Integer>();
        Random r = new Random();
        int length = 9;
        // Choose elements to insert
        while(in.size() < length)
        {
           in.add(r.nextInt(60));
        }
        // Choose elements for removal
        while(out.size() < (in.size()/2))
        {
           out.add(in.get(r.nextInt(in.size())));
        }
        new TreeDemo().sampleIt(tree, in, out);
    }
}
```

Figura 20.22: *Árvore iterativa.*

```
in: [46, 35, 6, 42, 10, 47, 13, 27, 37]
out: [6, 13, 27, 47]
tree: [10, 35, 37, 42, 46]
Preorder
tree: [35, 10, 46, 42, 37]
Inorder
tree: [10, 35, 37, 42, 46]
Postorder
tree: [10, 37, 42, 46, 35]
```

Figura 20.23: *Prova de fogo.*

Obviamente, os ponteiros extras ocupam um espaço adicional na RAM, mas há pouco a falar sobre economia de memória usando recursão.

Compare você mesmo o desempenho das diferentes formas de implementação.

```
package com.hpg.evertonbarbosagomes.br.books.java.2ed.ch20;

import java.util.Calendar;
import java.util.Iterator;
import java.util.Collection;
import java.util.TreeSet;
import java.util.List;
import java.util.ArrayList;
import java.util.Random;

interface Tree<E>
{
   void add(E element);
   void remove(E element);
}

class RecursiveTree<E extends Comparable<E>> implements Tree<E>
{
    ...
}

class IterativeTree<E extends Comparable<E>>
                        implements Tree<E>, Iterable<E>
{
   ...
}

public class Benchmark
```

```java
{
   private Collection<Integer> in, out;

   private void setup()
   {
      this.in = new ArrayList<Integer>();
      this.out = new TreeSet<Integer>();
      Random r = new Random();
      int length = Short.MAX_VALUE;
      // Choose elements to insert
      while(in.size() < length)
      {
         in.add(Math.abs(r.nextInt()));
      }
      // Choose elements for removal
      List<Integer> temp = (List<Integer>) this.in;
      while(out.size() < (in.size()/2))
      {
         out.add(temp.get(r.nextInt(in.size())));
      }
   }

   private void cleanup()
   {
      System.runFinalization();
      System.gc();
   }

   private long execute(Tree<Integer> target)
   {
      long before = Calendar.getInstance().getTimeInMillis(),
           after;
      // Insert
      for (int next : this.in)
      {
         target.add(next);
      }
      // Remove
      for (int next : this.out)
      {
         target.remove(next);
      }
      after = Calendar.getInstance().getTimeInMillis();
      return after-before;
   }
   public static void main(String[] args)
```

```
{
    Benchmark bm = new Benchmark();
    Tree<Integer> rTree = new RecursiveTree<Integer>(),
                  iTree = new IterativeTree<Integer>();
    log d1, d2;
    bm.setup();

    System.out.println("Please, wait...");
    bm.cleanup();
    d1 = bm.execute(rTree);
    bm.cleanup();
    d2 = bm.execute(iTree);

    System.out.println("recursive tree: " + d1 + " ms");
    System.out.println("iterative one: " + d2 + " ms");
  }
}
```

Figura 20.24: *Duelo de titãs.*

```
Please, wait...
recursive tree: 1453 ms
iterative one: 690 ms
```

Figura 20.25: *Resultado.*

20.3 – Algoritmos

"Se realmente entendermos o problema, a resposta virá dele, porque a resposta não está separada do problema."

Krishnamurti.

As estruturas de dados definem apenas a forma como os dados são armazenados. A maneira como eles serão manipulados é definida pelos algoritmos.

Algoritmos são o conjunto de instruções responsável pelo processamento dos dados.

Por mais poderosos que se tornem os computadores, o objetivo dos algoritmos será sempre alcançar a utilização mais racional possível dos recursos (processador e memória) disponíveis.

Os principais algoritmos relacionados às estruturas de dados são o de ordenação dos elementos do conjunto e o de busca por um elemento do conjunto.

Lembre-se: as máquinas não pensam – tudo o que elas fazem é executar ao pé-da-letra as instruções solicitadas, independentemente do que ocorre ao seu redor. Ao elaborar algoritmos, portanto, pense em todas as situações possíveis de forma a evitar efeitos indesejáveis (bugs).

20.3.1 – Algoritmos de Ordenação

Para garantir que o conjunto encontra-se ordenado, é preciso comparar cada elemento com todos os demais. Logo, os algoritmos de ordenação diferem entre si pela quantidade de trocas necessárias para a ordenação. Quanto menor o número de trocas, melhor o algoritmo de ordenação.

Dois objetos são comparáveis quando implementam a interface Comparable. O método compareTo(), requerido por essa interface, permite comparar objetos de uma mesma classe como se eles fossem números. O teste "a.compareTo(b) < 0", por exemplo, é semelhante ao teste "a < b" e "a.compareTo(b) > 0", ao teste "a > b".

20.3.1.1 – Ordenação por bolha

O algoritmo de ordenação por bolha é aquele que, para ordenar um conjunto de elementos, atravessa-os várias vezes, "borbulhando" a cada passagem o menor valor do intervalo.

```java
package com.hpg.evertonbarbosagomes.br.books.java.2ed.ch20;

import java.util.Random;
import java.util.Arrays;

public class BubbleSort
{
    public static <T extends Comparable<T>>
                    void sort(T[] array)
    {
        T temp;
        for (int left=0, right=array.length-1, i; left < right;
                                                 left++)
        {
            for (i=right; i > left; i--)
            {
                if (array[i-1].compareTo(array[i]) > 0)
                {
                    temp = array[i-1];
                    array[i-1] = array[i];
                    array[i] = temp;
                }
            }
        }
    }
}
```

```
    public static void main(String[] args)
    {
       String[] options = {"A", "B", "C", "D", "E"},
            data = new String[options.length];
       Random r = new Random();
       for (int i=0; i < data.length; i++)
       {
          data[i] = options[r.nextInt(options.length)];
       }
       System.out.println("before: " + Arrays.toString(data));
       sort(data);
       Sytem.out.println("after: " + Arrays.toString(data));
    }
}
```

Figura 20.26: *Borbulhando o menor valor a cada iteração.*

```
before: [D, A, E, B, B]
after:  [A, B, B, D, E]
```

Figura 20.27: *A, B e D borbulhados.*

Uma forma de otimizar esse algoritmo é fazer com que cada passagem pelos elementos, além de borbulhar o menor valor do intervalo, "afunde" o maior deles.

O código a seguir é o máximo que se pode extrair da ordenação por bolha. A elegância está em sua simetria.

```
package com.hpg.evertonbarbosagomes.br.books.java.2ed.ch20;

import java.util.Random;
import java.util.Arrays;

public class BubbleSort
{
   public static <T extends Comparable<T>>
                             void sort(T[] array)
   {
      T temp;
      for (int left=0, right=array.length-1, i, d;
                             left < right; left++, right--)
      {
         for (i=right, d = -1; i <= right; i+=d)
         {
            if (array[i-1].compareTo(array[i]) > 0)
```

```
                {
                    temp = array[i-1];
                    array[i-1] = array[i];
                    array[i] = temp;
                }
                if (i-1 == left)
                {
                    d = -d;
                }
            }
        }
    }

    public static void main(String[] args)
    {
        String[] options = {"A", "B", "C", "D", "E"},
            data = new String[options.length];
        Random r = new Random();
        for (int i=0; i < data.length; i++)
        {
            data[i] = options[r.nextInt(options.length)];
        }
        System.out.println("before: " + Arrays.toString(data));
        sort(data);
        System.out.println("after: " + Arrays.toString(data));
    }
}
```

Figura 20.28: *Borbulhando o menor e afundando o maior.*

```
before: [D, A, E, B, B]
after:  [A, B, B, D, E]
```

Figura 20.29: *A e B borbulhados e D e E afundados.*

Repare que o algoritmo é muito elegante, mas possui praticamente o mesmo desempenho do anterior. Por que?

20.3.1.2 – Ordenação rápida

A limitação do algoritmo de ordenação por bolha está no fato de ele só comparar elementos vizinhos. Isso obriga os elementos a se deslocarem apenas uma posição por vez. Se, por exemplo, o menor elemento estiver na última posição, ele precisará trocar de lugar com todos os demais elementos do conjunto até chegar à primeira posição.

Proposta em 1960 pelo inglês Charles Antony Richard Hoare, a ordenação rápida (quick sort) é a melhor, pois compara elementos distantes de forma que eles possam deslocar-se várias posições de uma vez. Para diminuir ainda mais a quantidade de trocas, os extremos são ordenados em relação ao elemento central de forma a mantê-los no lado correto. O mesmo procedimento é aplicado sucessivamente a cada metade resultante até que todos os elementos estejam ordenados.

O algoritmo original, entretanto, não é perfeito. Sua limitação está no fato de ele ser recursivo. Como sabemos, recursividade não combina com melhor desempenho. Por essa razão, o algoritmo mais rápido nesse caso nem sempre é usado na hora de encarar missões críticas. A própria Java API, por exemplo, recorre a outra tática (merge sort) para realizar ordenações.

Enquanto estudava o assunto, entretanto, pesquisei uma forma de contornar o problema. Imbuído no espírito da árvore iterativa (ver penúltima seção), acabei chegando à solução. O algoritmo que segue, portanto, é ma versão otimizada do original criada especialmente para essa obra.

Delicie-se.

```java
package com.hpg.evertonbarbosagomes.br.books.java.2ed.ch20;

import java.util.BitSet;
import java.util.Random;
import java.util.Arrays;

/**
 * Iterative quick sort algorithm by Dante (E.B.G.)
 */
public class QuickSort
{
   public static <T extends Comparable<T>>
                              void sort(T[] array)
   {
      BitSet done = new BitSet(array.length);
      int badLeft, center, badRight;
      T temp;
      for (int range=array.length, left, right; range > 1;
                                                range/=2)
      {
         for (left=0, right=range-1; left < (array.length-1); )
         {
            while (right >= array.length)
            {
               right--;
            }

            center = (right+1+left)/2;
```

```java
            badLeft = left;
            badRight = right;
            while(true)
            {
               while(
                   array[badLeft].compareTo(array[center]) < 0)
               {
                  badLeft++;
               }
               while(
                   array[badRight].compareTo(array[center]) > 0)
               {
                  badRight--;
               }
               if (badLeft < badRight)
               {
                  /* Stable sort
                     Equal elements will not be reordered */
                  if (array[badLeft].compareTo(array[badRight]) > 0)
                  {
                     temp = array[badLeft];
                     array[badLeft] = array[badRight];
                     array[badRight] = temp;
                  }
                  if (badLeft == center)
                  {
                     badLeft = left;
                     badRight--;
                  }
                  else
                  {
                     if (badRight == center)
                     {
                        badRight = right;
                        badLeft++;
                     }
                     else
                     {
                        badLeft++;
                        badRight--;
                     }
                  }
               }
            }
         }
```

```
            done.set(center);
            left = right + 1;
            left += (done.get(left)? 1: 0);
            while(done.get(left+1))
            {
                left += 2;
            }
            right = left + (range - 1);
        }
    }
}

public static void main(String[] args)
{
    String[] options = {"A", "B", "C", "D", "E"},
       data = new String[options.length];
    Random r = new Random();
    for (int i=0; i < data.length; i++)
    {
       data[i] = options[r.nextInt(options.length)];
    }
    System.out.println("before: " + Arrays.toString(data));
    sort(data);
    System.out.println("after: " + Arrays.toString(data));
    }
}
```

Figura 20.30: *Evitando trocas.*

```
before: [D, A, E, B, B]
after:  [A, B, B, D, E]
```

Figura 20.31: *Rápido, muito rápido.*

Para quem gostou do duelo entre as árvores recursiva e iterativa, eis aqui mais um "combate".

```
import java.util.Arrays;
import java.util.BitSet;
import java.util.Random;

public class Benchmark
{
   public static <T extends Comparable<T>>
                          int bubblesort(T[] array)
```

```java
{
   T temp;
   int changes = 0;
   for (int left=0, right=array.length-1, i, d;
                                 left < right; left++, right--)
   {
      for (i=right, d = -1; i <= right; i+=d)
      {
         if (array[i-1].compareTo(array[i]) > 0)
         {
            temp = array[i-1];
            array[i-1] = array[i];
            array[i] = temp;

            changes++;
         }
         if (i-1 == left)
         {
            d = -d;
         }
      }
   }
   return changes;
}

public static <T extends Comparable<T>>
                              int quicksort(T[] array)
{
   BitSet done = new BitSet(array.length);
   int badLeft, center, badRight, changes = 0;
   T temp;
   for (int range=array.length, left, right; range > 1;
                                                      range/=2)
   {
      for (left=0, right=range-1; left < (array.length-1); )
      {
         while (right >= array.length)
         {
            right--;
         }

         center = (right+1+left)/2;
         badLeft = left;
         badRight = right;
         while(true)
         {
            while(
                array[badLeft].compareTo(array[center]) < 0)
```

```java
         {
            badLeft++;
         }
         while(
            array[badRight].compareTo(array[center]) > 0)
         {
            badRight--;
         }
         if (badLeft < badRight)
         {
           /* Stable sort
              Equal elements will not be reordered */
           if (array[badLeft].compareTo(
                    array[badRight]) > 0)
           {
              temp = array[badLeft];
              array[badLeft] = array[badRight];
              array[badRight] = temp;

              changes++;
           }
           if (badLeft == center)
           {
              badLeft = left;
              badRight--;
           }
           else
           {
              if (badRight == center)
              {
                 badRight = right;
                 badLeft++;
              }
              else
              {
                 badLeft++;
                 badRight--;
              }
           }
         }
         else
         {
            break;
         }
      }
      done.set(center);
```

```
            left = right + 1;
            left += (done.get(left)? 1: 0);
            while(done.get(left+1))
            {
               left += 2;
            }
            right = left + (range - 1);
         }
      }
      return changes;
   }

   public static void main(String[] args)
   {
      // Setup
      Random r = new Random();
      Integer[] data = new Integer[
                              3+r.nextInt(Short.MAX_VALUE/4)],
         clone = new Integer[data.length];
      // Choose elements to insert
      for (int i=0; i < data.length; i++)
      {
         data[i] = Math.abs(r.nextInt());
      }
      System.arraycopy(data, 0, clone, 0, data.length);

      // Run
      System.out.println("Please, wait...");
      int  c1 = bubblesort(data),
           c2 = quicksort(clone);
      assert Arrays.equals(data, clone);

      System.out.println("bubble sort: " + c1 + " changes");
      System.out.println("quick one: " + c2 + " changes");
   }
}
```

Figura 20.32: *A hora da verdade.*

```
Please, wait...
bubble sort: 16736130 changes
quick one: 28538 changes
```

Figura 20.33: *Massacre.*

20.3.1.3 – Estudo de caso – Triagem de cartas

Imagine que precisemos desenvolver um programa para automatizar a triagem de cartas por unidade de distribuição.

Usando uma linguagem procedural como C, seríamos obrigados a escrever nosso próprio algoritmo de ordenação. Usando Java, entretanto, não precisamos fazer isso.

Para usarmos os métodos de ordenaçao da API nesse caso, basta implementar em nossa classe Carta a capacidade de comparar a ordem dos objetos (interface Comparable). Felizmente, apenas um método é necessário para realizar a proeza.

- **compareTo(...)**: retorna um valor negativo se o objeto que o executa (this) for menor que o parâmetro ou um valor positivo se ele for maior que o parâmetro.

Em suma, o teste "obj1.compareTo(obj2) < 0" é algo como "obj1 < obj2" e o teste "obj1.compareTo(obj2) > 0" é algo como "obj1 > obj2".

Para que os objetos de uma classe sejam ordenados de acordo com um critério, compare no método "compareTo(...)" apenas a variável correspondente a esse critério.

O exemplo é esclarecedor:

```java
package com.hpg.evertonbarbosagomes.br.books.java.2ed.ch20;

import java.util.Arrays;

public class ComparableDemo
{
   private class Person
   {
      String name,
             address;
      int zipCode;

      Person(String name, int zipCode)
      {
         this.name = name;
         this.zipCode = zipCode;
      }

      @Override
      public String toString()
      {
         return this.name +
                      ", zipcode=\"" + this.zipCode + "\"";
      }
   }

   private class Letter implements Comparable<Letter>
   {
      Person from, to;
```

```java
      String forwarder;

      Letter(Person from, Person to)
      {
        this.from = from;
        this.to = to;
      }

      public int compareTo(Letter letter)
      {
        int result =
                  this.forwarder.compareTo(letter.forwarder);
        if (result == 0)
        {
          result = this.to.zipCode - letter.to.zipCode;
        }
        return result;
      }

      @Override
      public int hashCode()
      {
        String[] temp = {this.forwarder,
                          String.valueOf(this.to.zipCode)};
        return Arrays.hashCode(temp);
      }

      @Override
      public boolean equals(Object obj)
      {
        return ((obj instanceof Letter)
                  && (obj.hashCode() == this.hashCode()));
      }

      @Override
      public String toString()
      {
        return "from: " + this.from + "\nto: " + this.to;
      }
    }

    public void setForwarder(Letter[] array)
    {
      for (Letter next : array)
      {
        assert next.to.zipCode < 1000000000;
        if (next.to.zipCode < 250000000
              || next.to.zipCode > 750000000)
```

```java
         {
            next.forwarder = "Forwarder 1";
         }
         else
         {
            next.forwarder = "Forwarder 2";
         }
      }
   }

   public void sampleIt()
   {
      Letter[] mail = {
            new Letter(null, new Person("Letícia", 400000000)),
            new Letter(null, new Person("Dante", 900000000)),
            new Letter(null, new Person("Vallerie", 100000000))};
      setForwarder(mail);
      Arrays.sort(mail);
      for (Letter next : mail)
      {
         System.out.println("\n" + next);
      }
   }

   public static void main(String[] args)
   {
      new ComparableDemo().sampleIt();
   }
}
```

Figura 20.34: *Reutilizando código.*

```
from: null
to: Vallerie, zipcode="100000000"

from: null
to: Dante, zipcode="900000000"

from: null
to: Letícia, zipcode="400000000"
```

Figura 20.35: *Ordenação sem esforço.*

Ao implementar Comparable, é altamente recomendável redefinir equals(...) de modo a garantir que ele só retorne verdadeiro quando compareTo(...) retornar zero.

20.3.2 – Algoritmos de Busca

Na busca não há trocas de posição. Os algoritmos de busca, portanto, diferem entre si pela quantidade máxima de comparações necessária para se localizar um elemento. Quanto menor o número de comparações, melhor o algoritmo de busca.

20.3.2.1 – Busca Seqüencial

Quando não sabemos em que ordem estão os dados, não podemos deduzir nada sobre a localização do valor desejado.

A busca seqüencial consiste em comparar o elemento procurado (key) com cada um dos elementos do conjunto. Fazemos isso até encontrá-lo ou se determinar que ele não faz parte do conjunto.

```java
package com.hpg.evertonbarbosagomes.br.books.java.2ed.ch20;

import java.util.Random;
import java.util.Arrays;

public class TrivialSearch
{
   public static <T extends Comparable<T>>
                                boolean search(T[] array, T key)
   {
      boolean contains = false;
      for (T next : array)
      {
         if (next.compareTo(key) == 0)
         {
            contains = true;
            break;
         }
      }
      return contains;
   }

   public static void main(String[] args)
   {
      String[] options = {"A", "B", "C", "D", "E"},
                           data = new String[options.length];
      Random r = new Random();
```

```
        for (int i=0; i < data.length; i++)
        {
            data[i] = options[r.nextInt(options.length)];
        }
        String key = options[r.nextInt(options.length)];
        System.out.println("values: " + Arrays.toString(data));
        System.out.println("contains \"" + key + "\" (" +
                                        search(data, key) + ")");
    }
}
```

Figura 20.36: Um-a-um.

```
values: [C, A, D, D, C]
contains "B" (false)
```

Figura 20.37: Lentidão.

20.3.2.2 – Busca binária

Quando os dados estiverem ordenados, podemos deduzir a localização do valor desejado de forma a agilizar a busca.

Busca binária consiste em comparar o elemento procurado (key) apenas com a mediana (elemento central) e, caso não o encontre nessa posição, restringir a busca a apenas uma das metades do intervalo. Fazemos isso até encontrar o elemento procurado ou se determinar que ele não faz parte do conjunto. A tática é absurdamente rápida, pois descarta metade das possibilidades a cada comparação.

Ao procurar "A" e encontrar "C", por exemplo, as opções após "C" (inclusive) são descartadas, pois admite-se que os elementos estejam em ordem crescente.

```
package com.hpg.evertonbarbosagomes.br.books.java.2ed.ch20;

import java.util.Random;
import java.util.Arrays;

public class BinarySearch
{
    public static <T extends Comparable<T>>
                        boolean search(T[] array, T key)
    {
        boolean contains = false;
        int left=0, right=array.length-1, center;
        while(left <= right)
```

```java
        {
            center = left + ((right-left)/2);
            if (key.compareTo(array[center]) < 0)
            {
                right = center - 1;
            }
            else if (key.compareTo(array[center]) > 0)
            {
                left = center + 1;
            }
            else
            {
                contains = true;
                break;
            }
        }
        return contains;
    }

    public static void main(String[] args)
    {
        String[] options = {"A", "B", "C", "D", "E"},
                 data = new String[options.length];
        Random r = new Random();
        for (int i=0; i < data.length; i++)
        {
            data[i] = options[r.nextInt(options.length)];
        }
        String key = options[r.nextInt(options.length)];
        Arrays.sort(data);
        System.out.println("values: " + Arrays.toString(data));
        System.out.println("contains \"" + key + "\" (" +
                                    search(data, key) + ")");
    }
}
```

Figura 20.38: *Evitando comparações.*

```
values: [A, C, C, D, D]
contains "B" (false)
```

Figura 20.39: *Rápido, extremamente rápido.*

20.3.3 – Algoritmo do Menor Caminho

O problema do menor caminho consiste na determinação da melhor rota a ser seguida entre dois pontos de uma malha. Há várias maneiras para efetuar a façanha. Nessa obra, abordaremos o algoritmo criado em 1959 por Dijkstra, o mesmo inventor das estruturas de sincronização.

O algoritmo de Dijkstra baseia-se no fato que o caminho mínimo total é uma soma de caminhos mínimos parciais. Logo, para chegar ao maior basta encontrar os menores.

A obtenção dos caminhos mínimos parciais é feita retirando-se do conjunto inicial o elemento que possui a menor distância em relação ao ponto de partida. Por ser o mais próximo, tal elemento constitui um caminho mínimo. No início do cálculo, o elemento com a menor distância em relação à origem é a própria origem. Logo, o primeiro elemento a ser retirado é sempre o ponto de partida. Após a remoção, verificamos se o novo caminho mínimo permite diminuir a distância necessária para se chegar até os elementos imediatamente posteriores a ele. O processo de remoção e verificação é feito sucessivamente até que todos os caminhos mínimos parciais sejam obtidos.

O exemplo é esclarecedor.

```java
package com.hpg.evertonbarbosagomes.br.books.java.2ed.ch20;

import java.util.Map;
import java.util.TreeMap;
import java.util.Set;
import java.util.TreeSet;
import java.util.LinkedList;
import java.util.Queue;
import java.util.PriorityQueue;
import java.util.Scanner;

import java.io.File;
import java.io.FileNotFoundException;

// Helper class
class Link implements Comparable<Link>
{
    Node target;
    int length;

    Link(Node target, int length)
    {
        this.target = target;
        this.length = length;
    }

    public int compareTo(Link link)
    {
        return this.hashCode() - link.hashCode();
```

```java
    }

    @Override
    public int hashCode()
    {
       return this.target.hashCode();
    }

    @Override
    public boolean equals(Object obj)
    {
       return (obj instanceof Link)
              && (obj.hashCode() == this.hashCode());
    }
}

// Helper class
class Node implements Comparable<Node>
{
    private static Map<String,Node> pool;
        String name;
        int distance; // from root
        Node previous;
        Set<Link> next;
        boolean done;

    static
    {
       pool = new TreeMap<String,Node>();
    }

    private Node(String name)
    {
       this.name = name;
       this.distance = Integer.MAX_VALUE;
       this.next = new TreeSet<Link>();
    }

    // Factory method
    static Node getInstance(String name)
    {
       if (!pool.containsKey(name))
       {
          pool.put(name, new Node(name));
       }
       return pool.get(name);
    }
```

```java
      public int compareTo(Node node)
      {
         return this.distance - node.distance;
      }

      @Override
      public int hashCode()
      {
         return this.name.hashCode();
      }

      @Override
      public boolean equals(Object obj)
      {
         return (obj instanceof Node)
                  && (obj.hashCode() == this.hashCode());
      }
   }
}

/**
 * Dijkstra shortest path algorithm by Dante (E.B.G.).
 */
class Graph
{
   // Constructors
   public Graph()
   {
      super();
   }

   public Graph(File data)
   {
      this();
      addAll(data);
   }

   // Methods
   public void add(String name, String[] next, int[] distance)
   {
      Node node = Node.getInstance(name);
      for (int i=0; i < next.length; i++)
      {
         node.next.add(new Link(
                  Node.getInstance(next[i]), distance[i]));
      }
   }
```

Capítulo 20: Estruturas de Dados e Algoritmos – Parte 1 (Teoria)

```java
public void addAll(File data)
{
   try
   {
      Scanner file = new Scanner(data);
      Node source, target;
      while(file.hasNext())
      {
         source = Node.getInstance(file.next());
         target = Node.getInstance(file.next());
         source.next.add(new Link(target, file.nextInt()));
      }
   }
   catch(FileNotFoundException e)
   {
      System.err.println(e.getMessage());
   }
}

// Gives the shortest path between the nodes by Dijkstra
public String[] path(String from, String to)
{
   Node root = Node.getInstance(from),
      target = Node.getInstance(to);
   root.distance = 0;
   Queue<Node> temp = new PiorityQueue<Node>();
   temp.add(root);
   Node current;
   while(!temp.isEmpty())
   {
      current = temp.remove();
      current.done = true;
      for (Link next : current.next)
      {
         if(!(next.target).done)
         {
            if ((current.distance + next.length)
                  < (next.target).distance)
            {
               // Update needed because distance change
               if (temp.contains(next.target))
               {
                  temp.remove(next.target);
               }
               // Current path is shorter
```

```
                    (next.target).distance =
                         current.distance + next.length;
                    (next.target).previous = current;

                    temp.add(next.target);
                }
            }
        }
        // Reset
        current.distance = Integer.MAX_VALUE;
    }
    // Result
    LinkedList<String> path = new LinkedList<String>();
    Node next = target;
    while (next != null)
    {
        path.addFirst(next.name);
        next = next.previous;
    }
    return path.toArray(new String[path.size()]);
    }
}

public class ShortestPath
{
    public static void main(String[] args)
    {
        Graph graph = new Graph(new File("graph.dat"));
        String[] path = graph.path("N1", "N5");
        System.out.println(
                    "The best route between N1 and N5 is:");
        for (String next : path)
        {
            System.out.print(next + " -> ");
        }
        System.out.println("\b\b\b  ");
    }
}
```

Figura 20.40: *Implementando.*

```
N1 N2 5
N1 N3 10
N2 N3 3
N2 N4 2
N2 N5 9
N3 N2 2
N3 N5 1
N4 N5 6
N5 N4 4
```

Figura 20.41: *Origem, destino e distância dos nodos do grafo.*

```
The best route between N1 and N2 is:
N1 -> N2 -> N3 -> N5
```

Figura 20.42: *O melhor caminho.*

Obviamente, o caminho mais curto nem sempre é o melhor, afinal há os congestionamentos. A solução, entretanto, é simples. Basta fornecer ao algoritmo anterior o produto "distância*tempo" em vez da distância apenas.

Capítulo 21

Estruturas de Dados e Algoritmos – Parte 2 (Prática)

21.1 – Introdução

Felizmente, não é preciso criar manualmente as estruturas de dados e os algoritmos associados para beneficiar-se deles. Nesse capítulo, aprenderemos como utilizar as implementações fornecidas por Java.

21.2 – Matriz

Matriz é qualquer variável que armazena vários valores de seu tipo em vez de um só.

Para especificar que a variável deve ser, na verdade, uma matriz, declare-a com um par de colchetes.

```
class Person
{
    ...
}

class ArrayDemo
{
    void sampleIt()
    {
        Person[] family;
    }
}
```

Figura 21.1: *A estrutura de dados mais simples.*

Em Java, matrizes são objetos e, por isso, devem ser instanciadas com o operador "new". Uma das vantagens disso é que o comprimento delas (quantidade de elementos que poderá ser armazenado) não precisa ser mantido em uma variável independente como ocorre em C. Durante a criaçã da estrutura, ele é automaticamente armazenado na variável de instância length da matriz.

```
package com.hpg.evertonbarbosagomes.br.books.java.2ed.ch21;

class Person
{
}

public class ArrayDemo2
{
   public void sampleIt()
   {
      Person[] family = new Person[3];

      family[0] = new Person();
      family[1] = new Person();
      family[2] = new Person();

      System.out.println("Array's length = " + family.length);
   }

   public static void main(String[] args)
   {
      new ArrayDemo2().sampleIt();
   }
}
```

Figura 21.2: *Instanciação da matriz.*

```
Array's length = 3
```

Figura 21.3: *A variável de instância length.*

A forma mais prática para se criar matrizes, entretanto, é através das altamente intuitivas listas inicializadoras, pois, nelas, o preenchimento é imediato.

Compare.

```
package com.hpg.evertonbarbosagomes.br.books.java.2ed.ch21;

class Person
{
}
```

```java
public class ArrayDemo2
{
  public void sampleIt()
  {
    Person[] family = { new Person(),
                        new Person(),
                        new Person() };

    System.out.println("Array's length = " + family.length);
  }

  public static void main(String[] args)
  {
    new ArrayDemo2().sampleIt();
  }
}
```

Figura 21.4: *Lista inicializadora.*

Inicialmente, todas as posições da matriz estão preenchidas com o valor padrão correspondente ao tipo de dados (0 para números, '\u0000' para caractere, false para booleano e null para objetos.). Para atribuir um valor a elas, indique a sua posição entre colchetes (a contagem inicia-se em zero).

A partir do momento em que preenchemos uma posição, podemos usá-la como uma variável convencional.

```java
package com.hpg.evertonbarbosagomes.br.books.java.2ed.ch21;

class Person
{
   String name;
}

public class ArrayDemo3
{
  public void sampleIt()
  {
     Person[] family = new Person[2];
     family[0] = new Person();
     family[1] = new Person();

     family[0].name = "Vallerie Spiller";
     family[1].name = "Mauro Pena";

     String msg =
```

```
        "My dear mother-in-law is Mrs. " + family[0].name +
        " and my father-in-law is Mr. " + family[1].name + ".";
        System.out.println(msg);
    }

    public static void main(String[] args)
    {
        new ArrayDemo3().sampleIt();
    }
}
```

Figura 21.5: *Atribuição de valor às posições da matriz.*

```
My dear mother-in-law is Mrs. Vallery Spiller and
my father-in-law is Mr. Mauro Pena.
```

Figura 21.6: *O amor é lindo.*

O número dentro dos colchetes é o índice. Ele indica a posição do elemento que desejamos acessar. Repare que, devido à contagem iniciada em zero, o índice do último elemento é sempre menor que o comprimento da matriz. Uma matriz com sete elementos, por exemplo, enumera-os de zero até seis. O elemento "array[array.length]", portanto, NÃO existe.

☺ **Cuidado:**
   O último elemento de uma matriz é sempre "array[array.length-1]".

Para percorrer os elementos de uma matriz:

```
for (elementType nextElement : array)
{
    ...
}
```

Figura 21.7: *Travessia.*

Matrizes podem conter matrizes. Cada par de colchetes representa uma matriz de comprimento próprio.

```
package com.hpg.evertonbarbosagomes.br.books.java.2ed.ch21;

public class ArrayDemo4
{
```

```java
public void sampleIt()
{
    int[] firstRow = {0,1,2},
          secondRow = {3,4,5},
          thirdRow = {6,7,8};
    int[][] table = {firstRow, secondRow, thirdRow};
    /* Or...
       int[][] table = { {0,1,2},
                         {3,4,5},
                         {6,7,8} };
    */
    for(int row=0, column; row < table.length; row++)
    {
        for(column=0; column < table[row].length; column++)
        {
            System.out.print("\t" + table[row][column]);
        }
        System.out.println();
    }
}

public static void main(String args[])
{
    new ArrayDemo4().sampleIt();
}
```

Figura 21.8: *Matriz bidimensional (tabela).*

0	1	2
3	4	5
6	7	8

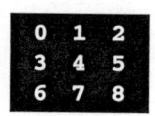

Figura 21.9: *Uau!*

21.2.1 – Utilitários (java.util.Arrays)

A classe Arrays oferece utilitários para a manipulação de matrizes. São eles:

- **Arrays.sort(...)**: ordena os elementos;

- **Arrays.binarySearch(...)**: realiza busca binária para obter a localização do elemento desejado. Os dados devem ter sido ordenados anteriormente;

- **Arrays.equals(...)**: verifica se duas matrizes possuem conteúdos equivalentes;

- **Arrays.hashCode(...)**: obtém um código de hash baseado no conteúdo da matriz;
- **Arrays.fill(...)**: preenche todas as posições da matriz com um valor padrão;
- **Arrays.toString(...)**: obtém uma representação textual do conteúdo da matriz.

O exemplo é simples, mas esclarecedor:

```java
package com.hpg.evertonbarbosagomes.br.books.java.2ed.ch21;

import java.util.Arrays;

public class ArraysDemo
{
   public void sampleIt()
   {
      String[] array =
               {"Socrates", "Plato", "Aristotle", "Plato"};
      System.out.println("    Array    : " +
                                    Arrays.toString(array));

      Arrays.sort(array);
      System.out.println("Sorted array: " +
                                    Arrays.toString(array));

      System.out.println(
            "\"Socrates\" have been found at index " +
                  Arrays.binarySearch(array, "Socrates"));

      Arrays.fill(array, "Duke");
      System.out.println("Filled array: " +
                                    Arrays.toString(array));
   }

   public static void main(String[] args)
   {
      new ArraysDemo().sampleIt();
   }
}
```

Figura 21.10: *Manipulando matrizes.*

```
    Array    : [Socrates, Plato, Aristotle, Plato]
Sorted array: [Aristotle, Plato, Plato, Socrates]
"Socrates" have been found at index 3
Filled array: [Duke, Duke, Duke, Duke]
```

Figura 21.11: *Prático e rápido.*

21.3 - Coleções

As coleções – implementações das estruturas de dados – são outro recurso marcante introduzido em Java "1.2". Use-as quando as matrizes mostrarem-se insuficientes para a tarefa.

Existem basicamente dois tipos de coleção:

- **Conjunto**: coleção que descarta elementos repetidos;
    - **EnumSet**: conjunto estático, ou seja, de tamanho fixo;
    - **TreeSet**: conjunto dinâmico, ou seja, de tamanho variável;
- **Lista e fila**: coleções que aceitam elementos repetidos;
    - **ArrayList**: lista estática;
    - **PriorityQueue**: fila dinâmica.

Diferentemente das matrizes, as coleções são genéricas. Por isso, ao criar uma delas, especifique o tipo exato dos elementos (<E>) a ser armazenados.

```
new Class<Subclass>();
```

Conheça os principais métodos:

- **add(...**: adiciona um elemento;
- **contains(...)**: informa se a coleção contém o elemento;
- **remove(...)**: remove um elemento;
- **clear()**: esvazia a coleção;
- **isEmpty()**: informa se a coleção está vazia;
- **size()**: obtém a quantidade de elementos;
- **toArray()**: obtém a matriz correspondente.

É possível criar uma coleção a partir de outra. Essa é uma tática poderosa. A instrução seguinte, por exemplo, aproveita a oportunidade para eliminar todos os elementos repetidos e classificá-los em ordem crescente.

```
new TreeSet<Subclass>(collection);
```

A travessia pelos elementos da coleção é feita como nas matrizes.

```
for(elementType nextElement : collection)
{
    ...
}
```

Os exemplos são esclarecedores:

```java
package com.hpg.evertonbarbosagomes.br.books.java.2ed.ch21;

import java.util.Collection;
import java.util.EnumSet;
import java.util.Arrays;

public class EnumSetDemo
{
   enum Month { JANUARY, FEBRUARY, MARCH, APRIL, MAY, JUNE,
         JULY, AUGUST, SEPTEMBER, OCTOBER, NOVEMBER, DECEMBER }

   public void sampleIt()
   {
      System.out.println("Enum: " +
                           Arrays.toString(Month.values()));

      Collection<Month> c = EnumSet.noneOf(Month.class);
      c.add(Month.JUNE);
      c.add(Month.OCTOBER);
      c.add(Month.JUNE); // ?
      c.add(Month.NOVEMBER);

      System.out.print("Enum set: [");
      for (Month next : c)
      {
         System.out.print(next + ", ");
      }
      System.out.println("\b\b]");
   }

   public static void main(String[] args)
   {
      new EnumSetDemo().sampleIt();
   }
}
```

Figura 21.12: *Armazenando elementos em um conjunto estático.*

```
Enum: [JANUARY, FEBRUARY, MARCH, APRIL, MAY, JUNE, JULY,
      AUGUST, SEPTEMBER, OCTOBER, NOVEMBER, DECEMBER]
Enum set: [JUNE, OCTOBER, NOVEMBER]
```

Figura 21.13: *Tamanho limitado e repetição rejeitada.*

```java
package com.hpg.evertonbarbosagomes.br.books.java.2ed.ch21;

import java.util.Collection;
import java.util.TreeSet;
import java.util.Arrays;
import java.util.Random;

public class TreeSetDemo
{
   public void sampleIt()
   {
      int[] data = new int[9];
      Random r = new Random();
      for (int i=0; i < data.length; i++)
      {
         data[i] = r.nextInt(100);
      }
      System.out.println("     data: " + Arrays.toString(data));

      Collection<Integer> c = new TreeSet<Integer>();
      for (int next : data)
      {
         c.add(next);
      }

      System.out.print("Tree set: [");
      for (int next : c)
      {
         System.out.print(next + ", ");
      }
      System.out.println("\b\b]");
   }

   public static void main(String[] args)
   {
      new TreeSetDemo().sampleIt();
   }
}
```

Figura 21.14: *Armazenando elementos em um conjunto dinâmico.*

```
    data: [63, 9, 33, 63, 52, 13, 90, 3, 63]
Tree set: [3, 9, 13, 33, 52, 63, 90]
```

Figura 21.15: *Tamanho qualquer, mas repetição rejeitada.*

```java
package com.hpg.evertonbarbosagomes.br.books.java.2ed.ch21;

import java.util.Collection;
import java.util.ArrayList;
import java.util.Arrays;
import java.util.Random;

public class ArrayListDemo
{
   public void sampleIt()
   {
      int[] data = new int[9];
      Random r = new Random();
      for (int i=0; i < data.length; i++)
      {
         data[i] = r.nextInt(100);
      }
      System.out.println("     data: " + Arrays.toString(data));

      Collection<Integer> c = new ArrayList<Integer>();
      for (int next : data)
      {
         c.add(next);
      }

      System.out.print("Array list: [");
      for (int next : c)
      {
         System.out.print(next + ", ");
      }
      System.out.println("\b\b]");
   }

   public static void main(String[] args)
   {
      new ArrayListDemo().sampleIt();
   }
}
```

Figura 21.16: *Armazenando elementos em uma lista estática.*

```
      data: [63, 9, 33, 63, 52, 13, 90, 3, 63]
Array list: [63, 9, 33, 63, 52, 13, 90, 3, 63]
```

Figura 21.17: *Tamanho limitado, mas repetição aceita (quase matriz).*

```java
package com.hpg.evertonbarbosagomes.br.books.java.2ed.ch21;

import java.util.Collection;
import java.util.PriorityQueue;
import java.util.Arrays;
import java.util.Random;

public class PriorityQueueDemo
{
   public void sampleIt()
   {
      int[] data = new int[9];
      Random r = new Random();
      for (int i=0; i < data.length; i++)
      {
         data[i] = r.nextInt(100);
      }
      System.out.println(" data: " + Arrays.toString(data));

      Collection<Integer> c = new PriorityQueue<Integer>();
      for (int next : data)
      {
         c.add(next);
      }

      System.out.print("Queue: [");
      for (int next : c)
      {
         System.out.print(next + ", ");
      }
      System.out.println("\b\b]");
   }

   public static void main(String[] args)
   {
      new PriorityQueueDemo().sampleIt();
   }
}
```

Figura 21.18: *Armazenando elementos em uma fila dinâmica.*

```
data:  [63, 9, 33, 63, 52, 13, 90, 3, 63]
Queue: [3, 9, 13, 52, 63, 33, 90, 63, 63]
```

Figura 21.19: *Tamanho qualquer e repetição aceita.*

As coleções do pacote "java.util" são otimizadas para ser usadas por apenas uma unidade de execução. Para manipular uma mesma coleção a partir de várias unidades de execução, use as implementações do pacote "java.util.concurrent".

21.3.1 – Utilitários (java.util.Collections)

A classe Collections oferece utilitários para a manipulação de coleções. São eles:

- **Collections.addAll(...)**: adiciona na coleção todos os elementos da matriz;
- **Collections.sort(...)**: ordena os elementos da lista. Uma lista pode ser classificada quando os seus elementos implementam a interface "Comparable";
- **Collections.binarySearch(...)**: indica em qual posição da lista está o elemento;
- **Collections.frequency(...)**: informa quantas vezes o elemento aparece na coleção;
- **Collections.reverse(...)**: inverte a ordem dos elementos da lista;
- **Collections.shuffle(...)**: embaralha os elementos da lista;
- **Collections.min(...)**: obtém o menor elemento da coleção;
- **Collections.max(...)**: obtém o maior elemento da coleção;
- **Collections.fill(...)**: preenche a lista com um valor padrão;
- **Collections.replaceAll(...)**: substitui todas as ocorrências do elemento na lista por outro elemento;
- **Collections.disjoint(...)**: verifica se as coleções são disjuntas, ou seja, se elas não possuem elementos em comum.

Veja o exemplo:

```
package com.hpg.evertonbarbosagomes.br.books.java.2ed.ch21;

import java.util.Collection;
import java.util.List;
import java.util.ArrayList;
import java.util.Collections;

public class CollectionsDemo
{
    private <T> void printCollection(
                        Collection<T> c, String label)
    {
        System.out.print(label + ": [");
        for (T next : c)
```

Capítulo 21: Estruturas de Dados e Algoritmos – Parte 2 (Prática) 445

```
        {
            System.out.print(next + ", ");
        }
        System.out.println("\b\b]");
    }

    public void sampleIt()
    {
        List<String> list = new ArrayList<String>();
        String[] philosophers = {
                    "Socrates", "Plato", "Aristotle", "Plato"};
        for (String next : philosophers)
        {
            list.add(next);
        }
        printCollection(list, "           List");

        Collections.sort(list);
        printCollection(list, "    Sorted list");

        System.out.println(
            "\"Socrates\" have been found at index " +
                Collections.binarySearch(list, "Socrates"));

        Collections.reverse(list);
        printCollection(list, "Reversed list");

        Collections.shuffle(list);
        printCollection(list, "Shuffled list");

        Collections.fill(list, "Duke");
        printCollection(list, "  Filled list");
    }

    public static void main(String[] args)
    {
        new CollectionsDemo().sampleIt();
    }
}
```

Figura 21.20: *Manipulando coleções.*

```
        List: [Socrates, Plato, Aristotle, Plato]
 Sorted list: [Aristotle, Plato, Plato, Socrates]
               "Socrates" have been found at index 3
Reversed list: [Socrates, Plato, Plato, Aristotle]
Shuffled list: [Plato, Aristotle, Plato, Socrates]
  Filled list: [Duke, Duke, Duke, Duke]
```

Figura 21.21: *Sem esforço.*

21.4 – Mapas (java.util.Map)

Concorrente das coleções, os mapas associam uma chave a cada valor inserido de forma que eles possam ser recuperados a partir do fornecimento delas (como no guarda-volumes dos mercados). São ideais, por exemplo, para a criação de dicionários.

Assim como as coleções, os mapas são genéricos. Por isso, ao criar um deles, especifique o tipo exato das chaves e dos valores (<K,V>) a ser manipulados.

```
new Class<KeySubclass,ValueSubclass>();
```

Conheça os principais métodos:

- **put(...)**: associa o valor fornecido à chave especificada;
- **get(...)**: obtém o valor associado à chave;
- **containsKey(...)**: informa se a chave está associada a algum valor;
- **containsValue(...)**: informa se o valor está associado a alguma chave;
- **remove(...)**: remove a associação;
- **clear()**: remove todas as associações;
- **isEmpty()**: informa se não há associações;
- **size()**: obtém a quantidade de associações;
- **values()**: obtém todos os valores.

Como poderíamos esperar, há dois tipos de mapa:

- **EnumMap**: mapa estático, ou seja, de tamanho fixo;
- **TreeMap**: mapa dinâmico, ou seja, de tamanho variável.

É possível criar um mapa a partir de outro. Essa é uma tática poderosa. A instrução a seguir, por exemplo, aproveita a oportunidade para classificar as chaves em ordem crescente.

```
new TreeMap<KeySubclass,ValueSubclass>(map);
```

Os exemplos são esclarecedores.

```java
package com.hpg.evertonbarbosagomes.br.books.java.2ed.ch21;

import java.util.Map;
import java.util.EnumMap;
import java.util.Arrays;

public class EnumMapDemo
{
   // Keys
   enum Month { JANUARY, FEBRUARY, MARCH, APRIL, MAY, JUNE,
        JULY, AUGUST, SEPTEMBER, OCTOBER, NOVEMBER, DECEMBER }

   public void sampleIt()
   {
      System.out.println("Enum: " +
                          Arrays.toString(Month.values()));

      Map<Month,String> m =
                    new EnumMap<Month,String>(Month.class);
      m.put(Month.JANUARY, "New year");
      m.put(Month.FEBRUARY, "St. Valentine");
      m.put(Month.MARCH, "Freedom of Information");
      m.put(Month.APRIL, "Easter");
      m.put(Month.MAY, "Mother");
      m.put(Month.JUNE, "Father");

      System.out.println("May: " + m.get(Month.MAY) + " month");
   }

   public static void main(String[] args)
   {
      new EnumMapDemo().sampleIt();
   }
}
```

Figura 21.22: *Armazenando elementos em um mapa estático.*

```
Enum: [JANUARY, FEBRUARY, MARCH, APRIL, MAY, JUNE, JULY, AUGUST,
SEPTEMBER, OCTOBER, NOVEMBER, DECEMBER]
May: Mother month
```

Figura 21.23: *Tamanho limitado.*

```java
package com.hpg.evertonbarbosagomes.br.books.java.2ed.ch21;

import java.util.Map;
import java.util.TreeMap;

public class TreeMapDemo
{
   public void sampleIt()
   {
      String[] acronyms = {   "pcmcia",
                              "www"}, // keys
         values = {
         "People can't memorize computer industry acronyms.",
                  "Wait, wait and wait."};

      Map<String,String> m = new TreeMap<String,String>();
      for (int i=0; i < acronyms.length; i++)
      {
         m.put(acronyms[i], values[i]);
      }

      System.out.println("WWW: " + m.get("www"));
   }
   public static void main(String[] args)
   {
      new TreeMapDemo().sampleIt();
   }
}
```

Figura 21.24: Armazenando elementos em um mapa dinâmico.

WWW: Wait, wait and wait.

Figura 21.25: Tamanho qualquer.

Os mapas do pacote "java.util" são otimizados para serem usados por apenas uma unidade de execução. Para manipular um mesmo mapa a partir de várias unidades de execução, use as implementações do pacote "java.util.concurrent".

21.5 – A Estrutura Predefinida Ideal

Como podemos ver, cada estrutura de dados é projetada para um caso. Para saber qual delas usar, siga o roteiro.

Se os dados armazenados serão associados à chaves
   A estrutura ideal é um mapa
   Se a quantidade de dados será fixa
      O mapa ideal é o estático (EnumMap ou HashMap).
   Se não
      O mapa ideal é o dinàmico (TreeMap).
Se não
   A estrutura ideal é uma coleção
   Se a coleção conterá elementos repetidos
      A coleção ideal é uma lista ou fila
      Se a quantidade de dados será fixa
         A coleção ideal é a lista estática (ArrayList).
      Se não
         A coleção ideal pode ser a fila dinâmica (PriorityQueue).
   Se não
      A coleção ideal é um conjunto
      Se a quantidade de dados será fixa
         O conjunto ideal é o estático (EnumSet ou HashSet).
      Se não
         O conjunto ideal é o dinâmico (TreeSet).

Figura 21.26: *Critérios para identificação da estrutura ideal.*

Capítulo 22

Gravação em Disco (Persistência)

22.1 – Introdução

> *"Conservar algo que possa recordar-te seria admitir que eu pudesse esquecer-te."*
>
> WILLIAM SHAKESPEARE.

A área de trabalho do processador, a memória, é um local destinado apenas à manipulação dos dados. Ao término do processamento, é preciso arquivar os resultados obtidos em um dispositivo de armazenamento permanente caso se queira recuperá-los nas próximas execuções do programa.

Nas operações de entrada/saída de dados, portanto, gravar significa copiar dados da RAM ara o disco e ler significa a operação contrária, ou seja, copiar dados do disco para a RAM.

22.2 – Campo, Registro e Arquivo

Tecnicamente, arquivo é uma tabela de dados acompanhada por um ponteiro e por uma marca de fim. As linhas da tabela são os registros (itens) e as colunas, os campos (propriedades de cada item). O ponteiro indica o registro atualmente selecionado.

```
           ┌─────────┬─────────┬─────────┐
           │ field x │ field y │ field z │
    ┌──────┼─────────┼─────────┼─────────┤
 ──▷│record 0                              │
    │record 1                              │
    │record 2                              │
    │record 3                              │
    │                    .                 │
    │                    .                 │
    │                    .                 │
    │record n                              │
    │                                      │
    ├─────┐                                │
    │ End │                                │
    └─────┴────────────────────────────────┘
```

Figura 22.1: *Estrutura de um arquivo.*

A manipulação de arquivos é semelhante à de uma gaveta. Para acessar o seu conteúdo, é preciso abrí-lo. Após o uso, deve-se fechá-lo.

Arquivos só podem ser abertos ou fechados. O que é lido ou gravado são os registros.

22.3 – Leitura/gravação Serial

Dados podem ser manipulados byte-a-byte ou bloco-a-bloco.

Manipulação serial é aquela na qual lidamos com apenas um byte por vez. Fluxo (stream) é a seqüência formada pelos bytes durante o seu deslocamento de um dispositivo para outro. É possível envolver um fluxo com outros de forma a acrescentar funcionalidades a ele.

Fluxos suportam o conceito de retenção temporária (buffering). Criada para agilizar a transmissão de dados entre dispositivos de velocidades diferentes, ela é uma técnica que consiste em acumular em memória os dados até que eles atinjam um volume que justifique o envio ao destino. Ao utilizá-la, esvazie (flush) o fluxo ao término das gravações para garantir que os dados cheguem ao destino.

☺ **Tome nota!**
    Não confunda reservatório (buffer) com estoque (cache): no estoque, há duplicação de conteúdo; no reservatório, não.

Em Java, a leitura/gravação serial de dados em disco é feita através das classes do pacote "java.io" (input/output).

O acesso aos dados pode ser feito de três formas: seqüencial, direta ou indexada.

22.3.1 – Acesso Seqüencial

Acesso seqüencial é aquele onde o ponteiro do arquivo é controlado automaticamente pelo sistema. Use-o quando desejar recuperar/armazenar de uma só vez todos os registros do arquivo.

A leitura/gravação de registros em modo seqüencial é feita através das sub-classes de InputStream/OutputStream.

22.3.1.1 – Leitura/gravação de dados de tipo primitivo

A leitura/gravação de dados de tipo primitivo é feita através da classe DataInputStream/DataOutputStream.

Para criar um fluxo de gravação:

```
new DataOutputStream(target);
```

Repare que o destino dos dados pode ser qualquer coisa: um arquivo, uma conexão de rede e etc. A maneira como eles são gravados é sempre a mesma. De fato, os recursos para leitura/gravação de dados são outro trunfo de Java em relação a suas antecessoras.

Conheça os principais métodos:

- **writeByte(...);**
- **writeShort(...);**
- **writeInt(...);**
- **writeLong(...);**
- **writeFloat(...);**
- **writeDouble(...);**
- **writeChar(...);**
- **writeBoolean(...);**
- **flush();**
- **close().**

O exemplo a seguir grava dados de tipo primitivo no disco. Repare que os registros correspondem a objetos e os campos, a variáveis.

```
package com.hpg.evertonbarbosagomes.br.books.java.2ed.ch22;

import java.io.DataOutputStream;
import java.io.DataInputStream;
import java.io.IOException;
```

```java
// Shared resource
public class Record
{
   byte        byteField;
   short       shortField;
   int         intField;
   long        longField;
   float       floatField;
   double      doubleField;
   char        charField;
   boolean booleanField;

   public Record(
        byte        byteValue,
        short       shortValue,
        int         intValue,
        long        longValue,
        float       floatValue,
        double      doubleValue,
        char        charValue,
        boolean booleanValue )
   {
     super();
     this.byteField    =    byteValue;
     this.shortField   =    shortValue;
     this.intField     =    intValue;
     this.logField     =    longValue;
     this.floatField   =    floatValue;
     this.doubleField  =    doubleValue;
     this.charField    =    charValue;
     this.booleanField = booleanValue;
   }

   public Record()
   {
     this((byte)0, (short)0, 0, 0L, 0.0F, 0.0,'\u0000', false);
   }

   // Export data
   public void writeTo(DataOutputStream out)throws IOException
   {
      out.writeByte(     this.byteField);
      out.writeShort(    this.shortField);
      out.writeInt(      this.intField);
      out.writeLong(     this.longField);
      out.writeFloat(    this.floatField);
```

```
         out.writeDouble(   this.doubleField);
         out.writeChar(     this.charField);
         out.writeBoolean(this.booleanField);
      }

      // Import data
      public void readFrom(DataInputStream in) throws IOException
      {
         this.byteField    = in.readByte();
         this.shortField   = in.readShort();
         this.intField     = in.readInt();
         this.longField    = in.readLong();
         this.floatField   = in.readFloat();
         this.doubleField  = in.readDouble();
         this.charField    = in.readChar();
         this.booleanField = in.readBoolean();
      }
   }
```

Figura 22.2: *Registro.*

```
package com.hpg.evertonbarbosagomes.br.books.java.2ed.ch22;

import java.io.DataOutputStream;
import java.io.BufferedOutputStream;
import java.io.FileOutputStream;
import java.io.IOException;

public class Writer
{
   public void writeIt()
   {
      Record[] file = {new Record((byte)1, (short)2, 3, 4L,
                                  0.5F, 0.6, 'a', true),
                       new Record((byte)7, (short)8, 9, 10L,
                                  1.1F, 1.2, 'b', false) };
      try
      {
         DataOutputStream out = new DataOutputStream(
               new BufferedOutputStream( // better performance
                  new FileOutputStream("file.dat")));
         System.out.println("Saving file...");
         for (Record next : file)
         {
            next.writeTo(out);
```

```
            }
            out.flush();
            out.close();
            System.out.println("Done.");
        }
        catch (IOException e)
        {
            System.err.println(e.getMessage());
        }
    }

    public static void main(String[] args)
    {
        new Writer().writeIt();
    }
}
```

Figura 22.3: *Gravando em disco dados de tipo primitivo.*

```
Saving file...
Done.
```

Figura 22.4: *Gravação efetuada.*

A leitura é análoga à gravação.

Para criar um fluxo de leitura:

```
new DataInputStream(source);
```

Repare que os dados podem vir de qualquer lugar: de um arquivo, de uma conexão de rede e etc. A maneira como eles são lidos é sempre a mesma.

Conheça os principais métodos:
- **available();**
- **readByte();**
- **readShort();**
- **readInt();**
- **readLong();**
- **readFloat();**
- **readDouble();**
- **readChar();**

- **readBoolean();**
- **mark(...);**
- **reset();**
- **close().**

Fluxos de leitura suportam o conceito de marcação e retorno. É possível ler uma parte do arquivo e depois fazer o ponteiro retornar (reset()) ao registro marcado (mark(...)) anteriormente.

Quando o fim do arquivo é alcançado, a operação de leitura gera uma exceção da classe "java.io.EOFException".

O exemplo seguinte lê o arquivo criado anteriormente. Repare que, para a correta recuperação dos dados, é crucial ler os campos NA MESMA ORDEM em que eles foram gravados.

```java
package com.hpg.evertonbarbosagomes.br.books.java.2ed.ch22;

import java.io.DataInputStream;
import java.io.BufferedInputStream;
import java.io.FileInputStream;
import java.io.IOException;
import java.io.EOFException;

public class Reader
{
   public void readIt()
   {
      try
      {
         DataInputStream in = new DataInputStream(
               new BufferedInputStream( // better performance
               new FileInputStream("file.dat")));
         Record next = new Record();
         int i = 1;
         System.out.println("Reading file...");
         while(true)
         {
            try
            {
               next.readFrom(in);
               String msg = "\n" + i + "º record:\n" +

               "\nrecord.byteField \t= " + next.byteField +
               "\nrecord.shortField \t= " + next.shortField +
               "\nrecord.intField \t= " + next.intField +
               "\nrecord.longField \t= " + next.longField +
```

```
                    "\nrecord.floatField   \t= " + next.floatField +
                    "\nrecord.doubleField  \t= " + next.doubleField +
                    "\nrecord.charField    \t= " + next.charField +
                    "\nrecord.booleanField \t= " + next.booleanField;

                  System.out.println(msg);
                  i++;
                }
                catch(EOFException eof)
                {
                  in.close();
                  System.out.println("\nDone.");
                  break;
                }
              }
            }
       catch (IOException e)
       {
          System.err.println(e.getMessage());
       }
    }

    public static void main(String[] args)
    {
       new Reader().readIt();
    }
}
```

Figura 22.5: *Lendo do disco dados de tipo primitivo.*

```
Reading file...

1º record:

record.byteField        = 1
record.shortField       = 2
record.intField         = 3
record.longField        = 4
record.floatField       = 0.5
record.doubleField      = 0.6
record.charField        = a
record.booleanField     = true
```

```
2º record:

record.byteField        = 7
record.shortField       = 8
record.intField         = 9
record.longField        = 10
record.floatField       = 1.1
record.doubleField      = 1.2
record.charField        = b
record.booleanField     = false

Done.
```

Figura 22.6: *Recuperação.*

Como podemos ver, a maneira tradicional de efetuar a leitura é através da classe DataInputStream. Com a introdução da classe utilitária Scanner em Java 5, entretanto, muitas vezes vamos desejar realizar a operação da nova maneira.

22.3.1.2 – Leitura/Gravação de Objetos

A leitura/gravação de objetos (serialização) é feita através da classe ObjectInputStream/ ObjectOutputStream.

Para criar um fluxo de gravação:

```
new ObjectOutputStream(targe);
```

Conheça os principais métodos:

- **writeObject(...);**
- **flush();**
- **close()**.

A serialização de objetos é uma capacidade opcional. As classes projetadas para suportá-la devem indicar isso implementando a interface "java.io.Serializable".

Ao construir objetos serializáveis, use a cláusula "transient" para declarar as variáveis que não devem ser gravadas em disco. Variáveis estáticas e métodos também não são gravados.

O exemplo a seguir grava objetos no disco.

```java
package com.hpg.evertonbarbosagomes.br.books.java.2ed.ch22;

import java.io.Serializable;

// Shared resource
```

```java
public class Record implements Serializable
{
   byte       byteField;
   short      shortField;
   int        intField;
   long       longField;
   float      floatField;
   double     doubleField;
   char       charField;
   boolean booleanField;

   public Record(
         byte       byteValue,
         short      shortValue,
         int        intValue,
         long       longValue,
         float      floatValue,
         double     doubleValue,
         char       charValue,
         boolean booleanValue )
   {
      super();
      this.byteField    =    byteValue;
      this.shortField   =    shortValue;
      this.intField     =    intValue;
      this.longField    =    longValue;
      this.floatField   =    floatValue;
      this.doubleField  =    doubleValue;
      this.charField    =    charValue;
      this.booleanField = booleanValue;
   }

   public Record()
   {
      this((byte)0, (short)0, 0, 0L,0.0F, 0.0, '\u0000', false);
   }
}
```

Figura 22.7: *Registro.*

```java
package com.hpg.evertonbarbosagomes.br.books.java.2ed.ch22;

import java.io.ObjectOutputStream;
import java.io.BufferedOutputStream;
import java.io.FileOutputStream;
```

```java
import java.io.IOException;

public class Writer
{
   public void writeIt()
   {
      Record[] file = {new Record((byte)1, (short)2, 3, 4L,
                                          0.5F, 0.6, 'a', true),
                       new Record((byte)7, (short)8, 9, 10L,
                                          1.1F, 1.2, 'b', false) };
      try
      {
         ObjectOutputStream out =
             new ObjectOutputStream(
                new BufferedOutputStream( // better performance
                   new FileOutputStream("file.dat")));
         System.out.println("Saving file...");
         for (Record next : file)
         {
            out.writeObject(next);
         }
         out.flush();
         out.close();
         System.out.println("Done.");
      }
      catch (IOException e)
      {
         System.err.println(e.getMessage());
      }
   }

   public static void main(String[] args)
   {
      new Writer().writeIt();
   }
}
```

Figura 22.8: *Gravando objetos em disco.*

```
Saving file...
Done.
```

Figura 22.9: *Enfim, salvos.*

A leitura é análoga à gravação.

Para criar um fluxo de leitura:

```
new ObjectInputStream(source);
```

Conheça os principais métodos:

- **available();**
- **readObject();**
- **mark(...);**
- **reset();**
- **close().**

O exemplo seguinte lê o arquivo criado anteriormente.

```java
package com.hpg.evertonbarbosagomes.br.books.java.2ed.ch22;

import java.io.ObjectInputStream;
import java.io.BufferedInputStream;
import java.io.FileInputStream;
import java.io.EOFException;

public class Reader
{
    public void readIt()
    {
        try
        {
            ObjectInputStream in = new ObjectInputStream(
                    new BufferedInputStream( // better performance
                        new FileInputStream("file.dat")));
            Record next;
            int i = 1;
            System.out.println("Reading file...");
            while(true)
            {
                try
                {
                    next = (Record) in.readObject();
                    String msg = "\n" + i + "º record:\n" +

                    "\nrecord.byteField \t= " + next.byteField +
                    "\nrecord.shortField \t= " + next.shortField +
                    "\nrecord.intField \t= " + next.intField +
```

```java
                    "\nrecord.longField \t= " + next.longField +
                    "\nrecord.floatField \t= " + next.floatField +
                    "\nrecord.doubleField \t= " + next.doubleField +
                    "\nrecord.charField \t= " + next.charField +
                    "\nrecord.booleanField \t= " + next.booleanField;

                    System.out.println(msg);
                    i++;
                }
                catch(EOFException eof)
                {
                    in.close();
                    System.out.println("\nDone.");
                    break;
                }
            }
        }
        catch (Exception e)
        {
            System.err.println(e.getMessage());
        }
    }

    public static void main(String[] args)
    {
        new Reader().readIt();
    }
}
```

Figura 22.10: *Reconstituindo objetos.*

```
Reading file...

1º record:

record.byteField        = 1
record.shortField       = 2
record.intField         = 3
record.longField        = 4
record.floatField       = 0.5
record.doubleField      = 0.6
record.charField        = a
record.booleanField     = true
```

```
2º record:

record.byteField        = 7
record.shortField       = 8
record.intField         = 9
record.longField        = 10
record.floatField       = 1.1
record.doubleField      = 1.2
record.charField        = b
record.booleanField     = false

Done.
```

Figura 22.11: *O retorno dos registros.*

Desde Java "1.4", é possível ler/gravar objetos no formato de arquivo padrão da Internet – a XML (Extensible markup language). Para realizar a façanha, basta transformar o objeto em um javabean e trocar ObjectOutputStream e ObjectInputStream por "java.beans.XMLEncoder" e "java.beans.XMLDecoder", respectivamente.

22.3.1.3 – Leitura/Gravação de Texto

Embora seja possível ler/gravar textos através das sub-classes de InputStream e OutputStream, isso não é necessário.

Fluxos de caracteres são um dos mais usados. Por essa razão, eles são tratados de maneira própria através das sub-classes de Reader e Writer.

O exemplo é esclarecedor.

```java
package com.hpg.evertonbarbosagomes.br.books.java.2ed.ch22;

import java.io.Writer;
import java.io.PrintWriter;
import java.io.BufferedWriter;
import java.io.FileWriter;
import java.io.IOException;

import java.uti.Scanner;

public class Typewriter
{
   public void writeIt()
   {
      try
      {
```

```java
            Scanner keyboard = new Scanner(System.in);
            System.out.println("Please, enter your text: ");
            String text = keyboard.nextLine();
            Writer out = new PrintWriter(
                    new BufferedWriter( // better performance
                            new FileWriter("file.txt")));
            System.out.println("Saving file...");
            out.write(text);
            out.flush();
            out.close();
            System.out.println("Done.");
        }
        catch(IOException e)
        {
            System.err.println(e.getMessage());
        }
    }

    public static void main(String[] args)
    {
        new Typewriter().writeIt();
    }
}
```

Figura 22.12: *Gravando texto em disco.*

```
Please, enter your text:
Error: press F13 to continue...
Saving file...
Done.
```

Figura 22.13: *Texto armazenado.*

Como sempre, a leitura não reserva surpresas.

```java
package com.hpg.evertonbarbosagomes.br.books.java.2ed.ch22;

import java.io.Reader;
import java.io.BufferedReader;
import java.io.FileReader;
import java.io.IOException;

public class Browser
{
    public void readIt()
    {
```

```
        try
        {
            BufferedReader in =
                    new BufferedReader( // better performance
                        new FileReader("file.txt"));
            System.out.println("File: ");
            String text = in.readLine();
            in.close();
            System.out.println("\"" + text + "\"");
            System.out.println("Done.");
        }
        catch(IOException e)
        {
            System.err.println(e.getMessage());
        }
    }

    public static void main(String[] args)
    {
        new Browser().readIt();
    }
}
```

Figura 22.14: *Recuperando texto.*

```
File:
"Error: press F13 to continue..."
Done.
```

Figura 22.15: *A ressurreição da Fênix.*

Mais uma vez, essa é a maneira tradicional de efetuar a leitura. Em Java 5, podemos usar a classe utilitária Scanner se assim desejarmos.

22.3.1.4 – Filtros

Filtros são fluxos cuja única função é intermediar outros fluxos de forma a adicionar funcionalidade ao conjunto.

Para adicionar um filtro entre dois fluxos:

```
new EnclosingStream(new FilterStream(new InnerStream(...)))
```

Java nos disponibiliza vários filtros.

22.3.1.4.1 – Compactação/Descompactação

Um dilema constante na área de informática é o do espaço versus tempo. Para melhorar um deles, é preciso sacrificar o outro. A compactação é uma técnica que prioriza o espaço. Dados compactados economizam espaço de armazenamento, mas prejudicam o desempenho. Por outro lado, dados não compactados aumentam o desempenho, mas desperdiçam espaço.

Atualmente, percebe-se que os computadores evoluíram muito mais que as redes que os interligam. É comum, por exemplo, encontrar máquinas potentes acessando a Internet através de modestíssimas conexões – eis a disparidade. O bom senso leva-nos, portanto, à compactação.

Compactar dados significa armazená-los da maneira mais racional possível através da eliminação das redundâncias existentes. Teoricamente, o seu principal benefício é reduzir o espaço ocupado pelos dados. Na prática, entretanto, ela também agiliza a transmissão dos dados.

No Linux, o empacotamento de arquivos/diretórios é feito aravés do algoritmo TAR enquanto a compactação propriamente dita é feita pelo algoritmo GZIP. A extensão ".tar.gz", usada pelos arquivos compactados, evidencia isso.

A compactação/descompactação de dados em Java é feita através das classes do pacote "java.util.zip".

Para compactar dados, basta adicionar ao fluxo o filtro GZIPOutputStream.

```java
new SomeOutputStream(new GZIPOutputStream(...));
```

O código seguinte demonstra a compactação de dados.

```java
package com.hpg.evertonbarbosagomes.br.books.java.2ed.ch22;

import java.io.Serializable;

// Shared resource
public class Record implements Serializable
{
    byte       byteField;
    short      shortField;
    int        intField;
    long       longField;
    float      floatField;
    double     doubleField;
    char       charField;
    boolean    booleanField;

    public Record(
        byte       byteValue,
        short      shortValue,
        int        intValue,
        long       longValue,
```

```
        float      floatValue,
        double     doubleValue,
        char       charValue,
        boolean booleanValue )
    {
      super();
      this.byteField    =     byteValue;
      this.shortField   =     shortValue;
      this.intField     =       intValue;
      this.longField    =      longValue;
      this.floatField   =     floatValue;
      this.doubleField  =    doubleValue;
      this.charField    =       charValue;
      this.booleanField = booleanValue;
    }

    public Record()
    {
      this((byte)0, (short)0, 0, 0L, 0.0F, 0.0, '\u0000', false);
    }
}
```

Figura 22.16: *Registro.*

```
package com.hpg.evertonbarbosagomes.br.books.java.2ed.ch22;

import java.io.ObjectOutputStream;
import java.io.BufferedOutputStream;
import java.io.FileOutputStream;
import java.io.IOException;

import java.util.zip.GZIPOutputStream;

public class Writer
{
   public void writeIt()
   {
     Record[] file = {new Record((byte)1, (short)2, 3, 4L,
                                  0.5F, 0.6, 'a', true),
                      new Record((byte)7, (short)8, 9, 10L,
                                  1.1F, 1.2, 'b', false) };
     try
     {
       ObjectOutputStream out =
         new ObjectOutputStream(
```

```
            new GZIPOutputStream(
               new BufferedOutputStream( // better performance
                  new FileOutputStream("file.dat.gz"))));
         System.out.println("Saving file...");
         for (Record next : file)
         {
            out.writeObject(next);
         }
         out.flush();
         out.close();
         System.out.println("Done.");
      }
      catch (IOException e)
      {
         System.err.println(e.getMessage());
      }
   }

   public static void main(String[] args)
   {
      new Writer().writeIt();
   }
}
```

Figura 22.17: *Compactando dados.*

```
Saving file...
Done.
```

Figura 22.18: *O milagre da multiplicação do espaço.*

A leitura é análoga à gravação.

Para descompactar os dados, adicione ao fluxo o filtro GZIPInputStream.

```
newSomeInputStream(new GZIPInputStream(...));
```

O exemplo seguinte descompacta o arquivo criado anteriormente.

```
package com.hpg.evertonbarbosagomes.br.books.java.2ed.ch22;

import java.io.ObjectInputStream;
import java.io.BufferedInputStream;
import java.io.FileInputStream;
```

```java
import java.io.EOFException;

import java.util.zip.GZIPInputStream;

public class Reader
{
   public void readIt()
   {
      try
      {
         ObjectInputStream in =
            new ObjectInputStream(
               new GZIPInputStream(
                  new BufferedInputStream( // better performance
                     new FileInputStream("file.dat.gz"))));
         Record next;
         int i = 1;
         System.out.println("Reading file...");
         while(true)
         {
            try
            {
               next = (Record) in.readObject();
               String msg = "\n" + i + "º record:\n" +

               "\nrecord.byteField \t= " + next.byteField +
               "\nrecord.shortField \t= " + next.shortField +
               "\nrecord.intField \t= " + next.intField +
               "\nrecord.longField \t= " + next.longField +
               "\nrecord.floatField \t= " + next.floatField +
               "\nrecord.doubleField \t= " + next.doubleField +
               "\nrecord.charField \t= " + next.charField +
               "\nrecord.booleanField \t= " + next.booleanField;

               System.out.println(msg);
               i++;
            }
            catch(EOFException eof)
            {
               in.close();
               System.out.println("\nDone.");
               break;
            }
         }
      }
      catch (Exception e)
```

```
        {
            System.err.println(e.getMessage());
        }
    }

    public static void main(String[] args)
    {
        new Reader().readIt();
    }
}
```

Figura 22.19: *Descompactando dados.*

```
Reading file...

1º record:

record.byteField        = 1
record.shortField       = 2
record.intField         = 3
record.longField        = 4
record.floatField       = 0.5
record.doubleField      = 0.6
record.charField        = a
record.booleanField     = true

2º record:

record.byteField        = 7
record.shortField       = 8
record.intField         = 9
record.longField        = 10
record.floatField       = 1.1
record.doubleField      = 1.2
record.charField        = b
record.booleanField     = false

Done.
```

Figura 22.20: *Dados descompactados.*

Use compactação para economizar espaço e para agilizar transmissões em rede.

22.3.2 – Acesso Direto

Acesso direto é aquele que, além de deslocar automaticamente o ponteiro para o próximo campo após cada leitura/escrita, permite também o controle manual dele. Use-o quando desejar manipular apenas algumas partes do arquivo.

A leitura/gravação de registros em modo direto é feita através da classe RandomAccessFile.

Para criar o objeto leitor/gravador:

```
new RandomAccessFile(file, mode);
```

- **mode**:
    - "**r**": abre o arquivo somente para leitura (reading) dos registros;
    - "**rw**": abre o arquivo para leitura e gravação (reading and writing) de registros usando retenção temporária de dados;
    - "**rws**": abre o aruivo para leitura e gravação imediata (synchronous reading and writing) de registros.

Conheça os principais métodos:
- **length()**;
- **getFilePointer()**;
- **seek(...)**;
- **writeByte(...)**;
- **writeShort(...)**;
- **writeInt(...)**;
- **writeLong(...)**;
- **writeFloat(...)**;
- **writeDouble(...)**;
- **writeChar(...)**;
- **writeBoolean(...)**;
- **readByte()**;
- **readShort()**;
- **readInt()**;
- **readLong()**;
- **readFloat()**;
- **readDouble()**;
- **readChar()**;

- **readBoolean();**
- **close().**

Devido ao tamanho variável dos objetos, não há recursos para a manipulação deles.
O exemplo a seguir grava dados de tipo primitivo no disco.

```java
package com.hpg.evertonbarbosagomes.br.books.java.2ed.ch22;

import java.io.RandomAccessFile;
import java.io.IOException;

public class Record
{
    static final int LENGTH = 30;

    byte        byteField;     // 1 byte
    short       shortField;    // 2 bytes
    int         intField;      // 4 bytes
    long        longField;     // 8 bytes
    float       floatField;    // 4 bytes
    double      doubleField;   // 8 bytes
    char        charField;     // 2 bytes
    boolean     booleanField;  // 1 byte

    public Record(
            byte        byteValue,
            short       shortValue,
            int         intValue,
            long        longValue,
            float       floatValue,
            double      doubleValue,
            char        charValue,
            boolean     booleanValue )
    {
        super();
        this.byteField    =        byteValue;
        this.shortField   =       shortValue;
        this.intField     =         intValue;
        this.longField    =        longValue;
        this.floatField   =       floatValue;
        this.doubleField  =      doubleValue;
        this.charField    =        charValue;
        this.booleanField =     booleanValue;
    }
```

```
    public Record()
    {
       this((byte)0, (short)0, 0, 0L, 0.0F, 0.0, '\u0000', false);
    }

    // Export data
    public void writeTo(RandomAccessFile out) throws IOException
    {
       out.writeByte(        this.byteField);
       out.writeShort(       this.shortField);
       out.writeInt(         this.intField);
       out.writeLong(        this.longField);
       out.writeFloat(       this.floatField);
       out.writeDouble(      this.doubleField);
       out.writeChar(        this.charField);
       out.writeBoolean(this.booleanField);
    }

    // Import data
    public void readFrom(RandomAccessFile in) throws IOException
    {
       this.byteField    = in.readByte();
       this.shortField   = in.readShort();
       this.intField     = in.readInt();
       this.longField    = in.readLong();
       this.floatField   = in.readFloat();
       this.doubleField  = in.readDouble();
       this.charField    = in.readChar();
       this.booleanField = in.readBoolean();
    }
}
```

Figura 22.21: *Registro.*

```
package com.hpg.evertonbarbosagomes.br.books.java.2ed.ch22;

import java.io.RandomAccessFile;
import java.io.IOException;

public class Writer
{
   public void writeIt()
```

```
    {
        Record[] file = {new Record((byte)1, (short)2, 3, 4L,
                                    0.5F, 0.6, 'a', true),
                         new Record((byte)7, (short)8, 9, 10L,
                                    1.1F, 1.2, 'b', false) };

        try
        {
            RandomAccessFile out =
                        new RandomAccessFile("file.dat", "rw");
            System.out.println("Saving file...");
            for (Record next : file)
            {
                next.writeTo(out);
            }
            out.close();
            System.out.println("Done.");
        }
        catch (IOException e)
        {
            System.err.println(e.getMessage());
        }
    }

    public static void main(String[] args)
    {
        new Writer().writeIt();
    }
}
```

Figura 22.22: *Gravando dados em disco.*

```
Saving file...
Done.
```

Figura 22.23: *Gravação efetuada.*

A leitura é análoga à gravação.

O exemplo seguinte lê o arquivo criado anteriormente.

```
package com.hpg.evertonbarbosagomes.br.books.java.2ed.ch22;

import java.io.RandomAccessFile;
import java.io.EOFException;
```

```java
import java.io.IOException;

import java.util.Scanner;

public class Reader
{
   public void readIt()
   {
      try
      {
         RandomAccessFile in =
                     new RandomAccessFile("file.dat", "r");
         Scanner keyboard = new Scanner(System.in);
         Record current = new Record();
         byte key;
         int i;
         while (true)
         {
            System.out.print(
                     "\nPlease, enter a key (-1 to quit): ");
            key = keyboard.nextByte();
            if (key == -1)
            {
               break;
            }
            try
            {
               System.out.println("Searching...");
               i = -1;
               do
               {
                  ++i;
                  in.seek(Record.LENGTH * i);
               }
               while (in.readByte() != key);

               in.seek(Record.LENGTH * i);

               current.readFrom(in);
               String msg = "Record found:\n" +
                  "\nrecord.byteField \t= " +
                        current.byteField +
                  "\nrecord.shortField \t= " +
                        current.shortField +
                  "\nrecord.intField \t= " +
                        current.intField +
```

```java
                    "\nrecord.longField \t= " +
                        current.longField +
                    "\nrecord.floatField \t= " +
                        floatField +
                    "\nrecord.doubleField \t= " +
                        current.doubleField +
                    "\nrecord.charField \t= " +
                        current.charField +
                    "\nrecord.booleanField \t= " +
                        current.booleanField;
                System.out.println(msg);
            }
            catch(EOFException eof)
            {
                System.out.println("Sorry: record not found!");
            }
        }
        System.out.println("\nDone.");
        in.close();
    }
    catch (IOException e)
    {
        System.err.println(e.getMessage());
    }
}

public static void main(String[] args)
{
    new Reader().readIt();
}
}
```

Figura 22.24: *Pescando.*

```
Please, enter a key (-1 to quit): 7
Searching...
Record found:

record.byteField        = 7
record.shortField       = 8
record.intField         = 9
record.longField        = 10
record.floatField       = 1.1
record.doubleField      = 1.2
record.charField        = b
```

```
record.booleanField     = false

Please, enter a key (-1 to quit): -1

Done.
```

Figura 22.25: *Peixe.*

22.3.2.1 – Acesso Indexado

Acesso indexado é uma variação do acesso direto onde a manipulação do arquivo é feita através de um índice. Nesse, basicamente associamos o campo-chave dos registros com a posição que eles ocupam no arquivo. Para localizar um registro, portanto, devemos procurar pelo campo-chave dele no índice para, então, obter a posição do registro no arquivo de dados.

A vantagem do acesso indexado é que ele percorre todos os registros apenas uma vez – durante a criação do índice. A partir daí, a localização dos registros passa a ser feita aproveitando-se as posições de registro obtidas inicialmente.

```java
package com.hpg.evertonbarbosagomes.br.books.java.2ed.ch22;

import java.io.RandomAccessFile;
import java.io.EOFException;
import java.io.IOException;

import java.util.SortedMap;
import java.util.TreeMap;
import java.util.Scanner;

public class Reader
{
   public void readIt()
   {
      try
      {
         RandomAccessFile in =
                     new RandomAccessFile("file.dat", "r");

         SortedMap<Byte,Integer> index =
                           new TreeMap<Byte,Integer>();
         System.out.println("Indexing...");
         int i = 0;
         try
         {
            while(true)
            {
```

```java
            in.seek(Record.LENGTH * i);
            index.put(in.readByte(), i);
            i++;
         }
      }
      catch(EOFException e)
      {
         System.out.println("Done.");
      }

      Scanner keyboard = new Scanner(System.in);
      Record current = new Record();
      byte key;
      while (true)
      {
         System.out.print(
                    "\nPlease, enter a key (-1 to quit): ");
         key = keyboard.nextByte();
         if (key == -1)
         {
            break;
         }
         // Search not needed!
         if (index.get(key) != null)
         {
            in.seek(Record.LENGTH * index.get(key));

            current.readFrom(in);
            String msg = "Record found:\n" +
                 "\nrecord.byteField \t= " +
                      current.byteField +
                 "\nrecord.shortField \t= " +
                      current.shortField +
                 "\nrecord.intField \t= " +
                      current.intField +
                 "\nrecord.longField \t= " +
                      current.longField +
                 "\nrecord.floatField \t= " +
                      current.floatField +
                 "\nrecord.doubleField \t= " +
                      current.doubleField +
                 "\nrecord.charField \t= " +
                      current.charField +
                 "\nrecord.booleanField \t= " +
                      current.booleanField;
            System.out.println(msg);
```

```
                }
                else
                {
                    System.out.println("Sorry: record not found!");
                }
            }
            System.out.println("\nDone.");
            in.close();
        }
        catch (IOException e)
        {
            System.err.println(e.getMessage());
        }
    }

    public static void main(String[] args)
    {
        new Reader().readIt();
    }
}
```

Figura 22.26: *Agilizando buscas através do índice.*

```
Indexing...
Done.

Please, enter a key (-1 to quit): 7
Record found:

record.byteField        = 7
record.shortField       = 8
record.intField         = 9
record.longField        = 10
record.floatField       = 1.1
record.doubleField      = 1.2
record.charField        = b
record.booleanField     = false

Please, enter a key (-1 to quit): -1

Done.
```

Figura 22.27: *Banco de dados.*

22.3.3 – XML

22.3.3.1 – Acesso Seqüencial

Desde Java "1.4", o acesso seqüencial a arquivos XML é feito através das classes do pacote "org.xml.sax" (Simple API for XML – http://www.saxproject.org/).

O exemplo seguinte demonstra como é feita a interpretação seqüencial (parsing) de um arquivo XML.

```
<?xml version='1.0' encoding="ISO-8859-1"?>
<!ELEMENT name (#PCDATA)>
<!ELEMENT age (#PCDATA)>
<!ELEMENT address (#PCDATA)>
<!ELEMENT person (name?,age?,address?)>
```

Figura 22.28: Arquivo de definição dos elementos válidos.

```
<?xml version='1.0' encoding="IO-8859-1"?>
<!DOCTYPE person SYSTEM "person.dtd">
<person>
<name>
Letícia Spiller
</name>
<age>
31
</age>
<address>
Itanhangá - RJ - BR
</address>
</person>
```

Figura 22.29: Documento "person.xml".

```java
package com.hpg.evertonbarbosagomes.br.books.java.2ed.ch22;

import org.xml.sax.XMLReader;
import org.xml.sax.InputSource;
import org.xml.sax.Attributes;
import org.xml.sax.SAXParseException;
import org.xml.sax.SAXException;

import org.xml.sax.helpers.DefaultHandler;
import org.xml.sax.helpers.XMLReaderFactory;

import java.io.BufferedReader;
import java.io.FileReader;
```

```java
public class SAXDemo
{
   private class MyContentHandler extends DefaultHandler
   {
      private int indentLevel = 0;
      private String content;

      public void startDocument() throws SAXException
      {
         System.out.println("Starting document...");
      }

      private void indent()
      {
         String msg = "";
         for (int i=0; i < indentLevel; i++)
         {
            msg += "\t";
         }
         System.out.print(msg);
      }

      public void startElement(String namespace,
                  String name,
                  String fullName,
                  Attributes attributes) throws SAXException
      {
         this.indentLevel++;
         indent();
         System.out.println("Starting " + name + " element...");
      }

      public void characters(char[] ch, int start, int length)
                                    throws SAXException
      {
         content = new String(ch, start, length).trim();
         if (content != "\n")
         {
            this.indentLevel++;
            indent();
            System.out.println(content);
            this.indentLevel−;
         }
      }
```

```java
    public void endElement(String namespace,
                           String name,
                           String fullName)
                                     throws SAXException
    {
        indent();
        System.out.println(name + " ended.");
        this.indentLevel--;
    }

    public void endDocument() throws SAXException
    {
        System.out.println("Document ended.");
    }

    // Validation here
    public void error(SAXParseException e) throws SAXException
    {
        System.err.println(
             "Sorry: this is not a valid XML document.\n" +
                                        e.getMessage());
    }
}

public void parseIt()
{
    try
    {
        XMLReader reader =
            XMLReaderFactory.createXMLReader(
   "com.sun.org.apache.xerces.internal.parsers.SAXParser");

        // Setup
        reader.setContentHandler(new MyContentHandler());
        reader.setFeature(
             "http://xml.org/sax/features/validation", true);
        reader.setErrorHandler(new MyContentHandler());

        reader.parse(new InputSource(
              new BufferedReader( // Better performance
                          new FileReader("person.xml"))));
    }
    catch(Exception e)
    {
        System.err.println(e.getMessage());
    }
}
```

```
   public static void main(String[] args)
   {
      new SAXDemo().parseIt();
   }
}
```

Figura 22.30: *Interpretando documentos XML.*

```
Starting document...
      Starting person element...
            Starting name element...
                  Letícia Spiller
            name ended.
            Starting age element...
                  31
            age ended.
            Starting address element...
                  Itanhangá - RJ - BR
            address ended.
      person ended.
Document ended.
```

Figura 22.31: *Hierarquia.*

☺ **Dica**:
Duplique qualquer par de marcações no documento XML e execute novamente o programa acima para ver o que acontece.

Como podemos ver, XML é um formato hierárquico. Dominando SAX, entretanto, podemos mudar isso caso desejarmos.

O exemplo é animador – podemos facilmente transformá-lo em um conversor de arquivos.

```
<?xml version='1.0' encoding="ISO-8859-1"?>
<!ELEMENT name (#PCDATA)>
<!ELEMENT age (#PCDATA)>
<!ELEMENT address (#PCDATA)>
<!ELEMENT person (name?,age?,address?)>
<!ELEMENT people (person*)>
```

Figura 22.32: *Arquivo de definição dos elementos válidos.*

```xml
<?xml version='1.0' encoding="ISO-8859-1"?>
<!DOCTYPE people SYSTEM "people.dtd">
<people>
   <person>
      <name>
         Letícia Spiller
      </name>
      <age>
         31
      </age>
      <address>
         Itanhangá - RJ - BR
      </address>
   </person>
   <person>
      <name>
         Pedro Spiller
      </name>
      <age>
         7
      </age>
      <address>
         Itanhangá - RJ - BR
      </address>
   </person>
</people>
```

Figura 22.33: *Documento "people.xml"*.

```java
package com.hpg.evertonbarbosagomes.br.books.java.2ed.ch22;

import org.xml.sax.XMLReader;
import org.xml.sax.InputSource;
import org.xml.sax.Attributes;
import org.xml.sax.SAXParseException;
import org.xml.sax.SAXException;

import org.xml.sax.helpers.DefaultHandler;
import org.xml.sax.helpers.XMLReaderFactory;

import java.io.BufferedReader;
import java.io.FileReader;

import java.util.LinkedList;

public class XML2TXT
```

```java
{
   private class MyContentHandler extends DefaultHandler
   {
      private String content, itemName;
      private boolean root = true, header = true;
      private LinkedList<String> firstItem =
                                    new LinkedList<String>();

      public void startDocument() throws SAXException
      {
         System.out.println("Converting XML to TXT...");
      }

      public void startElement(String namespace,
                               String name,
                               String fullName,
                               Attributes attributes)
                                          throws SAXException
      {
         if (!root)
         {
            if (itemName == null)
            {
               itemName = name;
            }
            else
            {
               if (header)
               {
                  System.out.print(name + "\t\t\t");
               }
            }
         }
         else
         {
            root = false;
         }
      }

      public void characters(char[] ch, int start, int length)
                                          throws SAXException
      {
         content = new String(ch, start, length).trim();
         if (content != "\n")
         {
            if (header)
```

```java
            {
               firstItem.add(content);
            }
            else
            {
               System.out.print(content + "\t");
            }
         }
      }

      public void endElement(String namespace,
                             String name,
                             String fullName)
                                     throws SAXException
      {
         // New line
         if (name == itemName)
         {
            if (header)
            {
               header = false;
               // Dump first item
               System.out.print("\n");
               for (String next : firstItem)
               {
                  System.out.print(next + "\t");
               }
               firstItem = null;
            }
            System.out.println();
         }
      }

      public void endDocument() throws SAXException
      {
         System.out.println("Done.");
      }

      // Validation here
      public void error(SAXParseException e) throws SAXException
      {
         System.err.println(
            "Sorry: this is not a valid XML document.\n" +
                                 e.getMessage());
      }
   }
   public void parseIt()
```

```java
{
    try
    {
        XMLReader reader =
            XMLReaderFactory.createXMLReader(
          "com.sun.org.apache.xerces.internal.parsers.SAXParser");

        // Setup
        reader.setContentHandler(new MyContentHandler());
        reader.setFeature(
              "http://xml.org/sax/features/validation", true);
        reader.setErrorHandler(new MyContentHandler());

        reader.parse(new InputSource(
                new BufferedReader( // Better performance
                           new FileReader("people.xml"))));
    }
    catch(Exception e)
    {
        System.err.println(e.getMessage());
    }
}

public static void main(String[] args)
{
    new XML2TXT().parseIt();
}
}
```

Figura 22.34: *Convertendo documentos XML para o formato tabular.*

```
Converting XML to TXT...
name                         age                    address
Letícia Spiller              31                     Itanhangá - RJ - BR
Pedro Spiller                7                      Itanhangá - RJ - BR
Done.
```

Figura 22.35: *Dados para o que der e vier.*

O acesso direto a documentos XML é feito através das classes do pacote "org.w3c.dom" (Document Object Model – http://www.w3.org/DOM/).

22.4 – Leitura/Gravação Paralela

Manipulação paralela é aquela na qual lidamos com vários bytes por vez.

Desde Java "1.4", a manipulação paralela de dados é feita através das classes do pacote "java.nio" (new input/output).

22.4.1 – Leitura/Gravação de Dados de Tipo Primitivo

A leitura/gravação de dados de tipo primitivo é feita através de canais e blocos.

Bloco (buffer) é o conjunto de bytes tratados como uma unidade.

Para criar um bloco:

```
ByteBuffer.alocate(size);
```

Canal, por sua vez, é a via de sentido duplo pela qual os blocos trafegam durante a transmissão.

Para obter um canal para leitura/gravação de dados:

```
stream.getChannel();
```

Dentro do canal, o buffer deve especificar o sentido da transmissão dos dados.

Para configurar o buffer para gravação:

```
buffer.flip();
```

Conheça os principais métodos da classe ByteBuffer:
- **flip()**;
- **put(...)**;
- **putShort(...)**;
- **putInt(...)**;
- **putLong(...)**;
- **putFloat(...)**;
- **putDouble(...)**;
- **putChar(...)**;
- **asReadOnlyBuffer()**;
- **clear()**;
- **get()**;
- **getShort()**;

- **getInt();**
- **getLong();**
- **getFloat();**
- **getDouble();**
- **getChar().**

Devido ao tamanho variável dos objetos, não há recursos para a manipulação deles.

A leitura é análoga à gravação.

Para configurar o buffer para leitura:

```
buffer.clear();
```

Quando o fim do arquivo é alcançado, a operação de leitura gera o valor "-1".

```
package com.hpg.evertonbarbosagomes.br.books.java.2ed.ch22;

import java.nio.ByteBuffer;

import java.nio.channels.FileChannel;

import java.io.EOFException;
import java.io.IOException;

// Shared resource
public class Record
{
   public static int RECORD_LENGTH = 29;

   byte byteField;
   short shortField;
   int   intField;
   long  longField;
   float floatField;
   double  doubleField;
   char  charField;

   public Record(
      byte byteValue,
      short shortValue,
      int   intValue,
      long  longValue,
      float floatValue,
      double  doubleValue,
```

```java
      char charValue)
{
   super();
   this.byteField   = byteValue;
   this.shortField  = shortValue;
   this.intField=   intValue;
   this.longField   = longValue;
   this.floatField  = floatValue;
   this.doubleField = doubleValue;
   this.charField   = charValue;
}

public Record()
{
   this((byte)0, (short)0, 0, 0L, 0.0F, 0.0, '\u0000');
}

// Export data
public void writeTo(FileChannel out, ByteBuffer buffer)
                   throws IOException
{
   buffer.clear();
   buffer.put(this.byteField).putShort(this.shortField).
       putInt(this.intField).putLong(this.longField);
buffer.putFloat(this.floatField).putDouble(this.doubleField);
   buffer.putChar(this.charField);

   buffer.flip();
   out.write(buffer);
}

// Import data
w :public void readFrom(FileChannel in, ByteBuffer buffer)
                   throws IOException
{
   buffer.clear();

   if (in.read(buffer) == -1)
   {
      throw new EOFException();
   }

   buffer.flip();

   this.byteField = buffer.get();
```

```
      this.shortField = buffer.getShort();
      this.intField = buffer.getInt();
      this.longField = buffer.getLong();
      this.floatField = buffer.getFloat();
      this.doubleField = buffer.getDouble();
      this.charField = buffer.getChar();
   }
}
```

Figura 22.36: *Registro.*

```
package com.hpg.evertonbarbosagomes.br.books.java.2ed.ch22;

import java.io.FileOutputStream;
import java.io.IOException;

import java.nio.ByteBuffer;

import java.nio.channels.FileChannel;

public class Writer
{
   public void writeIt()
   {
      Record[] file = {new Record((byte)1, (short)2, 3, 4L,
                       0.5F, 0.6, 'a'),
                new Record((byte)7, (short)8, 9, 10L,
                       1.1F, 1.2, 'b') };
      try
      {
         FileChannel out = new

         FileOutputStream("file.dat").getChannel();
         ByteBuffer buffer =
               ByteBuffer.allocate(Record.RECORD_LENGTH);
         System.out.println("Saving file...");
         for (Record next : file)
         {
            next.writeTo(out, buffer);
         }
         out.force(true);
         out.close();
         System.out.println("Done.");
      }
```

```
         catch (IOException e)
         {
            System.err.println(e.getMessage());
         }
      }

      public static void main(String[] args)
      {
         new Writer().writeIt();
      }
   }
```

Figura 22.37: *Gravando em blocos.*

```
package com.hpg.evertonbarbosagomes.br.books.java.2ed.ch22;

import java.io.FileInputStream;
import java.io.IOException;
import java.io.EOFException;

import java.nio.ByteBuffer;

import java.nio.channels.FileChannel;

public class Reader
{
   public void readIt()
   {
      try
      {
         FileChannel in = new
               FileInputStream("file.dat").getChannel();
         ByteBuffer buffer =
               ByteBuffer.allocate(Record.RECORD_LENGTH);
         Record next = new Record();
         int i = 1;
         System.out.println("Reading file...");
         while(true)
         {
            try
            {
               next.readFrom(in, buffer);
               String msg = "\n" + i + "º record:\n" +
               "\nrecord.byteField \t= " + next.byteField +
```

```
                "\nrecord.shortField \t= " + next.shortField +
                "\nrecord.intField \t= " + next.intField +
                "\nrecord.longField \t= " + next.longField +
                "\nrecord.floatField \t= " + next.floatField +
                "\nrecord.doubleField \t= " + next.doubleField +
                "\nrecord.charField \t= " + next.charField;
                System.out.println(msg);
                i++;
            }
            catch(EOFException eof)
            {
                in.close();
                System.out.println("\nDone.");
                break;
            }
          }
       }
    }
    catch (IOException e)
    {
        System.err.println(e.getMessage());
    }
}

public static void main(String[] args)
{
    new Reader().readIt();
}
}
```

Figura 22.38: *Lendo em blocos.*

22.4.2 – Sincronização

Arquivos compartilhados, como as tabelas de um banco de dados, precisam ser alterados com sincronia de forma a manter a integridade dos dados. Enquanto lemos um registro, por exemplo, ele não deve ser alterado.

Para definir que um trecho do arquivo não deve ser manipulado por mais de um programa simultaneamente, bloqueamos/desbloqueamos o trecho antes/depois de sua alteração. Enquanto o trecho estiver bloqueado, todos os demais programas que desejarem manipulá-lo terão que esperar pela sua vez.

Para bloquear um trecho do arquivo:

```
filechannel.lock(start, length, false);
```

Para desbloqueá-lo:

```
lock.release();
```

Sempre que possível, restrinja ao máximo o trecho a ser bloqueado de forma a evitar problemas de desempenho.

Para se aprofundar no assunto, consulte o guia contido na documentação da linguagem (<jdk-dir>/docs/guide/nio/index.html).

22.5 – Preferências

Para que a configuração de um programa não se perca ao término da execução dele, é preciso gravar as preferências em disco. Desde Java "1.4", a tarefa é feita através da classe "java.util.prefs.Preferences".

Existem dois tipos de preferência: as do usuário e as do sistema. As preferências do usuário são semelhantes às variáveis de instância, ou seja, cada usuário possui uma cópia dela. Já as preferências do sistema assemelham-se às variáveis estáticas – um único valor é compartilhado por todos os usuários. Ao lidar com preferências, o primeiro passo, portanto, é identificar qual dos tipos usar.

Para criar uma preferência do usuário:

```
Preferences.userNodeForPackage(MyClass.class);
```

Para criar uma preferência do sistema:

```
Preferences.systemNodeForPackage(MyClass.class);
```

Conheça os principais métodos (repare que os acessos a disco são feitos de maneira transparente):

- **put(...)**: armazena uma preferência textual;
- **putInt(...)**: armazena uma preferência numérica inteira;
- **putLong(...)**: armazena uma preferência numérica inteira longa;
- **putFloat(...)**: armazena uma preferência numérica não-inteira de precisão simples;
- **putDouble(...)**: armazena uma preferência numérica não-inteira de precisão dupla;
- **putBoolean(...)**: armazena uma preferência booleana;
- **get(...)**: obtém o valor da preferência textual;
- **getInt(...)**: obtém o valor da preferência numérica inteira;
- **getLong(...)**: obtém o valor da preferência numérica inteira longa;
- **getFloat(...)**: obtém o valor da preferência numérica não-inteira de precisão simples;
- **getDouble(...)**: obtém o valor da preferência numérica não-inteira de precisão dupla;

- **getBoolean(...)**: obtém o valor da preferência booleana.

Ao ler uma preferência, especifique sempre um valor padrão para ela. Isso garantirá o funcionamento do programa em condições adversas.

O exemplo a seguir possui boa memória – ele se "lembra" do último argumento fornecido pelo usuário.

```java
package com.hpg.evertonbarbosagomes.br.books.java.2ed.ch22;

import java.util.prefs.Preferences;

public class PreferencesDemo
{
   private static Preferences user;
   static
   {
      user = Preferences.userNodeForPackage(
                              PreferencesDemo.class);
   }

   public static void main(String[] args)
   {
      if (args.length == 0)
      {
         System.err.println(
                 "Usage: java package.PreferencesDemo arg");
         System.exit(-1);
      }
      System.out.println(
            "Last argument: " + user.get("lastArg", "none") +
            "\nCurrent argument: " + args[0]);
      user.put("lastArg", args[0]);
   }
}
```

Figura 22.36: *Salvando as preferências.*

```
[...]$ javac -d . PreferencesDemo.java
[...]$ java package.PreferencesDemo arg1
Last argument: none
Current argument: arg1
[...]$ java package.PreferencesDemo arg2
Last argument: arg1
Current argument: arg2
[...]$ java package.PreferencesDemo argN
Last argument: arg2
Current argument: argN
```

Figura 22.37: *Recordar é viver.*

22.6 – Registro de Atividades

Algumas vezes, desejaremos gravar as exceções para consulta posterior em vez de simplesmente enviá-las para o fluxo padrão de erros (System.err). Desde Java "1.4", o registro de atividades é feito através das classes do pacote "java.util.logging".

Para obter um registrador:

```
Logger.getLogger("mypackage");
```

Para registrar uma atividade:

```
logger.log(type, message, exception);
```

- **type**:
  - Level.OFF;
  - Level.SEVERE;
  - Level.WARNING;
  - Level.INFO;
  - Level.CONFIG;
  - Level.FINE;
  - Level.FINER;
  - Level.FINEST;
  - Level.ALL.

O destino padrão dos registros é o console.

Para registrar as atividades em um arquivo:

```
logger.addHandler(new FileHandler("file.log"));
```

O exemplo é esclarecedor.

```java
package com.hpg.evertonbarbosagomes.br.books.java.2ed.ch22;

import java.util.logging.Logger;
import java.util.logging.FileHandler;
import java.util.logging.Level;

public class LogDemo
{
   public void logIt()
   {
      Logger logger = Logger.getLogger("mypackage");
      try
      {
         logger.addHandler(new FileHandler("myprogram.log"));
         throw new Exception();
      }
      catch(Exception e)
      {
         logger.log(Level.SEVERE, "Problem found", e);
      }
   }

   public static void main(String[] args)
   {
      new LogDemo().logIt();
   }
}
```

Figura 22.38: *Registrando.*

Capítulo 23

Banco de Dados

23.1 – Introdução

Para organizar os dados, agrupamo-os em relações (de funcionários, de clientes, de fornecedores, etc.). Logo, relação (ou tabela) é um conjunto de itens do mesmo tipo.

Banco de dados (relacional) é um conjunto de tabelas. Gerenciador, por sua vez, é o programa responsável pela implementação do banco de dados.

A tecnologia relacional foi criada em 1970 na IBM, mas só foi introduzida no mercado em 1976. O primeiro gerenciador de banco de dados para microcomputadores foi o dBase.

23.2 – Tabelas

Dentro de uma tabela, podemos armazenar várias informações sobre cada item. Por convenção, os itens são as linhas da tabela e as informações, as colunas.

Ao criar um banco de dados, portanto, questione:

1. O que é preciso cadastrar?
2. O que é preciso saber sobre cada item cadastrado?

A primeira reposta nos dirá quais tabelas devem ser criadas no banco de dados e a segunda, quais colunas devem ser definidas dentro de cada tabela.

23.2.1 – Chaves

O maior objetivo dos gerenciadores é manter íntegros os dados do banco. Um passo crucial para isso é a eliminação da redundância. Para evitar a duplicação dos dados, o gerenciador recorre ao conceito de chaves.

Chave primária é a coluna usada como identidade do item. Nela, os dados não se repetem. Numa tabela de clientes, por exemplo, a coluna "código do cliente" pode ser usada como chave primária.

Chave estrangeira, por sua vez, é a coluna correspondente à chave primária de outra tabela. Numa tabela de pedidos, por exemplo, a coluna "código do cliente solicitante" é uma chave estrangeira.

A chave primária, portanto, evita a redundância dentro da tabela e a estrangeira, entre as tabelas.

Toda chave primária mantém um relacionamento "um-para-muitos" com sua chave estrangeira, ou seja, cada valor de chave primária pode ser mencionado diversas vezes na chave estrangeira. Um cliente, por exemplo, pode fazer vários pedidos.

23.3 – JDBC

Usando as técnicas demonstradas no capítulo anterior, certamente poderíamos criar o nosso próprio gerenciador de banco de dados. Isso, entretanto, não é necessário. Graças à JDBC (Java database connectivity), podemos nos preocupar apenas em usar aqueles já existentes.

Há vários gerenciadores de banco de dados. A manipulação dos dados, entretanto, é feita através de uma linguagem padrão – a SQL (Structured query language).

Em Java, a comunicação com os gerenciadores de banco de dados é feita através das classes e interfaces dos pacotes "java.sql" e "javax.sql".

Desde Java "1.4", a conexão a um banco de dados é feita da seguinte forma:

```
VendorDataSource ds = new VendorDataSource();
ds.setServerName(serverName);
ds.setDatabaseName(databaseName);
ds.getConnection(username, password);
```

- **VendorDataSource()**:
    - **ODBC**:
        - sun.jdbc.odbc.ee.ConnectionPoolDataSource();
    - **Oracle**:
        - oracle.jdbc.pool.OracleConnctionPoolDataSource();
    - **IBM-DB2**:
        - com.ibm.db2.jdbc.DB2ConnectionPoolDataSource();
    - **Sybase**:
        - com.sybase.jdbc2.jdbc.SybConnectionPoolDataSource();
    - **Informix**:
        - com.informix.jdbcx.IfxConnectionPoolDataSource();

- **CA-Ingres**:
  - ca.edbc.jdbcx.EdbcCPDataSource();
- **MS-SQLServer**:
  - com.microsoft.jdbcx.sqlserver.SQLServerDataSource();
- **SAP-DB**:
  - com.sap.dbtech.jdbcext.ConnectionPoolDataSourceSapDB();
- **MySQL**:
  - com.mysql.jdbc.jdbc2.optional.MysqlConnectionPoolDataSource();
- **PostgreSQL**:
  - org.postgresql.jdbc3.Jdbc3PoolingDataSource().

O método "getConnection(...)" retorna um objeto que implementa a interface "java.sql.Connection".

Por motivos de segurança, alguns gerenciadores de banco de dados funcionam, por padrão, no modo de apenas leitura. Para nos certificar de que a gravação é possível, devemos configurar a conexão.

```
connection.setReadOnly(false);
```

Para preparar um comando sql para envio ao banco de dados, crie o objeto emissor correspondente.

```
connection.prepareStatement("SQL_COMMAND");
```

O método acima retorna um objeto que implementa a interface "java.sql.PreparedStatement".

SQL é uma linguagem não-procedural, ou seja, nela especificamos apenas o que fazer e não como fazer. Isso aumenta drasticamente a produtividade. Para apagar todos os itens de uma tabela, por exemplo, não é preciso elaborar nenhum algoritmo – basta declarar o que deve ser feito (DELETE * FROM MyTable) e o gerenciador de banco de dados encarregar-se-á de executar a tarefa da melhor maneira possível. Para uso geral, obviamente, esse tipo de linguagem não é indicado, pois restringe o programa aos algoritmos predefinidos.

Ao formular comandos SQL, cuidado. Diferentemente de Java, os tipos de dados nessa linguagem são especificados no final das declarações e textos são delimitados por aspas simples ('Text here.'). Todo comando SQL deve também ser encerrado por um terminador (o MySQL usa o ";"). Em JDBC, entretanto, não é preciso indicá-lo, pois, para máxima portabilidade do código, sua inclusão é feita automaticamente pelo adaptador (driver) utilizado.

Para preencher o banco de dados, criamos tabelas.

```
CREATE TABLE MyTable (Column1 TYPE1, ... , ColumnN TYPE_N);
```

- **TYPE**:
    - SMALLINT;
    - INTEGER;
    - REAL;
    - DOUBLE;
    - VARCHAR(length);
    - BIT;
    - DATE;
    - TIME;
    - JAVA_OBJECT;
    - VARBINARY;
    - LONGVARCHAR;
    - LONGVARBINARY.

Para remover tabelas:

```
DROP TABLE MyTable;
```

Eis dois exemplos. O primeiro deles cria uma tabela de funcionários e o último, uma tabela de fornecedores.

```
CREATE TABLE Employees (Id INTEGER NOT NULL,
                        Name VARCHAR(32),
                        Age INTEGER,
                        PRIMARY KEY(Id));
CREATE TABLE Vendors (  Id INTEGER AUTO,
                        Name VARCHAR(32),
                        Phone INTEGER,
                        PRIMARY KEY(Id));
```

Nos comandos anteriores, "NOT NULL" indica que o campo deve obrigatoriamente ser preenchido e "AUTO" preenche automaticamente o campo indicado com valores seqüenciais.

Após criarmos as tabelas, o banco de dados não estará mais vazio. Quem estará vazia agora são as tabelas.

Para preencher uma tabela (inserir itens nela):

```
INSERT INTO MyTable VALUES (Value1, Value2);
```

Repare que os valores devem ser especificados NA ORDEM definida pela tabela.

Para apagar itens:

```
DELETE FROM MyTable WHERE Column Operator Value;
```

- **Operator**:
  - "**<**": menor que;
  - "**<=**": menor que ou igual a;
  - "**=**": igual a;
  - "**>=**": maior que ou igual a;
  - "**>**": maior que;
  - "**<>**": diferente de;
  - "**LIKE**": Semelhante a;
  - "**?**": qualquer caractere;
  - "*****": quaisquer caracteres.

Ao atualizar o valor de uma célula, especifique a coordenada (linha coluna) dela.

```
UPDATE MyTable SET Column = NewValue WHERE Column Operator Value;
```

Para efetuar alterações no banco de dados, use o método "executeUpdate()". Qualquer um dos comandos anteriores é enviado, portanto, da seguinte forma:

```
statement.executeUpdate();
```

Repare que os objetos emissores podem ser reutilizados. Basta, para isso, efetuar novas chamadas para o método de envio do comando.

A maneira mais segura para adicionar valores a uma linha da tabela é incluir lacunas (?) no comando sql de inserção e, em seguida, preenchê-las através do método de ajuste correspondente ao tipo da coluna.

O trecho de código seguinte, por exemplo, cria uma tabela e a preenche com um item.

```
PreparedStatement stmt1, stmt2;

// Create table
stmt1 = connection.prepareStatement(
          "CREATE TABLE T (C1 VARCHAR(16), C2 JAVA_OBJECT)");
stmt1.executeUpdate();

// Fill table
stmt2 = connection.prepareStatement(
                    "INSERT INTO T VALUES (?, ?)");
```

```
stmt2.setString(1, "Text here");
stmt2.setObject(2, new Object());
stmt2.executeUpdate();
```

Ao consultar uma tabela, selecione as colunas desejadas e restrinja as linhas de acordo com um critério. É possível, ainda, especificar a ordem em que os itens devem ser retornados.

```
SELECT Column1, Column2 FROM MyTable
              WHERE Column Operator Value
                      ORDER BY Column Mode;
```

- **Column**:
    - "*": todas as colunas;
- **Mode**:
    - **ASC**: crescente;
    - **DESC**: decrescente.

Para apenas consultar os dados existentes, use o método "executeQuery()".

```
statement.executeQuery();
```

A tabela resultante da consulta é retornada como um objeto que implementa a interface "java.sql.ResultSet".

Conheça os principais métodos de "ResultSet":

- **getMetaData()**;
    - **getColumnCount()**;
    - **getColumnName(...)**;
    - **getColumnType(...)**;
    - **getColumnTypeName(...)**;
- **next()**;
- **getShort(...)**;
- **getInt(...)**;
- **getFloat(...)**;
- **getDouble(...)**;
- **getString(...)**;
- **getBoolean(...)**;
- **getDate(...)**;
- **getTime(...)**;

- **getObject(...);**
- **getBytes(...);**
- **getCharacterStream(...);**
- **getBinaryStream(...);**
- **getWarnings()**.

Após usar o banco de dados, não deixe nada aberto.

```
result.close();
statement.close();
connection.close();
```

Como exemplo, usaremos o sueco MySQL, o servidor de banco de dados de código aberto mais usado no mundo, disponível gratuitamente em "http://www.mysql.com/products/mysql/".

Para usar o MySQL, instale-o em seu sistema. No Conectiva Linux, abra o Synaptic e agende a instalação dos pacotes "MySQL-server" e "MySQL-client" clicando sobre a extremidade esquerda deles e, no menu que surge, escolhendo a opção "Instalar". Para realizar as operações agendadas, clique sobre o botão "Aplicar" (parte superior central).

```
[...]# apt-cdrom add
```

Figura 23.1: Cadastre os discos manualmente caso o Synaptic não consiga listar automaticamente os pacotes que eles contêm.

Após a instalação, execute o script "/usr/sbin/mysql_createdb" para definir a senha do usuário principal (root) do servidor e para instalar o banco de dados principal do serviço (ele armazenará os nomes de usuário, suas respectivas senhas e direitos de acesso).

```
[...]# mysql_createdb
```

Figura 23.2: Configurando o MySQL.

Após a configuração inicial, podemos, enfim, iniciar o serviço.

```
[...]# service mysql start
```

Figura 23.3: Ativando o MySQL.

Para que o MySQL seja carregado automaticamente durante a inicialização do sistema operacional, ative o item correspondente no utilitário ntsysv.

```
[...]# ntsysv
```

Figura 23.4: Automatizando o carregamento de um serviço.

Caso o MySQL não apareça na listagem do ntsysv, cadastre-o manualmente.

```
[...]# chkconfig -add mysql
```
Figura 23.5: Forçando a barra.

Para entrar no MySQL, informe a máuina a qual se conectar (-h), o seu nome de usuário (-u) e a respectiva senha (-p).

```
[...]$ mysql -h hostname -u username -p
```
Figura 23.6: Identificando-se.

Por padrão, o MySQL permite que qualquer pessoa se conecte ao servidor. Para aumentar a segurança, remova o usuário anônimo ('') da tabela "user" do banco de dados principal. Assim, somente os usuários cadastrados poderão estabelecer conexão.

```
mysql> USE mysql;
Database changed
mysql> DELETE FROM user WHERE user="";
```
Figura 23.7: Aumentando a segurança.

Dentro do MySQL, podemos criar nosso próprio banco de dados ou listar os já existentes.

Para ver os bancos já existentes:

```
mysql> SHOW DATABASES;
```
Figura 23.8: Conferindo os bancos já existentes.

Para criar um banco de dados:

```
mysql> CREATE DATABASE mydb;
```
Figura 23.9: Criando um banco de dados.

O banco de dados será gravado em "/var/lib/mysql/".

Após criar o banco de dados, ajuste as permissões de acesso.

```
mysql> GRANT privileges ON mydb.* TO 'user'@'domain'
IDENTIFIED BY 'password';
mysql> FLUSH PRIVILEGES;
```
Figura 23.10: Ajustando as permissões.

- **privileges**:
  - SELECT;
  - INSERT;
  - UPDATE;
  - DELETE;
  - CREATE;
  - DROP;
  - ALL PRIVILEGES.

Para remover permissões, troque "grant to" por "revoke from".

Antes de usar um banco de dados, selecione-o.

```
USE mydb;
```
Figura 23.11: Selecionando o banco de dados a ser usado.

Uma vez selecionado, o banco de dados passa a ser o alvo de todas as nossas ações. Por exemplo, para ver todas as tabelas do banco de dados selecionado:

```
mysql> SHOW TABLES;
```
Figura 23.12: Mostrando as tabelas do banco de dados selecionado.

Antes de sair, configure as permissões de modo a poder acessar o banco de dados externamente.

```
mysql> GRANT ALL PRIVILEGES ON mydb.* to
'root'@'localhost.localdomain' identified by 'password';
mysql> FLUSH PRIVILEGES;
```
Figura 23.13: Configurando as permissões.

Para apagar o banco de dados:

```
mysql> DROP DATABASE mydb;
```
Figura 23.14: Excluindo o banco de dados.

Encerrada a "brincadeira", saia do MySQL.

```
mysql> QUIT;
```
Figura 23.15: Já?!

Se preferir, opere o servidor através da interface gráfica KSQL, disponível gratuitamente em "http://ksql.sourceforge.net/".

Agora, para possibilitar a manipulação do banco de dados via Java, obtenha o adaptador correspondente, disponível gratuitamente em "http://www.mysql.com/products/connector/j/". No Konqueror, a descompactação do arquivo obtido é feita clicando-se sobre ele com o botão direito do mouse e escolhendo-se a opção "Extrair aqui ...". A seguir, para instalar o adaptador, entre no diretório criado e copie o arquivo jar para o diretório "<jdk-dir>/jre/lib/ext/".

Pronto. Agora, é só usar o banco de dados (no programa a seguir, lembre-se de substituir "password" pela senha fornecida a "mysql_createdb").

```java
package com.hpg.evertonbarbosagomes.br.books.java.2ed.ch22;

import java.sql.Connection;
import java.sql.PreparedStatement;
import java.sql.ResultSet;
import java.sql.SQLException;

public class JDBCDemo
{
   private void populateDB(Connection con) throws SQLException
   {
      String sql1 =
      "CREATE TABLE Authors (Name VARCHAR(32), Age INTEGER)",
            sql2 = "INSERT INTO Authors VALUES (?, ?)";
      PreparedStatement stmt;

      stmt = con.prepareStatement(sql1);
      stmt.executeUpdate();
      stmt.close();

      stmt = con.prepareStatement(sql2);
      stmt.setString(1, "Dante");
      stmt.setInt(2, 23);
      stmt.executeUpdate();
      stmt.close();
   }

   public void sampleIt() throws SQLException
   {
      MysqlDataSource ds = new MysqlConnectionPoolDataSource();
      ds.setServerName("localhost");
      ds.setDatabaseName("mydb");
      Connection con = null;
      PreparedStatement stmt = null;
      ResultSet rs = null;
      try
      {
         con = ds.getConnection("root", "password");
         populateDB(con);
```

```java
            stmt = con.prepareStatement("SELECT * FROM Authors");
            rs = stmt.executeQuery();

            int length = rs.getMetaData().getColumnCount();

            while(rs.next())
            {
               String row = "Authors:\n";
               for (int col=0; col < length; col++)
               {
                  row += rs.getString(col+1) + ", ";
               }
               row += "\b\b;";
               System.out.println(row);
            }
         }
         finally
         {
            if (con != null)
            {
               if (stmt != null)
               {
                  if (rs != null)
                  {
                     rs.close();
                  }
                  stmt.close();
               }
               con.close();
            }
         }
      }

      public static void main(String[] args)
      {
         try
         {
            new JDBCDemo().sampleIt();
         }
         catch(SQLException e)
         {
            System.err.println(e.getMessage());
         }
      }
   }
```

Figura 23.16: *Acessando o banco de dados.*

```
Authors:
Dante, 22;
```

Figura 23.17: Ação.

23.4 – Relacionamentos

Além de manipular as entidades (o que desejamos cadastrar), um gerenciador de banco de dados precisa lidar também com os relacionamentos existentes entre elas. Cada cliente, por exemplo, deve ser associado aos pedidos efetuados por ele.

Um conceito crucial dos relacionamentos é a cardinalidade. Ela é a quantidade de itens de uma tabela que podem ser associados a itens de outra tabela. A cardinalidade mínima pode ser 0 (relacionamento opcional) ou 1 (relacionamento obrigatório) e a máxima, 1 ou N (muitos).

Relacionamentos são classificados pela cardinalidade máxima. Logo, eles podem ser 1:1 (de um para um), 1:N (de um para muitos) ou ainda N:N (de muitos para muitos).

Dentro de um banco de dados relacional, tudo é representado por tabelas. Os relacionamentos, portanto, também são implementados dessa forma.

A princípio, todos os relacionamentos podem ser transformados em uma tabela composta basicamente pelas chaves primárias dos itens envolvidos. Essa, entretanto, nem sempre é a melhor solução. Quando o relacionamento é opcional (cardinalidade mínima igual a 0), por exemplo, essa tática tende a produzir lacunas perigosas. O melhor a fazer é criar uma chave estrangeira na tabela dependente e recorrer à terceira tabela somente em último caso.

Enfim, para identificar a melhor maneira de implementar um relacionamento, siga o roteiro:

> Se o relacionamento é "1:1":
>   Se a cardinalidade mínima vale 1 em ambos os lados do relacionamento:
>   Mescle as duas tabelas em uma só;
>   Se a cardinalidade mínima vale 1 em apenas um lado do relacionamento:
>   Crie uma chave estrangeira no outro lado do relacionamento;
>   Se a cardinalidade mínima vale zero em ambos os lados do relacionamento:
>   Crie uma chave estrangeira na tabela que tende a conter menos itens;
> Se o relacionamento é "1:N":
>   Crie uma chave estrangeira no lado onde a cardinalidade máxima é N;
> Se o relacionamento é "N:N":
>   Crie a terceira tabela.

Figura 23.18: Critérios para implementação do relacionamento.

23.5 – Transações

Em transferências bancárias, crédito e débito devem andar de mãos dadas. Caso não seja possível efetuar um deles, ambos devem falhar. Para casos como esse, há o conceito de transação.

Transação (ou execução em lote) é um tipo de processamento no qual várias alterações são tratadas como uma só. Transação distribuída é aquela que envolve vários bancos de dados.

Por padrão, ao solicitar uma alteração, o pedido é imediatamente enviado ao banco de dados. Para desabilitar esse comportamento:

```
connection.setAutoCommit(false);
```

Agora, em vez de criar um objeto emissor para cada alteração a ser efetuada, crie um objeto emissor genérico (interface "java.sql.Statement") e adicione os comandos ao próximo lote a ser enviado.

```
Statement stmt = connection.createStatement();
stmt.addBatch(sqlUpdateCommand);
```

Outra vantagem dessa abordagem é a possibilidade de cancelar a execução dos comandos agendados desde o último envio.

```
statement.clearBatch();
```

Para enviar o lote ao banco de dados:

```
statement.executeBatch();
```

Após o envio, as adições passam a ser feitas automaticamente em um novo lote.

Para saber se o adaptador utilizado suporta transações:

```
connection.getMetaData().supportsBatchUpdates();
```

Para se aprofundar no assunto, consulte o guia contido na documentação da linguagem (<jdk-dir>/docs/guide/jdbc/getstart/GettingStartedTOC.fm.html).

23.6 – Um Exemplo Completo

O exemplo seguinte é o ponto alto do livro. Ele reúne tudo o que vimos até agora em um programa realmente funcional. Repare que, por mais que simplifiquemos as coisas, o código resultante tende a fugir rapidamente do controle. Por isso a engenharia de software é tão importante.

Experimente.

```
# Default
description = Description
info        = Database manager - by Dante (dante.ebg@ig.com.br)
searchDB    = ...
welcome     = Welcome.
database    = Database
title       = Database manager
location    = Location
```

```
user           = User
password       = Password
connect        = Connect
options        = Options
content        = Content
list           = Entity
insert         = Insert
update         = Update
delete         = Delete
query          = Query
print          = Print
help           = Help
about          = About
exit           = Exit
step1          = Please, choose a database and click on "Connect"...
step2          = Please, choose an option...
step3          = Choose a list...
input1         = What do you need to catalog? (i.e.: People.)
input2         = What do you need to know about each item? (Ex.: Name, age and address.)
input3         = Please, set the type of each subitem. (Ex.: Person's name = text.)
input4         = Please, enter the value of each subitem.
delete1        = Delete list of
update1        = attribute in
query1         = Query list of
query2         = Query result:
print1         = Print list of
print2         = List of
problem        = Problem
warning        = Warning
question       = Question
vmError        = Sorry: jre is too old.
openError      = Sorry: database could not be opened.
viewError      = Sorry: database could not be viewed.
insertError    = Sorry: insertion failed.
deleteError    = Sorry: deletion failed.
updateError    = Sorry: update failed.
queryError     = Sorry: query failed.
printError     = Sorry: printing failed.
iconError      = Sorry: image could not be loaded.
closeError     = Sorry: database could not be closed.
exitError      = Please: before exit, close the database.
text           = Text
integer        = Integer number
auto           = Auto-numeration
float          = Non-integer number
date           = Date
time           = Hour
```

```
boolean      = True/False
image        = Image
key          = Key
smaller      = less than
equals       = equal to
bigger       = greater than
different    = different of
by           = by
where        = where
is           = is
and          = and
field        = Field
type         = Type
length       = Length
of           = Of
to           = to
the          = the
result       = Result
```

Figura 23.19: Arquivo "./resources/i18n/JDBCViewer.properties".

```
# Português (Brasil)
description  = Descrição
info         = Gerenciador de banco de dados - por Dante
(dante.ebg@ig.com.br)
searchDB     = ...
welcome      = Olá: seja bem vindo(a).
database     = Banco de dados
title        = Gerenciador de banco de dados
location     = Endereço
user         = Usuário
password     = Senha
connect      = Conectar
options      = Opções
content      = Conteúdo
list         = Entidade
insert       = Inserir
update       = Alterar
delete       = Excluir
query        = Consultar
print        = Imprimir
help         = Suporte
about        = Sobre
exit         = Sair
step1        = Por favor, defina o banco de dados a ser usado e,
em seguida, clique em "Conectar"...
step2        = Por favor, escolha uma opção...
```

```
step3        = Escolha, agora, uma lista...
input1       = O que você deseja cadastrar? (Ex.: Pessoas.)
input2       = O que você deseja saber sobre cada item cadastrado?
(Ex.: Nome, idade e endereço.)
input3       = Por favor, informe o tipo de cada subitem. (Ex.:
Nome da pessoa = texto.)
input4       = Por favor, informe o valor de cada subitem.
delete1      = Remover lista de
update1      = característica em
query1       = Consultar lista de
query2       = O resultado da consulta foi:
print1       = Imprimir lista de
print2       = Lista de
problem      = Problema
warning      = Conselho
question     = Pergunta
vmError      = Desculpe: jre é muito antigo.
openError    = Desculpe: o banco de dados não pôde ser aberto.
viewError    = Desculpe: o banco de dados não pôde ser
visualizado.
insertError  = Desculpe: a inclusão não pôde ser efetuada.
deleteError  = Desculpe: a exclusão não pôde ser efetuada.
updateError  = Desculpe: a alteração não pôde ser efetuada.
queryError   = Desculpe: a consulta não pôde ser efetuada.
printError   = Desculpe: a impressão não pôde ser efetuada.
iconError    = Desculpe: a imagem não pôde ser carregada.
closeError   = Desculpe: o banco de dados não pôde ser fechado.
exitError    = Por favor: antes de sair, desconecte-se do banco de
dados.
text         = Texto
integer      = Número inteiro
auto         = Auto-numeração
float        = Número não-inteiro
date         = Data
time         = Hora
boolean      = Verdadeiro/Falso
image        = Imagem
key          = Diferenciador
smaller      = menor que
equals       = igual a
bigger       = maior que
different    = diferente de
by           = por
where        = cujo(a)
is           = seja
and          = e
field        = Campo
type         = Tipo
```

```
length      = Comprimento
of          = dos(as)
to          = para
the         = o/a
result      = Resultado
```

Figura 23.20: Arquivo "./resources/i18n/JDBCViewer_pt_BR.properties".

```java
package com.hpg.evertonbarbosagomes.br.app;

import javax.swing.*;

import javax.swing.tree.*;

import java.sql.*;

import javax.sql.*;

import java.util.ResourceBundle;
import java.util.LinkedList;
import java.util.Vector;
import java.util.MissingResourceException;

import java.net.*;

import java.util.prefs.*;

import java.io.*;

import java.awt.*;

import java.awt.print.*;

import java.awt.event.*;
/**
 * An universal data access program for the Java Platform.
 * @author: Dante (dante.ebg@ig.com.br)
 */
public class JDBCViewer extends JPanel
{
    enum Request {NONE, INSERT, UPDATE, DELETE, QUERY, PRINT}
    enum Status {NONE, FIRST, MIDDLE, LAST}
    private static ResourceBundle translator;

    private Preferences prefs;
    private Request currentRequest;
```

```java
      private Action insert,
                     update,
                     delete,
                     query,
                     print,
                     searchDB;
      private JTree tree;
      private JToggleButton power;
      private Connection con;
      private JLabel status;

      private class RequestAction extends AbstractAction
      {
         RequestAction(String text)
         {
            super(text);
         }

         public void actionPerformed(ActionEvent ev)
         {
            Action sourceAction =
                       ((AbstractButton) ev.getSource()).
                                                   getAction();
            if (JDBCViewer.this.power.isSelected())
            {
               Action[] action = {JDBCViewer.this.insert,
                                  JDBCViewer.this.update,
                                  JDBCViewer.this.delete,
                                  JDBCViewer.this.query,
                                  JDBCViewer.this.print};
               for (int i=0; i < action.length; i++)
               {
                  if (sourceAction == action[i])
                  {
//                     currentRequest = i+1;
                     JDBCViewer.this.setStatus(Status.LAST);
                     return;
                  }
               }
            }
         }
      }

      static
      {
         try
```

```java
         {
            JDBCViewer.translator =
                          ResourceBundle.getBundle(
                                  "resources.i18n.JDBCViewer");
         }
         catch(MissingResourceException e)
         {
            JOptionPane.showMessageDialog(null,
   "Sorry: I18n file was not found!\nThe program will exit.\n" +
            "Description: " + e.getLocalizedMessage(),
                                     "Problem",
                                     JOptionPane.ERROR_MESSAGE);
            System.exit(-1);
         }
      }

      public static String getApplicationInfo()
      {
         return JDBCViewer.translator.getString("info");
      }

      public JDBCViewer()
      {
         this.prefs = Preferences.userNodeForPackage(
                                                  JDBCViewer.class);

         this.insert = new RequestAction(
                  JDBCViewer.translator.getString("insert"));
         this.update = new RequestAction(
                  JDBCViewer.translator.getString("update"));
         this.delete = new RequestAction(
                  JDBCViewer.translator.getString("delete"));
         this.query  = new RequestAction(
                  JDBCViewer.translator.getString("query"));
         this.print  = new RequestAction(
                  JDBCViewer.translator.getString("print"));

         this.tree = new JTree();
         this.tree.setShowsRootHandles(false);

         this.power = new JToggleButton(
                  JDBCViewer.translator.getString("connect"));

         this.status = new Jabel();

         this.currentRequest = Request.NONE;
```

```java
      setLayout(new BorderLayout());
      add(createLoginPanel(), BorderLayout.NORTH);
      add(createKeyboard(), BorderLayout.WEST);
      add(createDisplay(), BorderLayout.CENTER);
      add(createStatusBar(), BorderLayout.SOUTH);

      clearDisplay();
      setStatus(Status.NONE);
   }

   private void exit()
   {
      if (!this.power.isSelected())
      {
         System.exit(0);
      }
      else
      {
         JOptionPane.showMessageDialog(JDBCViewer.this,
               JDBCViewer.translator.getString("exitError"),
               JDBCViewer.translator.getString("warning"),
               JOptionPane.WARNING_MESSAGE);
      }
   }

   private void setStatus(Status status)
   {
      String message = "";
      if (status == Status.NONE)
      {
         message =
              JDBCViewer.translator.getString("welcome") + " ";
         status = Status.FIRST;
      }

      String[] step = {"step1", "step2", "step3"};
      message += JDBCViewer.translator.getString(
                                       step[status.ordinal()-1]);
      this.status.setText(message);
   }

   private void clearDisplay()
   {
      this.tree.setRootVisible(false);
      this.tree.setModel(
                  new JTree(new Vector<String>()).getModel());
   }
```

```java
private void remember()
{
   JOptionPane.showMessageDialog(JDBCViewer.this,
             JDBCViewer.this.status.getText(),
             JDBCViewer.translator.getString("warning"),
             JOptionPane.WARNING_MESSAGE);
}

private void showErrorDialog(String message, Exception e)
{
   message = message + "\n" +
    JDBCViewer.translator.getString("description") + ": " +
                                e.getLocalizedMessage();
   JTextArea t = new JTextArea(message);
   t.setLineWrap(true);
   t.setWrapStyleWord(true);
   t.setEditable(false);
   t.setOpaque(false);
   JOptionPane.showMessageDialog(this, new JScrollPane(t),
             JDBCViewer.translator.getString("problem"),
             JOptionPane.ERROR_MESSAGE);
}

private void insertTable()
{
   Box b1 = new Box(BoxLayout.Y_AXIS),
       b2 = new Box(BoxLayout.Y_AXIS);
   JLabel label1 = new JLabel(
                JDBCViewer.translator.getString("input1")),
          label2 = new JLabel(
                JDBCViewer.translator.getString("input2")),
          label3 = new JLabel(
                JDBCViewer.translator.getString("input3"));
   final JTextField field1 = new JTextField(),
                    field2 = new JTextField();
   label1.setLabelFor(field1);
   label2.setLabelFor(field2);
   b1.add(label1);
   b1.add(field1);
   b1.add(new JLabel(" "));
   b1.add(label2);
   b1.add(field2);

   int choice;
   do
   {
      choice = JOptionPane.showConfirmDialog(this, b1,
             JDBCViewer.translator.getString("question"),
```

```java
                    JOptionPane.OK_CANCEL_OPTION);
}
while(choice == JOptionPane.OK_OPTION &&
      (field1.getText().trim().length() == 0
         || field2.getText().trim().length() == 0));
if (choice != JOptionPane.OK_OPTION)
{
   return;
}

String tablename = field1.getText(),
       fieldnames = field2.getText(),
   and = JDBCViewer.translator.getString("and");
if (tablename.endsWith("."))
{
   tablename = tablename.substring(
                             0, tablename.length()-1);
}
if (fieldnames.endsWith("."))
{
   fieldnames = fieldnames.substring(
                             0, fieldnames.length()-1);
}
and = " " + and + " ";
if (fieldnames.lastIndexOf(and) != -1)
{
   fieldnames = fieldnames.replaceAll(and, ",");
}

String[] fieldname = fieldnames.trim().split(",");
for (int i=0; i < fieldname.length; i++)
{
   fieldname[i] = fieldname[i].trim();
   char firstChar = fieldname[i].charAt(0);
   if (Character.isLowerCase(firstChar))
   {
      fieldname[i] = fieldname[i].replaceFirst(
         String.valueOf(firstChar),
         String.valueOf(
            Character.toUpperCase(firstChar)));
   }
}
String[] head = {"field", "type", "length"};
JPanel p = new JPanel(new BorderLayout()),
       table = new JPanel(
       new GridLayout(fieldname.length + 2, head.length));
```

```java
      for (int i=0; i < head.length; i++)
      {
         table.add(new JButton(
            JDBCViewer.translator.getString(head[i])));
      }
      String[] type = {
            JDBCViewer.translator.getString("text"),
            JDBCViewer.translator.getString("integer"),
            JDBCViewer.translator.getString("auto"),
            JDBCViewer.translator.getString("float"),
            JDBCViewer.translator.getString("boolean"),
            JDBCViewer.translator.getString("date"),
            JDBCViewer.translator.getString("time"),
            JDBCViewer.translator.getString("image")},
              sqlType = {  "VARCHAR(255)",
            "INTEGER",
            "INTEGER AUTO",
            "REAL",
            "BIT",
            "DATE",
            "TIME",
            "LONG VARBINARY"};
      JComboBox[] combobox = new JComboBox[
                                          fieldname.length + 1];
      String[] types = new String[fieldname.length];
      JSpinner[] spinner = new JSpinner[fieldname.length];
      for (int i=0; i < fieldname.length; i++)
      {
         combobox[i] = new JComboBox(type);
         spinner[i] = new JSpinner(
               new SpinnerNumberModel(16, 1, 255, 1));
         final JComboBox cb = combobox[i];
         final JSpinner sp = spinner[i];
         combobox[i].addActionListener(new ActionListener()
         {
            public void actionPerformed(ActionEvent ev)
            {
               sp.setEnabled(cb.getSelectedIndex() == 0);
            }
         });

         table.add(new JLabel(fieldname[i]));
         table.add(combobox[i]);
         table.add(spinner[i]);
      }
      combobox[combobox.length - 1] = new JComboBox(fieldname);
      table.add(new JLabel(
```

```java
                           JDBCViewer.translator.getString("key")));
table.add(combobox[combobox.length - 1]);

p.add(label3, BorderLayout.NORTH);
b2.add(new JLabel(" "));
b2.add(new JScrollPane(table));
p.add(b2);
choice = JOptionPane.showConfirmDialog(this, p,
           JDBCViewer.translator.getString("question"),
              JOptionPane.OK_CANCEL_OPTION);
if (choice != JOptionPane.OK_OPTION)
{
   return;
}

for (int i=0, si, bracket; i < fieldname.length; i++)
{
   si = combobox[i].getSelectedIndex();
   types[i] = sqlType[si];
   if (si == 0)
   {
      bracket = types[i].lastIndexOf("(");
      types[i] = types[i].substring(0, bracket+1) +
                          spinner[i].getValue() + ")";
   }
}

String sql = "CREATE TABLE " + tablename + " (",
          key = (String) combobox[combobox.length - 1].
                             getSelectedItem();
for (int i=0; i < fieldname.length; i++)
{
   sql += fieldname[i] + " " + types[i] +
          (fieldname[i] != key? "": "NOT NULL") + ", ";
}
sql += "PRIMARY KEY(" + key + "))";
try
{
   this.con.prepareStatement(sql).executeUpdate();
   this.displayDB();
}
catch(SQLException e)
{
   showErrorDialog(
      JDBCViewer.translator.getStrng("insertError"), e);
}
}
```

```java
private void insertItem(String tablename)
{
   try
   {
      ResultSetMetaData rsmd =
         this.con.prepareStatement(
                     "SELECT * FROM " + tablename).
                                executeQuery().getMetaData();
      Box b = new Box(BoxLayout.Y_AXIS);
      JComponent[] fields = new JComponent[
                                      rsmd.getColumnCount()];
      final LinkedList<File> files = new LinkedList<File>();
      JPanel row;
      b.add(new JLabel(
              JDBCViewer.translator.getString("input4")));
      for (int i=0; i < fields.length; i++)
      {
         int type = rsmd.getColumnType(i+1);
         if (type == Types.VARCHAR || type == Types.CHAR)
         {
            fields[i] = new JTextField();
         }
         else if (type == Types.INTEGER)
         {
            fields[i] = new JSpinner(
              new SpinnerNumberModel(0,0,2147483647,1));
         }
         else if (type == Types.REAL)
         {
            fields[i] = new JSpinner(
               new SpinnerNumberModel(
                  0,0,2147483647,.0000001));
         }
         else if (type == Types.BIT
                     || type == Types.BOOLEAN)
         {
            fields[i] = new JCheckBox();
         }
         else if (type == Types.DATE)
         {
            fields[i] = new JFormattedTextField(new Date(
                         new java.util.Date().getTime()));
         }
         else if (type == Types.TIME)
         {
            fields[i] = new JFormattedTextField(
                       new Time(
```

```java
                            new java.util.Date().getTime()));
      }
      else if (type == Types.LONGVARBINARY)
      {
         final JButton button = new JButton("...");
         fields[i] = button;
         button.addActionListener(new ActionListener()
         {
            JFileChooser chooser = new JFileChooser();

            public void actionPerformed(ActionEvent ev)
            {
               if (chooser.showOpenDialog(
                     JDBCViewer.this) ==
                  JFileChooser.APPROVE_OPTION)
               {
                  File file =
                  chooser.getSelectedFile();
                  try
                  {
                     button.setIcon(
                              new ImageIcon(file.toURL()));
                  }
                  catch(
                  MalformedURLException e)
                  {
                     JDBCViewer.this.
                     showErrorDialog(
            JDBCViewer.translator.getString("iconError"), e);
                     return;
                  }
                  button.setText(null);
                  files.addLast(file);
               }
            }
         }
         );
      }
      row = new JPanel(new GridLayout(1, 2));
      row.add(new JLabel(
                     rsmd.getColumnLabel(i+1) + ": "));
      row.add(fields[i]);
      b.add(row);
   }
   int choice = JOptionPane.showConfirmDialog(this, b,
         JDBCViewer.translator.getString("question"),
            JOptionPane.OK_CANCEL_OPTION);
```

```java
if (choice != JOptionPane.OK_OPTION)
{
  return;
}

String sql = "INSERT INTO " + tablename + " VALUES(";
for (int i=0; i < fields.length; i++)
{
  sql += "?, ";
}
sql = sql.substring(0, sql.length()-2) + ")";
PreparedStatement stmt =
                    this.con.prepareStatement(sql);

for (int i=0; i < fields.length; i++)
{
  int type = rsmd.getColumnType(i+1);
  if (type == Types.VARCHAR || type == Types.CHAR)
  {
    stmt.setString(
              i+1, ((JTextField)fields[i]).getText());
  }
  else if (type == Types.INTEGER)
  {
    stmt.setInt(i+1, ((Integer)
      ((JSpinner)fields[i]).getValue()).intValue());
  }
  else if (type == Types.REAL)
  {
    stmt.setFloat(i+1, ((Float)
    ((JSpinner)fields[i]).getValue()).floatValue());
  }
  else if (type == Types.BIT
              || type == Types.BOOLEAN)
  {
    stmt.setBoolean(i+1,
        ((JCheckBox)fields[i]).isSelected());
  }
  else if (type == Types.DATE)
  {
    stmt.setDate(i+1, (Date)
      ((JFormattedTextField)fields[i]).getValue());
  }
  else if (type == Types.TIME)
  {
    stmt.setTime(i+1, (Time)
      ((JFormattedTextField)fields[i]).getValue());
  }
```

```java
              else if (type == Types.LONGVARBINARY)
              {
                 File file = (File) files.removeFirst();
                 stmt.setBinaryStream(
                                    i+1, file.toURL().openStream(),
                                            (int)file.length());
              }
           }
           stmt.executeUpdate();
        }
        catch(Exception e)
        {
           showErrorDialog(
              JDBCViewer.translator.getString("insertError"), e);
        }
     }

     private void updateTable()
     {
        try
        {
           String[] suboption =
                 {JDBCViewer.translator.getString("insert"),
                  JDBCViewer.translator.getString("delete")};
           ResultSet tables = this.con.getMetaData().getTables(
                                        null, null, null, null);
           Vector<String> target = new Vector<String>();
           while(tables.next())
           {
              target.add(tables.getString(3));
           }
           JComboBox combobox1 = new JComboBox(suboption),
                     combobox2 = new JComboBox(target);
           Box b = new Box(BoxLayout.X_AXIS);
           b.add(combobox1);
           b.add(new JLabel(" " +
              JDBCViewer.translator.getString("update1") + " "));
           b.add(combobox2);
           b.add(new JLabel("."));
           int choice = JOptionPane.showConfirmDialog(this, b,
                 JDBCViewer.translator.getString("question"),
                    JOptionPane.OK_CANCEL_OPTION);
           if (choice != JOptionPane.OK_OPTION)
           {
              return;
           }
```

```java
       String tablename = (String)
                          combobox2.getSelectedItem(),
                sql = "ALTE TABLE " + tablename;
if (combobox1.getSelectedIndex() == 0)
{
   Box b2 = new Box(BoxLayout.Y_AXIS);
   String[] head = {"field", "type", "length"};
   JPanel p = new JPanel(new BorderLayout()),
          table = new JPanel(
                         new GridLayout(2, head.length));
   for (int i=0; i < head.length; i++)
   {
       table.add(new JButton(
           JDBCViewer.translator.getString(head[i])));
   }
   String[] types = {
       JDBCViewer.translator.getString("text"),
       JDBCViewer.translator.getString("integer"),
       JDBCViewer.translator.getString("auto"),
       JDBCViewer.translator.getString("float"),
       JDBCViewer.translator.getString("boolean"),
       JDBCViewer.translator.getString("date"),
       JDBCViewer.translator.getString("time"),
       JDBCViewer.translator.getString("image")},
           sqlType = {  "VARCHAR(255)",
                        "INTEGER",
                        "INTEGER AUTO",
                        "REAL",
                        "BIT",
                        "DATE",
                        "TIME",
                        "LONG VARBINARY"};
   JTextField fieldname = new JTextField();
   final JComboBox combobox = new JComboBox(types);
   final JSpinner spinner = new JSpinner(
          new SpinnerNumberModel(16, 1, 255, 1));
   combobox.addActionListener(new ActionListener()
   {
      public void actionPerformed(ActionEvent ev)
      {
         spinner.setEnabled(
            combobox.getSelectedIndex() == 0);
      }
   });

   table.add(fieldname);
```

```java
            table.add(combobox);
            table.add(spinner);

            p.add(new JLabel(
                    JDBCViewer.translator.getString("input3")),
                        BorderLayout.NORTH);
            b2.add(new JLabel(" "));
            b2.add(new JScrollPane(table));
            p.add(b2);
            choice = JOptionPane.showConfirmDialog(this, p,
                  JDBCViewer.translator.getString("question"),
                      JOptionPane.OK_CANCEL_OPTION);
            if (choice != JOptionPane.OKOPTION)
            {
               return;
            }

            int si = combobox.getSelectedIndex(),
               bracket;
            String type = sqlType[si];
            if (si == 0)
            {
               bracket = type.lastIndexOf("(");
               type = type.substring(0, bracket+1) +
                     spinner.getValue() + ")";
            }
            sql += " ADD " + fieldname.getText() + " " + type;
         }
         else
         {
            ResultSetMetaData rsmd =
               this.con.prepareStatement(
                  "SELECT * FROM " + tablename).
                     executeQuery().getMetaData();
            String[] fields = new String[rsmd.getColumnCount()];
            for (int i=0; i < fields.length; i++)
            {
               fields[i] = rsmd.getColumnLabel(i+1);
            }
            JComboBox combobox = new JComboBox(fields);
            b = new Box(BoxLayout.X_AXIS);
            b.add(new JLabel(
            JDBCViewer.translator.getString("delete") + ": "));
            b.add(combobox);
            b.add(new JLabel("."));
            choice = JOptionPane.showConfirmDialog(this, b,
```

```java
                    JDBCViewer.translator.getString("question"),
                  JOptionPane.OK_CANCEL_OPTION);
            if (choice != JOptionPane.OK_OPTION)
            {
               return;
            }

            sql +=
                " DROP COLUMN " + combobox.getSelectedItem();
         }
         this.con.prepareStatement(sql).executeUpdate();
      }
      catch(SQLException e)
      {
         showErrorDialog(
            JDBCViewer.translator.getString("updateError"), e);
      }
   }

   private void updateItem(String tablename)
   {
      try
      {
         ResultSetMetaData rsmd =
             this.con.prepareStatement(
                "SELECT * FROM " + tablename).
                   executeQuery().getMetaData();
         String[] fields = new String[rsmd.getColumnCount()],
            operatorsName =
               {JDBCViewer.translator.getString("smaller"),
                JDBCViewer.translator.getString("equals"),
                JDBCViewer.translator.getString("bigger"),
                JDBCViewer.translator.getString("different")},
            operators = {"<", "=", ">", "<>"};
         for (int i=0; i < fields.length; i++)
         {
            fields[i] = rsmd.getColumnLabel(i+);
         }
         JComboBox combobox1 = new JComboBox(fields),
             combobox2 = new JComboBox(fields),
             combobox3 = new JComboBox(operatorsName);
         JTextField value1 = new JTextField(8),
             value2 = new JTextField(8);
         Box b = new Box(BoxLayout.Y_AXIS),
            b1 = new Box(BoxLayout.X_AXIS),
            b2 = new Box(BoxLayout.X_AXIS);
```

```java
        b1.add(new JLabel(
           JDBCViewer.translator.getString("update") + " " +
               JDBCViewer.translator.getString("to") + " "));
        b1.add(value1);
        b1.add(new JLabel(
        " " + JDBCViewer.translator.getString("the") + " "));
        b1.add(combobox1);
        b1.add(new JLabel(
           " " + JDBCViewer.translator.getString("of") + " " +
               tablename + " "));
        b2.add(new JLabel(
              JDBCViewer.translator.getString("where") + " "));
        b2.add(combobox2);
        b2.add(new JLabel(
        " " + JDBCViewer.translator.getString("is") + " "));
        b2.add(combobox3);
        b2.add(new JLabel(" "));
        b2.add(value2);
        b2.add(new JLabel("."));
        b.add(b1);
        b.add(b2);
        int choice = JOptionPane.showConfirmDialog(this, b,
             JDBCViewer.translator.getString("question"),
                JOptionPane.OK_CANCEL_OPTION);
        if (choice != JOptionPane.OK_OPTION)
        {
           return;
        }

        String operator = operators[
                             combobox3.getSelectedIndex()],
                newValue = value1.getText(),
                value    = value2.getText();
        if (operator == "=" &&
     (value.indexOf('?') != -1 || value.indexOf('*') != -1))
        {
           operator = "LIKE";
        }
        int t1 = rsmd.getColumnType(
                            combobox1.getSelectedIndex()+1),
             t2 = rsmd.getColumnType(
                         combobox2.getSelectedIndex()+1);
        if (t1 == Types.VARCHAR || t1 == Types.CHAR)
        {
           newValue = "'" + newValue + "'";
        }
```

```java
      if (t2 == Types.VARCHAR || t2 == Types.CHAR)
      {
         value = "'" + value + "'";
      }
      String sql = "UPDATE " + tablename + " SET " +
         combobox1.getSelectedItem() + " = " + newValue +
            " WHERE " + combobox2.getSelectedItem() +
                     " " + operator + " " + value;
      this.con.prepareStatement(sql).executeUpdate();
   }
   catch(SQLException e)
   {
      showErrorDialog(
         JDBCViewer.translator.getString("updateError"), e);
   }
}

private void deleteTable()
{
   try
   {
      ResultSet tables = this.con.getMetaData().getTables(
                              null, null, null, null);
      Vector<String> option = new Vector<String>();
      while(tables.next())
      {
         option.add(tables.getString(3));
      }
      JComboBox combobox = new JComboBox(option);
      Box b = new Box(BoxLayout.X_AXIS);
      b.add(new JLabel(
         JDBCViewer.translator.getString("delete1") + " "));
      b.add(combobox);
      b.add(new JLabel("."));
      int choice = JOptionPane.showConfirmDialog(this, b,
            JDBCViewer.translator.getString("question"),
               JOptionPane.OK_CANCEL_OPTION);
      if (choice != JOptionPane.OK_OPTION)
      {
         return;
      }

      String sql = "DROP TABLE " +
                              combobox.getSelectedItem();
      this.con.prepareStatement(sql).executeUpdate();
      this.displayDB();
```

```java
      }
      catch(SQLException e)
      {
        showErrorDialog(
          JDBCViewer.translator.getString("deleteError"), e);
      }
    }

    private void deleteItem(String tablename)
    {
      try
      {
        ResultSetMetaData rsmd =
          this.con.prepareStatement(
            "SELECT * FROM " + tablename).
               executeQuery().getMetaData();
        String[] fieldnames = new String[
                                rsmd.getColumnCount()],
          operatorsName =
             {JDBCViewer.translator.getString("smaller"),
              JDBCViewer.translator.getString("equals"),
              JDBCViewer.translator.getString("bigger"),
              JDBCViewer.translator.getString("different")},
          operators = {"<", "=", ">", "<>"};
        for (int i=0; i < fieldnames.length; i++)
        {
          fieldnames[i] = rsmd.getColumnLabel(i+1);
        }
        JComboBox combobox1 = new JComboBox(fieldnames),
             combobox2 = new JComboBox(operatorsName);
        JTextField valueField = new JTextField(8);
;
        Box b = new Box(BoxLayout.X_AXIS);
        b.add(new JLabel(
          JDBCViewer.translator.getString("delete") + " " +
            tablename + " " +
          JDBCViewer.translator.getString("where") + " "));
        b.add(combobox1);
        b.addnew JLabel(
        " " + JDBCViewer.translator.getString("is") + " "));
        b.add(combobox2);
        b.add(valueField);
        b.add(new JLabel("."));
        int choice = JOptionPane.showConfirmDialog(this, b,
             JDBCViewer.translator.getString("question"),
              JOptionPane.OK_CANCEL_OPTION);
        if (choice != JOptionPane.OK_OPTION)
```

```java
      {
         return;
      }

      String operator = operators[
                            combobox2.getSelectedIndex()],
         value    = valueField.getText();
      if (operator == "=" &&
     (value.indexOf('?') != -1 || value.indexOf('*') != -1))
      {
         operator = "LIKE";
      }
      int t = rsmd.getColumnType(
                         combobox1.getSelectedIndex()+1);
      if (t == Types.VARCHAR || t == Types.CHAR)
      {
         value = "'" + value + "'";
      }
      String sql = "DELETE FROM " + tablename + " WHERE " +
            combobox1.getSelectedItem() + " " +
            operator + " " + value;
      this.con.prepareStatement(sql).executeUpdate();
   }
   catch(SQLException e)
   {
      showErrorDialog(
         JDBCViewer.translator.getString("deleteError"), e);
   }
}

private void show(ResultSet rs, boolean print)
                         throws SQLException, IOException
{
   ResultSetMetaData rsmd = rs.getMetaData();
   String[] fieldnames = new String[rsmd.getColumnCount()];
   for (int i=0; i < fieldnames.length; i++)
   {
      fieldnames[i] = rsmd.getColumnLabel(i+1);
   }
   rs.last();
   Object[][] data = new Object[rs.getRow()][
                                     fieldnames.length];
   rs.beforeFirst();
   for (int row = 0, column; rs.next(); row++)
   {
      for (column=0; column < data[row].length; column++)
      {
         if (rsmd.getColumnType(column+1)
              != Types.LONGVARBINARY)
```

```java
         {
            data[row][column] = rs.getString(column+1);
         }
         else
         {
            InputStream in = rs.getBinaryStream(column+1);
            int available = in.available();
            byte[] bytes = new byte[
                              available!=0? available: 8];
            in.read(bytes);
            data[row][column] = new ImageIcon(bytes);
         }
      }
   }
   Box b = new Box(BoxLayout.Y_AXIS);
   JTable table = new JTable(data, fieldnames);
   b.add(new JLabel(
            JDBCViewer.translator.getString("query2")));
   b.add(new JLabel(" "));
   b.add(new JScrollPane(table));
   JOptionPane.showMessageDialog(this, b,
       JDBCViewer.translator.getString("result"),
         JOptionPane.PLAIN_MESSAGE);
   if (print)
   {
      try
      {
         table.print();
      }
      catch(PrinterException e)
      {
         System.err.println(e.getMessage());
      }
   }
}

private void queryTable(boolean print)
{
   try
   {
      ResultSet tables = this.con.getMetaData().getTables(
                          null, null, null, null);
      Vector<String> option = new Vector<String>();
      while(tables.next())
      {
         option.add(tables.getString(3));
      }
```

```java
            JComboBox combobox = new JComboBox(option);
            Box b = new Box(BoxLayout.X_AXIS);
            b.add(new JLabel(
               JDBCViewer.translator.getString("query1") + " "));
            b.add(combobox);
            b.add(new JLabel("."));
            int choice = JOptionPane.showConfirmDialog(this, b,
                  JDBCViewer.translator.getString("question"),
                     JOptionPane.OK_CANCEL_OPTION);
            if (choice != JOptionPane.OK_OPTION)
            {
               return;
            }

            String sql = "SELECT * FROM " +
                                       combobox.getSelectedItem();
            show(this.con.prepareStatement(sql,
                     ResultSet.TYPE_SCROLL_INSENSITIVE,
                     ResultSet.CONCUR_READ_ONLY).
                           executeQuery(),
                  print);
      }
      catch(Exception e)
      {
         showErrorDialog(
            JDBCViewer.translator.getString("queryError"), e);
      }
   }

   private void queryItem(String tablename, boolean print)
   {
      try
      {
         ResultSetMetaData rsmd =
               this.con.prepareStatement(
                  "SELECT * FROM " + tablename).
                     executeQuery().getMetaData();
         String[] fieldnames = new String[
                                       rsmd.getColumnCount()],
            operatorsName =
               {JDBCViewer.translator.getString("smaller"),
               JDBCViewer.translator.getString("equals"),
               JDBCViewer.translator.getString("bigger"),
               JDBCViewer.translator.getString("different")},
            operators = {"<", "=", ">", "<>"};
         for (int i=0; i < fieldnames.length; i++)
```

```java
         {
            fieldnames[i] = rsmd.getColumnLabel(i+1);
         }
         JComboBox combobox1 = new JComboBox(fieldnames),
                combobox2 = new JComboBox(operatorsName);
         JTextField valueField = new JTextField(8);
         ;
         Box b = new Box(BoxLayout.X_AXIS);
         b.add(new JLabel(
            JDBCViewer.translator.getString("query") + " " +
                tablename + " " +
            JDBCViewer.translator.getString("where") + " "));
         b.add(combobox1);
         b.add(new JLabel(
         " " + JDBCViewer.translator.getString("is") + " "));
         b.add(combobox2);
         b.add(valueField);
         b.add(new JLabel("."));
         int choice = JOptionPane.showConfirmDialog(this, b,
                JDBCViewer.translator.getString("question"),
                    JOptionPane.OK_CANCEL_OPTION);
         if (choice != JOptionPane.OK_OPTION)
         {
            return;
         }

         String operator = operators[
                                   combobox2.getSelectedIndex()],
              value    = valueField.getText();
         if (operator == "=" &&
         (value.indexOf('?') != -1 || value.indexOf('*') != -1))
         {
            operator = "LIKE";
         }
         int t = rsmd.getColumnType(
                            combobox1.getSelectedIndex()+1);
         if (t == Types.VARCHAR || t == Types.CHAR)
         {
            value = "'" + value + "'";
         }
         String sql = "SELECT * FROM " + tablename +
                 " WHERE " +
                     combobox1.getSelectedItem() + " " +
                                operator + " " + value;
         show(this.con.prepareStatement(sql,
                 ResultSet.TYPE_SCROLL_INSENSITIVE,
```

```java
                    ResultSet.CONCUR_READ_ONLY).
                        executeQuery(),
                print);
        }
        catch(Exception e)
        {
            showErrorDialog(
                JDBCViewer.translator.getString("queryError"), e);
        }
    }

    private JMenuBar createMenuBar()
    {
        JMenuBar mb = new JMenuBar();

        JMenu menu0 = new JMenu(
                    JDBCViewer.translator.getString("database")),
            menu1 = new JMenu(
                    JDBCViewer.translator.getString("options")),
            menu2 = new JMenu(
                    JDBCViewer.translator.getString("help"));

        JMenuItem searchDB = new JMenuItem(this.searchDB),
                aboutItem = new JMenuItem(),
                    exitItem = new JMenuItem();
        searchDB.setText(
                    JDBCViewer.translator.getString("searchDB"));
        aboutItem.setText(
            JDBCViewer.translator.getString("about") + "...");
        exitItem.setText(
                    JDBCViewer.translator.getString("exit"));
        ActionListener aboutListener = new ActionListener()
        {
            public void actionPerformed(ActionEvent ev)
            {
                JOptionPane.showMessageDialog(JDBCViewer.this,
                    JDBCViewer.getApplicationInfo(),
                    ev.getActionCommand(),
                    JOptionPane.INFORMATION_MESSAGE);
            }
        },
            exitListener = new ActionListener()
        {
            public void actionPerformed(ActionEvent ev)
            {
                JDBCViewer.this.exit();
            }
        };
```

```java
        aboutItem.addActionListener(aboutListener);
        exitItem.addActionListener(exitListener);

        menu0.add(searchDB);
        menu0.addSeparator();
        menu0.add(exitItem);

        menu1.add(new JMenuItem(this.insert));
        menu1.add(new JMenuItem(this.update));
        menu1.add(new JMenuItem(this.delete));
        menu1.add(new JMenuItem(this.query));
        menu1.add(new JMenuItem(this.print));

        menu2.add(aboutItem);

        mb.add(menu0);
        mb.add(menu1);
        mb.add(menu2);

        return mb;
    }

    private void displayDB()
    {
        try
        {
            ResultSet tables = this.con.getMetaData().getTables(
                        null, null, null, null);
            DefaultMutableTreeNode root =
                        new DefaultMutableTreeNode(
                            JDBCViewer.translator.getString("list"));
            while(tables.next())
            {
                root.add(new DefaultMutableTreeNode(
                                        tables.getString(3)));
            }
            this.tree.setRootVisible(true);
            this.tree.setModel(new JTree(root).getModel());
        }
        catch(SQLException e)
        {
            showErrorDialog(
                JDBCViewer.translator.getString("viewError"), e);
        }
    }
```

```java
private void connect(String location,
                     String username, String password)
{
   if (location == null || location.trim().length() == 0)
   {
      remember();
      this.power.setSelected(false);
      return;
   }
   String hostname = "localhost",
       databaseName = location;
   int locationLength = location.length(),
               hostend = 0;
   char separator = File.separatorChar;
   if (location.charAt(0) == separator)
   {
      if (locationLenth < 2)
      {
         return;
      }
      if (location.charAt(1) == separator)
      {
         if (locationLength < 3)
         {
            return;
         }
         hostend = location.indexOf(separator, 2);
         if (hostend > 2)
         {
            hostname = location.substring(2, hostend);
         }
      }
      databaseName = location.substring(hostend+1);
   }
   String[] classes = {
        "sun.jdbc.odbc.ee.DataSource",
        "com.microsoft.jdbc.sqlserver.SQLServerDataSource",
        "oracle.jdbc.client.OracleXADataSource",
        "com.ibm.db2.jdbc.DB2DataSource",
        "com.informix.jdbc.IfxDataSource",
        "ca.edbc.jdbc.EdbcDataSource",
        "com.sap.dbtech.jdbcext.DataSourceSapDB",
        "com.mysql.jdbc.jdbc2.optional.MysqlDataSource",
        "org.postgresql.jdbc3.Jdbc3DataSource",
        "com.sybase.jdbc2.jdbc.SybDataSource"};
   DataSource ds;
```

```java
      for (int i=0; i < classes.length; i++)
      {
         try
         {
            Class subclass = Class.forName(classes[i]);
            ds = (DataSource) subclass.newInstance();
            ds.setLogWriter(new PrintWriter(System.out, true));
            subclass.getMethod("setServerName", String.class).
                                          invoke(ds, hostname);
            subclass.getMethod("setDatabaseName",
                     String.class).invoke(ds, databaseName);
            this.con = ds.getConnection(username, password);
            if (this.con.isReadOnly())
            {
               this.con.setReadOnly(false);
            }
            break;
         }
         catch(Exception e)
         {
            ; // Try next class
         }
      }
      if (this.con == null)
      {
         JOptionPane.showMessageDialog(this,
              JDBCViewer.translator.getString("openError"),
              JDBCViewer.translator.getString("problem"),
              JOptionPane.ERROR_MESSAGE);
         this.power.setSelected(false);
         return;
      }
      displayDB();
      setStatus(Status.MIDDLE);
      this.power.transferFocus();
      this.prefs.put("location", location);
      this.prefs.put("username", username);
   }

   private void disconnect()
   {
      try
      {
         this.con.close();
         this.con = null;
         this.currenRequest = Request.NONE;
```

```java
      clearDisplay();
      setStatus(Status.FIRST);
   }
   catch(SQLException e)
   {
      showErrorDialog(
         JDBCViewer.translator.getString("closeError"), e);
      this.power.setSelected(true);
   }
}

private JPanel createLoginPanel()
{
   GridBagLayout gbLayout = new GridBagLayout();
   GridBagConstraints gbConstraints =
                                 new GridBagConstraints();
   JPanel p = new JPanel(gbLayout);

   JLabel locationLabel = new JLabel(
      JDBCViewer.translator.getString("location") + ": "),
      userLabel = new JLabel(
         JDBCViewer.translator.getString("user") + ": "),
      passwordLabel = new JLabel(
      JDBCViewer.translator.getString("password") + ": ");

   final JTextField locationField = new JTextField(16),
         userField = new JTextField(8);
   final JPasswordField passwordField =
                                 new JPasswordField(8);

   this.searchDB = new AbstractAction()
   {
      JFileChooser chooser = new JFileChooser();

      public void actionPerformed(ActionEvent ev)
      {
         if (chooser.showOpenDialog(JDBCViewer.this) ==
               JFileChooser.APPROVE_OPTION)
         {
            locationField.setText(
               chooser.getSelectedFile().getPath());
         }
      }
   };
   JButton searchLocation = new JButton(this.searchDB);
   searchLocation.setText("...");
   locationLabel.setLabelFor(locationField);
```

```java
      userLabel.setLabelFor(userField);
      passwordLabel.setLabelFor(passwordField);

      ActionListener on = new ActionListener()
      {
         public void actionPerformed(ActionEvent ev)
         {
            JDBCViewer.this.power.setSelected(true);
         }
      };
      locationField.addActionListener(on);
      passwordField.addActionListener(on);

      this.power.addItemListener(new ItemListener()
      {
         public void itemStateChanged(ItemEvent ev)
         {
            if (ev.getStateChange() == ItemEvent.SELECTED)
            {
               if (JDBCViewer.this.con == null)
               {
                  connect(locationField.getText(),
                     userField.getText(),
                     new String(
                        passwordField.getPassword()));
                  passwordField.setText(null);
               }
            }
            else
            {
               if (JDBCViewer.this.con != null)
               {
                  disconnect();
               }
            }
         }
      });

      locationField.setText(this.prefs.get("location", null));
      userField.setText(this.prefs.get("username", null));

      gbConstraints.gridx = GridBagConstraints.RELATIVE;
      gbConstraints.gridy = GridBagConstraints.RELATIVE;
      gbConstraints.gridwidth = 1;
      gbConstraints.gridheight = 1;
      gbConstraints.weightx = 0;
      gbConstraints.weighty = 1;
      gbConstraints.anchor = GridBagConstraints.CENTER;
      gbConstraints.fill = GridBagConstraints.NONE;
```

```java
gbLayout.setConstraints(locationLabel, gbConstraints);
p.add(locationLabel);

gbConstraints.gridwidth = 2;
gbConstraints.weightx = 1;
gbConstraints.fill = GridBagConstraints.HORIZONTAL;
gbLayout.setConstraints(locationField, gbConstraints);
p.add(locationField);

gbConstraints.gridwidth = GridBagConstraints.REMAINDER;
gbConstraints.weightx = 0;
gbConstraints.fill = GridBagConstraints.NONE;
gbLayout.setConstraints(searchLocation, gbConstraints);
p.add(searchLocation);

gbConstraints.gridwidth = 1;
gbLayout.setConstraints(userLabel, gbConstraints);
p.add(userLabel);

gbConstraints.weightx = 1;
gbConstraints.anchor = GridBagConstraints.WEST;
gbConstraints.fill = GridBagConstraints.HORIZONTAL;
gbLayout.setConstraints(userField, gbConstraints);
p.add(userField);

JLabel aux = new JLabel(" ");
gbConstraints.gridwidth = GridBagConstraints.REMAINDER;
gbConstraints.anchor = GridBagConstraints.CENTER;
gbConstraints.fill = GridBagConstraints.NONE;
gbLayout.setConstraints(aux, gbConstraints);
p.add(aux);

gbConstraints.gridwidth = 1;
gbConstraints.weightx = 0;
gbLayout.setConstraints(passwordLabel, gbConstraints);
p.add(passwordLabel);

gbConstraints.weightx = 1;
gbConstraints.anchor = GridBagConstraints.WEST;
gbConstraints.fill = GridBagConstraints.HORIZONTAL;
gbLayout.setConstraints(passwordField, gbConstraints);
p.add(passwordField);
JLabel aux2 = new JLabel(" ");
gbConstraints.anchor = GridBagConstraints.CENTER;
gbConstraints.fill = GridBagConstraints.NONE;
gbLayout.setConstraints(aux2, gbConstraints);
p.add(aux2);
gbConstraints.weightx = 0;
gbConstraints.anchor = GridBagConstraints.EAST;
```

```java
      gbLayout.setConstraints(power, gbConstraints);
      p.add(power);

      p.setBorder(BorderFactory.createTitledBorder(
            JDBCViewer.translator.getString("database")));

      return p;
   }

   private JPanel createKeyboard()
   {
      Action[] action = {this.insert,
                         this.update,
                         this.delete,
                         this.query,
                         this.print};
      JPanel p = new JPanel(
                        new GridLayout((action.length*2)+1, 1));

      for (int i=0; i < action.length; i++)
      {
         p.add(new JLabel(" "));
         p.add(new JButton(action[i]));
      }
      p.add(new JLabel(" "));

      p.setBorder(BorderFactory.createTitledBorder(
            JDBCViewer.translator.getString("options")));

      return p;
   }

   private JPanel createDisplay()
   {
      JPanel p = new JPanel(new BorderLayout());

      this.tree.addMouseListener(new MouseAdapter()
      {
         public void mouseClicked(MouseEvent ev)
         {
            TreePath path =
               JDBCViewer.this.tree.getPathForLocation(
                     ev.getX(), ev.getY());
            if (path == null
                  || JDBCViewer.this.currentRequest ==
                                          Request.NONE)
            {
               JDBCViewer.this.remember();
```

```java
            return;
         }
         String targetTable = (String)
            ((DefaultMutableTreeNode)
               path.getLastPathComponent()).
                  getUserObject();
         switch (JDBCViewer.this.currentRequest)
         {
            case INSERT:
               if(path.getPathCount() > 1)
               {
                  JDBCViewer.this.insertItem(targetTable);
               }
               else
               {
                  JDBCViewer.this.insertTable();
               }
               break;
            case UPDATE:
               if(path.getPathCount() > 1)
               {
                  JDBCViewer.this.updateItem(targetTable);
               }
               else
               {
                  JDBCViewer.this.updateTable();
               }
               break;
            case DELETE:
               if(path.getPathCount() > 1)
               {
                  JDBCViewer.this.deleteItem(targetTable);
               }
               else
               {
                  JDBCViewer.this.deleteTable();
               }
               break;
            case QUERY:
               if(path.getPathCount() > 1)
               {
                  JDBCViewer.this.queryItem(
                                      targetTable, false);
               }
               else
               {
                  JDBCViewer.this.queryTable(false);
               }
```

```java
                    break;
                case PRINT:
                    if(path.getPathCount() > 1)
                    {
                       JDBCViewer.this.queryItem(
                                                   targetTable, true);
                    }
                    else
                    {
                       JDBCViewer.this.queryTable(true);
                    }
                }
                JDBCViewer.this.currentRequest = Request.NONE;
                JDBCViewer.this.setStatus(Status.MIDDLE);
          }
       });

       p.add(new JScrollPane(this.tree));
       p.setBorder(BorderFactory.createTitledBorder(
              JDBCViewer.translator.getString("content")));

       return p;
    }

    private JPanel createStatusBar()
    {
       JPanel p = new JPanel(new BorderLayout());
       p.add(this.status);
       p.setBorder(BorderFactory.createLoweredBevelBorder());

       return p;
    }

    private static void checkVM()
    {
       String version = System.getProperty("java.version");
       if (version.compareTo("1.5") < 0)
       {
         JOptionPane.showMessageDialog(null,
              JDBCViewer.translator.getString("vmError"),
              JDBCViewer.translator.getString("warning"),
              JOptionPane.WARNING_MESSAGE);
         System.exit(-1);
       }
    }
```

```java
  private static void setPlaf()
  {
    try
    {
      UIManager.setLookAndFeel(
          UIManager.getSystemLookAndFeelClassName());
    }
    catch(Exception e)
    {
      System.err.println(e.getLocalizedMessage());
    }
  }

  public static void main(String[] args)
  {
    JDBCViewer.checkVM();
    JDBCViewer.setPlaf();
    JFrame f = new JFrame(
          JDBCViewer.translator.getString("title") + " - "
       + JDBCViewer.translator.getString("by") +
                                 " Dante (E.B.G.)");
    final JDBCViewer viewer = new JDBCViewer();
    f.add(viewer);
    f.setJMenuBar(viewer.createMenuBar());
    f.setDefaultCloseOperation(JFrame.DO_NOTHING_ON_CLOSE);
    f.addWindowListener(new WindowAdapter()
    {
      public void windowClosing(WindowEvent ev)
      {
        viewer.exit();
      }
    });
    f.pack();
    Rectangle maxWindowBounds = GraphicsEnvironment.
              getLocalGraphicsEnvironment().
                          getMaximumWindowBounds();
    int width = maxindowBounds.height/2,
        height = maxWindowBounds.width/2;
    f.setBounds((maxWindowBounds.width-width)/2,
           (maxWindowBounds.height-height)/2,
                            width, height);
    f.setVisible(true);
  }
}
```

Figura 23.21: *A hora da verdade.*

Figura 23.22: *Aplicativo em ação.*

Capítulo 24

Desenvolvimento

24.1 – Introdução

O desenvolvimento de um programa resume-se basicamente a três etapas:

1. Definição das classes necessárias e dos relacionamentos entre elas;
2. Definição dos membros (variáveis e métodos) de cada classe;
3. Integração das partes.

Ao término da tarefa, é altamente recomendável efetuar também a depuração e a documentação do código criado.

24.2 – Projetos

Projeto é a fase de implementação de um sistema. Logo, o primeiro passo para se iniciar o desenvolvimento de um programa é criar o projeto correspondente. Dentro do projeto, reuniremos todos os arquivos que compõem o programa.

24.2.1 – Ant

Ant (Another neat tool – http://ant.apache.org/) é uma ferramenta de código aberto projetada para automatizar a criação de projetos em Java assim como a ferramenta make faz com projetos em C/C++.

O que exatamente a ant deve fazer é especificado no arquivo "buid.xml". A vantagem dessa abordagem é que, uma vez definida a seqüência de passos, basta chamar a ferramenta e ela executará todos eles por nós.

A configuração da ant envolve os conceitos de propriedade, alvo e dependência.

Propriedades nada mais são que variáveis convencionais.

Para criar uma propriedade:

```
<property name="..." value="..."/>
```

Para acessar o valor de uma delas:

```
${name}
```

Alvos são as etapas do projeto. Cada etapa é composta por uma ou mais tarefas.

Para definir um alvo:

```
<target name="step" description="Step description">
   <task1 property1="value1"/>
   <taskN propertyN="valueN"/>
</target>
```

Mais uma vez, não importa quantos alvos declaremos: o único deles que será chamado automaticamente é aquele definido como padrão (default). Para executar outros alvos, inclua dependências.

Dependências são a maneira pela qual as etapas são ordenadas. Em vez de definirmos a ordem exata da execução delas, definimos apenas as etapas que precisam ser realizadas antes da atual.

Eis a estrutura básica de um arquivo "build.xml".

```
<?xml version="1.0"?>
<project name="My project" default="stepN">
   <description>
       Project description
   </description>

   <property name="name1" value="value1"/>
   <property name="name2" value="value2"/>

   <!-- Step1 comment-->
   <target name="step1" description="Step1 description">
      <task1 property1="value1"/>
      <taskN propertyN="valueN"/>
   </target>

   <!-- StepN comment-->
   <target name="stepN" description="StepN description">
      <task1 property1="value1"/>

   </target>
</project>
```

Figura 24.1: *Seqüência de passos a ser realizada pela ant.*

O exemplo é esclarecedor.

```xml
<?xml version="1.0"?>
<project name="My project" default="dist">
   <description>
      Project description
   </description>

   <property name="srcDir" location="src"/>
   <property name="buildDir" location="classes"/>
   <property name="docDir" location="doc"/>
   <property name="backupDir" location="backup"/>
   <property name="distDir" location="dist"/>

   <!-- Step1 comment-->
   <target name="init" description="Step1 description">

      <mkdir dir="${buildDir}"/>
      <mkdir dir="${docDir}"/>
      <mkdir dir="${distDir}"/>

   <!-- StepN comment-->
   <target name="compile" depends="init" description="StepN description">
      <delete dir="${backupDir}"/>
      <move todir="${backupDir}">
         <fileset dir="${srcDir}"/>
      </move>
      <javac srcdir="${srcDir}" destdir="${buildDir}"/>

   <!-- StepN comment-->
   <target name="document" depends="init" description="StepN description">
      <javadoc sourcepath="${srcDir}"
         packagenames="package.*"
         destdir="${docDir}"
         link="http://java.sun.com/products/jdk/5/docs/api/"/>

   <!-- Package files -->
   <target name="dist" depends="compile,document" description="StepN description">
      <jar basedir="${buildDir}" destfile="${distDir}/file-${DSTAMP}.jar">

            <attribute name="Main-class" value="package.MainClass">
         </manifest>
```

```
        <zip basedir="${docDir}" destfile="${distDir}/doc.zip"/>
        <delete dir="${docDir}"/>
    </target>
</project>
```

Figura 24.2: *Exemplo*.

24.2.1.1 – Tarefas

Cada tarefa na ant é um javabean que estende a classe "org.apache.tools.ant.Task" (arquivo "<ant-dir>/lib/ant.jar") e realiza o seu trabalho no método "execute()". Logo, para criar uma tarefa personalizada, basta estender essa classe e implementar o método.

```java
import org.apache.tools.ant.Task;
import org.apache.tools.ant.BuildException;

public class MyTask extends Task
{
    public void execute() throws BuildException
    {
        ...
    }
}
```

Figura 24.3: *Criando uma tarefa personalizada*.

Para usar a nova tarefa, defina-a:

```xml
<taskdef name="mytask"
    classname="MyTask"
    classpath="."
</taskdef>
```

Figura 24.4: *Definição da tarefa personalizada*.

A Ant é o motor do NetBeans e, portanto, não precisa ser instalada separadamente.

24.3 – Depuração

"Um sofrimento é sempre uma advertência, pior para quem não sabe compreendê-la. Quando a natureza puxa a corda, é porque caminhamos ao contrário; quando ela nos castiga, é que o perigo está perto. Ai, então, de quem não reflete!"

Eliphas Levi.

Ao detectar um bug, a primeira atitude a tomar rumo à correção do problema é descobrir onde ele está. A melhor tática para isso é a aproximação sucessiva.

Depuração é o ato de eliminar os erros de lógica (bugs) contidos no código. Na prática, depurar consiste em dar uma pausa na execução do programa em momentos que permitam diagnosticar, a partir do valor das variáveis, a causa do problema.

Para depurar programas no NetBeans, agende as pausas (breakpoints) clicando sobre a extremidade esquerda das linhas suspeitas e execute o código em modo de depuração acionando o botão Debug.

O exemplo a seguir, aparentemente exato, contém um bug.

```java
package com.hpg.evertonbarbosagomes.br.books.java.2ed.ch24;

public class DebugDemo
{
    private JMenu getMenu()
    {
        int depth = 3;
        String text = "Menu 1";
        Container parent = null,
                  child = new JMenu(text);
        for (int i=0; i<depth; i++)
        {
            parent = child;
            text += ".1";
            child = new JMenu(text);
            parent.add(child);
        }

        while(parent != null)
        {
            child = parent;
            parent = child.getParent();
        }

        return (JMenu) chil;
    }

    private JMenuBar getMenuBar()
    {
        JMenuBar menubar = new JMenuBar();

        menubar.add(getMenu());

        return menubar;
    }
```

```
    public void sampleIt()
    {
      JFrame f = new JFrame("Debug demo");
      f.setJMenuBar(getMenuBar());
      f.setDefaultCloseOperation(JFrame.EXIT_ON_CLOSE);
      f.pack();
      f.setBounds(200, 150, 400, 300);
      f.setVisible(true);
    }

    public static void main(String[] args)
    {
      new DebugDemo().sampleIt();
    }
}
```

Figura 24.5: *Enfiando os pés pelas mãos.*

```
Exception in thread "main" java.lang.ClassCastException:
javax.swing.JPopupMenu
        at DebugDemo.getMenu(DebugDemo.java:29)
        at DebugDemo.getMenuBar(DebugDemo.java:36)
        at DebugDemo.sampleIt(DebugDemo.java:44)
        at DebugDemo.main(DebugDemo.java:54)
```

Figura 24.6: *Bug.*

O rastro da pilha de execução nos informa que há um problema na linha 29 de nosso programa. Entretanto, ao revisar tal instrução, percebemos que não há erro algum nela.

Usando o depurador, descobrimos que o valor retornado por "child.getParent()" é, na verdade, uma instância de "JPopupMenu" e não de "JMenu" como poderíamos esperar.

```
Initializing jdb ...
> stop at DebugDemo:29
Deferring breakpoint DebugDemo:29.
It will be set after the class is loaded.
> run
run DebugDemo
>
VM Started: Set deferred breakpoint DebugDemo:29

Breakpoint hit: "thread=main", DebugDemo.getMenu(), line=29
bci=88
29                   return (JMenu) child;
```

```
main[1] print child
 child = instance of javax.swing.JPopupMenu(id=629)
main[1] exit
```

Figura 24.7: *Depurando o programa.*

O código seguinte demonstra a correção.

```
package com.hpg.evertonbarbosagomes.br.books.java.2ed.ch24;

public class DebugDemo
{
   private JMenu getMenu()
   {
      int depth = 3;
      String text = "Menu 1";
      Container parent = null,
                child = new JMenu(text);
      for (int i=0; i<depth; i++)
      {
         parent = child;
         text = text + ".1";
         child = new JMenu(text);
         parent.add(child);
      }

      while(parent != null)
      {
         child = parent;
         parent = child.getParent();
         if (parent instanceof JPopupMenu)
         {
            parent = (Container) ((JPopupMenu) parent).
                                              getInvoker();
         }
      }

      return (JMenu) child;
   }

   private JMenuBar getMenuBar()
   {
      JMenuBar menubar = new JMenuBar();

      menubar.add(getMenu());
      return menubar;
```

```
    }

    public void sampleIt()
    {
        JFrame f = new JFrame("Debug demo");
        f.setJMenuBar(getMenuBar());
        f.setDefaultCloseOperation(JFrame.EXIT_ON_CLOSE);
        f.pack();
        f.setBounds(200, 150, 400, 300);
        f.setVisible(true);
    }

    public static void main(String[] args)
    {
        new DebugDemo().sampleIt();
    }
}
```

Figura 24.8: *Correção.*

"Se tudo o mais falhar, algum erro espetacular sempre poderá garantir a imortalidade."

JOHN KENNETH GALBRAITH, ECONOMISTA E AUTOR NORTE-AMERICANO.

27.4 – JUnit (junit.framework.*)

JUnit (http://junit.org/) é uma ferramenta de código-aberto destinada a automatizar a execução dos testes de software.

Unidades (funcionais) são as partes auto-suficientes do programa que realizam uma tarefa específica. Cada unidade pode ser composta, portanto, por um único método ou por vários deles.

Para criar testes na JUnit, crie uma sub-classe de "TestCase" e realize nos métodos "setUp()" e "tearDown()" a inicialização e limpeza dos recursos a serem compartilhados pelos testes.

```
class MyTestCase extends TestCase
{
    public MyTestCase(String testName)
    {
        super(testName);
    }

    public void setUp()
    {
        ...
    }
```

```
public void test1()
{
   ...
}

public void testN()
{
   ...
}

public void tearDown()
{
   ...
}
}
```

Figura 24.9: *Estrutura dos testes na JUnit.*

Dentro de cada teste, basicamente verificamos se o valor produzido é igual ao esperado.

Para chamar um teste, crie um objeto da classe TestCase e indique o método desejado.

```
new MyTestCase("testX").run();
```

Para chamar vários testes de uma vez, agrupe-os em um objeto "TestSuite" e disponibilize-o na classe "TestCase".

```
class MyTestCase extends TestCase
{
   ...
   public static Test suite()
   {
      TestSuite tests = new TestSuite();
      tests.addTest(new MyTestCase("test1"));
      tests.addTest(new MyTestCase("testN"));
      return tests;
   }
   ...
}
```

Figura 24.10: *Um-por-todos e todos-por-um.*

Assim como a Ant, a JUnit também faz parte do NetBeans e, portanto, não precisa ser instalada separadamente.

Enfim, para executar os testes:

```
[...]$ java junit.textui.TestRunner MyTestCase
```

Figura 24.11: *Um, dois, três, testando...*

Para efetuar testes na Ant:

```
<junit>
 <test name="package.MyTestCase"/>
</junit>
```

Figura 24.12: *Integração.*

24.5 – Otimização

"Escrevi uma carta mais longa que o normal, porque me falta tempo para fazê-la mais curta."

Blaise Pascal.

Otimizar o código não é trocar "ints" por "bytes" – é sintetizar ao máximo o programa.

```
package com.hpg.evertonbarbosagomes.br.books.java.2ed.ch24;

public class Beta
{
   public void sampleIt()
   {
      JFrame f = new JFrame();
      f.setTitle("Title");
      f.add(new JButton("North"), BorderLayout.NORTH);
      f.add(new JButton("South"), BorderLayout.SOUTH);
      f.add(new JButton("East"), BorderLayout.EAST);
      f.add(new JButton("West"), BorderLayout.WEST);
      f.add(new JButton("Center"));
      f.setDefaultCloseOperation(JFrame.EXIT_ON_CLOSE);
      f.pack();
      f.setVisible(true);
   }

   public static void main(String[] args)
   {
      new Beta().sampleIt();
   }
}
```

Figura 24.13: *Oportunidade.*

Uma forma de otimização é efetuar o maior número de configurações possíveis já no momento de criação dos objetos.

O código anterior desperdiça a chance de configurar a janela no momento de sua criação. A versão a seguir economiza uma chamada de método.

```java
package com.hpg.evertonbarbosagomes.br.books.java.2ed.ch24;

public class ReleaseCandidate
{
    private void sampleIt()
    {
        JFrame f = new JFrame("Title");
        f.add(new JButton("North"), BorderLayout.NORTH);
        f.add(new JButton("South"), BorderLayout.SOUTH);
        f.add(new JButton("East"), BorderLayout.EAST);
        f.add(new JButton("West"), BorderLayout.WEST);
        f.add(new JButton("Center"));
        f.setDefaultCloseOperation(JFrame.EXIT_ON_CLOSE);
        f.pack();
        f.setVisible(true);
    }

    public static void main(String[] args)
    {
        new ReleaseCandidate().sampleIt();
    }
}
```

Figura 24.14: *Melhoria.*

Nosso programa ficou bem melhor, mas ainda não está totalmente otimizado. Se você acha que não é possível fazer mais nada, então veja isso. Assim como os métodos nos ajudam a evitar a duplicação de código, os laços também podem contribuir para a redução do volume de código.

```java
package com.hpg.evertonbarbosagomes.br.books.java.2ed.ch24;

public class Release
{
    void sampleIt()
    {
        JFrame f = new JFrame("Title");
        String[] border = {BorderLayout.NORTH,
                           BorderLayout.SOUTH,
                           BorderLayout.EAST,
                           BorderLayout.WEST,
                           BorderLayout.CENTER};
        for (int i=0; i < border.length; i++)
        {
            f.add(new JButton(border[i]), border[i]);
        }
```

```
      f.setDefaultCloseOperation(JFrame.EXIT_ON_CLOSE);
      f.pack();
      f.setVisible(true);
   }

   public static void main(String[] args)
   {
      new Release().sampleIt();
   }
}
```

Figura 24.15: *No fio da navalha.*

A otimização torna o código mais enxuto. Conseqüentemente, a execução dele fica mais rápida, pois há menos instruções para o computador executar.

A maioria das otimizações, entretanto, não traz um ganho notável de desempenho. O laços são um caso particular, pois, conforme o número de iterações aumenta, mais evidente se torna o ganho de performance.

Imagine que um laço demore um minuto para executar cada iteração e que sua versão otimizada demore cinqüenta e nove segundos para realizar a mesma tarefa. A melhoria parece ser irrelevante. Entretanto, imagine que esse laço execute cento e vinte iterações. Nesse caso, a diferença de desempenho entre as duas versões, que era de apenas um segundo, passará para dois minutos!

Outra maneira de otimizar o código é evitar testes desnecessários, listando primeiro as condições mais prováveis de ocorrer e, por último, as menos prováveis.

É preciso sensibilidade para enxergar isso. Para evidenciar a diferença, portanto, vamos recorrer novamente ao cálculo do fatorial.

```
package com.hpg.evertonbarbosagomes.br.books.java.2ed.ch24;
public class FactorialDemo
{
   int evals = 0;
   long factorial(int n)
   {
      if (n == 0 || n == 1) //Lower frequency
      {
         ++this.evals;
         return 1;
      }
      else // Higher frequency
      {
         this.evals += 2;
         return n*factorial(n-1);
      }
   }
}
```

```java
public static void main(String[] args)
{
    FactorialDemo object = new FactorialDemo();
    System.out.println("20! = " + object.factorial(20));
    System.out.println("Evals = " + object.evals);
}
}
```

Figura 24.16: *O retorno.*

O código anterior executa 41 testes. Posicionando em "if" a condição mais provável de ocorrer e em "else" a menos provável, conseguimos produzir o mesmo resultado efetuando apenas 22 comparações!

Comprove.

```java
package com.hpg.evertonbarbosagomes.br.books.java.2ed.ch24;

public class FactorialDemo
{
    int evals = 0;

    long factorial(int n)
    {
        if (n > 1) // Higher frequency
        {
            ++this.evals;
            return n*factorial(n-1);
        }
        else //Lower frequency
        {
            this.evals += 2;
            return 1;
        }
    }

    public static void main(String[] args)
    {
        FactorialDemo object = new FactorialDemo();
        System.out.println("20! = " + object.factorial(20));
        System.out.println("Evals = " + object.evals);
    }
}
```

Figura 24.17: *Menos comparações.*

É possível, ainda, aumentar a leveza do código criando um único objeto ouvinte de eventos para vários componentes. Em uma barra de menus, por exemplo, apenas um item pode ser ativado por vez, portanto o ouvinte pode ser compartilhado.

24.6 – Documentação

Os delimitadores "/**" e "*/" especificam os comentários a ser usados como documentação do programa.

É possível usar formatação em HTML e mais as seguintes marcações:

```
/**
 * @author
 * @param
 * @return
 * @see
 * @since
 * @throws
 */
```

Para elaborar a documentação no NetBeans, acione "Build > Generate javadoc for project".

O exemplo é esclarecedor.

```
package com.hpg.evertonbarbosagomes.br.books.java.2ed.ch24;

/**
 * A demo class.
 */
public class MyClass extends Object
{
   /**
    * A demo variable.
    */
   public int var1;

   /**
    * A demo constructor.
    */
   public MyClass()
   {
      super();
   }

   /**
    * A demo method.
```

```
    * @param obj the object to be used
    * @return an Integer object.
    * @throws java.lang.Exception if a bug appears
    * @see "The Java Tutorial"
    */
    public Integer method(Object obj) throws Exception;
}
```

Figura 24.18: *Documentando o código-fonte.*

```
[...]$ javadoc
-link http://java.sun.com/se/5/docs/api/
MyClass.java
```

Figura 24.19: *Gerando a documentação.*

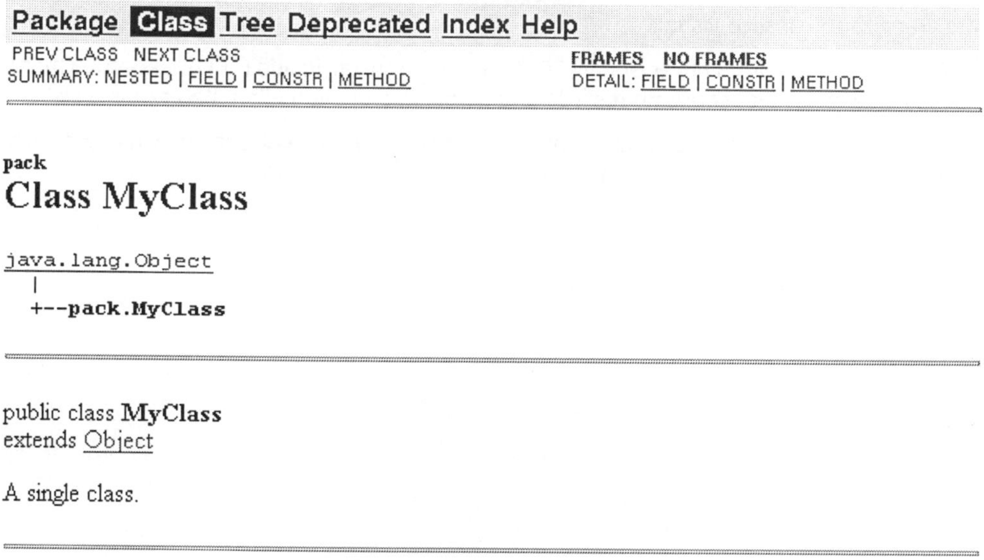

Package **Class** Tree Deprecated Index Help
PREV CLASS NEXT CLASS   FRAMES   NO FRAMES
SUMMARY: NESTED | FIELD | CONSTR | METHOD   DETAIL: FIELD | CONSTR | METHOD

pack
Class MyClass

```
java.lang.Object
   |
   +--pack.MyClass
```

public class **MyClass**
extends Object

A single class.

Figura 24.20: *Documentação.*

Para se aprofundar no assunto, consulte o guia contido na documentação da linguagem (<jdk-dir>/docs/tooldocs/solaris/javadoc.html).

24.7 – Cuidados Pessoais

Ao desenvolver programas, tenha em mente que a parte mais difícil do trabalho deve ser feita em papel. Só ligue o computador quando tiver uma noção clara do que precisa ser feito. Ainda assim, pode ser que fiquemos muito tempo diante do computador.

Para evitar problemas com os tendões, tente substituir o mouse pelo teclado. Nesse caso:

- Seleções são feitas através das teclas de direção e a de tabulação;
- A navegação pela barra de menus é feita pressionando-se <Alt> mais a tecla correspondente à letra que aparece sublinhada na opção desejada;
- Ao digitar um comando no terminal, indique apenas as letras iniciais dele e tecle <TAB>. O bash digitará o restante para você;
- Para pular até outro programa, tecle <Alt>+<Tab>;
- Enfim, para fechar um programa, use <Alt>+<F4>.

Se preferir, tente simplesmente usar o mouse com a outra mão.

Para amenizar o cansaço visual:

- Troque o seu monitor convencional (CRT) por um de cristal líquido (LCD): ele ocupa menos espaço, é mais leve, consome metade da energia e, o que é melhor, não cansa a vista;
- Caso não possa efetuar a troca, configure o monitor disponível para máximo contraste, pouco brilho e taxa de atualização vertical de, pelo menos, 85 Hz.

Enfim, o computador está aí para ajudar. Não deixe ele destruir você.

Capítulo 25

Redes

25.1 – Introdução

"Durante algum tempo alguém pode ficar alegre consigo mesmo, mas a longo prazo a alegria deve ser compartilhada."

IBSEN.

Em computação, rede é um conjunto de computadores interligados entre si.

Existem basicamente três tipos de rede:

- **Intranet**: rede formada pelos computadores de uma única instituição;
- **Extranet**: rede formada pela união das intranets de duas ou mais instituições;
- **Internet**: rede mundial de computadores.

Servidor é a máquina principal da rede – a única que possui acesso ao mundo externo. Para se comunicar com outras redes, as estações devem acessar o servidor.

São três os principais tipos de servidor:

- **Roteador (gateway)**: servidor que interliga a rede local com as redes externas;
- **Procurador (proxy)**: servidor responsável por entregar às estações os dados que els solicitam do mundo externo;
- **Filtro (firewall)**: servidor responsável pela segurança.

25.2 – Protocolos

Para possibilitar a comunicação entre computadores diferentes foram criados os protocolos – conjunto de regras que define como deve ocorrer o intercâmbio.

Uma comunicação típica requer quatro protocolos: um para a interface de rede utilizada, outro para a rede a ser acessada, outro para a especificação da maneira como ocorrerá o transporte e ainda outro para a aplicativo desejado. Ao acessar a Web via modem, por exemplo, geralmente utilizamos, simultaneamente, os protocolos PPP (interface de rede), IP (rede), TCP (transporte) e HTTP (aplicativo).

O protocolo de rede mais usado é o IP (Internet protocol), criado por Bob Kahn e Vinton Cerf como parte da Arpanet – a rede militar norte-americana iniciada em 1969 que se transformou, mais tarde, na atual Internet. Nele, os dados não fluem continuamente de um computador ao outro. Em vez disso, eles são triturados e transmitidos, pedaço a pedaço, ao destino, onde serão reconstruídos.

Para possibilitar a resposta, cada pedaço é enviado em um pacote contendo a localização (endereço + porta) do destinatário e a do remetente. A primeira permite o encaminhamento enquanto a outra possibilita a resposta. Cada pacote, portanto, é composto por duas partes: um cabeçalho e o conteúdo propriamente dito.

Na rede, cada nó possui dois tipos de endereço: o físico (MAC) e o lógico (IP).

MAC (Media access control) é um endereço universal gravado fisicamente no dispositivo de rede. Endereço IP, por sua vez, é aquele que atribuímos ao dispositivo. Na prática, usamos apenas o endereço IP, pois ele aumenta a portabilidade da rede.

Endereços IP são formados por quatro números (entre 0 e 255) separados por pontos ([0-255].[0-255].[0-255].[0-255]). Ao registrar um site (http://registro.br), o nome dele (URL) é associado a um endereço IP disponível e o par é, então, armazenado em um servidor que se encarregará da tradução – o DNS (Domain name system). Por convenção, as máquinas de uma rede local devem possuir endereços IP iniciados em "192.168.0.1" e máscara de rede igual a "255.255.255.0" (rede classe C).

Durante a transmissão, os pacotes atravessam várias redes, roteador a roteador, até chegarem ao destino. Os roteadores encarregam-se de efetuar o encaminhamento usando a rota mais rápida. (Devido aos congestionamentos, o caminho mais curto nem sempre é o mais rápido!)

A vantagem do protocolo IP é a robustez. Caso um nó da rede esteja com problemas, os pacotes são automaticamente redirecionados para rotas alternativas.

Como os pacotes são tratados de maneira independente, a ordem de chegada deles pode variar. Alguns deles podem até se perder no meio do caminho. Para especificar a maneira como os pacotes devem ser reagrupados, criou-se, então, dois sub-protocolos: o UDP (User datagram protocol) e o TCP (Transmission control protocol).

No UDP, os pacotes são reagrupados na ordem de chegada. Se um pacote não alcança o destino, ele é perdido! A vantagem do UDP é a velocidade.

No TCP, os pacotes são reagrupados na ordem original. Se um pacote não alcança o destino, ele é reenviado. A vantagem do TCP é a confiabilidade.

> **Tome nota!**
> No TCP, a ordem de chegada é garantida. No UDP, sequer a chegada é garantida.

O ICMP (Internet control message protocol), por sua vez, é um protocolo destinado não à transmissão de dados, mas a notificações em geral. Ao tentar estabelecer uma conexão TCP com uma máquina inativa, por exemplo, recebe-se uma notificação correspondente (pacote ICMP host-unreachable).

Praticamente todas os aplicativos usam o TCP. Para se adequar a cada serviço, ele foi, também, dividido em vários sub-protocolos.

- **HTTP (Hypertext transfer protocol)**;
- **FTP (File transfer protocol)**;
- **Entre outros**.

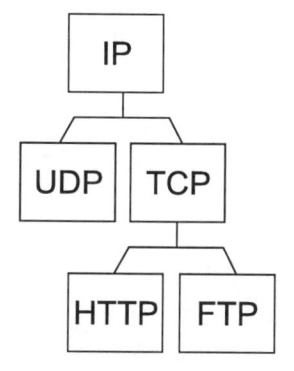

Figura 25.1: *Protocolos (a lista completa está disponível no arquivo "/etc/protocols")*.

Em uma rede IP, portanto, cada computador pode realizar vários serviços uando o mesmo endereço. Logo, ao efetuarmos uma conexão, precisamos especificar, também, qual serviço desejamos usar, Isso é feito por intermédio dos números de porta.

Dentro do computador, cada serviço é associado a um número de porta. Ao todo, existem 65536 portas. O acesso a elas é feito por meio de objetos chamados soquetes.

Serviço	Porta padrão
FTP	21
SMTP	25
DNS	53
HTTP	80
POP3	110
NNTP	119
LDAP	636

Tabela 25.1: Principais Serviços (a Lista Completa Está Disponível no Arquivo "/etc/services").

> **✎ Tome nota!**
> Não confunda Internet com web: internet é o hardware; web, e-mail e ftp são o software.

Por convenção, são consideradas livres as portas de número igual a ou maior que 1024.

25.3 – A Classe URL (java.net.URL)

URL (Uniform resource locator) é o endereço que identifica um recurso na Internet. Basicamente, o url é formado por três partes: o protocolo a ser usado para o acesso, a máquina onde se encontra o recurso a ser acessado e o recurso a ser acessado propriamente dito.

Para criar um URL:

```
new URL("protocol://host:port/resource");
```

- **protocol**:
  - file;
  - http;
  - ftp;
  - entre outros;
- **host**: nome do computador (machine.company ou localhost);
- **resource**: recurso a ser acessado.

A seguir, dois exemplos básicos. O primeiro aponta para um arquivo do computador e o outro, para uma página da web.

```
new URL("file://localhost/file.txt");

new URL("http://java.sun.com/index.html");
```

Como podemos notar, o número de porta é opcional, pois ele pode ser deduzido a partir do protocolo usado.

Para criar um URL referente a um arquivo, há ainda o método de obtenção de recursos da classe "Class".

```
MyClass.class.getResource("filename");
```

Se o recurso em questão for um programa, podemos ainda passar argumentos a ele da seguinte forma:

```
new URL("protocol://host:port/file?arg1&amp;argN");
```

Uma vez criado, o URL não pode ser alterado.

25.4 – Computação Cliente-Servidor

Cliente-servidor é um tipo de rede onde todas as estações dependem de uma máquina principal. Sua vantagem é a facilidade de gerenciamento decorrente da centralização do processamento. A desvantagem é a sobrecarga imposta ao servidor.

A comunicação nesse estilo pode ser feita de duas maneiras: via TCP ou UDP.

25.4.1 – TCP

Em Java, a comunicação por TCP é feita através das classes "java.net.ServerSocket" e "java.net.Socket". Para garantir a privacidade, é possível ainda recorrer às classes "javax.net.ssl.SSLServerSocket" e "javax.net.ssl.SSLSocket".

25.4.1.1 – Servidor

(java.net.ServerSocket)

Para criar um soquete-servidor:

```
new ServerSocket(port);
```

Conheça os principais métodos.

- **accept()**: espera pelo cliente;
- **close()**: fecha o soquete.

A única função do soquete servidor é esperar pelos clientes em uma determinada porta. Após a chegada de um cliente, a comunicação com ele passa a ser feita através do soquete retornado por "accept()".

O exemplo a seguir espera por conexões na porta 1024. O atendimento ao cliente é feito em uma unidade de execução independente para permitir que o servidor continue esperando outras conexões.

```
package com.hpg.evertonbarbosagomes.br.books.java.2ed.ch25;

import java.net.ServerSocket;
import java.net.Socket;

import java.util.Scanner;

import java.util.concurrent.Executor;
import java.util.concurrent.Executors;

import java.io.PrintWriter;
import java.io.IOException;
```

```java
public class ChatServer
{
   private class Talk implements Runnable
   {
      Socket client;
      Scanner in;
      PrintWriter out;

      Talk(Socket client)
      {
         this.client = client;
         try
         {
            this.in = new Scanner(client.getInputStream());
            this.out = new PrintWriter(client.getOutputStream(),
                                 true);
         }
         catch(IOException e)
         {
            System.err.println(e.getMessage());
         }
      }

      public void run()
      {
         if (this.in == null || this.out == null)
         {
            return;
         }
         Scanner keyboard = new Scanner(System.in);
         String username = this.in.nextLine(),
                  answer;
         System.out.println(username + " connected.");
         do
         {
            System.out.println("Please, answer: ");
            this.out.println(keyboard.nextLine());
            answer = this.in.nextLine();
            System.out.println(
                     username + " said: \"" + answer + "\"");
         }
         while(!answer.equals("Bye!"));
         System.out.println(username + " disconnected.");
      }
```

```java
      public void finalize() throws Throwable
      {
         this.out.close();
         this.in.close();
         this.client.close();
         super.finalize();
      }
   }

   public void sampleIt()
   {
      try
      {
         ServerSocket server = new ServerSocket(1024);
         Executor pool = Executors.newCachedThreadPool();

         System.out.println("Server up!");

         Socket client = null;
         while (true)
         {
            client = server.accept();
            pool.execute(new Talk(client));
         }
         // server.close();
      }
      catch (IOException e)
      {
         System.err.println(e.getMessage());
         System.exit(-1);
      }
   }

   public static void main(String[] args)
   {
      new ChatServer().sampleIt();
   }
}
```

Figura 25.2: *Iniciando o servidor.*

```
Server up!
Duke connected.
Please, answer:
Hi, Duke!
```

```
Duke said: "Hi, server!"
Please, answer:
How are you?
Duke said: "I'm fine. Thanks."
Please, answer:
```

Figura 25.3: *Servidor ativado.*

25.4.1.2 – Cliente

(java.net.Socket)

Para criar um soquete-cliente:

```
new Socket("hostname", hostPort);
```

A conexão com o servidor é estabelecida automaticamente.

Conheça os principais métodos:

- **getInputStream()**: obtém um fluxo para o recebimento de dados;
- **getOutputStream()**: obtém um fluxo para o envio de dados;
- **close()**: fecha o soquete.

O exemplo a seguir conecta-se ao servidor criado anteriormente.

```java
package com.hpg.evertonbarbosagomes.br.books.java.2ed.ch2;

import java.net.Socket;

import java.util.Scanner;

import java.io.PrintWriter;
import java.io.IOException;

public class ChatClient
{
   Socket client;
   Scanner in;
   PrintWriter out;

   public void talk()
   {
      try
      {
         Scanner keyboard = new Scanner(System.in);
```

```java
            String hostname, username;
            System.out.println("Please, enter the hostname: ");
            hostname = keyboard.nextLine();
            System.out.println("Please, enter your name: ");
            username = keyboard.nextLine();

            this.client = new Socket(hostname, 1024);
            this.in = new Scanner(client.getInputStream());
            this.out = new PrintWriter(client.getOutputStream(),
                                    true);

            this.out.println(username);

            String answer;
            do
            {
               System.out.println("Waiting response...");
               System.out.println(
                  "The server said: \"" + this.in.nextLine() +
                                    "\"\nPlease, answer: ");
               answer = keyboard.nextLine();
               this.out.println(answer);
            }
            while(!answer.equals("Bye!"));
         }
         catch(IOException e)
         {
            System.err.println(e.getMessage());
         }
         System.out.println(
               "Finishing connection...\nConnection finished.");
      }

      public void finalize() throws Throwable
      {
         this.out.close();
         this.in.close();
         this.client.close();
         super.finalize();
      }

      public static void main(String[] args)
      {
         new ChatClient().talk();
      }
   }
```

Figura 25.4: *Iniciando o cliente.*

Após ativar o servidor, abra outros terminais e, em cada um deles, execute um cliente. Repare que, graças à multitarefa, o servidor consegue atender todos os clientes ao mesmo tempo.

```
Please, enter the hostname:
localhost
Please, enter your name:
Duke
Waiting response...
The server said: "Hi, Duke!"
Please, answer:
Hi, server!
Waiting response...
The server said: "How are you?"
Please, answer:
I'm fine. Thanks.
Waiting response...
```

Figura 25.5: *Bate-papo*.

25.4.2 – UDP

A comunicação por UDP é feita através da classe "java.net.DatagramSocket".

25.4.2.1 – Servidor

    (java.net.DatagramSocket)

Para criar um soquete de servidor:

    new DatagramSocket(port);

Conheça os principais métodos:

- **receive(...)**: espera pelo cliente;
- **send(...)**: envia o datagrama ao cliente;
- **close()**: fecha o soquete.

25.4.2.2 – Cliente

    (java.net.DatagramSocket)

Para criar um soquete-cliente:

    new DatagramSocket();

Não é preciso fornecer argumentos ao construtor, pois, no UDP, não há conexão e, portanto, o alvo é definido a cada transmissão de dados.

25.4.3 – Compartilhamento (Intranet)

Desde Java "1.3", o compartilhamento de recursos para uso interno (Intranet) é feito através das classes do pacote "javax.naming".

25.4.3.1 – Servidor

O compartilhamento de um recurso é feito associando-se um nome a ele.

Para disponibilizar um recurso:

```
new InitialContext().bind(resource, "name");
```

25.4.3.2 – Clintes

A configuração dos clientes é feita no arquivo "<jdk-dir>/jre/lib/jndi.properties". Para indicar a eles onde procurar os recursos, especifique o nome do servidor da seguinte maneira:

```
java.naming.provider.url=url
```
Figura 25.6: *Indicando o alvo*.

A recuperação de um recurso compartilhado é feita mediante o fornecimento do nome correspondente.

Para obter um recurso compartilhado:

```
new InitialContext().lookup("name");
```

25.4.4 – Invocação de Métodos à Distância

Na seção anterior, vimos como montar a estrutura básica de uma rede. Se tudo o que desejarmos fazer, entretanto, puder resumir-se a chamadas de método à distância, então não é preciso apelar para a construção manual: há uma maneira mais cômoda para realizar a tarefa.

CORBA (Common object request broker architecture) é o padrão mundial aceito por todas as linguagens que disponibilizam esse recurso. Usando CORBA, portanto, podemos nos comunicar de Java para qualquer linguagem. RMI (Remote method invocation), por sua vez, é o padrão específico criado para comunicação de Java para Java.

Felizmente, não é preciso aprender CORBA para se comunicar com o mundo. Desde Java "1.3", RMI é capaz de falar o idioma do CORBA – o IIOP (Internet inter-Orb protocol).

25.4.4.1 – Servidor

Para realizar a invocação remota de métodos:

1. Defina em uma sub-interface de "java.rmi.Remote" os métodos que podem ser chamados à distância;
2. Defina uma classe que implemente a interface e disponibilize um objeto dela para os clientes.

Eis o exemplo. Repare que a tarefa do servidor consiste basicamente em disponibilizar o objeto aos clientes.

```java
interface Speaker extends java.rmi.Remote
{
   void speak() throws RemoteException;
}

class MySharedObject extends PortableRemoteObject
                                           implements Speaker
{
   public void speak() throws RemoteException
   {
      System.out.println("Welcome to the RMI world!");
   }
}

public class MyRMIServer
{
   public static void main(String[] args)
   {
      new InitialContext().rebind(
                       "MyService", new MySharedObject());
   }
}
```

Figura 25.7: Compartilhando um recurso.

Para que o objeto disponibilizado possa ser acessado à distância, carregue, antes do servidor, o serviço que esperará pelos clientes – o orbd (Object request broker daemon).

```
[...]$ orbd
```
Figura 25.8: Disponibilizando os recursos compartilhados.

Enfim, para iniciar o servidor e disponibilizar o objeto aos clientes:

```
[...]$ java -server package.MyRMIServer
```
Figura 25.9: Configurando o recurso a ser compartilhado.

25.4.4.2 – Cliente

O código a seguir demonstra como executar métodos à distância. Repare que, depois de obtermos o objeto remoto, toda a comunicação em rede é feita de maneira transparente.

```
class MyRMIClient
{
    public static void main(String[] args)
    {
        Speaker object = (Speaker) PortableRemoteObject.narrow(
            new InitialContext().lookup("MyService"),
                                            Speaker.class);
        try
        {
            object.speak();
        }
        catch(RemoteException e)
        {
            System.err.println(e.getMessage());
        }
    }
}
```

Figura 25.10: *Obtendo um recurso compartilhado.*

Para indicar ao cliente quem é o servidor, inclua no arquivo "<jdk-dir>/jre/lib/jndi.properties" a seguinte linha:

```
java.naming.provider.url=iiop://localhost
```

Figura 25.11: *Configurando o servidor.*

Enfim, inicie o cliente.

25.5 – Um-a-um

"Tentar impedir o compartilhamento de arquivos pela Internet é como tentar parar a chuva."

Chuck D., integrante do grupo Public Enemy.

Um-a-um (Peer-to-peer) é um tipo de rede onde não há uma máquina principal (nó central). Todas as estações são cliente e servidor ao mesmo tempo. Sua vantagem é o balanceamento da carga de trabalho, já que os pedidos não são direcionados para um único computador. De fato, a principal utilização do P2P é a troca de arquivos, uma tarefa que exigiria um servidor central muito potente. A desvantagem é a dificuldade de gerenciamento.

A comunicação nesse estilo é feita via protocolo JXTA.

Para se aprofundar no assunto, visite "http://www.jxta.org".

25.6 – Provedor de Aplicativos

Em breve, todos os aplicativos que utilizamos chegarão pela rede. Embora o acesso via banda larga ainda não seja o padrão, já é possível se beneficiar do gerenciamento centralizado nas redes internas (Intranets) das empresas.

Java web start é um poderoso acessório que permite a instalação/atualização automática de programas via rede. Para instalá-lo, vá até o diretório "<jdk-dir>/jre/", descompacte o arquivo "javaws.zip" (de preferência, em um diretório fora da estrutura do jdk) e execute o script "install.sh".

Para desenvolver aplicativos usando essa tecnologia, copie o pacote do desenvolvedor, disponível gratuitamente em "http://java.sun.com/products/javawebstart/".

Capítulo 26

Segurança

26.1 – Controle de Acesso

"Os vírus de computador não passam de um mito urbano."
PETER NORTON EM ENTREVISTA À REVISTA INSIGHT, 1988.

Para proteger os dados armazenados localmente, usamos as permissões de acesso.

Em Java, o gerenciador de segurança é configurado por um arquivo. Para criá-lo, use a ferramenta gráfica fornecida pelo JDK.

`[...]$ policytool`

Figura 26.1: *Permissões de acesso.*

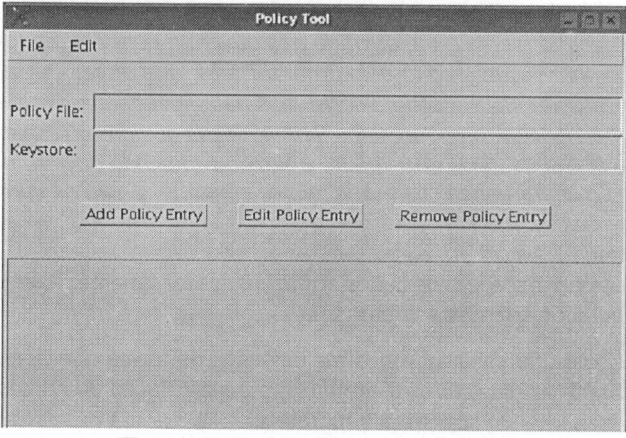

Figura 26.2: *A ferramenta policytool.*

Para restringir o acesso de um programa, adicione uma entrada referente a ele em sua política de segurança.

No diálogo correspondente à entrada, use o campo CodeBase para definir o alvo pelo seu endereço. Para especificar todos os programas de um diretório (incluindo os subdiretórios), escreva o nome dele seguido por um hífen (/directory/-).

Se preferir, defina o alvo pelo seu criador. Nesse caso, vá até "Edit > Change Keystore" e indique a coleção de chaves a ser localizada e, a seguir, digite no campo SignedBy o apelido da pessoa desejada. Todos os programas assinados por ela receberão as permissões.

Para se referir a todos os programas, deixe os dois campos em branco.

Uma vez definido o proprietário das permissões, use os botões disponíveis para manipulá-las.

No diálogo correspondente a cada permissão, escolha, na primeira caixa combinada, a categoria da permissão a ser adicionada. Na caixa intermediária, restrinja a permissão escolhida. Na última caixa, escolha as ações que o programa poderá praticar sobre o alvo.

Confirme as opções e volte até a janela inicial. Para gravar o arquivo, acione "File > Save As".

Por padrão, os aplicativos Java possuem acesso irrestrito ao sistema. Para submetê-los a uma política de segurança, especifique-a no momento da execução.

```
[...]$ java -Djava.security.manager -
Djava.security.policy=location ClassName
```

Figura 26.3: *Restrição de acesso.*

26.2 – Criptografia

> *"Falo por parábolas porque a vós é dado conhecer os mistérios do reino do céu, mas a eles não é dado. Porque aquele que tem, se lhes dá, mas aquele que não tem, até aquilo que tenha lhe será tirado. Por isso que falo por parábolas; porque vendo não vêem e ouvindo não ouvem e nem entendem. E assim se cumpre o que foi dito pelo profeta Isaías, que disse: Ouvindo, ouvireis, mas não entendereis. E vendo, vereis, mas não percebereis. Porque o coração deste povo se encontra endurecido. Taparam seus ouvidos e fecharam seus olhos para que seus olhos não vejam, e seus ouvidos não ouçam, nem seu coração compreenda; para que não se convertam e eu os cure..."*
>
> Jesus Cristo.

As permissões de acesso protegem os dados armazenados localmente. Para proteger os dados que saem do computador, usamos a criptografia.

Criptografia é a técnica que consiste em cifrar os dados de forma que apenas o destinatário consiga lê-los. O objetivo dela é atrasar ao máximo a assimilação do código por terceiros de forma que, ao ser lido, ele não seja mais importante.

Os algoritmos criptográficos modernos transferem o segredo do embaralhamento para uma ou mais chaves. Isso permite que o algoritmo seja conhecido publicamente e, ainda assim, produza resultados imprevisíveis.

A criptografia pode ser simétrica e/ou assimétrica.

26.2.1 – Criptografia Simétrica (javax.crypto.*)

Criptografia simétrica é aquela que usa uma única chave (chave secreta) para cifrar e decifrar os dados.

O primeiro algoritmo simétrico foi o DES (Data encryption standard), um padrão de 56 bits criado pela IBM em 1977. Em 1993, surgiu o Blowfish. Atualmente, o mais moderno deles é o AES (Advanced encryption standard – http://www.nist.gov/aes), um padrão criptográfico simétrico de 128 bits baseado no algoritmo Rijndael (/Reign Dahl/) criado em 2000 pelos belgas Vincent Rijmen e Joan Daemen.

Desde Java "1.4", a encriptação/decriptação simétrica de dados é feita através das classes do pacote "javax.crypto".

Para criar uma chave secreta:

```
KeyGenerator.getInstance("AES").generateKey();
```

Para criar um codificador/decodificador:

```
Cipher.getInstance("AES");
```

Para cifrar/decifrar:

```
cipher.update(...);
```

Finalmente, para encerrar a tarefa:

```
cipher.doFinal();
```

Eis um exemplo.

```
package com.hpg.evertonbarbosagomes.br.books.java.2ed.ch26;

import javax.crypto.KeyGenerator;
import javax.crypto.SecretKey;
import javax.crypto.Cipher;

import java.util.Scanner;

public class SecretKeyDemo
{
    public void sampleIt()
```

```java
{
   try
   {
      Scanner keyboard = new Scanner(System.in);
      System.out.println("Please, enter your message: ");
      String message = keyboard.nextLine();

      // Symmetric cryptography
      SecretKey secretKey =
             KeyGenerator.getInstance("AES").generateKey();
      Cipher cipher = Cipher.getInstance("AES");

      // Encrypt data
      cipher.init(Cipher.ENCRYPT_MODE, secretKey);
      message = new String(cipher.doFinal(
                                        message.getBytes()));
      System.out.println("Encrypted message: \"" +
                                        message + "\"");

      // Decrypt data
      cipher.init(Cipher.DECRYPT_MODE, secretKey);
      message = new String(cipher.doFinal(
                                        message.getBytes()));
      System.out.println("Decrypted message: \"" +
                                        message + "\"");
   }
   catch(Exception e)
   {
      System.err.println(e.getMessage());
   }
}

public static void main(String[] args)
{
   new SecretKeyDemo().sampleIt();
}
}
```

Figura 26.4: *Cifrando.*

```
Please, enter your message:
Abcdefghijklmnopqrstuvwxyz
Encrypted message: "ÈF15ñ}äoG®|ê÷[•áÍU>÷]EÝ"
Decrypted message: "Abcdefghijklmnopqrstuvwxyz"
```

Figura 26.5: *Decifrando.*

Para criptografar grandes quantidades de dados, use os filtros CipherOutputStream e CipherInputStream.

26.2.2 – Criptografia Assimétrica (java.security.*)

Criptografia assimétrica é aquela que usa duas chaves diferentes: uma para cifrar os dados e outra para decifrá-los. A encriptação efetuada por uma das chaves só pode ser desfeita pela outra chave do mesmo par. Essa forma de criptografia é a mais segura, pois permite disponibilizar uma das chaves publicamente e, ainda assim, manter a privacidade.

O conceito de chaves assimétricas foi proposto pela primeira vez em 1970 pelo inglês James Ellis. O primeiro algoritmo a implementá-las foi criado em 1973 por Clifford Cocks e reinventado em 1976 por Diffie e Hellman e em 1977 por Rivest, Shamir e Adleman. Em 1985, surgiram os algoritmos ElGamal e o de curva elíptica e em 1999, o Paillier.

Desde Java "1.4", a encriptação/decriptação assimétrica de dados é feita através das classes do pacote "java.security".

Para criar um par de chaves:

```
KeyPairGenerator.getInstance("RSA").generateKeyPair();
```

O exemplo é esclarecedor.

```java
package com.hpg.evertonbarbosagomes.br.books.java.2ed.ch26;

import java.security.KeyPairGenerator;
import java.security.KeyPair;
import java.security.PrivateKey;
import java.security.PublicKey;

import javax.crypto.Cipher;

import java.util.Scanner;

public class PublicKeyDemo
{
    public void sampleIt()
    {
        try
        {
            Scanner keyboard = new Scanner(System.in);
            System.out.println("Please, enter your message: ");
            String message = keyboard.nextLine();

            // Asymmetric cryptography
            KeyPair keyPair =
                    KeyPairGenerator.getInstance("RSA").
```

```
                                            generateKeyPair();
        PrivateKey privateKey = keyPair.getPrivate();
        PublicKey publicKey = keyPair.getPublic();
        Cipher cipher = Cipher.getInstance("RSA");

        // Encrypt data
        cipher.init(Cipher.ENCRYPT_MODE, publicKey);
        message = new String(cipher.doFinal(
                                    message.getBytes()));
        System.out.println("Encrypted message: \"" +
                                        message + "\"");

        // Decrypt data
        cipher.init(Cipher.DECRYPT_MODE, privateKey);
        message = new String(cipher.doFinal(
                                    message.getBytes()));
        System.out.println("Decrypted message: \"" +
                                        message + "\"");
    }
    catch(Exception e)
    {
        System.err.println(e.getMessage());
    }
}

public static void main(String[] args)
{
    new PublicKeyDemo().sampleIt();
}
}
```

Figura 26.6: *Cifrando.*

```
Please, enter your message:
Abcdefghijklmnopqrstuvwxyz
Encrypted message: "6VÒEóT"wqG[øÿÒ
(
 T!õíSBÏ%`iùñ"\ÐðÆÅ÷«ÌáÖì~°V×Ac¡à Tû*Ã"fÁv(Á°ÁÿÐ8kÝ¥®>oÓO¸FÏtØõcEö
                                                9²e3ØÅPä$pÀ¶"ÅÌ"
Decrypted message: "Abcdefghijklmnopqrstuvwxyz"
```

Figura 26.7: *Decifrando.*

☝ **Dica:**
> Tente reconstruir a mensagem original usando a mesma chave usada na encriptação e comprove a diferença entre elas.

Garanta a sua privacidade cifrando o que julgar necessário.

Capítulo 27

Programação Visual

27.1 - JavaBeans

"Os lucros são o sangue de vida de uma companhia, mas não sua razão de existir. Você não vive pelo sangue, embora não se possa viver sem ele."

Jeff Bezos, CEO da Amazon.

Beans são componentes projetados para permitir o desenvolvimento de programas de maneira totalmente visual. Os componentes Swing, por exemplo, são beans.

27.1.1 - Associações

A característica marcante dos beans é sua capacidade de associação (binding) de membros (variável com variável e/ou método com método). Associar a variável de um componente à variável de outro componente significa que, quando uma delas for alterada, a outra será notificada sobre a mudança. De forma análoga, associar o método de um componente ao método de outro componente significa que, quando um deles for executado, o outro também será executado.

Como exemplo, vamos associar métodos. No NetBeans, crie um programa gráfico e inclua em seu formulário três componentes: um rótulo, uma caixa de texto e um botão.

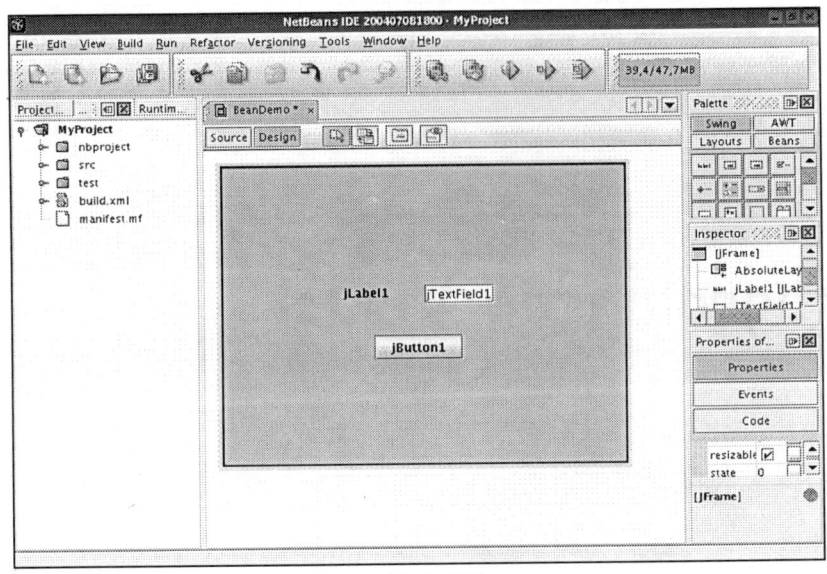

Figura 27.1: *Esboço.*

Para associar um método da caixa de texto a um método do botão, ative o modo de conexão e clique sobre os componentes de origem e de destino da associação, respectivamente. Em nosso caso, a caixa de texto será a origem e o botão, o destino. Após clicar no botão, surgirá um assistente.

Figura 27.2: *Assistente.*

No diálogo, serão mostrados todos os métodos que a caixa de texto pode executar - escolha "action > actionPerformed(...)" e avance. Na próxima etapa, defina qual método do botão deverá ser chamado – escolha "setText(...)". Por fim, escolha qual propriedade da caixa de texto deve ser passada como argumento ao método do botão – escolha texto. Pronto: a associação está criada.

Ao término da montagem, execute o programa e confira o resultado.

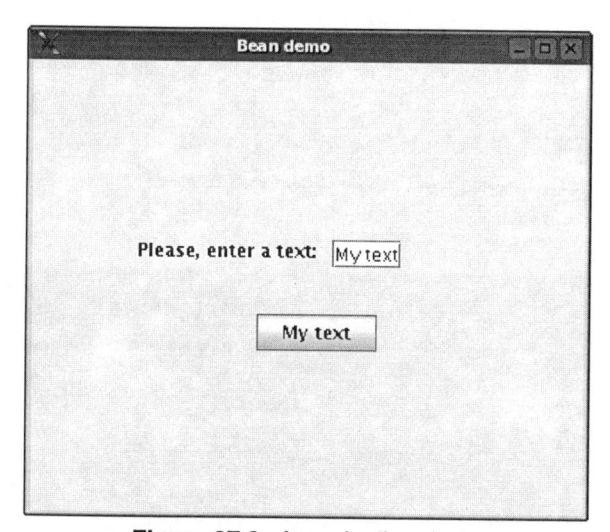

Figura 27.3: *Associação criada.*

27.2 - Transformação de Componentes em Beans

Para transformar objetos em beans:

1. Implemente a interface "java.io.Serializable";
2. Crie métodos de ajuste e de obtenção para todas as variáveis de instância;
3. Crie uma variável de instância "java.beans.PropertyChangeSupport" mais os métodos de cadastramento/descadastramento de clientes e a utilize nos métodos de ajuste para notificar os clientes cadastrados sobre a mudança.

O exemplo é esclarecedor. Nele, transformamos em beans os objetos da classe Pessoa.

```
package com.hpg.evertonbarbosagomes.br.books.java.2ed.ch27;

import java.io.Serializable;

import java.beans.PropertyChangeSupport;
import java.beans.PropertyChangeListener;

public class Person implements Serializable
```

```java
{
    private String name;
    private int    age;
    private String address;

    private PropertyChangeSupport support =
                        new PropertyChangeSupport(this);

    public void setName(String newValue)
    {
       String oldValue = this.name;
       this.name = newValue;
       this.support.firePropertyChange(
                            "name", oldValue, newValue);
    }

    public String getName()
    {
    return this.name;
    }

    public void setAge(int newValue)
    {
       int oldValue = this.age;
       this.age = newValue;
       this.support.firePropertyChange(
                            "age", oldValue, newValue);
    }

    public int getAge()
    {
       return this.age;
    }

    public void setAddress(String newValue)
    {
       String oldValue = this.address;
       this.address = newValue;
       this.support.firePropertyChange(
                        "address", oldValue, newValue);
    }

    public String getAddress()
    {
       return this.address;
    }
```

```
    public void addPropertyChangeListener(
                                PropertyChangeListener l)
    {
       this.support.addPropertyChangeListener(l);
    }

    public void removePropertyChangeListener(
                                PropertyChangeListener l)
    {
       this.support.removePropertyChangeListener(l);
    }
}
```

Figura 27.4: *Construindo um bean.*

Repare que, na prática, beans nada mais são que objetos bem comportados, ou seja, aqueles que suportam gravação em disco, expõem suas variáveis através de pares de métodos de ajuste e de obtenção e que avisam os objetos interessados quando sofrem alguma mudança.

27.2.1 - Maquiagem

Opcionalmente, podemos definir uma sub-classe de "java.bean.SimpleBeanInfo" de forma a expor ao ambiente de desenvolvimento somente os membros relevantes do bean. Por convenção, o nome dela deve ser o nome da classe-alvo acrescido do sufixo BeanInfo. Dentro da classe de informações, as propriedades do bean são representadas por objetos "java.beans.PropertyDescriptor" e os métodos, por objetos "java.beans.EventSetDescriptor".

Ao estender SimpleBeanInfo, implemente, pelo menos, três métodos:

- **getPropertyDescriptors()**: descreve quais são as propriedades relevantes do bean;
- **getDefaultPropertyIndex()**: descreve qual é a propriedade mais relevante do bean;
- **getEventSetDescriptors()**: descreve quais são os métodos relevantes do bean.

A classe de informações deve ser colocada no mesmo pacote da classe do bean e possui a seguinte forma:

```
public class MyBeanBeanInfo extends SimpleBeanInfo
{
   public PropertyDescriptor[] getPropertyDescriptors()
   {
      PropertyDescriptor[] result =
          {new PropertyDescriptor("property1", MyBean.class),
               .
               .
               .
           new PropertyDescriptor("propertyN", MyBean.class)};
```

```
   for (int i=0; i < result.length; i++)
{
   result[i].setBound(true);
}

   return result;
   }

   public int getDefaultPropertyIndex()
   {
      return a;
   }

   public EventSetDescriptor[] getEventSetDescriptors()
   {
      EventSetDescriptor[] result = {
            new EventSetDescriptor(SourceClass.class,
                                   "event group",
                                   ListenerClass.class,
                                   "listenerMethod1"),
               .
               .
               .
            new EventSetDescriptor(SourceClass.class,
                  "event group",
                  ListenerClass.class,
                  "listenerMethodN")};

      return result;
   }
}
```

Figura 27.5: *Maquiagem.*

Capítulo 28

Edição Corporativa

28.1 - Introdução

"A dispersão não tira a unidade dos ventos, nem a inquietude a constância."

MACHADO DE ASSIS.

Java EE está consolidando-se no mercado corporativo, pois é neutra em relação aos fornecedores. Mais do que tecnologia avançada, ela oferece liberdade de escolha, Isso permite que as empresas concentrem-se no que realmente importa e usem a estrutura tecnológica que melhor lhes convir.

28.2 - Estrutura

O ambiente corporativo envolve três entidades: o cliente, a empresa e entre eles o servidor de aplicativos.

O servidor de aplicativos Java EE é formado basicamente por três partes:

- **contêiner jsp**: responsável pela camada de apresentação;
- **contêiner ejb**: responsável pela parte lógica;
- **serviços agregados**: JMS, JTA, JavaMail, JAF, JAX-RPC, JAXR e JAAS.

Programas corporativos correspondem ao conjunto (jsp + ejb) e por isso são empacotados em arquivos "*.ear" (Enterprise archive).

28.3 - Ferramentas

Nessa obra, usaremos o JBoss, o servidor de aplicativos Java EE mais usado do mundo, disponível gratuitamente em "http://www.jboss.org/".

O JBoss é baseado na tecnologia JMX. JMX (Java management extensions) é uma arquitetura modular que simplifica enormemente a implementação/manutenção de serviços abstraindo-os do servidor e disponibilizando-os na forma de componentes auto-gerenciáveis (management beans). Em JMX, portanto, o servidor é apenas um núcleo sem função predefinida (microkernel). Os serviços são plugados/desplugados do servidor conforme nossa vontade. Logo, a função do JBoss resume-se a permitir o controle de tais serviços através de uma interface web.

O programa vem pronto para ser usado. Para instalá-lo, basta descompactá-lo. No Konqueror, clique sobre o arquivo com o botão direito do mouse e, no menu flutuante que surgir, escolha "Extrair aqui ...".

Para iniciar o servidor, execute o script "<jboss-dir>/bin/run.sh" no terminal ou, se preferir, crie um atalho para ele (botão direito do mouse > Criar novo > Atalho para aplicativo...).

```
[...]$ run.sh
```

Figura 28.1: *Ativando o servidor.*

Caso o script se recuse a funcionar, ative a permissão de execução do arquivo (botão direito do mouse > Propriedades > Permissões) e tente novamente. Caso não consiga concluir a operação, abra o arquivo e inclua no início dele as seguintes instruções e insista mais uma vez.

```
export JAVA_HOME=/usr/java/jdk5/
export PATH=${PATH}:${JAVA_HOME}/bin/
```

Figura 28.2: *Criando as variáveis de ambiente necessárias.*

A qualquer momento, para interromper o programa, execute o script "<jboss-dir>/bin/shutdown.sh".

```
[...]$ shutdown.sh
```

Figura 28.3: *Interrompendo o servidor.*

A porta na qual as solicitações HTTP dos clientes chegam é a de número 80. Por motivos de segurança, entretanto, o servidor espera por elas na porta de número 8080, pois o uso das portas de número abaixo de 1024 exige super-poderes que, se atribuídos ao programa, podem comprometer a segurança do sistema caso um invasor consiga assumir remotamente o controle do servidor.

Para redirecionar os pedidos da porta 80 para a 8080, instale o pacote iptables e adicione à seguinte regra ao filtro:

```
[...]# iptables -t nat -A PREROUTING --dport 80 -j REDIRECT --to-ports 8080
[...]# iptables -t nat -A PREROUTING --dport 443 -j REDIRECT --to-ports 8443
```

Figura 28.4: *Redirecionando pacotes.*

Para automatizar o ajuste, crie em "/etc/init.d/" um script de inicialização para ele e configure o sistema para carregar automaticamente o serviço durante a inicialização.

```bash
#!/bin/bash
#
# iptables Setup the iptables.
#
#
# chkconfig: 35 88 12
# description: Iptables service.
### BEGIN INIT INFO
# Provides: $iptables
### END INIT INFO

# Source function library.
. /etc/init.d/functions

[ -f /sbin/iptables ] || exit 0

RETVAL=0

umask 077

start()
{
   echo -n $"Starting iptables service: "
   daemon su -c /sbin/iptables -t nat -A PREROUTING -j REDIRECT -p tcp --dport 80 --to-ports 8080
   echo
   return $RETVAL
}
stop()
{
   echo -n $"Shutting down application server: "
   daemon su -c /sbin/iptables -t nat -D PREROUTING -j REDIRECT -p tcp --dport 80 --to-ports 8080
   echo
   return $RETVAL
}
restart()
{
   stop
   start
}
# Read args
case "$1" in
```

```
        start)
        start
        ;;
        stop)
        stop
        ;;
        restart|reload)
        restart
        ;;
        *)
        echo $"Usage: $0 {start|stop|restart}"
        exit 1
esac

exit $?
```

Figura 28.5: *Script para gerenciamento do iptables.*

```
[...]# service iptables start
```
Figura 28.6: *Testando o novo script de inicialização.*

A vantagem de se transformar tudo em serviço é que, uma vez integrado ao ambiente, o programa pode ser gerenciado pelos utilitários do próprio sistema operacional. A ativação/desativação durante a inicialização, por exemplo, pode ser feita pelo ntsysv.

```
[...]# ntsysv
```
Figura 28.7: *Ativando a inicialização automática.*

Caso o novo arquivo não seja listado pelo utilitário, inclua-o manualmente.

```
[...]# chkconfig --add iptables
```
Figura 28.8: *Forçando a barra.*

Enfim, para automatizar o carregamento do próprio servidor, copie o script de inicialização "<jboss-dir>/bin/jboss_init.sh" para o diretório "/etc/init.d/" e efetue os mesmos procedimentos mencionados anteriormente.

```
#!/bin/bash
#
# jboss Starts the JBoss application server.
#
#
```

```
# chkconfig: 35 88 12
# description: JBoss application server.
### BEGIN INIT INFO
# Provides: $appserver
### END INIT INFO

# Source function library.
. /etc/init.d/functions

[ -f <jboss-dir>/bin/run.sh ] || exit 0

RETVAL=0

umask 077

start()
{
   echo -n $"Starting JBoss application server: "
   daemon su -c <jboss-dir>/bin/run.sh
   echo
   return $RETVAL
}
stop()
{
   echo -n $"Shutting down JBoss application server: "
   daemon su -c <jboss-dir>/bin/shutdown.sh
   echo
   return $RETVAL
}
restart()
{
   stop
   start
}
# Read args
case "$1" in
   start)
   start
   ;;
   stop)
   stop
   ;;
   restart|reload)
   restart
   ;;
   *)
```

```
        echo $"Usage: $0 {start|stop|restart}"
        exit 1
esac

exit $?
```

Figura 28.9: *Script para gerenciamento do JBoss.*

Como em todo servidor moderno, o gerenciamento do JBoss é feito pela web. Para gerenciá-lo, acesse:

```
http://localhost:8080/
```

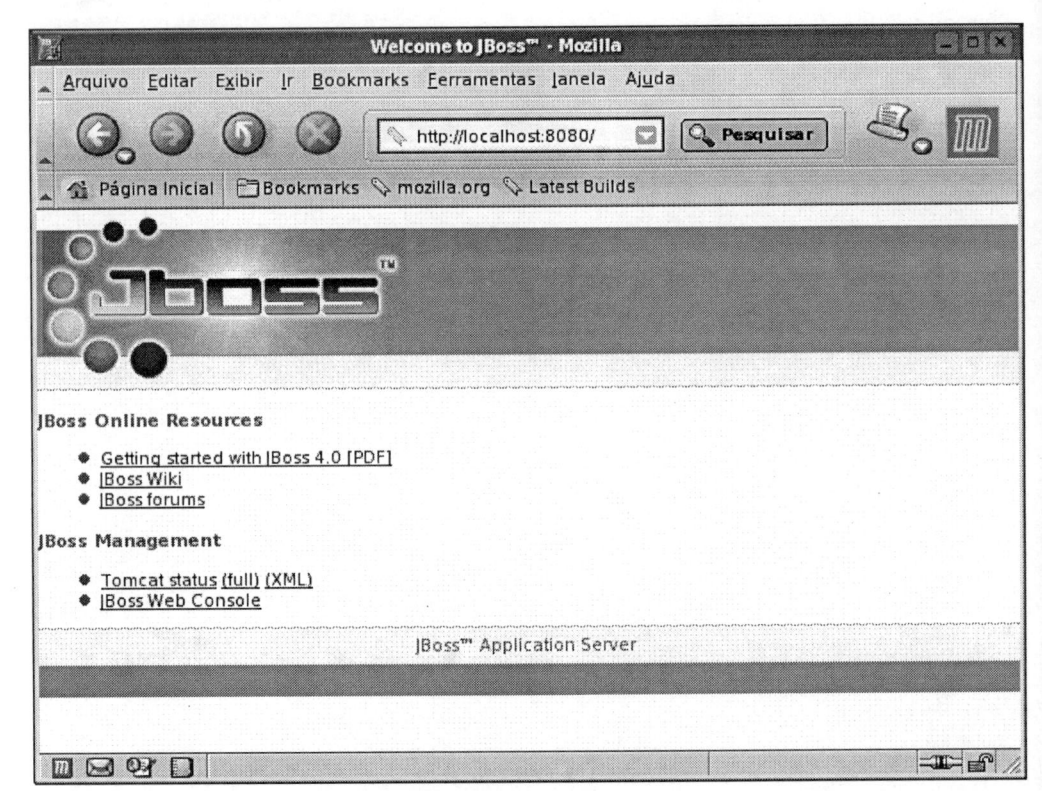

Figura 28.10: *JBoss.*

Para implantar uma página dinâmica, um bean corporativo ou mesmo um conector (driver) no JBoss, copie o arquivo correspondente ("*.war" ou "*.ear" ou "*.rar") para o diretório "<jboss-dir>/server/<your-config>/deploy/".

Um exemplo real do que é possível fazer com J2EE e JBoss é o Compiere (http://www.compiere.org/), o programa de gestão (ERP+CRM) de código aberto mais usado do mundo!

28.4 - Beans Corporativos

Beans corporativos são componentes reutilizáveis que representam os processos administrativos que compõem a empresa. Ao elaborá-los, é proibido complicar. Por convenção, todo o "trabalho braçal" é deixado a cargo do contêiner ejb de forma a liberar o desenvolvedor para o que realmente importa, ou seja, a lógica do negócio.

Beans corporativos correspondem ao núcleo do servidor e por isso são empacotados em arquivos "*.jar" convencionais.

Há basicamente dois tipos de beans corporativos: os beans cliente-servidor e os em lote.

28.4.1 - Beans Cliente-Servidor

Beans cliente-servidor são aqueles projetados para conversar com os clientes. Há dois tipos deles: os beans cliente-servidor transientes (session beans) e os persistentes (entity beans). Sua criação envolve sempre duas etapas: definir o bean propriamente dito e, em seguida, as interfaces necessárias para a comunicação dele com o contêiner ejb e com o cliente.

28.4.1.1 - Beans Transientes

Beans transientes são aqueles projetados para acompanhar a navegação do usuário. Cada bean transiente atende, portanto, um único cliente.

Dizemos que um bean transiente é volátil (stateless session bean) quando ele retém dados do cliente apenas em variáveis locais; após a conclusão de um método, portanto, o bean perde esses dados (daí o nome). Por outro lado, quando o bean transiente retém os dados do cliente em variáveis de instância de forma a reconhecê-lo em outros métodos, dizemos que ele é do tipo não-volátil (stateful session bean).

Para criar um bean transiente:

1. Defina uma classe que implemente a interface "javax.ejb.SessionBean";

2. Defina, em uma sub-interface de "javax.ejb.EJBObject", os métodos que poderão ser chamados pela página dinâmica;

3. Defina, em uma sub-interface de "javax.ejb.EJBHome", os métodos que serão chamados pelo contêiner ejb.

Os métodos de um bean volátil são chamados na seguinte ordem:

```
setSessionContext(...) > ejbCreate() > ejbRemove().
```

Já os métodos de um bean não-volátil são chamados na seguinte ordem:

```
create() > setSessionContext(...) > ejbCreate() > ejbPassivate()
> ejbActivate() > remove() > ejbRemove().
```

Eis o exemplo.

```
import javax.ejb.*;

public class SpeakerBean implements SessionBean
{
    public void speak() throws RemoteException
    {
        System.out.println("Welcome to the EJB world!");
    }

    // Requirements
    public void setSessionContext(SessionContext context) {}
    public void ejbCreate() {}
    public void ejbPassivate() {} // only for stateful session beans
    public void ejbActivate() {} // only for stateful session beans
    public void ejbRemove() {} // finalization here
}

public interface SpeakerRemote extends EJBObject
{
    // Client methods
    public void speak() throws RemoteException;
}

public interface SpeakerRemoteHome extends EJBHome
{
    // Container methods
    SpeakerRemote create()
                throws CreateException, RemoteException;
    SpeakerRemote remove()
                throws CreateException, RemoteException;
}
```

Figura 28.11: *Implementando a lógica do negócio.*

Use beans transientes para processar dados.

28.4.1.2 - Beans Persistentes

Beans persistentes são aqueles projetados para automatizar o acesso a bancos de dados. Um único bean persistente, portanto, é compartilhado por todos os clientes que o solicitam.

Para manipular um banco de dados usando beans persistentes, crie uma classe de bean persistente para cada tabela do banco de dados. Os objetos dessa classe corresponderão às linhas da tabela.

Para criar um bean persistente:

1. Defina uma classe que implemente a interface "javax.ejb.EntityBean" e disponibilize um objeto dela para os clientes;
2. Defina, em uma subinterface de "javax.ejb.EJBLocalObject", os métodos que poderão ser chamados pelo bean transiente;
3. Defina, em uma subinterface de "javax.ejb.EJBLocalHome", os métodos que serão chamados pelo contêiner ejb.

Os métodos de um bean persistente são chamados na seguinte ordem:

```
setEntityContext(...) > create(...) > ejbCreate(...) >
ejbPostCreate(...) > ejbPassivate() > ejbActivate() > remove() >
ejbRemove() > unsetEntityContext().
```

Eis o exemplo.

```
import javax.ejb.*;

public abstract class PersonBean implements EntityBean
{
    public abstract void setName(String value);
    public abstract String getName();

    public abstract void setAge(int value);
    public abstract int getAge();

    public abstract void setAddress(String value);
    public abstract String getAddress();

    // Requirements
    public void setEntityContext(EntityContext context) {}
    public void ejbCreate(String key) {}
    public void ejbPostCreate(String key) {}
    public void ejbPassivate() {}
    public void ejbActivate() {}
    public void ejbLoad() {}
    public void ejbStore() {}
    public void ejbRemove() {}
    public void unsetEntityContext() {}
}

public interface PersonLocal extends EJBLocalObject
{
    // Client methods
    public void setName(String value);
```

```
    public String getName();

    public void setAge(int value);
    public int getAge();

    public void setAddress(String value);
    public String getAddress();
}

public interface PersonLocalHome extends EJBLocalHome
{
    // Container methods
    public PersonLocal create(String key)
                                    throws CreateException;
    PersonLocal findByPrimaryKey(String key)
                                    throws FinderException;
    PersonLocal remove(String key) throws CreateException;
}
```

Figura 28.12: *Implementando a lógica do negócio.*

Use beans persistentes para armazenar dados.

28.4.2 - Beans em Lote

Beans em lote (message-driven beans) são aqueles projetados para realizar tarefas que não necessitam de resposta imediata. Cada bean em lote pode atender a vários clientes.

Para criar um bean em lote, defina uma classe que implemente a interface "javax.ejb.MessageDrivenBean".

Os métodos de um bean em lote são chamados na seguinte ordem:

```
setMessageDrivenContext(...) > ejbCreate() > onMessage(...) >
ejbRemove().
```

Eis o exemplo:

```
import javax.ejb.*;

public class SpeakerMDBean
            implements MessageDrivenBean, MessageListener
{
    public void setMessageDrivenContext(
                        MessageDrivenContext context) {}
```

```
    public void ejbCreate() {}
    public void onMessage(Message msg)
    {
       System.out.println("Welcome to the EJB world!");
    }
    public void ejbRemove() {} // finalization here
}
```

Figura 28.13: *Implementando a lógica do negócio.*

Use beans em lote para agendar tarefas.

28.5 - Páginas Dinâmicas

Como sabemos, a linguagem XHTML destina-se apenas à apresentação de conteúdo na web. Páginas XHTML convencionais são, portanto, estáticas.

Uma maneira de estender a funcionalidade da XHTML é usar applets. As máquinas clientes, entretanto, geralmente não possuem o plug-in Java instalado e, portanto, não são capazes de beneficiarem-se desse recurso. Para contornar essa limitação de maneira não despótica, foram criadas as tecnologias Java para manipulação de dados do lado do servidor.

Sucessora dos servlets (server extensions), a tecnologia JSP (Java server pages) permite criar páginas que comportam-se como programas.

28.5.1 - Sintaxe

Em Java EE, páginas dinâmicas são basicamente documentos XHTML acrescidos de código Java e da extensão ".jsp".

Dentro de uma página dinâmica, basicamente criamos objetos e manipulamos as suas propriedades.

Para criar um objeto:

```
<jsp:useBean id="obj" class="package.Class"/>
```

Para ajustar as variáveis do objeto:

```
<jsp:setProperty name="obj" property="variable" value="value"/>
```

Desde Java EE "1.4", o acesso às variáveis é feito de maneira familiar.

```
${obj.variable}
```

Para acessar um aplicativo web, basta acessá-lo na porta adequada.

```
http://host:port/webapp
```

Páginas dinâmicas correspondem à parte frontal do servidor e por isso são empacotadas em arquivos "*.war" (Web archive).

Para criar aplicativos web no NetBeans, acione "New project... > Web > Web application".

O exemplo é esclarecedor.

```jsp
<%@page contentType="text/html"%>
<%@page pageEncoding="UTF-8"%>
<html>
 <head>
    <title>My first JSP page</title>
 </head>
 <body>
    <jsp:useBean id="label" class="javax.swing.JLabel" />
    <jsp:setProperty name="label" property="text"
                                  value="Welcome to JSP!" />
    <p>label.text = ${label.text}</p>
 </body>
</html>
```

Figura 28.14: *Página dinâmica principal do aplicativo web a ser disponibilizado no servidor.*

Após construir o aplicativo web, copie o arquivo "*.war" correspondente para o diretório "<jboss-dir>/server/<your-config>/deploy/", ative o JBoss e confira o resultado em um navegador.

```
http://localhost:8080/WebApplication/index.jsp
```

Figura 28.15: *Acessando a página dinâmica principal (index.jsp) do aplicativo web (WebApplication) disponível no servidor (http://localhost:8080/).*

```
label.text = Welcome to JSP!
```

Figura 28.16: *Página estática recebida pelo cliente.*

Embora possamos trazer a parte lógica para a camada de apresentação (jsp) e ignorar os beans corporativos, devemos evitar isso. Como o contêiner ejb automatiza essas tarefas, então o melhor a fazer é empurrar o máximo de trabalho para ele.

28.5.2 – Parâmetros

Para passar argumentos a uma página dinâmica, insira-os após a URL (file.jsp?args).

Dentro da página dinâmica, o valor de cada parâmetro pode ser recuperado da seguinte maneira:

```
${param.name}
```

28.5.3 - Rastreamento do Cliente

Sessões e "cookies" permitem armazenar dados sobre o cliente. Ambos devem ser manipulados antes do envio da resposta.

28.5.3.1 - Sessão

Em computação, sessão é o período entre a abertura de um programa e o fechamento dele. A manipulação dela permite acompanhar a navegação atual do usuário.

Para manipular dados na sessão atual:

```
${session.name.value}
```

Cada cliente pertence a apenas uma sessão. Essa, por sua vez, é compartilhada por todas as páginas que ele acessar.

28.5.3.2 - Cookies

Cookies são arquivos-texto gravados no navegador do cliente. O armazenamento de cookies permite manter as configurações efetuadas pelo cliente em sua última navegação.

Para manipular cookies:

```
${cookie.name.value};
```

Assim como as sessões, os cookies de um cliente também são compartilhados por todas as páginas que ele visitar.

28.6 - Conectores

Em Java EE, a comunicação com os recursos corporativos existentes (EIS) é feita através dos conectores. Eles correspondem à parte "traseira" do servidor e por isso são empacotados em arquivos "*.rar" (resource adapter archive).

Capítulo 29

Micro-edição

29.1 – Introdução

Java ME é a versão de Java projetada para aparelhos compactos.

Mesmo nessa arena, entretanto, há muita diferença entre os dispositivos. Por essa razão, Java ME é dividida em várias configurações. Cada configuração, por sua vez, é dividida em diversos perfis.

Eis as configurações disponíveis e os perfis correspondentes:

- **Connected Limited Device Configuration (http://java.sun.com/products/cldc/)**: configuração destinada a aparelhos com capacidade de processamento bastante limitada;
  - **Information Module Profile (http://java.sun.com/products/imp/)**: perfil destinado a aparelhos sem visualizador;
  - **Mobile Information Device Profile (http://java.sun.com/products/midp/)**: perfil destinado a aparelhos com visualizador;
- **Connected Device Configuration (http://java.sun.com/products/cdc/)**: configuração destinada aos aparelhos compactos mais poderosos;
  - **Foundation Profile (http://java.sun.com/products/foundation/)**: perfil destinado a aparelhos sem interface gráfica;
  - **Personal Profile (http://java.sun.com/products/personalprofile/)**: perfil destinado a aparelhos com interface gráfica.

Nesse capítulo, vamos lidar com a dupla mais usada: CLDC e MIDP.

29.2 – Pacote Móvel

Semelhante às applets, as MIDlets (Mobile Information Device extensions) são janelas Java projetadas para serem exibidas em dispositivos portáteis.

Para desenvolver MIDlets no NetBeans, instale o pacote móvel caso ele ainda não esteja instalado.

29.3 – Estrutura

A inicialização das MIDlets deve ser feita em "startApp()" e a finalização, em "destroyApp()". A estrutura é sempre a mesma.

```
public class MyMIDlet extends MIDlet
{
   // Constructor
   public MyMIDlet()
   {
      ...
   }

   public void startApp()
   {
      ...
   }

   public void pauseApp()
   {
      ...
   }

   public void destroyApp(...)
   {
      ...
   }
}
```

Figura 29.1: *Estrutura das MIDlets.*

Durante a vida da MIDlet, o construtor é chamado apenas uma vez (quando o programa é aberto) ao passo que "startApp()" e "pauseApp()" podem ser chamados diversas vezes.

Para encerrar o programa, chame o destrutor e, a seguir, "notifyDestroyed()".

```
destroyApp(false);
notifyDestroyed();
```

Para criar MIDlets no NetBeans, acione "New project... > Mobile > Mobile application".
O exemplo é esclarecedor.

```java
import javax.microedition.midlet.MIDlet;

import javax.microedition.lcdui.*;

public class HelloMIDlet extends MIDlet
{
   public void startApp()
   {
      Form f = new Form("My first MIDlet");
      f.append(new StringItem(null, "Welcome to J2ME!"));
      final Command exit = new Command(
                                "Exit", Command.EXIT, 2);
      f.addCommand(exit);
      f.setCommandListener(new CommandListener()
   {
      public void commandAction(Command c, Displayable d)
   {
      if (c == exit)
         {
            destroyApp(false);
            notifyDestroyed();
         }
      }
   });
   Display.getDisplay(this).setCurrent(f);
   }

   public void pauseApp()
   {
   }

   public void destroyApp(boolean unconditional)
   {
   }
}
```

Figura 29.2: *Expandindo horizontes.*

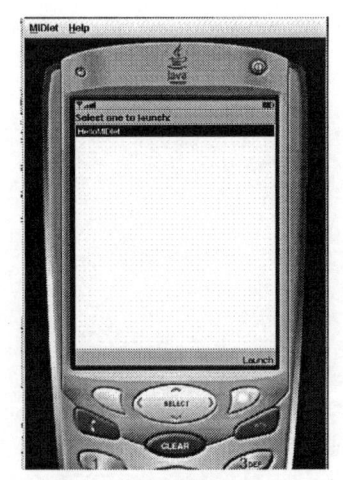

Figura 29.3: *Emulador.*

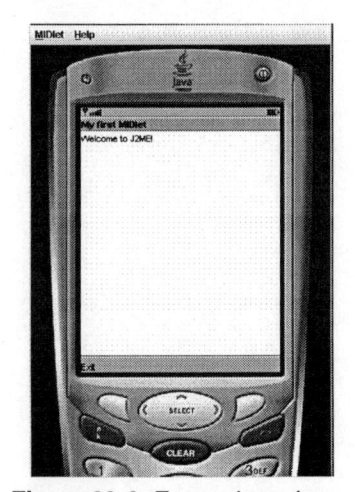

Figura 29.4: *Em qualquer lugar.*

29.4 – Interface Gráfica

Em Java ME, a janela é chamada de display e os componentes, de comandos ou itens.

29.4.1 – Visor

Visor é a janela na qual o formulário deve ser adicionado.

Para obter o visor:

```
Display.getDisplay(...);
```

Para definir o formulário a ser exibido pelo visor:

```
display.setCurrent(...);
```

29.4.2 – Formulários

Formulário é o painel no qual adicionamos os itens.

Para criar um formulário:

```
new Form(title);
```

Conheça os principais métodos:

- **append(...)**: adiciona itens;
- **addCommand(...)**: adiciona comandos.

29.4.3 – Alertas

Alertas são as caixas de diálogo usadas para notificar o usuário.

Para exibir um alerta:

```
display.setCurrent(alert, form);
```

- **alert**:
  - new Alert(...);

29.4.4 – Comandos

Para criar um comando:

```
new Command(label, type, priority);
```

- **type**:
  - Command.BACK;
  - Command.CANCEL;
  - Command.EXIT;
  - Command.HELP;
  - Command.ITEM;
  - Command.OK;
  - Command.SCREEN;
  - Command.STOP.

29.4.5 – Imagens

Imagens NÃO são itens, por isso não podem ser adicionadas diretamente em um formulário. O modo mais fácil para exibí-las é através da classe ImageItem.

Para criar um ImageItem:

```
new ImageItem(null, image, layout, null);
```

- **image**:
  - Image.createImage("*.png");

29.4.6 – Eventos

29.4.6.1 – Eventos de Baixo Nível

29.4.6.1.1 – Eventos de Tecla

Um ouvinte de tecla deve implementar a interface KeyListener.

- **keyPressed(...)**;
- **keyReleased(...)**;
- **keyRepeated(...)**;
- **hasRepeatEvents()**;
- **getKeyName(...)**.

O argumento recebido informa a tecla que originou o evento.

- KEY_NUM0;
- KEY_NUM1;
- KEY_NUM2;
- KEY_NUM3;
- KEY_NUM4;
- KEY_NUM5;
- KEY_NUM6;
- KEY_NUM7;
- KEY_NUM8;
- KEY_NUM9;
- KEY_STAR;
- KEY_POUND;
- UP;

- DOWN;
- LEFT;
- RIGHT;
- FIRE.

Para adicionar o ouvinte ao formulário:

```
f.addKeyListener(listener);
```

29.4.6.1.2 – Eventos de Toque

Um ouvinte de toque deve implementar a interface PointerListener.

- **pointerPressed(...)**;
- **pointerReleased(...)**;
- **pointerDragged(...)**;
- **hasPointerEvents()**;
- **hasPointerMotionEvents(...)**.

29.4.6.2 – Eventos de Alto Nível

29.4.6.2.1 – Eventos de Comando

Eventos de comando são aqueles oriundos do teclado.

Um ouvinte de comando deve implementar o método "commandAction(...)" definido pela interface "javax.microedition.lcdui.CommandListener".

Para adicionar o ouvinte ao formulário:

```
f.addCommandListener(listener);
```

29.5 – Personalização

Para criar seu próprio componente, estenda a classe "javax.microedition.lcdui.CustomItem" e sobrescreva os métodos abstratos herdados.

```
class MyItem extends CustomItem
{
    public void paint(Graphics g, int width, int height)
    {
        ...
    }
```

```
    public int getMinContentWidth()
    {
       ...
    }

    public int getMinContentHeight()
    {
       ...
    }

    public int getPrefContentWidth(int height)
    {
       ...
    }

    public int getPrefContentHeight(int width)
    {
       ...
    }
}
```

Figura 29.5: *Personalizando a aparência.*

O argumento recebido pelo método de desenho é o objeto que utilizamos para realizar a pintura.

Conheça os principais métodos:

- **setColor(...);**
- **setStrokeStyle(...);**
    - Graphics.DOTTED;
    - Graphics.SOLID;
- **drawRect(...);**
- **fillRect(...);**
- **drawRoundRect(...);**
- **fillRoundRect(...);**
- **drawLine(...);**
- **drawArc(...);**
- **fillArc(...);**
- **drawString(...);**
- **drawImage(...);**
- **translate(...).**

29.6 – Publicação

A instalação de MIDlets é feita através da Internet (over-the-air provisioning). Após a conclusão do programa, portanto, devemos disponibilizá-lo na rede para que as pessoas interessadas possam efetuar a transferência para o dispositivo portátil delas.

A compilação de uma MIDlet gera dois arquivos: um contendo a descrição do programa (*.jad) e outro contendo o programa popriamente dito (*.jar).

Para publicar um MIDlet, vá até "File > Properties" e:

1. Clique no botão "Settings ..." e, na aba "Required", ajuste o endereço onde o programa será armazenado (MIDlet-Jar-URL);

2. Crie os arquivos JAR e JAD correspondentes à MIDlet (Menu Project > Package > Create package);

3. Por fim, crie uma página HTML contendo um vínculo que aponte para o arquivo JAD criado e disponibilize tudo no mesmo diretório da MIDlet.

Para testar a instalação, vá até o menu Projetos e escolha a opção "Run via OTA".

Capítulo 30

Apêndices:

A – Glossário

As definições a seguir ajudarão a compreender a documentação.

Para mais definições, consulte a Wikipedia (http://www.wikipedia.org/) ou ainda o Foldoc (Free on-line dictionary of computing – http://www.foldoc.org/).

(To) address: resolver;
(To) assign: atribuir;
(To) cast: restringir;
(To) debug: depurar;
(To) deploy: implantar (instalar e usar);
(To) dump: descarregar;
(To) flip: alterar para o valor contrário;
(To) fork: bifurcar;
(to) join: mesclar;
(To) match: corresponder;
(To) order: encomendar;
(To) override: sobrescrever;
(To) sort: ordenar;
Abstract: assunto;
ACM (Association for computing machinery): associação fundada em 1947 responsável pelo campeonato mundial de programação;
Acrônimo: termo formado pelas iniciais das palavras de uma frase;

Actually: na verdade;
Ad-hoc: solução caseira;
Adabas (Adaptable data base management system): sistema de gerenciamento de banco de dados adaptável;
Add-on: complemento (continuação);
Ads (Advertisements): anúncios;
Agentes: seres virtuais autônomos muito usados para simulação;
Alias: apelido;
Ampersand: "e" comercial (&);
Análise: planejamento;
Angle brackets: menor ou maior (< e >);
ANSI (American national standards institute): instituto norte-americano de padrões;
Anti-aliasing: suavização dos contornos;
API (Application programming interface): biblioteca;
ASCII (American standard code for information interchange): codificação norte-americana;
Assíncrono: independente;
Back-end: controlador (driver);
Back-ups: cópias de segurança;
Backslash: barra invertida (\);
Basic (Beginner's all-purpose symbolic instruction code): linguagem de programação criada em 1964 para facilitar a introdução à programação;
Benchmark: tira-teima;
Big-endian: sentido de transmissão no qual a transferência começa a partir do bit mais significativo;
Blogs (web logs): diários pessoais on-line;
BNF (Backus-Naur form): notação criada em 1960 pelos cientistas John Backus e Peter Naur para especificar a sintaxe das linguagens de programação;
Bottleneck: gargalo;
Broadcast: difusão;
Buffer (Reservatório): trecho de memória destinado a aglomerar dados de forma a agilizar a comunicação entre dispositivos de velocidades diferentes;
Bug: termo criado em 1878 por Thomas Edison para a descrição de problemas e oficializado em 1945 pela oficial Grace Hopper (1906-1992) após ela constatar que uma parada repentina do computador Mark-II havia sido causada pela presença de uma traça dentro da máquina;
Cache (Estoque): trecho (de memória ou de disco) destinado a armazenar cópias de recursos de forma a agilizar o acesso a eles;
Caret: cursor do teclado;

Case-sensitive: sensível à grafia, ou seja, aquele que diferencia letras maiúsculas de letras minúsculas;
CEO (Chief executive officer): presidente da empresa;
Cert (Computer emergency response team): entidade de segurança mantida pelo Instituto de engenharia de software da Universidade Carnegie Mellon (http://www.cert.org/);
Checksum: código de hash usado para verificar a integridade dos arquivos;
Cilindro: conjunto de trilhas com o mesmo raio;
CIO (Chief information officer): diretor de informática;
Classpath: lista dos diretórios onde estão os bytecodes das classes;
Cluster: agrupamento;
CMMI (Capability maturity model integration – "http://www.sei.cmu.edu/cmmi"): norma que avalia a técnica de produção de software (e não o software) em níveis de 1 (inicial) a 5 (otimizado);
Cobol (Common business-oriented language): linguagem de alto nível voltada aos negócios;
Colon: dois-pontos (:);
Comdex: feira de informática patrocinada pelo Softbank Comdex;
Comma: vírgula (,);
Complemento de dois: complemento de 1 (~number) mais 1;
Console: teclado + monitor;
CORBA (Common object request broker architecture): padrão para a comunicação remota entre ambientes distintos;
CP/M (Control program/monitor): sistema operacional de 8 bits criado em 1973 por Gary Kildall cujo clone desenvolvido por Tim Paterson deu origem ao MS-DOS;
Crackers: vândalos;
CRM (Customer relationship management): softwares pós-ERP;
CRT (Cathode ray tube): tubo de raios catódicos;
Curly brackets: chaves ({ e });
CVS (Concurrent versions system – http://www.cvshome.org/): sistema para desenvolvimento de software em equipe;
Cx: coeficiente;
Daemon (Dist and execution monitor): unidade de execução auxiliar;
Data mining: identificação das oportunidades implícitas em um banco de dados;
Data warehouse: banco de dados estratégico que resume os dados contidos nos demais;
Dead-key: tecla de acentuação;
Deadlock: impasse entre duas ou mais unidades de execução;
Default: padrão;
Deprecated: não recomendado;
DIN (Deutsch industrie norm): padrão alemão;

Direction: sentido;

Donald Ervin Knuth: programador supremo, autor da clássica série "A arte de programar computadores" iniciada em 1973 e da linguagem de texto TeX (1977);

Dot/Period: ponto (.);

Double quotation marks: aspas duplas ("");

Drawbacks: efeitos colaterais;

Drive: acionador de disco;

Driver: adaptador;

E.G.: por exemplo;

Early-access release: amostra da versão experimental;

EBCDIC (Extended binary coded decimal interchange code): antiga codificação de 8 bits criada pela IBM e ainda usada em mainframes;

EIS (Enterprise information system): sistema formado pelos softwares de gestão (ERP, CRM), de bancos de dados e etc. usados por uma empresa;

Ellipses: reticências (...);

Engenharia reversa: obtenção do modelo a partir do sistema já implementado;

ERP (Enterprise resource planning): softwares para gestão integrada;

Ethernet: protocolo de rede local criado pela Xerox;

FAQs (Frequently asked questions): dúvidas comuns;

Feedback: retorno;

Flag: marca;

Footnote: rodapé;

Fortran (Formula translator): linguagem de alto nível criada pela IBM em 1957 para uso científico;

Framework: infra-estrutura;

Free-lancer: consultor;

Front-end: aplicativo;

Gap: espaçamento interno;

Gopher: ancestral do Http;

GUI (Graphical user interface): interface gráfica com o usuário;

Hack: façanha;

Hacker: especialista em informática;

Hash mark/Pound sign: tralha (#);

Headless device: dispositivo sem tela;

Heap: fila de prioridade;

HP (Hewlett-Packard): a empresa fundada em 1938 por William Hewlett (1913-2001) e David Packard (1912-1996) foi praticamente a inventora do Vale do Silício;

Hub: concentrador;

I-node (index node): conjunto dos endereços de todos os blocos do disco rígido usados por um arquivo;
I.E.: ou seja;
IANA(Internet assigned numbers authority): autoridade atribuidora dos números usados na Internet;
IBM (International business machines – "http://www.ibm.com/"): a maior empresa de informática do mundo foi fundada em 1896 por Herman Hollerith (1860-1929) e renomeada para IBM em 1924;
ICQ (I seek you): programa para bate-papo on-line;
IDE (Integrated development environment): ambiente gráfico de desenvolvimento;
IEEE (Institute of electrical and electronics engineers): instituto dos engenheiros elétricos e eletrônicos fundado em 1963;
Insets: espaçamento externo;
ISAM (Indexed Sequential access method): indexação em vários níveis;
ISO (International organization for standardization): organização internacional fundada em 1947 e destinada à padronização;
ISP (Internet service provider): provedor de acesso à Internet;
JCP (Java community process – "http://www.jcp.org/"): comunidade dos mantenedores de Java;
John von Neumann: matemático húngaro considerado o pai da arquitetura atual dos computadores;
JSRs (Java specification requests): solicitações formais para melhoria da plataforma;
Lack: ausência;
Layout: formato, estrutura;
LCD (Liquid cristal display): monitor de cristal líquido;
LED (Light emitting diode): indicador;
Lei de Moore: profecia feita em 1964 na qual Gordon Moore, futuro presidente da Intel (fundada em 1968), afirmava que a velocidade dos microprocessadores dobraria a cada um ano e meio;
LISP (List processing): linguagem de programação criada em 1958 e muito usada na área de inteligência artificial;
Lógica difusa: lógica de incertezas (o oposto da booleana);
Lvalue (left value): valor que pode aparecer à esquerda do operador de atribuição, ou seja, referência;
Mainframes: computadores de grande porte fabricados principalmente pela IBM e pela Unisys;
Mandatory: compulsório, ou seja, obrigatório;
Maven (http://maven.apache.org/): provável sucessora das ferramentas Ant e JUnit;
Medium (or media): mídia;

MIME (Multipurpose internet mail extensions – http://www.iana.org/assignments/media-types/): padrão criado em 1992 para a especificação dos tipos de dados;

Multiprogramação: paralelismo real;

Multitarefa: concorrência, ou seja, paralelismo virtual;

MVC (Model view controller): arquitetura que separa a apresentação do conteúdo;

NaN (Not a number): número irreal usado para indicar que uma operação aritmética é indeterminada ou inválida;

NASA (National aeronautics and space administration): agência espacial norte-americana;

NCSA (National center for supercomputer application): centro norte-americano para aplicativos de supercomputador;

Nerd: hacker com problemas no relacionamento interpessoal;

Normalização: eliminação das redundâncias;

OEM (Original equipment manufacturer): integrador;

Offset: ponto de partida;

On-the-fly: instantâneo;

Orientation: direção;

OSI (Open systems intercommunication): modelo de rede que as classifica em 7 camadas (físico, enlace, rede, transporte, sessão, apresentação e aplicativo);

Outsourcing: terceirização;

Overflow: estouro;

Overhead: sobrecarga;

Overrun: atropelamento;

Página de memória: trecho do disco-rígido tratado como uma unidade pelo sistema operacional;

PARC (Palo Alto research center): lendário centro de pesquisas criado pela Xerox em 1970 e responsável por muitas tecnologias atuais como a Ethernet (1976) e, pasme, os vírus de computador (1980);

Parsing: interpretação;

Pattern: modelo;

PCMCIA (People Can't Memorize Computer Industry Acronyms): dispensa comentários;

Pixel (Picture element): elemento da imagem;

PL/I (Programming language one): a linguagem de programação mais complicada da história foi criada em 1965 pela IBM e mesclava Fortran com Cobol, o que "asfixiou" em apenas quatro anos de vida;

PLC (Power line communication): comunicação pela rede elétrica;

Plug-in: suplemento (extensão);

Pool (Repositório): trecho de memória destinado à reutilização de recursos já criados;

POSIX (Portable operating system interface for Unix): API padrão criada pelo IEEE para unificar as duas principais variantes do Unix, o System V e o BSD;

Preempção: interrupção de uma tarefa para a execução de outra;
Projeto: engenharia, construção;
Radar (Radio detection and ranging): sistema de detecção por ondas de rádio;
Raster: linha de pixels;
Reentrância: técnica que consiste em fazer o sistema operacional entrar várias vezes no mesmo programa (em vez de carregar vários deles) de forma a evitar o desperdício de RAM;
Rendering: pintura;
Rendezvous: encontro;
Report: relatório;
Ressonância: o contrário de convergência;
RFCs (Request for comments – "http://www.rfc-editor.org/"): documentos em constante atualização iniciados em 1969 e, desde então, usados como referência pelas indústrias;
RISC (Reduced instruction set computing): arquitetura baseada em um conjunto reduzido de instruções;
RPN (Reverse polish notation): notação pós-fixa;
RSS (Rich site summary): índice das últimas mudanças introduzidas no site;
SAP (Systems, applications and products in data processing): empresa alemã criada em 1972 e especializada em softwares de gestão empresarial;
Semicolon: ponto-e-vírgula (;);
Sessão: período entre a abertura de um programa e o fechamento dele;
Shell: interpretador de comandos;
Signature: assinatura;
Síncrono: dependente;
Spool (Simultaneous peripheral operation on-line – assessor): trecho de disco destinado a aglomerar dados de forma a liberar a RAM;
Spooling: técnica que consiste em passar o acompanhamento de uma tarefa demorada a um dispositivo mais lento de forma a liberar o dispositivo mais veloz;
Sprite: imagem animada;
Square brackets: colchetes ([e]);
Starvation: abandono de uma ou mais unidades de execução;
Struts: estrutura para construção de páginas dinâmicas;
Syntax highlighting: realce da sintaxe;
TCO (Total cost of ownership): custo total de propriedade (hardware + software + gestão + suporte);
Template: modelo;
Tempo-real: sistema no qual o fluxo dos dados é mais importante que os dados propriamente ditos. A reprodução de uma música ou de um vídeo, por exemplo, é uma

tarefa de tempo-real, pois o resultado só tem valor se não houver solavancos durante a atividade;
Thread-safe: método que pode ser chamado a partir de qualquer unidade de execução;
Timestamp: data e hora (data + hora);
TOC (Table of contents): índice geral (sumário) de uma obra;
Trainees: estudantes universitários recém-formados;
TTY (Tele typewriter equipment): terminal;
Underflow: perda de precisão;
Unicast: ponto-a-ponto;
Unix (Uniplexed information and computing service): sistema operacional desenvolvido em 1969 por Ken Thompson, nos Laboratórios Bell, e atualmente pertencente à Novell;
Useful: útil;
Useless: inútil;
Vendor: fornecedor;
Widgets: acessórios para janela (window gadgets);
Wiki: site que pode ser alterado (aperfeiçoado) por qualquer usuário;
Workaround ou trade-off: medida paliativa (gambiarra);
WWW (Wait, wait and wait): seria cômico se não fosse trágico.

B – Bônus

Para encerrar essa obra com chave de ouro, nada melhor que minha própria coleção de classes. O código a seguir é o melhor que consigo escrever até o momento: os exemplos comprovam a utilidade do material.

Não se preocupe com os detalhes da implementação: para entender um método, basta ler a assinatura dele.

B1 – A Classe Utils

```java
package com.hpg.evertonbarbosagomes.br.shared;

/**
 * A collection of utility methods for Java.
 * @author Dante(Everton Barbosa Gomes)
 */
public final class Utils
{
    private static final class Tag
            extends AbstractAction
    {
```

```java
        private Tag(final String tagID)
        {
           super(tagID);
        }

        public final void actionPerformed(
              final ActionEvent e)
        {
           System.out.println("Tag for " +
              Utils.class.getName());
        }
     };
     private static final String TEXT = "";
     public static final Action
     SUB        = new Utils.Tag( "sub"),
     ENDSUB     = new Utils.Tag("/sub"),
     CHECK      = new Utils.Tag( "check"),
     ENDCHECK   = new Utils.Tag("/check"),
     RADIO      = new Utils.Tag( "radio"),
     ENDRADIO   = new Utils.Tag("/radio"),
     COMBO      = new Utils.Tag( "combo"),
     ENDCOMBO   = new Utils.Tag("/combo"),
     SPIN       = new Utils.Tag( "spin"),
     ENDSPIN    = new Utils.Tag("/spin"),
     SEPARATOR  = new Utils.Tag("-"),
     STROKE     = new Utils.Tag("stroke"),
     GLUE       = new Utils.Tag("glue");
     private static final
        GraphicsEnvironment G_ENV =
           GraphicsEnvironment.
              getLocalGraphicsEnvironment();
     private static final Insets MARGIN =
           new Insets(0, 0, 0, 0);

     private Utils()
     {
        super();
     }

     /**
      * Sets the properties (name + value) and
      *          returns the other arguments.
      * @param args the array gained in main(...).
      * @return an array containing the single
      *                    arguments.
      */
```

```java
    public static final String[] feedback(
        final String[] args,
        final Properties properties)
    {
if (args.length == 0)
{
        return null;
}
final Collection c = new ArrayList();
final String dash = "-";
for (int i=0; i<args.length; i++)
{
   if (args[i].startsWith(dash) &&
      !args[i+1].startsWith(dash))
   {
      properties.setProperty(
            args[i], args[++i]);
   }
   else
   {
      c.add(args[i]);
   }
}
return (String[]) c.toArray(
          new String[c.size()]);
    }

    /**
     * Centers a component.
     * @param c the component to be centered.
     */
    public static final void center(final Component c)
    {
       Point center = null;
       final Container parent = c.getParent();
       if (c instanceof Window || parent == null)
       {
          center =
              Utils.G_ENV.getCenterPoint();
       }
       else
       {
          final Dimension tmp =
                  parent.getSize();
          center = new Point(tmp.width /2,
                    tmp.height/2);
       }
```

```java
      final Dimension tmp = c.getSize();
      c.setLocation(center.x - (tmp.width /2),
              center.y - (tmp.height/2));
   }

   /**
    * Shows a splash screen.
    * @param f the frame to act as owner.
    * @param preview the icon to display.
    */
   public static final void splash(
   final JFrame f, final Icon preview)
   {
      final JWindow splash = new JWindow(f);
      splash.add(new JLabel(preview), BorderLayout.CENTER);
      splash.pack();
      splash.setSize(preview.getIconWidth(),
              preview.getIconHeight());
      Utils.center(splash);
      splash.setVisible(true);
      final Timer timer = new Timer(1000, null);
      final ActionListener task =
              new ActionListener()
      {
         public final void actionPerformed(
                 final ActionEvent e)
         {
            if (f.isShowing())
            {
               splash.setVisible(false);
               timer.stop();
            }
         }
      };
      timer.addActionListener(task);
      timer.start();
   }

   /**
    * Creates l10n files.
    * @param dest a directory.
    * @param baseName the base name for files.
    * @param keys the words to translate.
    */
   public static final void createL10nFiles(
           final File dest,
```

```java
                    final String baseName,
                    final String[] keys)
{
    final Locale[] locales =
            Locale.getAvailableLocales();
    final String NOTE = "# ",
            EQUATION = " = ",
            UNDERSCORE = "_";
    PrintWriter out;
    Locale currentLocale = Locale.ENGLISH;
    String currentFileName = null,
            currentCode = "",
            currentNote = "Default";
    for (int i=0, j; true; i++)
    {
        try
        {
            currentFileName = baseName + currentCode +
                    ".properties";
            out = new PrintWriter(
                new FileOutputStream(
                new File(dest, currentFileName)));
        }
        catch (final FileNotFoundException e)
        {
            final String msg =
                "File \"" +
                    currentFileName +
                    "\" cannot be created.";
            System.err.println(msg);
            return;
        }
        out.println(NOTE + currentNote);
        for (j=0; j<keys.length; j++)
        {
            out.println(keys[j] + EQUATION);
        }
        out.flush();
        out.close();

        if (i >= locales.length)
        {
            break;
        }

        currentLocale = locales[i];
```

```java
            currentCode = UNDERSCORE +
                currentLocale.toString();
            currentNote =
               currentLocale.getDisplayName();
      }
   }

   private static final String getName(
                final Action a)
   {
      return ((String) a.getValue(Action.NAME));
   }

   private static final char getAvailableChar(
         final String name,
         final Collection deprecatedChars)
   {
final char[] chars = name.toCharArray();
char result = '\u0000',
      tmp;
for (int i=0; i < chars.length; i++)
{
   tmp = Character.toLowerCase(chars[i]);
   if (tmp != ' ' &&
      !deprecatedChars.contains(
            new Character(tmp)))
   {
      result = tmp;
      break;
   }
}
return result;
   }

   private static final void adjust(
          final AbstractButton b)
   {
      final boolean menuItem =
                (b instanceof JMenuItem);
      if (!menuItem)
      {
         b.setToolTipText(b.getText());
//         b.setText(Utils.TEXT);
         b.setMargin(Utils.MARGIN);
      }
      b.setHorizontalAlignment(menuItem?
```

```java
            SwingConstants.LEFT:
            SwingConstants.CENTER);
/* default
b.setVerticalAlignment(
            SwingConstants.CENTER);*/
b.setHorizontalTextPosition(menuItem?
            SwingConstants.RIGHT:
            SwingConstants.CENTER);
b.setVerticalTextPosition(menuItem?
            SwingConstants.CENTER:
            SwingConstants.BOTTOM);
   }

   private static final void buildList(
            final JComponent list,
            final Action items)
   {
      final boolean combo =
            (list instanceof JComboBox);
      final String delim = (combo? ", ": "-");
      final String[] tokens =
         (Utils.getName(items)).split(delim);
      if (combo)
      {
         final JComboBox cb =
               (JComboBox) list;
         cb.setModel(
            new JComboBox(tokens).
                        getModel());
         cb.setAction(items);
      }
      else
      {
         final int min =
               Integer.parseInt(tokens[0]),
                 max =
               Integer.parseInt(
                  tokens[tokens.length-1]);
         final JSpinner s = (JSpinner) list;
         s.setModel(
               new SpinnerNumberModel(
                  min, min, max, 1));
         final ChangeListener l =
                  new ChangeListener()
         {
            public final void stateChanged(
                  final ChangeEvent e)
```

```java
         {
            items.actionPerformed(
               new ActionEvent(
                  s,
                  ActionEvent.
                  ACTION_PERFORMED,
                  ((Integer)
                     s.getValue()).
                     toString())); 
         }
      };
      s.addChangeListener(l);
   }

   public static final JComboBox createComboBox(
            final Action items)
   {
      final JComboBox cb = new JComboBox();
      Utils.buildList(cb, items);
      return cb;
   }

   public static final JSpinner createSpinner(
            final Action items)
   {
      final JSpinner spinner = new JSpinner();
      Utils.buildList(spinner, items);
      return spinner;
   }

   private static final void buildBar(
            final JComponent bar,
            final Action[] items)
   {
      final boolean menuBar =
         (bar instanceof JMenuBar);
      final Class[] cParam = {Action.class};
      final HashSet mnemonics = new HashSet(35),
         strokes = new HashSet(35);

      JComponent parent = bar;
      AbstractButton child;
      Component[] children;
      Class type =    (menuBar?
            JMenuItem.class: JButton.class);
```

```java
Action[] cArg = {null};
ButtonGroup group = null;
char availableChar;

String name;

for (int i=0; i<items.length; i++)
{
   name =
      Utils.getName(items[i]).intern();
   if (name == "-")
   {
      if (menuBar)
      {
         ((JMenu) parent).
             addSeparator();
      }
      else
      {
         ((JToolBar) parent).
             addSeparator();
      }
   }
   else if (name == "glue")
   {
      parent.add(Box.createGlue());
   }
   else if (name == "check")
   {
      if (isMenuBar)
      {
         type = JCheckBoxMenuItem.
                   class;
      }
      else
      {
         type =
            JToggleButton.class;
      }
   }
   else if (name == "radio")
   {
      if (isMenuBar)
      {
         type =
            JRadioButtonMenuItem.
                   class;
      }
```

```
      else
      {
        type =
          JToggleButton.class;
      }
      group = new ButtonGroup();
    }
    else if (name == "combo")
    {
      parent.add(Utils.
        createComboBox(
            items[i+1]));
      i+=2;
    }
    else if (name == "spin")
    {
      parent.add(Utils.
        createSpinner(
            items[i+1]));
      i+=2;
    }
    else if (name == "/sub")
    {
      // removes child mnemonics
      children =
        parent.getComponents();
      for (int j=0;
           j<children.length;
                    j++)
      {
        if (!(children[j]
          instanceof
              JSeparator))
        {
          child =
            (AbstractButton)
                children[j];
          mnemonics.
            remove(
          new Character((char)
          child.
            getMnemonic()));
        }
      }
      parent = (JComponent)
          parent.getParent();
```

```java
      if (parent instanceof
               JPopupMenu)
      {
         parent = (JComponent)
         ((JPopupMenu) parent).
             getInvoker();
      }
   }
   else if (name == "/check"
            ||
       name == "/radio")
   {
      type = (menuBar?
             JMenuItem.class:
             JButton.class);
      group = null;
   }
   else
   {
      if ((i+1) < items.length
            &&
      Utils.getName(items[i+1]).
             intern() == "sub")
      {
         type = JMenu.class;
      }

      try
      {
         cArg[0] = items[i];
         child =
            (AbstractButton)
              (type.
            getConstructor(cParam).
              newInstance(cArg));
         if (group != null)
         {
            group.add(child);
         }
         if (child instanceof
                 JMenuItem)
         {
            availableChar =
            Utils.getAvailableChar(
               name, mnemonics);
            child.setMnemonic(
                availableChar);
```

```java
                    mnemonics.add(
                        new Character(
                            availableChar));
                    if (Utils.getName(
                            items[i+1]).
                        intern() == "stroke")
                    {
                        availableChar =
                    Utils.getAvailableChar(
                        name, strokes);
                        availableChar =
                    Character.toUpperCase(
                            availableChar);
                        ((JMenuItem) child).
                            setAccelerator(
                        KeyStroke.
                            getKeyStroke(
                        new Character(
                            availableChar),
                        InputEvent.
                        CTRL_DOWN_MASK));
                        strokes.add(
                            new Character(
                            availableChar));
                        i++;
                    }
                }
                Utils.adjust(child);
                parent.add(child);
                if (child instanceof JMenu)
                {
                    parent =
                        (JComponent) child;
                    type = (isMenuBar?
                        JMenuItem.class:
                            JButton.class);
                    i++;
                }
            }
            catch(final Exception e)
            {
                System.err.println(
                "Child cannot be created.");
            }
        }
    }
}
```

```java
/**
 * Creates a menu bar.
 * @param items the items to add.
 * @return a filled menu bar.
 */
public static final JMenuBar createMenuBar(
          final Action[] items)
{
   final JMenuBar menubar = new JMenuBar();
   Utils.buildBar(menubar, items);
   return menubar;
}

/**
 * Creates a tool bar.
 * @param items the items to add.
 * @param title the tool bar title.
 * @param isDraggable true if the user should
 *        be able to drag the toolbar;
 *                otherwise false.
 * @return a filled tool bar.
 */
public static final JToolBar createToolBar(
     final Action[] items,
     final String title,
     final boolean draggable)
{
   final JToolBar toolbar =
          new JToolBar(title);
   Utils.buildBar(toolbar, items);
   toolbar.setFloatable(draggable);
   //    toolbar.setRollover(true);
   return toolbar;
}

/**
 * Builds a frame.
 * @param f the frame to be filled.
 * @param menubar the menu bar.
 * @param content the main component.
 * @param toolbars an array containing all the tool bars.
 * @param statusbar the status bar.
 */
public static final void buildFrame(
     final JFrame f,
     final JMenuBar menubar,
```

```java
            final JComponent content,
            final JToolBar[] toolbars,
            final JToolBar statusbar)
    {
        f.setJMenuBar(menubar);
        JPanel parent,
              child = contentPane;
        child.add(
              statusbar, BorderLayout.SOUTH);
        final String[] sides =
              { BorderLayout.NORTH,
                BorderLayout.SOUTH,
                BorderLayout.WEST,
                BorderLayout.EAST};
  final int[] offset = {0, 4, 2, 3};
  for (int i=0, j; i<offset.length; i++)
  {
     j=offset[i];
     while (j<toolbars.length)
     {
        parent = child;
        child = new JPanel(
              new BorderLayout());
        if (sides[i].equals(
              BorderLayout.EAST)
                    ||
           sides[i].equals(
              BorderLayout.WEST))
        {
           toolbars[j].setOrientation(
              SwingConstants.VERTICAL);
        }
        child.add(toolbars[j], sides[i]);
        parent.add(child,
              BorderLayout.CENTER);
        if (j>=1)
        {
           j+=4;
        }
        else
        {
           j++;
        }
     }
  }
  child.add(content, BorderLayout.CENTER);
     }
```

```
    /**
     * Chooses a value
     * @param min the minimum value
     * @param max the maximum one
     * @return the chosen value
     */
    public static final int random(int min, int max)
    {
        return min + new Random().nextInt((max + 1) - min);
    }
}
```

Figura B1.1: *Obra-prima*.

```
package
com.hpg.evertonbarbosagomes.br.books.java.2ed.appendix.b1;

public class Test
{

    static class MyAction extends AbstractAction
    {
        MyAction(String name)
{
   super(name);
}

        public void actionPerformed(ActionEvent e)
{
   System.out.println("OK");
}
    }

    public static void main(String[] args)
    {
        JFrame f = new JFrame("Test");
        Action[] menubar =
            {   new MyAction("First menu"),
                Utils.SUB,
                    new MyAction("Item 1"),
                    new MyAction("Item 2"),
                        Utils.STROKE,
                    new MyAction("Item 3"),
                Utils.SUB,
                    new MyAction(
```

```
                    "Item 3.1"),
                Utils.SUB,
                    new MyAction(
                    "Item 3.1.1"),
                Utils.ENDSUB,
                new MyAction(
                        "Item 3.2"),
            Utils.ENDSUB,
            new MyAction("Item 4"),
            Utils.SEPARATOR,
            Utils.CHECK,
            new MyAction("Check 1"),
            new MyAction("Check 2"),
            new MyAction("Check 3"),
            Utils.ENDCHECK,
            Utils.SEPARATOR,
            Utils.RADIO,
            new MyAction("Radio 1"),
            new MyAction("Radio 2"),
            new MyAction("Radio 3"),
            Utils.ENDRADIO,
            Utils.SEPARATOR,
            new MyAction(
                    "Last item"),
        Utils.ENDSUB,

        Utils.GLUE,

        new MyAction("Last menu"),
        Utils.SUB,
            new MyAction("Item 1"),
        Utils.ENDSUB},
   statusbar = {new MyAction("status")};
Action[][] toolbars =
        { {new MyAction("B1"),
            new MyAction("B2"),
            new MyAction("B3")},

            {Utils.COMBO,
            new MyAction(
        "Combo 1, Combo 2, Combo 3"),
            Utils.ENDCOMBO,

            Utils.SPIN,
            new MyAction("1-3"),
            Utils.ENDSPIN,
```

```
                Utils.GLUE},

            {Utils.CHECK,
                new MyAction("Check 1"),
                new MyAction("Check 2"),
                Utils.ENDCHECK,
                Utils.SEPARATOR,
                Utils.RADIO,
                new MyAction("Radio 1"),
                new MyAction("Radio 2"),
                Utils.ENDRADIO}};
JMenuBar mb =
        Utils.createMenuBar(menubar);
JToolBar[] tbs =
      new JToolBar[toolbars.length];
for (int i=0; i<tbs.length; i++)
{
   tbs[i] =
   Utils.createToolBar(
      toolbars[i], "Title" + i, true);
}
JToolBar sb =
   Utils.createToolBar(
      statusbar, "Status bar", false);
Utils.buildFrame(f, mb,
        new JScrollPane(
           new JTextArea(24, 80)),
              tbs, sb);
f.setDefaultCloseOperation(JFrame.EXIT_ON_CLOSE);
f.pack();
f.setExtendedState(JFrame.MAXIMIZED_BOTH);
f.setVisible(true);
    }
}
```

Figura B1.2: *Automatizando tarefas comuns.*

B2 - O Pacote Math

```
package com.hpg.evertonbarbosagomes.br.shared;

public class Math
{
   // Iterative approach
```

```java
   static long factorial(int n)
   {
long f = 1;
for (; n > 0; n--)
{
   f *= n;
}
return f;
   }

   // Cn,p = n!/p!(n-p)!
   static double combination(int set, int subset)
   {
if (set < subset)
{
   throw new ArithmeticException();
}
if (subset == 0 || subset == set)
{
   return 1;
}
else if (subset == 1 || subset == set-1)
{
   return set;
}
int fat = 0;
long denominator = 1;
if (subset < (set+1)/2)
{
   fat = set-subset;
   denominator = factorial(subset);
}
else
{
   fat = subset;
   denominator = factorial(set-subset);
}
double result = set;
int temp = set-1;
while (temp > fat)
{
   result *= temp;
   temp--;
}
result /= denominator;
return result;
   }
```

```java
    // Newton's binoun
    double binoun(double a, double b, int n)
    {
       double binoun = 0;
       for(int i=0; i<=n; i++)
    {
    binoun += combination(n,i)*
                         Math.pow(a,n-i)*Math.pow(b,i);
}
       return binoun;
       }

       // Target function
       static double f(double x)
       {
          return java.lang.Math.sin(x);
       }

       // dnf(x)/dxn
       static double fn(double x, double h, int n)
       {
          double result = 0;
          if (n != 0)
    {
    for (int column=0, i=n; column <= n; column++, i-=2)
    {
       result +=
       Math.pow(-1, column)*
          combination(n, column)*
                  f(x+i*h);
       }
       result /= Math.pow(2,n)*
             Math.pow(h,n);
}
else
{
   result = f(x);
}
return result;
       }

       // Gauss-Seidel system resolution's algorithm
       static double[] system(double[][] n, double error)
       {
          if (n==null || n[0].length-1>n.length)
    {
       throw new ArithmeticException();
       }
```

```java
double[] result = new double[n[0].length-1];
double temp = .0,
   max = error + 1;
int row, column;
while (max-temp>error)
{
   for (row=0; row<n.length && row<n[row].length; row++)
   {
      for (temp=column=0;
                         column<n[row].length-1;column++)
      {
         if (column!=row)
         {
            temp -= n[row][column]*result[column];
         }
      }
      temp += n[row][n[row].length-1];
      result[row] = temp/n[row][row];
   }
   temp = max;
   for (max=Math.abs(result[0]), column=1;
                         column<result.length; column++)
   {
      max = Math.max(max, Math.abs(result[column]));
   }
}
return result;
   }

   double[] fto(Point2D.Double[] sample)
   {
double result[], array[][], r2=.0, sum,
                  temp[];
for (int grau=1, column, i, r, c;
               r2<.92; grau++)
{
   temp = new double[2*gray+1];
   temp[0]=sample.length;
   for (column=1;column<termp.length;
                  column++)
   {
      sum =.0;
      for (i=0; i<sample.length; i++)
      {
         sum += Math.pow(sample[i].x,
                     column);
      }
```

```
         temp[column]=sum;
      }
      array =
new double[grau+1][grau+2]; //rowXcolumn
      for (r=0; r<array.length; r++)
      {
         for (c=0; c<array[r].length-1;
                        c++)
         {
            array[r][c] = temp[c+r];
         }
      }
      for (r=0; r<array.length; r++)
      {
         sum=.0;
         for (i=0; i<array.length; i++)
         {
            sum+=Math.pow(sample[i].x,r)*
                     sample[i].y;
         }
         array[r][array[r].length-1]=sum;
      }
      result = system(array);

      r2=1;
      for(i=0;i<sample.length; i++)
      {
         sum=.0;
         for(column=0;
         column<result.length; column++)
         {
            sum += result[column]*
               Math.pow(sample[i].x, sample.length-1-column);
         }
         r2 +=Math.pow(sample[r].y-sum,2);
      }
      for (i=0; i<sample.length;i++)
      {
         denominator += Math.pow(
                  sample[i].y,2);
      }
      for(i=0; i<sample.length; i++)
      {
         temp2 += sample[i].y;
      }
      denominator -= Math.pow(temp2,2)/
```

```
                  sample.length;
   r2/=denominator;
}
return result;
   }

   /* Determine the greatest common divisor of two integers
through the Euclidean algorithm (290 BC) */
   int gcd(int num, int den)
   {
int max = Math.max(num, den),
   min = Math.min(num, den),
   remainder;
while(min != 0)
{
   remainder = max % min;
   max = min;
   min = remainder;
}
return max;
   }

   // Determine the least common multiple of two integers
   int lcm(den1, den2)
   {
return (den1*den2)/gcd(den1,den2);
   }

   // Test (Debug purpose)
   public static void main(String[] args)
   {
double[][] array={
                  {      0,      0,    0,  0, 1,       0},
                  {   4096,    512,   64,  8, 1,  52.032},
                  { 160000,   8000,  400, 20, 1, 160.450},
                  { 810000,  27000,  900, 30, 1, 275.961},
                  {2085136,  54872, 1444, 38, 1, 370.276}};
double[] d = system(array, .001);
for (int i=0; i<d.length; i++)
{
   System.out.println(d[i]+", ");
}
System.out.println("\b\b.");
   }
}
```

Figura B2.1: *Cálculos*.

C – Túnel do Tempo

Desde o seu lançamento até os dias atuais, Java tem passado por drásticas transformações. Em sua primeira versão, por exemplo, havia apenas algumas centenas de classes predefinidas. Atualmente, há mais de três mil delas!

Para todos aqueles que não tiveram a oportunidade de acompanhar a evolução do Java, fica aqui um registro das várias fases de sua existência.

Sim, é verdade: os códigos a seguir são (ou melhor, foram) Java.

```java
package com.hpg.evertonbarbosagomes.br.books.java.2ed.retro.1;

class MyThread extends Thread
{
   public void run()
   {
      Clock.this.repaint();
   }
}

class MyWindowListener extends WindowAdapter
{
   public void windowClosing(WindowEvent ev)
   {
      System.exit(0);
   }
}

/* 1.0 release
   January 23, 1996
   http://www.sun.com/smi/Press/sunflash/1996-01/
sunflash.960123.10561.html */
public class Java1dot0Demo extends Panel
{
   public Clock()
   {
      super();
      setFocusable(false);
      new MyThread().start();
   }

   protected void paint(Graphics g)
   {
      super.paint(g);
      g.drawString(new Date());
   }
```

```java
    public static void main(String[] args)
    {
      Frame f = new Frame("Clock");
      f.add(new Clock());
      f.addWindowListener(new MyWindowListener());
      f.pack();
      Rectangle bounds =
                  Toolkit.getDefaultToolkit().getScreenSize();
      bounds.x = bounds.width/4;
      bounds.y = bounds.height/4;
      bounds.width /= 2;
      bounds.height /= 2;
      f.setBounds(bounds);
      f.setVisible(true);
    }
}
```

Figura C.1: *A pioneira.*

```java
    package
    com.hpg.evertonbarbosagomes.br.books.java.2ed.retro.1dot1;

/* 1.1 release
        February 19, 1997
        http://www.sun.com/smi/Press/sunflash/1997-02/
        sunflash.970219.0001.html */
    public class Java1dot1Demo extends Panel
    {
      public Clock()
      {
    super();
    setFocusable(false);
    Thread thread = new Thread()
    {
      public void run()
      {
        Clock.this.repaint();
      }
    };
    thread().start();
}

  protected void paint(final Graphics g)
  {
    super.paint(g);
    g.drawString(Calendar.getInstance());
  }
```

```
   public static void main(final String[] args)
   {
     final Frame f = new Frame("Clock");
     f.add(new Clock());
     f.addWindowListener(new WindowAdapter()
     {
       public void windowClosing(final WindowEvent ev)
       {
         System.exit(0);
       }
     });
     f.pack();
     final Rectangle bounds =
             Toolkit.getDefaultToolkit().getScreenSize();
     bounds.x = bounds.width/4;
     bounds.y = bounds.height/4;
     bounds.width /= 2;
     bounds.height /= 2;
     f.setBounds(bounds);
     f.setVisible(true);
   }
}
```

Figura C.2: *Primeira grande mudança.*

```
package
com.hpg.evertonbarbosagomes.br.books.java.2ed.retro.1dot2;

/* Playground release
   December 8, 1998
   http://www.sun.com/smi/Press/sunflash/1998-12/
sunflash.981208.9.html */
public class Java1dot2Demo extends JPanel
{
   public Clock()
   {
super();
setFocusable(false);
Thread thread = new Thread()
{
   public void run()
   {
      Clock.this.repaint();
   }
};
thread.start();
   }
```

```
   protected void paintComponent(Graphics g)
   {
      super.paintComponent(g);
      g.drawString(Calendar.getInstance());
   }

   public static void main(String[] args)
   {
      JFrame f = new JFrame("Clock");
      f.getContentPane().add(new Clock());
      f.addWindowListener(new WindowAdapter()
   {
      public void windowClosing(WindowEvent ev)
   {
      System.exit(0);
   }
});
f.pack();
Rectangle bounds =
GraphicsEnvironment.getLocalGraphicsEnvironment().
                              getMaximumWindowBounds();
bounds.x = bounds.width/4;
bounds.y = bounds.height/4;
bounds.width /= 2;
bounds.height /= 2;
f.setBounds(bounds);
f.setVisible(true);
   }
}
```

Figura C.3: *Uma nova plataforma.*

```
package
com.hpg.evertonbarbosagomes.br.books.java.2ed.retro.1dot3;

/* Kestrel release
   May 8, 2000
   http://www.sun.com/smi/Press/sunflash/2000-05/
sunflash.20000508.3.html */
public class Java1dot3Demo extends JPanel
{
   public Clock()
   {
      super();
      setFocusable(false);
```

```
   TimerTask task = new TimerTask()
   {
      public void run()
      {
         Clock.this.repaint();
      }
   };
   new Timer(true).schedule(task, 0, 1000);
      }

      protected void paintComponent(Graphics g)
      {
   super.paintComponent(g);
   g.drawString(Calendar.getInstance());
      }

      public static void main(String[] args)
      {
   JFrame f = new JFrame("Clock");
   f.getContentPane().add(new Clock());
   f.addWindowListener(new WindowAdapter()
   {
      public void windowClosing(WindowEvent ev)
      {
         System.exit(0);
      }
   });
   f.pack();
   Rectangle bounds =
   GraphicsEnvironment.getLocalGraphicsEnvironment().
                               getMaximumWindowBounds();
   bounds.x = bounds.width/4;
   bounds.y = bounds.height/4;
   bounds.width /= 2;
   bounds.height /= 2;
   f.setBounds(bounds);
   f.setVisible(true);
      }
   }
```

Figura C.4: *Amadurecimento.*

```
package
com.hpg.evertonbarbosagomes.br.books.java.2ed.retro.1dot4;

/* Merlin release
   February 6, 2002
```

```java
   http://www.sun.com/smi/Press/sunflash/2002-02/
sunflash.20020206.5.html */
public class Javaldot4Demo extends JPanel
{
   public Clock()
   {
      super();
      setFocusable(false);
      TimerTask task = new TimerTask()
   {
      public void run()
      {
         Clock.this.repaint();
      }
   };
   new Timer(true).schedule(task, 0, 1000);
   }

   protected void paintComponent(Graphics g)
   {
      super.paintComponent(g);
      g.drawString(Calendar.getInstance());
   }

   public static void main(String[] args)
   {
      JFrame f = new JFrame("Clock");
      f.getContentPane().add(new Clock());
      f.setDefaultCloseOperation(JFrame.EXIT_ON_CLOSE);
      f.setExtendedState(JFrame.NORMAL);
      f.pack();
      Dimension size = f.getSize();
      Point center =
         GraphicsEnvironment.getLocalGraphicsEnvironment().
                                          getCenterPoint();
      f.setLocation(center.x - (size.width/2),
            center.y - (size.height/2));
      f.setVisible(true);
   }
}
```

Figura C.5: *Consolidação.*

Se tentarmos executar esses programas, veremos que eles ainda funcionam. Isso se deve a uma característica das tecnologias conhecida como retrocompatibilidade (backward compatibility). Ela é a capacidade das versões mais recentes suportarem as anteriores. Obviamente, o objetivo aqui é apenas manter em funcionamento os sistemas já existentes de forma a respeitar os investimentos já feitos neles.

As partes não recomendadas (deprecated items) da API tendem a ser removidas futuramente da plataforma. Logo, programas em desenvolvimento devem usar as especificações mais recentes, mesmo porque elas tornam tudo mais fácil. Dificilmente vamos querer abrir mão das comodidades introduzidas pelas últimas versões.

D – VBA

"Todo homem que encontro é superior a mim em alguma coisa. Por isso, dele sempre aprendo alguma coisa."

EMERSON.

Longe de ser aberração, o uso do Java em ambientes totalmente padronizados é uma maneira de prepará-los para uma futura migração de arquitetura. Ainda assim, pode ser que, em um dado momento, precisemos recorrer às ferramentas nativas. Da mesma maneira, portanto, como não devemos nos prender a uma plataforma, também não devemos nos prender a uma tecnologia, mesmo que ela muitas vezes nos liberte dessa dependência como é o caso de Java.

Nesse apêndice, aprenderemos a lidar com o Microsoft VBA de forma a nos manter em sintonia com as outras opções existentes no mercado.

VBA (Visual basic for applications) é uma edição reduzida (pero no mucho) do Visual Basic criada para automatizar tarefas dentro de aplicativos do pacote Office como Excel e Access.

Obviamente, uma vez que dominemos Java, não há porquê se intimidar com o VBA. Como veremos, os conhecimentos adquiridos em uma linguagem podem ser usados nas outras.

Em VBA, por exemplo, as variáveis são declaradas assim.

```
Dim variable As Type
```

Matrizes são especificadas por parênteses.

```
Dim array() As Type
```

Funções, por sua vez, são declaradas da seguinte forma.

```
Private Function myFunction(arg1 As Type, ... , argN As Type) As ReturnType
   ...
   myFunction = returnValue
End Function
```

Eis um exemplo de como manipular os argumentos fornecidos a uma função. Repare que a lógica é sempre a mesma. O que muda de uma linguagem para outra é apenas a maneira como escrevemos o programa.

```
' Echo provided args
Private Function echo(ParamArray args() As Variant)
On Error GoTo recovery
   Dim i As Integer
   For i=0 To UBound(args(0))
MsgBox CStr(args(0)(i))
   next i
   Exit Function
recovery:
MsgBox "Error at printArray(...): " & Error.Description
End Function
```

Figura D.1: *Um primeiro exemplo.*

A extensão da funcionalidade do VBA é feita através de um mecanismo conhecido como referências. Para manipular um banco de dados, por exemplo, abra o editor do código ("Exibir -> código"), vá até "Ferramentas -> Referências" e acione a referência "DAO Library".

No Access, para usar tabelas localizadas em outra máquina, crie vínculos (Inserir > Tabela > Vinculação de tabela) em vez de importá-las. A qualquer momento, para saber onde estão, de fato, os dados, consulte "Ferramentas > Utilitários de banco de dados > Gerenciador de tabelas vinculadas".

O exemplo seguinte gera um relatório a partir de arquivos texto de forma a ilustrar a maior quantidade de recursos possíveis da linguagem VBA.

```
37200011806726250070618000107670302114 7
806274000077364000000000000000000000000
000207004753168000000000000101000000000 0
37200011806726250070618000107670302114 78
062740000773640000000000000000000000000 0
020700476707200000000000102000000000000
37200011806726250070618000107670302114 78
062370000773640000000000000000000000000 0
020700477516800000000000103000000000000
3720001180672625007061800010767030211478 0
6237000077364000000000000000000000000000 2
07004784168000000000000104000000000000
3720001180672625007061800010767030211478 0
6237000077364000000000000000000000000000 2
07004798168000000000000105000000000000
37200011806726250070618000107670302114 7806
237000077364000000000000000000000000000 207
004807168000000000000106000000000000
37200011806726250070618000107670302114780623 7000077
```

3640000000000000000000000000000020700481516
80000000000010700000000000
3720001180672625007061800010767030211478062
23700007736400000000000000000000000000207
00482416800000000000108000000000000
3720002180672625007061800010767030211478062
37000077364000000000000000000000000000020700
48381680000000000101000000000000
3720003180672625007061800010767030211478062 3
70000773640000000000000000000000000002070049
12048000000000010100000000000
3720004180672625007061800010767030211478062 5
600007736400000000000000000000000000002070049
91168000000000010100000000000
3720005180672625007061800000320018200181207 01
10408101900000000000000000000000000635289995
00154000000000010100000000000
3720006180672625007061844001215769100048306 05
304040010000000000000000000000000007255295700058200000000001

0100000000000
3720007180672625007061800010767030211478035 7400
007736400000000000000000000000002070050391680000000000010100000000000
3720008180672625007061800010767030211478011 5101007736400000000000000000000000002
07005113168000000000000010100000000000
3720009180672625007061800010767030211478060 800007736400000000000000000
00000000000020700519216800000000000010100000000000
3720010180672625007061800010767030211478060 800007736400000000000000000
0000000000020700527716800000000000010100000000000
3720011180672625007061800010767030211478060 800007736400000000000000000
00000000000207005351072000000000000010100000000000
3720012180672625007061844001215769100048344 05022040010000000000000000
000000000007255295970077400000000000010100000000000
3720013180672625007061800000320018200 1

81201001000810190000000000000000000000000072573978500252000000000010 10
0000000000
3720014180672625007061800000320018200181220 0010008101900000000000000000
00000000000072573986500666000000000010100000000000
3720015180672625007061800000320018200181201 0010008101900000000000000000
00000000000072573994000254000000000010100000000000
3720016180672625007061800000320018200181201 0010008101900000000000000000
00000000000072574002400178000000000010100000000000
3720017180672625007061800010767030211478037 55700077364000000000000000
00000000000020700539612000000000000010100000000000

```
37200181806726250070618000107670302114780641000007736400000000000000
000000000020700547516800000000000010100000000000
37200191806726250070618000107670302114780833500007736400000000000000
000000000020700555507

200000000000010100000000000
37200201806726250070618000107670302114780940353707736400000000000000
000000000207005630168000000000010100000000000
37200211806726250070618000107670302114780686800007736400000000000000
000000000207005714143000000000010100000000000
900000132
```

Figura D.2: *Arquivo texto com os dados dos produtos.*

```
' Report generator program
' Create reports from text files

Option Compare Database
Dim db As DAO.Database
Private Function clearTab(tablename As String)
On Error GoTo error
    db.Execute "DELETE * FROM " & tablename
    Exit Function
error:
MsgBox "Error at clearTab(...): " & Err.Description
End Function

Private Function isCapital(zipCode As Long, ParamArray province() _
As Variant) As
Boolean
On Error GoTo recovery

    Dim i As Integer
    Dim tb As DAO.Recordset
    Set tb = db.OpenRecordset("ZipsPerCapital")
    For i = 0 To UBound(province(0))
tb.MoveFirst
While CStr(tb![Province]) <> CStr(province(0)(i))
    tb.MoveNext
    If tb.EOF = True Then
        Exit Function
    End If
Wend
While CStr(tb![Province]) = CStr(province(0)(i))
```

```
      If CLng(tb![StartZip]) <= zipCode And zipCode <=
CLng(tb![EndZip]) Then
         isCapital = True
         tb.Close
         Exit Function
      End If
      tb.MoveNext
      If tb.EOF = True Then
         Exit Function
      End If
Wend
   Next i
   tb.Close
   isCapital = False
   Exit Function
recovery:
MsgBox "Error at isCapital(...): " & Err.Description
End Function

Private Function belongsTo(zipCode As Long, ParamArray province()
As Variant)
As Boolean
On Error GoTo recovery

   Dim i As Integer
   Dim tb As DAO.Recordset
   Set tb = db.OpenRecordset("ZipsPerProvince")
   For i = 0 To UBound(province(0))
tb.MoveFirst
While CStr(tb![Province]) <> CStr(province(0)(i))
   tb.MoveNext
   If tb.EOF = True Then
      Exit Function
   End If
Wend
While CStr(tb![Province]) = CStr(province(0)(i))
   If CLng(tb![StartZip]) <= zipCode And zipCode <=
CLng(tb![EndZip]) Then
      belongsTo = True
      tb.Close
      Exit Function
   End If
tb.MoveNext
If tb.EOF = True Then
   Exit Function
End If
```

```
Wend
   Next i
   tb.Close

   belongsTo = False

   Exit Function
recovery:
MsgBox "Error at belongsTo(...): " & Err.Description
End Function

Private Function setTaxField()
On Error GoTo recovery

   DoCmd.TransferSpreadsheet acImport, acSpreadsheetTypeExcel9, _
   "CapitalTaxes", Me.tbTaxes, True, "Capital!"
   DoCmd.TransferSpreadsheet acImport, acSpreadsheetTypeExcel9, _
   "ProvinceTaxes", Me.tbTaxes, True, "Other!"
   Dim tb1 As DAO.Recordset, tb2 As DAO.Recordset, tb3 As _
DAO.Recordset
   Set tb1 = db.OpenRecordset("Products")
   Set tb2 = db.OpenRecordset("CapitalTaxes")
   Set tb3 = db.OpenRecordset("ProvinceTaxes")
   ' Set tax field
   Dim i As Integer, j As Integer
   For i = 0 To tb1.RecordCount - 1
' reset
tb2.MoveFirst
tb3.MoveFirst

' set row
For j = 0 To tb2.RecordCount - 1
   If tb2![Weight] >= tb1![Weight] Then
      Exit For
   End If
   tb2.MoveNext
   tb3.MoveNext
Next j

' set column
tb1.Edit
If isCapital(tb1![DestZip], Split("SP", ",")) Then
   tb1![price] = tb2![Local]
ElseIf belongsTo(tb1![DestZip], Split("SP", ",")) Then
   tb1![price] = tb2![Province]
ElseIf isCapital(tb1![DestZip], Split("MG,PR,RJ,SC", ",")) Then
```

```
      tb1![price] = tb2![MG, PR, RJ, SC]
ElseIf belongsTo(tb1![DestZip], Split("MG,PR,RJ,SC", ",")) Then
      tb1![price] = tb3![MG, PR, RJ, SC]
ElseIf isCapital(tb1![DestZip], Split("DF,ES,MS,RS", ",")) Then
      tb1![price] = tb2![DF, ES, MS, RS]
ElseIf belongsTo(tb1![DestZip], Split("DF,ES,MS,RS", ",")) Then
      tb1![price] = tb3![DF, ES, MS, RS]
ElseIf isCapital(tb1![DestZip], Split("GO", ",")) Then
      tb1![price] = tb2![go]
ElseIf belongsTo(tb1![DestZip], Split("GO", ",")) Then
      tb1![price] = tb3![go]
ElseIf isCapital(tb1![DestZip], Split("BA,MT,TO", ",")) Then
      tb1![price] = tb2![BA, MT, TO]
ElseIf belongsTo(tb1![DestZip], Split("BA,MT,TO", ",")) Then
      tb1![price] = tb3![BA, MT, TO]
ElseIf isCapital(tb1![DestZip], Split("AL,SE", ",")) Then
      tb1![price] = tb2![AL, SE]
ElseIf belongsTo(tb1![DestZip], Split("AL,SE", ",")) Then
      tb1![price] = tb3![AL, SE]
ElseIf isCapital(tb1![DestZip], Split("PB,PE,PI,RO", ",")) Then
      tb1![price] = tb2![PB, PE, PI, RO]
ElseIf belongsTo(tb1![ZipDest], Split("PB,PE,PI,RO", ",")) Then
      tb1![price] = tb3![PB, PE, PI, RO]
ElseIf isCapital(tb1![DestZip], Split("AC,AP,AM,CE,MA,PA,RN",
",")) Then
      tb1![price] = tb2![AC, AP, AM, CE, MA, PA, RN]
ElseIf belongsTo(tb1![DestZip], Split("AC,AP,AM,CE,MA,PA,RN",
",")) Then
      tb1![price] = tb3![AC, AP, AM, CE, MA, PA, RN]
ElseIf isCapital(tb1![DestZip], Split("RR", ",")) Then
      tb1![price] = tb2![rr]
ElseIf belongsTo(tb1![DestZip], Split("RR", ",")) Then
      tb1![price] = tb3![rr]
End If
tb1.Update
tb1.MoveNext
   Next i
   tb1.Close
   tb2.Close
   tb3.Close

   Exit Function
recovery:
MsgBox "Error at setTaxField(...): " & Err.Description
End Function
```

```
Private Sub btAddProducts_Click()
On Error GoTo error

    If IsNull(Me.tbProducts) Then
MsgBox "Please, fill the required fields!"
Me.tbProducts.SetFocus
Exit Sub
    End If
    Dim tb As DAO.Recordset
    Set tb = db.OpenRecordset("ChoosenFiles")
    tb.AddNew
    tb![Location] = Me.tbProducts
    tb.Update
    tb.Close

    Me.lbProducts.Requery
    Me.btSearchProducts.SetFocus
    Me.tbProducts = Null

    Exit Sub
error:
MsgBox "Error at btAddProducts_Click(): " & Err.Description
End Sub

Private Sub btSearchProducts_Click()
On Error GoTo error

    Dim strFilter As String
    Dim lngFlags As Long
    Dim result As String
    strFilter = ahtAddFilterItem(strFilter, "Text files (*.txt)", _
"*.TXT")
    strFilter = ahtAddFilterItem(strFilter, "All files (*.*)", _
"*.*")
    ' Since you passed in a variable for lngFlags,
    ' the function places the output flags value in the variable.
    Debug.Print Hex(lngFlags)
    result = ahtCommonFileOpenSave(InitialDir:="C:\", _
    Filter:=strFilter, FilterIndex:=1, Flags:=lngFlags, _
    DialogTitle:="Busca")
    If Len(Trim(result)) > 0 Then
Me.tbProducts = result
    End If
    Me.btAddProducts.SetFocus

    Exit Sub
```

```vb
error:
MsgBox "Error at btSearchProducts_Click: " & Err.Description
End Sub

Private Sub btSearchTaxes_Click()
On Error GoTo error

    Dim strFilter As String
    Dim lngFlags As Long
    Dim result As String
    strFilter = ahtAddFilterItem(strFilter, "Arquivos do Excel
(*.xls)", "*.XLS")
    strFilter = ahtAddFilterItem(strFilter, "Todos os arquivos
(*.*)", "*.*")
    ' Since you passed in a variable for lngFlags,
    ' the function places the output flags value in the variable.
    Debug.Print Hex(lngFlags)
    result = ahtCommonFileOpenSave(InitialDir:="C:\", _
    Filter:=strFilter, FilterIndex:=1, Flags:=lngFlags, _
    DialogTitle:="Busca")
    If Len(Trim(result)) > 0 Then
Me.tbTaxes = result
    End If
    Me.btReport.SetFocus

    Exit Sub
error:
MsgBox "Error at btSearchTaxes_Click(): " & Err.Description
End Sub

Private Sub btExit_Click()
On Error GoTo error

    DoCmd.Close , frmReport
    DoCmd.Quit

    Exit Sub
error:
MsgBox "Error at btExit_Click(): " & Err.Description
End Sub

Private Sub btReport_Click()
On Error GoTo error

    If IsNull(Me.tbTaxes) Or Me.lbProducts.ListCount = 0 Then
MsgBox "Please, fill the required fields!"
```

```
   Me.tbProducts.SetFocus
   Exit Sub
      End If

   Dim tb As DAO.Recordset
   Dim i As Integer
   Dim fs As Object
   Dim file As Object
   Dim line As String

   Set tb = db.OpenRecordset("Products")
   Set fs = CreateObject("Scripting.FileSystemObject")

   ' Join all txt files into Products table
   For i = 0 To Me.lbProducts.ListCount - 1
Set file = fs.OpenTextFile(Me.lbProducts.Column(1, i))
While (Not file.AtEndOfStream())
   line = Trim(file.ReadLine())
   If Len(line) > 9 Then  ' Len(eof) = 9
      tb.AddNew
      tb![Type] = Mid(line, 1, 1)
      tb![Batch] = Mid(line, 4, 4)
      tb![Date] = CDate(Mid(line, 20, 2) & "/" & Mid(line, 22, 2))
      tb![Contract] = Mid(line, 24, 10)
      tb![AdminCode] = Mid(line, 34, 8)
      tb![DestZIP] = Mid(line, 42, 8)
      tb![Service] = Mid(line, 50, 5)
      tb![Object] = Mid(line, 82, 9)
      tb![Weight] = CDbl(Mid(line, 91, 2) & "," & Mid(line, 93, 3))
      tb![Sequence] = Mid(line, 106, 2)
      tb.Update
   End If
Wend
   Next i
   tb.Close

   setTaxField

   DoCmd.OpenReport "repProducts", acViewPreview

   Exit Sub
error:
MsgBox "Error at btReport_Click: " & Err.Description
End Sub
```

```
Private Sub Form_Error(DataErr As Integer, Response As Integer)
On Error GoTo error

    MsgBox "Sorry: error.", vbCritical

    Exit Sub
error:
MsgBox "Error at Form_Error(): " & Err.Description
End Sub

Private Sub Form_Load()
On Error GoTo error

    Set db = CurrentDb
    clearTab "ChoosenFiles"
    clearTab "Products"
    clearTab "Taxes"
    Me.lbProducts.Requery

    Exit Sub
error:
MsgBox "Error at Form_Load(): " & Err.Description
End Sub
```

Figura D.3: *Programa VBA.*

Enfim, para dar ao programa uma aparência auto-suficiente (stand-alone program), recorra às opções disponíveis em "Ferramentas -> Iniciar...". Feito isso, a edição do aplicativo só volta a ser possível quando o carregamos mantendo a tecla <Shift> pressionada.

Uma vez pronto, o aplicativo VBA comporta-se como um arquivo executável. Para rodá-lo em máquinas sem o MS-Access, instale o Access Runtime.

A qualquer momento, para obter ajuda sobre um comando específico, posicione o cursor nele e pressione <F1>.

Finalmente, para sanar todas as dúvidas, consulte:

    http://msdn.microsoft.com/

E – Encerramento

Agora que você já sabe usar as ferramentas, nada mais o impede de "realizar seus sonhos". Vá em frente, artista. Exponha ao mundo as suas idéias – expresse-se. Não tema se, durante a "pintura", for preciso lidar com assuntos desconhecidos. Eis, aqui, bons caminhos para seguir.

Que esse livro tenha sido para você ao menos uma parte do que ele representa para mim: uma fonte de aprendizado, uma tentativa de contribuição social e, acima de tudo, o caminho para a realização de meu maior sonho.

Boa viagem!

- **Tutoriais oficiais**
    - **Endereço**: http://java.sun.com/developer/onlineTraining
    - **Descrição**: Tudo, absolutamente tudo sobre Java na Internet.
- **IBM**
    - **Endereço**: http://www.ibm.com/developerworks/java
    - **Descrição**: A parceria da IBM com Linux e Java torna o site da companhia uma das melhores fontes de referência no assunto.
- **Blackdown**
    - **Endereço**: http://www.blackdown.org
    - **Descrição**: Projeto destinado a implementar a linguagem Java no sistema operacional Linux.
- **O projeto Kaffe**
    - **Endereço**: http://www.kaffe.org
    - **Descrição**: O projeto Kaffe visa implementar uma máquina virtual Java totalmente aberta. Conseguirão?!
- **JavaMan**
    - **Endereço**: http://www.javaman.com.br/
    - **Descrição**: Bruno Peres Ferreira de Souza, o JavaMan, foi o pioneiro sobre o assunto no Brasil. Embora almeje o título, insisto que, diferentemente de Bruno, jamais trocaria minha lua-de-mel com a "mina-de-fé" por qualquer coisa relacionada ao Java.
- **Java.net**
    - **Endereço**: http://www.java.net/
    - **Descrição**: Ponto de encontro para os amantes da tecnologia.

Bibliografia

"Se pude me erguer tão alto é porque me alcei sobre os ombros de gigantes."

NEWTON, EM MENÇÃO A SEUS ANTECESSORES, GALILEU E KEPLER.

- **Site de "The Java tutorial"**:
    - **Endereço**: http://java.sun.com/docs/books/tutorial/

- **Site de "The Java documentation"**:
  - **Endereço**: http://java.sun.com/docs/
- **Site do "Java community process"**:
  - http://jcp.org/en/jsr/all/
- **Site de "The Java Developer Connection"**:
  - Endereço: http://java.sun.com/developer/TechTips/
- **Site de "The Java.net articles"**:
  - Endereço: http://today.java.net/pub/q/articles
- **Site dos "Technical Articles and Tips"**:
  - Endereço: http://java.sun.com/features/2000/06/time-line.html
- **Site dos "Java SE code names"**:
  - Endereço: http://java.sun.com/se/codenames.html
- **Site da IBM**:
  - Endereço: http://www.ibm.com/developerworks/java/
- **Site OnJava**:
  - Endereço: http://www.onjava.com/
- **Site do W3C (World Wide Web Consortium)**:
  - Endereço: http://www.w3.org/
- **Site W3Schools**:
  - Endereço: http://www.w3schools.com/
- **Site da Wikipedia**:
  - Endereço: http://en.wikipedia.org/wiki/Computer_science/
- **Site do Netmarkt**:
  - http://www.netmarkt.com.br/frases/
- **Site da "Robot wisdom"**:
  - http://www.robotwisdom.com/ai/timeline/
- **Site do "The history of computer project"**:
  - http://www.thocp.net/
- **Site JavaWorld**:
  - Endereço: http://www.javaworld.com/jw-04-2000/jw-0428-security-p2.html
- **Site ADMC**:
  - Endereço: http://admc.com/blaine/howtos/junit/

- **Site Borland**:
  - Endereço: http://bdn.borland.com/article/0,1410,31863,00.html
- **Livro "Java – como programar"**:
  - **Autores**: H. M. Deitel e P. J. Deitel;
  - **Editora**: Bookman;
  - **ISBN**: 85-7307-727-1.
- **Livro "Aprenda em 21 dias – Java"**:
  - **Autores**: Laura Lemay e Charles L. Perkins;
  - **Editora**: Campus;
  - **ISBN**: 85-352-0104-1.
- **Livro "Minidicionário de informática"**:
  - **Autora**: Maria Cristina Gennari;
  - **Editora**: Saraiva;
  - **ISBN**: 85-02-02863-4.
- **Livro "TechnoVision II"**:
  - **Autor**: Charles B. Wang;
  - **Editora**: Makron Books;
  - **ISBN**: 85-346-0967-5.
- **Livro "Inglês para Processamento de dados"**:
  - **Autoras**: Terezinha Prado Galante e Elizabeth Pow;
  - **Editora**: Atlas;
  - **ISBN**: 85-224-1346-0.

Conheça outra obra do mesmo autor

Dante explica Java™ 2 v.14
Autor: *Everton Barbosa Gomes*
488 páginas
ISBN: 85-7393-295-3

Dante Explica Java 2 é um livro que abrange o universo da linguagem *Java* de uma forma prática e objetiva. Com uma linguagem clara e de fácil compreensão, o autor explica, exemplifica e ensina o passo-a-passo dos comandos e funções, mostrando o caminho para aqueles que precisam conhecer e entender *Java*.

Everton Barbosa Gomes, o nosso Dante, é um jovem autor habilidoso em linguagens de computador.

À venda nas melhores livrarias.

EDITORA CIÊNCIA MODERNA

Impressão e acabamento
Gráfica da Editora Ciência Moderna Ltda.
Tel: (21) 2201-6662